Norbert Schuster

Theologie der Leitung

Zur Struktur eines Verbundes mehrerer Pfarrgemeinden

Matthias-Grünewald-Verlag · Mainz

Als Habilitationsschrift auf Empfehlung der Theologischen Fakultät der Albert-Ludwigs-Universität Freiburg gedruckt mit Unterstützung der Deutschen Forschungsgemeinschaft

Der Matthias-Grünewald-Verlag ist Mitglied der Verlagsgruppe engagement

Die Deutsche Bibliothek – CIP-Einheitsaufnahme

Ein Titelsatz für diese Publikation ist bei Der Deutschen Bibliothek erhältlich.

Umschlag: Kirsch & Buckel, Wiesbaden
Satz/DTP: Redaktionsbüro Werkmeister, Mainz
Druck: WS-Druckerei, Bodenheim

ISBN 3-7867-2279-X

Inhalt

Vorwort

„Ich bin nicht Stiller" – mit diesem Satz beginnt Max Frisch einen seiner großen Romane. Am Ende des ersten Heftes lässt er den, der in diesem Buch um seine Identität kämpft, dann sagen: „Ich habe keine Sprache für meine Wirklichkeit." Im Ringen der Hauptfigur stellt sich dabei von Seite zu Seite immer drängender die Frage: Ist deren Problem ein Problem der Wirklichkeit oder eines der Sprache? Ist es die Wirklichkeit, die sich so radikal verändert hat, dass es in ihr keine Identität – zumindest im bisherigen Sinn – mehr geben kann? Oder mangelt es an den denkerischen und sprachlichen Fertigkeiten, die es bräuchte, sie und eine in ihr mögliche – neue – Identität zu erfassen? – Als Pfarrer einer, dann zweier, dann dreier und am Ende vierer Pfarrgemeinden erlebte ich etwas von diesem „Stillerproblem". Es fiel mir zunehmend schwerer, Sprache zu finden für die Wirklichkeit gnadenlos diffundierender beruflicher Identität. „Ich bin mir bewusst: ich kann nicht jeder, jedem geben, was sie suchen." So hat Prof. Dr. Josef Müller einen seiner letzten Vorträge vor seinem plötzlichen Tod am 2. Dezember 1998 begonnen. Mir jedenfalls hat er gegeben, was ich suchte: die Möglichkeit, mich mit meiner (damaligen) beruflichen Wirklichkeit auseinanderzusetzen und für sie nach einer Sprache zu suchen. „Ich möchte einige Türen öffnen," – so Müller weiter – „einige Schritte zeigen und vielleicht den einen oder anderen Standpunkt ein wenig hinterfragen helfen." Diese Worte spiegeln wider, wofür ich ihm von Herzen dankbar bin: die aufrichtige, bescheidene und gleichzeitig hoch engagierte Haltung, mit der er mich über viele Jahre begleitete; von den ersten Ideen zu einer pastoraltheologischen Arbeit über die Frage nach der Leitung eines Verbundes mehrerer Pfarrgemeinden bis hin zur Erstellung des Erstgutachtens für diese der Theologischen Fakultät als Habilitationsschrift vorgelegten und von ihr dankenswerterweise angenommenen Arbeit (einschließlich des „Vermächtnisses" der von ihm angeregten ausgesprochen instruktiven und weiterführenden Corrigenda für die nun erfolgte Drucklegung). Mein Dank gilt auch Herrn Prof. Dr. Werner Tzscheetzsch für das Zweitgutachten, insbesondere für dessen Anregungen, die eine oder andere Spur weiterzuverfolgen, Herrn Prof. Dr. Wolfgang Essbach, für sein Gutachten aus soziologischer Perspektive, sowie Herrn Prof. Dr. Hubert Windisch, dem Nachfolger Josef Müllers als Pastoraltheologe an der Freiburger Theologischen Fakultät. Zu Dank verpflichtet bin ich dem Matthias-Grünewald-Verlag für die Bereitschaft zur Aufnahme dieser Arbeit in sein Programm, ganz besonders dessen Geschäftsführerin Hiltraud Laubach für deren Geduld und Umsicht bei der Fertigstellung und Drucklegung der Arbeit.

Viele haben schon vor der Arbeit zum Werden dieser Arbeit beigetragen. Zunächst sind die zu nennen, mit denen ich als Pfarrer der vier Pfarrgemeinden der Stadt Kenzingen i.Br. erste Konzepte für die Strukturen eines Verbundes mehrerer Pfarrgemeinden entwickeln konnte, insbesondere die damaligen Pfarrgemeinderatsvorsitzenden. Stellvertretend für sie alle danke ich einem: Herrn Werner Schwier. Für das von vornherein geschenkte Vertrauen und das Wohlwollen, das ich auf diesem Weg seitens der Freiburger Bistumsleitung immer wieder erfahren konnte, bin ich besonders Herrn Dr. Robert Zollitsch Dank schuldig. Die Erzdiözese hat mir den notwendigen Handlungsspielraum für die bei einem solchen Unterfangen unabdingbaren Experimente eingeräumt; einschließlich der Möglichkeit zur Reflexion dieses Prozesses durch die großzügige Freistellung nach meiner Tätigkeit in Kenzingen. Zwei Jahre dieser „Schreibtischzeit" wurden gefördert durch ein Stipendium der Deutschen Forschungsgemeinschaft. Ohne die DFG gäbe es diese Arbeit nicht; aber auch nicht ohne die Angestellten in den Verwaltungen, Archiven und Kanzleien der Ordinariate und Generalvikariate der Bistümer im deutschsprachigen Raum, die mir immer wieder Auskunft erteilten, für Fragen und Nachfragen zur Verfügung standen und denen ich das im ersten Teil mühsam zusammengetragene statistische Material verdanke; und nicht ohne manche der in diesen Diözesen für Fragen der „Kooperativen Pastoral" (mit-) verantwortlichen „Organisationsentwickler". Wichtige Anregungen verdanke ich der Zusammenarbeit mit Guido Schürenberg (Aachen), Raimund Hanisch (Köln), Dr. Franz Hausmann, Dr. Markus Oelsmann (beide Eichstätt), Esther Braun, Dr. Michael Kneip (beide Trier), Dr. Franz Schils (Eisenstadt) und den seit 10 Jahren andauernden Gesprächen mit Dr. Martin Wichmann (Freiburg). Besonders dessen z.T. kontroverse Äußerungen haben diese Arbeit hoffentlich reifen lassen. PD. Dr. Werner Hahne (Bonn) und Prof. Dr. Heribert W. Gärtner (Köln) erschlossen mir darüber hinaus von ihren Fachgebieten her wichtige neue Horizonte. – Gertrud Schütz, Albrecht Stolz und Maria-Anna Eschbach haben immer wieder die mühsame Arbeit des Korrekturlesens auf sich genommen. Auch ohne sie läge diese Arbeit nicht vor: ein Stück Sprache hoffentlich für eine ver-rückte Wirklichkeit.

Freiburg, im Herbst 2000
Norbert Schuster

Einleitung

Geleitet wird täglich und auf vielfache Weise: in Unternehmen, in Gruppen, in Verbänden, in den allermeisten Einrichtungen und Organisationen, in denen Menschen zusammenarbeiten, um einer gemeinsamen Aufgabe nachzugehen, bei Meetings und Sitzungen, mittels Anordnungen und Erlassen, durch Stilbildung und motivationale Anreize. So auch – auf den ersten Blick jedenfalls – in der Kirche: in Diözesan- und Ordensleitungen, in Leitungsgremien kirchlicher Krankenhäuser und im Leitungskreis der ökumenischen Sozialstation, im Leitungsteam der Pfarrgemeinde und im (inneren) Leitungszirkel geistlicher Bewegungen. Geleitet soll werden auf verschiedensten Ebenen mit unterschiedlichen Komplexitätsgraden und im Zusammenspiel spezifischer Zuständigkeiten von Amtsträgern, Kollegien und gewählten repräsentativen Gremien. Alles Leitung? Zumindest dem Begriff nach. Doch das muss noch nichts heißen, wird doch gerade in der Kirche das Wort Leitung inflationär verwendet: Nahezu jede kirchliche Tätigkeit reklamiert es als Suffix für sich oder bekommt es zugewiesen. Geleitet wird die Begräbnisfeier, das Mutter-Kind-Wochenende, der Pfarrhaushalt, die Gruppenstunde, der Firmkurs, die Bücherei: Schlichtes Vorstehen, bloßes Durchführen, nervtötende Routine, Wahrnehmung der Aufsichtspflicht, Weitergabe von Materialien, Sitzen und Warten, im Zweifelsfall ist alles Leitung … . Jedes operative, besonders häufig das ungeliebte, Alltagsgeschäft scheint mit diesem Titel geadelt werden zu müssen. – Was ist Leitung? Und was ist Leitung in der Kirche? Das Thema ist relevant und in einer ungefähren Fokussierung erkennbar.

Meine erste Hypothese lautet: Leitung ist gegen allen Anschein und trotz der häufigen Rede über sie in der Praxis der Kirche eine ziemlich fragmentarische Angelegenheit. Sie wird selten konsequent, kontinuierlich oder gar gemäß einer aus klar formulierten Leitlinien abgeleiteten verbindlichen Agenda wahrgenommen. Das hat zur Folge, dass weite Teile der Kirche nicht geleitet werden, die infolgedessen auch nicht konsequent weiterentwickelt, bzw. in einen Gesamtzusammenhang hinein verknüpft werden. Zudem werden durch dieses „muddling through“ wertvolle Energien von ehrenamtlichen und hauptberuflichen Mitarbeiterinnen und Mitarbeitern vergeudet, Motivationen nicht genutzt, eine Vielzahl von Fähigkeiten und Fertigkeiten permanent übersehen, was sich auf die Arbeitsfähigkeit der Kirche auswirkt. So bruchstückhaft die Praxis ist, so „versatzstückig“ ist auch die Theorie. Was – im Blick auf die Praxis – gelegentlich anmutet wie organisierte Nicht-Leitung, innerhalb derer Einzelbemühungen einmal sich paralysieren, um ein andermal ganze Bereiche verhältnismäßig unauffällig am Funktionieren zu halten, ist auch ein Hinweis auf ungeklärte und widersprüchliche Präferenzen und markiert eine Defizienz der Theorie.

Leitung in Kirche ist von unterschiedlichen Logiken bestimmt: einer theologi-

schen, einer juristischen, einer sozialwissenschaftlichen und anderen mehr. Obwohl aber in der Kirche Theologie die zentrale „Logik" ist, finden – das ist meine zweite Hypothese – Grunddaten aus dieser Logik weniger Eingang in eine Theorie der Leitung als Erkenntnisse aus anderen Bereichen. Es werden vielmehr beispielsweise Theorieelemente des Dienst- und Arbeitsrechtes diskutiert, das Über- und Unterordnungsverhältnisse im Spannungsfeld der Interessen zwischen Arbeitnehmer- und Arbeitsgeberseite definiert, oder Themen der Organisationspsychologie: Grundkonzepte der Organisation, der Organisationsdiagnose, der Organisation und ihrer Umwelt, der Organisations- und Personalentwicklung.
Es braucht zuvörderst also, wenn bestimmt werden soll, was Leitung in der Kirche ist, eine Theologie der Leitung. Nicht um Zuständigkeitsregelungen samt der Aufbau- und Ablauforganisation, die sich aus ihnen ergibt, mit einer theologischen Weihe zu versehen. Als ob es – auf Dauer jedenfalls – möglich wäre, mittels theologischer Aussagen über die Kirche deren Leitungsverfassung jedem rationalen Denken zu entziehen und über ihre Leitungsstrukturen den Schleier des Geheimnisvollen zu breiten, an dem sich alle Fragen von vornherein verfangen und alle Bemühungen um eine Antwort überflüssig würden. Dazu taugt im übrigen nicht einmal die Rede von der Kirche als Mysterium. Denn so hat das II. Vatikanische Konzil auch diesen Begriff weder gewollt noch verstanden. – Es braucht eine Theologie der Leitung. Aber nicht um die Übertragung von Theorien professionellen Managementhandelns – analog zur Wirtschaft – auf kirchliche Arbeitsfelder und Einrichtungen verträglicher gestalten und damit Widerstände von „Theologen" gegen ein solches Unterfangen abfedern zu können. Etwa in der Manier, die ständig behauptet, viele Grundsätze und Prinzipien heutiger Managementlehre seien bereits in der Welt der Hl. Schrift in Ansätzen bekannt gewesen und genutzt worden. Wer also beispielsweise die Notwendigkeit von Delegation (auch) „Theologen" gegenüber plausibel machen will, „exegetisiert" Exodus 18 und verweist auf Moses Schwiegervater Jitro und dessen Intervention. – Es braucht eine *Theologie* der Leitung, aber aus einem anderen Grund und zu einem anderen Zweck. Es braucht eine Theologie der Leitung, weil Theologie die Schlüsselprofession in der Kirche ist. Wenn sich diese nun nicht intensiv mit der Leitungsfrage auseinandersetzt, werden Vorgaben anderer Professionen die Theoriebildung bestimmen (müssen) oder, wenn das nicht gewollt ist, wird es eben keine (theologische) Theorie der Leitung geben; man wird sich also zum Thema weitgehend ausschweigen und das Feld der Praxis überlassen. – Beides scheint mir kein gängiger Weg.
Damit ist die Aufgabe dieser Arbeit im voraus grob skizziert. Gesucht ist ein theologisches Verständnis von Leitung, das gleichzeitig die Einsichten relevanter Wissenschaften integriert (nicht instrumentalisiert!). An erster Stelle steht dabei das Mühen um einen tragfähigen theo-logischen Pfeiler. Wie sollte sonst überhaupt eine Brücke zu arbeitsrechtlicher, betriebswirtschaftlicher, organisationaler, sozialwissenschaftlicher, organisationspsychologischer Logik – um nur einige solcher anderer Logiken zu benennen – geschlagen werden können.

Von diesem aus die Brücke betretend, soll dann eine Definition von Leitung vorgenommen werden, die die Wahl des Leitungshandelns nicht dem Gutdünken des einzelnen überlassen muss, sondern operationale Maßstäbe zur Verfügung stellt, insbesondere – und damit sind wir beim praktischen Fokus dieser Arbeit – auf die Ebene eines Verbundes mehrerer Pfarrgemeinden hin. Wie müssen „Seelsorgeeinheiten“, „Pfarreiengemeinschaften“ oder eben „Verbünde mehrerer Pfarrgemeinden“ strukturiert und nach welcher Theo-logik geleitet sein, um sicherzustellen, dass Pastoral, wie sie in diesen Räumen verortet ist, Gottes Absichten so weiterführt, „dass Gottes Heil in Christus im Tun der Menschen konkret nachvollziehbar realisiert wird?“[1]
Die These dieser Arbeit lautet nun: Kirche könnte auf der Ebene eines Verbundes mehrerer Pfarrgemeinden – also in einem zunächst eher unwirtlichen Raum – ein solches Sinn- und Beziehungsgefüge aufbauen, dass Gottes Heil realisiert wird, Menschen darin also Erlösung finden und als Erlöste leben können. Was allerdings voraussetzt, dass die Struktur dieser Verbünde Ergebnis souverän wahrgenommener Leitung ist und zwar einer Leitung, die, was alle ihre Managementfunktionen anlangt, die normativen, die strategischen, wie die operativen, wesentlich theo-logisch motiviert und entwickelt ist. Was diese These im einzelnen besagt, soll in drei Teilen entfaltet werden. Der erste Teil dieser Arbeit soll zunächst aufzeigen, wie das „Material“ dieser Verbünde, die Pfarrgemeinde(n) im deutschsprachigen Raum, in gegenwärtiger kirchlicher Zeitstunde und angesichts heutiger gesellschaftlicher Wirklichkeit beschaffen ist. (Phänomenologie). Wie sich einzelne Grunddaten der Offenbarung und kirchlichen Tradition auf die Suche nach einer angemessenen Struktur dieses Raumes und insbesondere dessen Leitung hin lesen lassen, davon handelt der zweite Teil (Kriteriologie). Wie sich kirchliche Praxis dementsprechend gestalten ließe, versucht der dritte Teil zu erheben (Praxeologie). Alles in allem allerdings kein einfaches Vorhaben.
Und zwar von Anfang an. Je intensiver man z.B. versucht, das Phänomen Pfarrgemeinde in den Griff zu bekommen, desto mehr scheint es sich zu entziehen. Ist es doch allein schon deshalb problemgeladen, weil es zunächst einmal in seiner Vielschichtigkeit erkannt werden muss. Ist es das aber, kann man kaum mehr von der einen Wirklichkeit oder *dem* Phänomen reden. Daten zum Raum- und Personalprofil *der(?)* Pfarrgemeinde(n), „Offengelegtes“ zu deren Selbstverständnissen und Plausibilitäten, zu ihrer Struktur und zu (längst vergangenen) Konsistenzen helfen zwar weiter, tragen aber nicht unbedingt zur gänzlichen Entschlüsselung des Materiales bei, aus dem der Verbund u.a. dann bestehen soll. – Da sich eine in unmittelbarem Bezug zu diesem widerständigen Phänomen entwickelte Theorie der Leitung – wenn sie daraufhin überhaupt entwickelbar wäre – in der Praxis wieder schnell im Feld verfangen und zu kurz greifen würde, braucht es nach dem ersten Teil der Arbeit einen Schnitt. Es muss ein zweiter Anlauf unternommen und die Leitungsfrage, ohne

[1] MÜLLER, Josef: Pastoraltheologie. Ein Handbuch für Studium und Seelsorge. Graz – Wien – Köln 1993, 69.

die Verengung durch den Blick auf eine einzelne, ganz bestimmte und zudem noch schwer zu beschreibende Realisierungsform von Kirche, eher grundsätzlich angegangen werden. Im Abstand zum und in Abstraktion von „konkreten" Einzelphänomene steht eine Reflexion der Fragen an. Was ist Kirche? Oder genauer: Was sind ihre Aufgaben? Wie geht Kirche? Beziehungsweise wodurch ließe sich ein ihr und ihrer Aufgabenstellung angemessener Stil charakterisieren? Wo ereignet sich Kirche? Das meint dann vor allem die Frage nach ihrer strukturellen Gestalt. Von hier aus ergeben sich Anhaltspunkte (zumindest) für die (ekklesiologische) Bestimmung von Leitung, für eine theologische Theorie der Leitung als Unterstützung kirchlichen Grundauftrages, als Förderung kirchlicher Verfahrenskultur und als Gewährleistung kirchlicher Organisationsstruktur. – Gesetzt, die Theorie sei stringent und treffe nun, theoretisch gesehen, auch das von uns in den Blick zu nehmende Einzelfeld Verbund, so ist, praktisch gesehen, trotzdem noch offen, ob und vor allen Dingen wie diese theoretischen Einsichten auch realisiert werden können. Zumal, und das macht das ganze noch schwieriger, sich die Praxis längst selbst realisiert: Mancher der bereits existierenden Verbünde ist in der Tat vor allem eines: das Ergebnis von „Selbstorganisation", bzw. das Resultat angestrengter Versuche kirchenleitender Ebenen, ekklesiale Wirklichkeit am Ort so „handeln" zu können, dass wenigstens die elementarsten pastoralen Vollzüge auch künftig garantiert sind. Wobei sich bisweilen Strukturen wie Leitungspraxen eingespielt haben, die – würde man sie wieder auf ihre theoretisch-theologischen Implikationen hin reflektieren – nicht gewollt sein können, bzw. bei denen das Aufrechterhalten einzelner (amts-)theologischer Grunddaten zur Leitung „mit einem bis zur Unkenntlichkeit ausgehöhlten Leitungsbegriff erkauft"[2] werden muss.
Mit diesem Aufbau einschließlich der kurz angedeuteten Problematik des Vorhabens ist auch der methodische Rahmen abgesteckt. Für den ersten Durchgang gilt: Keine Phänomenologie ohne Empirie. Gerade eine fast schon symbolische Wirklichkeit wie Pfarrgemeinde(n) kann nur mit größtmöglicher Nüchternheit untersucht werden. Da ist elementare statistische Arbeit gefragt. Angesichts permanenter Umlagerungen sozialräumlicher Beziehungen, die nicht ohne Auswirkungen auf das Phänomen waren und sind, braucht es zudem den Gang in die Geschichte desselben und auch die Auseinandersetzung mit aufs Ganze gesehen recht heterogenen Theorien über dieses. In ihrem zweiten Teil setzt die Arbeit auf eine andere Weise interdisziplinär an. Sie orientiert sich im außertheologischen Bereich dabei vor allem an den deutschen Organisationswissenschaften. Sicher läuft fachübergreifendes Arbeiten eher als das fachspezifische Gefahr, dilettantisch zu bleiben. Es wird immer wichtige Diskussionen der anderen Disziplin übersehen oder Gültigkeitsrahmen dort formulierter Aussagen unzulässig ausweiten. Dennoch scheint ein solcher Zugang statthaft und erfolgversprechend, wie etwa auch die Strategie, Begriffe,

[2] WICHMANN, Martin: Die Platzhalter – Innenansichten der Gegenwart einer Institution. In: Norbert SCHUSTER u. Martin WICHMANN (Hrsg.): Die Platzhalter. Erfahrungen von Gemeindeleiterinnen und Gemeindeleitern. Mainz 1997, 29.

die wissenschaftsgeschichtlich einmal aus der Theologie hervorgegangen sind und beispielsweise in der Soziologie als Säkularisata in Gebrauch sind, ein Stück weit wieder zu „retheologisieren". Zudem steht zu hoffen, dass auch für Nicht-Theologen zumindest ein Teil der hier angestellten Überlegungen anregend sein könnte: möglicherweise besonders die anthropologisch, bzw. trinitätsekklesiologisch hergeleiteten Grunddaten zur Formulierung einer Organisationsstruktur bzw. -kultur. Der dritte Teil der Arbeit hat schließlich eine mehr praxisorientierte Ausrichtung und macht Vorschläge, wie eine veränderte – sowohl der Situation als auch der Theologie angemessene – Sozialgestalt der Kirche am Ort aussehen könnte. Dabei wendet er sich exemplarisch nur einigen ganz wenigen Einzelaspekten zu: Wie ist ein Verbund zu planen und zu bilden? Welche Aufgaben sollten wo von wem und wie wahrgenommen werden?

Teil I
Momente der Wahrnehmung von Wirklichkeit der Pfarrgemeinde(n)

In der gegenwärtigen Übergangssituation, die von manchen als Krise im eigentlichen Wortsinn gedeutet wird, spielt die unvoreingenommene Wahrnehmung der pastoralen Wirklichkeit eine wichtige Rolle. Da gibt es die Volkskirche: rund 35 Millionen formelle Mitglieder, über 30.000 Priester, ca. 17.000 Pfarrgemeinden und annähernd sieben Millionen sonntägliche Gottesdientstmitfeiernde und „ihre" Pfarrgemeinden.[3] Sie bilden immer noch das hauptsächliche Bezugsfeld der Pastoral. Sie sind für viele Christen alltägliche Lebenswelt, selbstverständlich und fraglos erlebter Bereich der Wirklichkeit, in dem sie sich mit ihrem Handeln vorfinden. Dieses Handlungsgefüge wird allerdings immer unüberschaubarer und „störungsanfälliger".[4] Vielerorts fällt es „selbst engagierten Mitarbeiter/innen schwer, über das eigene Erlebnisfeld hinaus noch voneinander zu wissen und Zusammenhänge zwischen einzelnen Aktivitäten zu erkennen."[5]
Soll dieses Feld Pfarrgemeinde(n) näher beschrieben werden, braucht es angesichts zunehmender Unübersichtlichkeit den „Gang zu den Sachen selbst"[6]. D.h. es ist eine grundständige Ermittlung des Raum- und Personalprofils der Pfarrgemeinden gefragt. Auf der Basis einiger Messreihen wird die Oberflächenstruktur des Phänomens deutlicher, und es entsteht ein „Relief", an Hand dessen bestimmbar ist, was gemeint sein könnte, wenn man von „der" Pfarrgemeinde spricht. – Dann soll ein eher ekklesiologisch motivierter Zugang zur Wirklichkeit Pfarrgemeinde unternommen werden. Dieser beschäftigt sich mit den gängigen theologisch-systematischen Deutungen der Pfarrgemeinde(n) und sammelt die zentralen Begriffe, an Hand derer ihre Wirklichkeit(en) kommuniziert wird (werden). – In einem dritten Schritt wird dann gefragt: Wie steht es um die Struktur des Phänomens? Dazu wird – im Sinne einer sozialwissenschaftlich orientierten Bestandsaufnahme – ein Modell entwickelt werden, das die Topographie der Pfarrgemeinde im Querschnitt abbildet: Pfarrgemeinde ist ein Gebilde, das nicht mehr konsistent ist. Sie hat sich sowohl auf

[3] Die Territorialgemeinde wird in dieser Arbeit in der Regel als „Pfarrgemeinde" bezeichnet. Nur wo sie aus kirchenrechtlicher Perspektive in Blick kommt, rede ich von „Pfarrei".

[4] Vgl. dazu ZERFASS, Rolf: Praktische Theologie als Handlungswissenschaft. In: Ferdinand KLOSTERMANN u. Rolf ZERFASS (Hrsg.): Praktische Theologie heute. München 1974, 169.

[5] BREITENBACH, Günter: Gemeinde leiten. Eine praktisch-theologische Kybernetik. Stuttgart 1994, 15.

[6] FRESE, Jürgen: Art. Phänomenologie. In: LThK Bd. 8. 2. Aufl. Freiburg 1963, 431–435, hier: 433.

der Ebene als auch „in die Höhe“ disloziert, ist in verschiedene Einzelteile auseinandergebrochen und verfügt über eine mehrstöckige sozialräumliche Struktur. Fazit: Das Parochieprinzip ist mindestens ambivalent.[7]

1. Das Phänomen Pfarrgemeinde

Wie groß ist die durchschnittliche Pfarrgemeinde? Wie weit dehnt sie sich flächenmäßig aus? Wie viele Katholiken umfasst sie? Wie ist es um ihr konfessionelles Umfeld bestellt? Wie viele hauptberufliche pastorale Mitarbeiter/innen stehen ihr zur Verfügung?[8] Wie viele Priester? Welchen Alters? Wohnen sie am Ort? Wie viele Diakone sind in den Pfarrgemeinden eingesetzt? Wie viele ‚Laien'-Mitarbeiter/innen? In welchen Zuordnungen?
Ohne verlässliche Daten können Situation und Struktur der Kirche am Ort nicht angemessen dargestellt werden.[9] Vorab einige Daten zum Kontext, d.h.

[7] GREINACHER, Norbert: Die Chance der vorhandenen Pfarreien wahrnehmen! Zustimmung und Widerspruch zu Steinkamp. In: Diak 19 (1988) 90 – 93, 90.

[8] Um den Rahmen dieser Arbeit nicht zu sprengen, beschränke ich mich im wesentlichen auf die hauptberuflichen Mitarbeiter/innen in der Pastoral. Zur Situation der ehrenamtlich Tätigen vgl. u.a. SCHUSTER, Norbert: Gemeindeleitung und Pfarrgemeinderat. München 1994.

[9] Nahezu alle Zahlen, die der Einordnung der deutschsprachigen Situation in den Kontext Europas bzw. der Welt dienen, stammen aus den Veröffentlichungen des „Annuarium Statisticum Ecclesiae“, das vom Staatssekretariat des Vatikans betreut wird. Diese Zahlen beruhen auf Mitteilungen aus den Bistümern. Sie werden zwei Jahre nach dem Erhebungszeitraum veröffentlicht und können durchaus gelegentlich von den am Ort ermittelten Werten abweichen. (Vgl. KERKHOFS, Jan: Der Priestermangel in Europa. In: DERS. u. Paul M. ZULEHNER (Hrsg.): Europa ohne Priester. Düsseldorf 1995, 11 – 61, 12.) – Die meisten Daten, die die gegenwärtige Situation in einen historischen Zusammenhang stellen, verdanke ich GATZ, Erwin (Hrsg.): Geschichte des kirchlichen Lebens in den deutschsprachigen Ländern seit dem Ende des 18. Jahrhunderts. Band I. Die Bistümer und ihre Pfarreien. Freiburg – Basel – Wien 1991. – Eine Fülle von Zahlenmaterial für die Diözesen in der Bundesrepublik Deutschland bieten die als Pressemitteilung der Deutschen Bischofskonferenz anlässlich des Deutschlandbesuches von Johannes Paul II. 1996 herausgegebenen Statistiken. (Vgl. dazu auch die ebenfalls von der DBK jährlich herausgegebene „Kirchliche Statistik der Bundesrepublik Deutschland.“) – Die Zentralstelle der Österreichischen Bischofskonferenz wie das schweizerische SPI/PPK in St. Gallen verweisen in der Regel bei allen Nachfragen auf die Seelsorge- bzw. Pastoralämter oder Pressestellen der einzelnen Bistümer. – Einige Bistümer veröffentlichen in unterschiedlichen Zeiträumen und zu verschiedenen Anlässen statistisches Material. (vgl. z.B.: Referat für kirchliche Statistik (Hrsg.) Die Diözese Linz in Zahlen 1994. Linz 1995; Abteilung Öffentlichkeitsarbeit und Pressestelle des Bistums Berlin: Bistum Berlin 1930-1994. Daten, Zahlen, Fakten. Berlin 1994). – Eine Reihe von Daten konnten nur durch Rückfragen bei den entsprechenden Diözesanverwaltungen erhoben werden; wobei nicht alle Ordinariate bzw. Generalvikariate zur Auskunft bereit waren. Besonders komplex ist die Situation in den schweizerischen Diözesen durch deren kantonal bedingte Eigenarten. – Da die Stichtage, zu denen jeweils Daten erhoben werden, immer wieder voneinander abweichen, mussten einzelne Daten z.T. hochgerechnet werden. – Soweit nicht anders angegeben, be-

zur weltkirchlichen Situation und zu den Bistümern im deutschsprachigen Raum. Gegenwärtig sind knapp eine Milliarde Menschen auf der Welt katholisch getaufte Christen. Sie gehören zu ca. 2.700 Diözesen, bzw. einer halben Million Pfarrgemeinden und werden von ca. 260.000 Priestern betreut. 29 % der Katholiken leben in Europa. Europa zählt 26 % (707) der Diözesen und 37% (157.136) der Pfarrgemeinden. Dort arbeiten ca. 61% (160.000) aller Priester. Europa hat, was die Katholikenzahl anlangt, nach Lateinamerika die räumlich kleinsten Diözesen mit den weltweit allerdings meisten Pfarrgemeinden: Die durchschnittliche europäische Diözese zählt ca. 400 000 Katholiken in 247 Pfarrgemeinden. Die Diözesen des deutschsprachigen Raumes sind – was die Zahl der Katholiken und der Pfarrgemeinden anlangt – allerdings ca. doppelt so groß als im europäischen Schnitt. In Südamerika kommen statistisch auf einen Priester 7.360 Katholiken, in Afrika 4.395, in Asien 2.583, im Pazifischen Raum 1.385, in Europa 1.295 und in Nordamerika 1.052. In Europa und Nordamerika ist der Personalschlüssel im Blick auf die Priester – die übrigen hauptberuflichen Mitarbeiter/innen in der Pastoral nicht mitgerechnet – um ein Vielfaches (ca. fünffach; bzw. ca. vierfach) günstiger als etwa in Afrika oder Asien. In Europa selbst ist die Situation sehr unterschiedlich. Hier kommen zwischen 369 (Malta) und 4.032 (Litauen) Katholiken auf einen Priester. Die Diözesen des deutschsprachigen Raumes liegen, was dieses Kriterium anlangt, im statistischen Mittel.

Weltweit steigt die Zahl der Pfarrgemeinden, die keinen Pfarrer mehr am Ort haben, alle zwei Jahre um 1000.

	Weltweit	Europa	Deutscher Sprachraum
Pfarrgemeinden mit Pfarrer	159.750	89.082	12.748
Ohne Pfarrer am Ort	60.213	49.439	4.706
in Prozent	37 %	35 %	31 %

Im deutschen Sprachraum leben ca. 36 Millionen Katholiken in 39 Diözesen, bzw. in 17.176 Pfarrgemeinden: in den 22 westdeutschen (Erz-)Bistümern Aachen, Augsburg, Bamberg, Eichstätt, Essen, Freiburg, Fulda, Hamburg, Hildesheim, Köln, Limburg, Mainz, München- Freising, Münster, Osnabrück, Paderborn, Passau, Regensburg, Rottenburg-Stuttgart, Speyer, Trier und Würzburg und den 5 ostdeutschen: Berlin, Dresden-Meißen, Erfurt-Meiningen, Görlitz und Magdeburg. Die Zahl der Katholiken beträgt zusammen 28,661 Millionen. In der Bundesrepublik Deutschland bestehen 14.238 Pfarrgemeinden und sonstige Seelsorgestellen. In den österreichischen (Erz-) Bistümern Eisen-

ziehen sich die Zahlenangaben auf das Jahr 1996. Trotz mehrmaliger Vergewisserungen und zahlreicher Feinanalysen des Materials muss mit Unschärfen gerechnet werden. Sie beeinträchtigen allerdings nicht die Grundtendenzen, von denen im Folgenden die Rede sein wird.

stadt, Feldkirch, Graz-Seckau, Gurk-Klagenfurt, Innsbruck, Linz, Salzburg, St. Pölten und Wien leben 6,429 Millionen Katholiken in 4241 Pfarrgemeinden und sonstigen Seelsorgestellen. Die deutschsprachige Schweiz mit den Bistümern Basel, Chur und St. Gallen zählt ca. 1,6 Millionen Katholiken in ca. 880 Pfarrgemeinden.

Es gibt gegenwärtig im deutschen Sprachgebiet fünf sehr große Diözesen: das 1821/1822 neu errichtete Erzbistum München-Freising (ca. 2,0 Mio. Katholiken), die beiden vom Großherzogtum Baden, bzw. vom württembergischen Königshaus geförderten und 1821 errichteten Bistümer Freiburg (ca. 2,2 Mio.) und Rottenburg-Stuttgart (ca. 2,0 Mio.), das Erzbistum Köln (ca. 2,4 Mio.) und die Diözese Münster (ca. 2,0 Mio.) in ihren Diözesangrenzen von 1958. In diesen Bistümern lebt ein starkes Viertel aller deutschsprachigen Katholiken. – Die sechs großen Diözesen, in denen ein weiteres Viertel der Katholiken des deutschen Sprachraumes wohnen, sind: die zwei 1821 mit der in Anlehnung an die Staatsgrenzen vorgenommenen Neugestaltung der preußischen Diözesen formierten Diözesen Trier (ca. 1,8 Mio.) und Paderborn (ca. 1,8 Mio.), das 1785 mit der josephinischen Diözesanregulierung neu umschriebene Erzbistum Wien (ca. 1,5 Mio.), die mit der Reform des bayrischen Kirchenwesens umgestalteten Diözesen Augsburg (ca. 1,4 Mio.) und Regensburg (ca. 1,3 Mio.) und das 1930 aus Teilen von Köln und Münster errichteten Bistum Aachen (ca. 1,2 Mio.). – Ebenfalls ca. ein Viertel der Katholiken lebt in elf mittelgroßen Diözesen: dabei handelt es sich um das 1958 aus Teilen von Köln, Münster und Paderborn hervorgegangene Ruhrbistum Essen (ca. 1,1 Mio.), das 1828 umgestaltete größte schweizerische Bistum Basel (ca. 1,1 Mio.), die beiden josephinischen Bistümer Linz (ca. 1,0 Mio.) und Graz-Seckau (ca. 1,0 Mio.), das 1818 neu umrissene unterfränkische Bistum Würzburg (ca. 0,9 Mio.) und das mittel-, bzw. oberfränkische Bamberg (ca. 0,8 Mio.), das hessen-darmstädtische Bistum Mainz (ca. 0,8 Mio.), das Bistum Chur (ca. 0,7 Mio.) in seinen Grenzen von 1867, das 1827 errichtete nassauische Limburg (ca. 0,7 Mio.), das 1824 neu umschriebene Hildesheim (ca. 0,7 Mio.) und das 1858 wiedereingerichtete, 1995 verkleinerte Bistum Osnabrück (ca. 0,6 Mio.). – Das restliche Viertel der Katholiken gehört zu den elf kleinen Diözesen: das durch das Konkordat von 1817 wiedererrichtete Speyer (ca. 0,6 Mio.), Passau in seinen Grenzen von 1821/22 (ca. 0,5 Mio.) und Eichstätt (ca. 0,4 Mio.). Das 1995 wiedergegründete Erzbistum Hamburg (ca. 0,4 Mio.), das 1785 geschaffene St. Pölten (ca. 0,5 Mio.), das 1822 neu umschriebenen Salzburg (ca. 0,5 Mio.), das Kärntner Bistum Gurk (ca. 0,4 Mio.), das 1964 zum Bistum erhobene, nach der Ausgliederung von Feldkirch 1968 wesentlich verkleinerte Innsbruck (ca. 0,4 Mio.), das kurhessische Fulda (ca. 0,4 Mio.) und das Erzbistum Berlin (ca. 0,4 Mio.). Zu den sechs sehr kleinen Diözesen zählen die Diasporabistümer auf dem Gebiet der ehemaligen DDR, Dresden-Meißen (ca. 0,2 Mio.), Erfurt-Meiningen (ca. 0,2 Mio.) und Magdeburg (ca. 0,2 Mio.), das burgenländische Eisenstadt (ca. 0,2 Mio.), Feldkirch (ca. 0,2 Mio.) und das schweizerische St. Gallen (ca. 0,2 Mio.). – Das kleinste Bistum im deutschsprachigen Raum ist Görlitz mit ca. 60.000 Katholiken.

1.1 Das Raumprofil der Pfarrgemeinden

Bezüglich ihres Raumprofils unterscheiden sich die Pfarrgemeinden des deutschen Sprachgebietes in mehrerer Hinsicht. Vier Merkmale halte ich dabei für besonders wichtig: die flächenmäßige Ausdehnung, die Zahl der Katholiken, die Siedlungsstruktur und die konfessionellen Gegebenheiten.

1.1.1 Flächenstruktur der Pfarrgemeinden

Am signifikantesten unterscheiden sich die Bistümer des deutschsprachigen Raumes hinsichtlich der flächenmäßigen Ausdehnung ihrer Pfarrgemeinden.[10]

Raumprofil der Pfarrgemeinde: *Flächenmäßige Ausdehnung*
bzw. Dichte des Pfarrgemeindenetzes, durchschnittliche Größe in km²

(Erz-)Bistum	**km²**	**(Erz-)Bistum**	**km²**
Hamburg	184,3	Münster	22,2
Görlitz	170,2	Eichstätt	21,7
Berlin	133,9	Paderborn	19,1
Magdeburg	122,3	Regensburg	19,0
Dresden-Meißen	119,8	Rottenburg-Stuttgart	18,8
Hildesheim	84,9	Feldkirch	18,7
Erfurt-Meiningen	57,7	Passau	17,8
Osnabrück	49,3	St. Gallen	16,9
Salzburg	46,9	Speyer	16,9
Innsbruck	44,0	Limburg	16,7
Graz-Seckau	41,8	München-Freising	15,9
Fulda	39,5	Freiburg	14,9
Chur	36,6	Wien	13,8
Gurk-Klagenfurt	28,3	Würzburg	13,8
Bamberg	28,2	Trier	13,3
Linz	25,3	Augsburg	12,9
St. Pölten	24,7	Köln	7,6
Basel	23,7	Aachen	7,2
Eisenstadt	22,5	Essen	5,7
Mainz	22,4		

10 Z.B. zählen Hildesheim, Berlin, Osnabrück und Magdeburg hinsichtlich ihrer Katholikenzahl zwar keineswegs zu den großen Bistümern, aber sie sind die großräumigsten. Zudem handelt es sich bei ihnen um typische Diasporabistümer: Der Anteil der Katholiken unter der Wohnbevölkerung liegt hier jeweils unter 15%. Er beträgt in Hildesheim 12,1%, in Berlin 9,2%, in Osnabrück 14,9% und in Magdeburg 9,5%. Mit Rottenburg-Stuttgart, Freiburg und Münster – allesamt keine Diasporabistümer – stehen die nach der Zahl der Katholiken ausgesprochen großen Bistümer erst auf dem 5., 8. und 9. Platz der flächenmäßig großen Bistümer. Görlitz, die, was die Zahl der Katholiken anlangt, kleinste Diözese, ist flächenmäßig nahezu doppelt so groß wie das Erzbistum Köln, in dem 41 mal soviel Katholiken wohnen wie in Görlitz.

Die größten Pfarrgemeinden liegen im Norden bzw. Osten. Sie sind z.T. 30 mal größer als etwa Pfarrgemeinden am Niederrhein. Eine geringe Zahl von Pfarrgemeinden auf einem großen Territorium[11] bedeutet aber, dass „Pfarrorte" 30 bis 40 km voneinander entfernt liegen können.
Da die Struktur des Netzes dieser Pfarrorte ein wichtiges Moment des diözesanen Raumprofils ist, hängt von ihm auch ganz wesentlich ab, welche Handlungsstrategien einem Bistum möglich sind und welche nicht.
Ein eher weitmaschiges Netz lässt z.B. die Strategie der Einpfarrung der einen Pfarrgemeinde in die andere als wenig realistische Option erscheinen, wie auch jeden anderen Versuch der „Zusammenlegung" mehrerer Pfarrgemeinden und deren Leitung durch nur einen Priester.

1.1.2 Größe der Pfarrgemeinden nach Katholiken

In den zurückliegenden 150 Jahren hat sich die Zahl der Katholiken im deutschsprachigen Raum verdreifacht[12] und die der Pfarrgemeinden nahezu verdoppelt.[13] Diese zählen heute doppelt so viele Katholiken wie vor 150 Jahren.[14] Zu 17.176 Pfarrgemeinden gehören durchschnittlich 2.149 Katholiken. Dabei gibt es große Unterschiede zwischen den Bistümern.[15]
Wo flächenmäßig etwa gleich große Pfarrgemeinden mit wenigen Katholiken aneinander grenzen, scheiden eine Reihe von Kooperationsmodellen von vornherein aus (s.o.). Wo verschieden große Pfarrgemeinden nebeneinander liegen, ist eine Zuordnung von Stützpunkt- zu Schwerpunkt-, bzw. Zentralorten möglich.[16]

[11] Görlitz zählt 57 Pfarrgemeinden auf 9.700 km^2.

[12] 1830: 11.3 Mio.; 1980: 36,8 Mio.

[13] 1830: 9.721; 1980: 17.167.

[14] Zählte eine Pfarrgemeinde 1830 im Schnitt 1166 Katholiken, waren es um die Jahrhundertwende bereits 1718. 1930 stieg die Zahl dann auf 1946; 1960 gehörten 2305 Katholiken zu einer Pfarrgemeinde; zu Beginn der 90er sind es 2149.

[15] Aufgrund ihrer geographischen und wirtschaftlichen Gegebenheiten sind überwiegend ländlich strukturiert die Bistümer: St. Gallen (der einzige städtische Mittelpunkt ist St. Gallen mit ca. 80.000 Einwohner), St. Pölten (die Landeshauptstadt zählt kaum mehr als 50.000 Einwohner), Würzburg (die einzige Großstadt ist die Bischofsstadt selbst), Passau (das einzige städtische Zentrum des Bistums ist Passau mit ca. 50.000 Einwohnern) oder Augsburg mit 997 Pfarrgemeinden, worunter viele weniger als 300 Katholiken zählen. – Überwiegend städtisch geprägte Bistümer sind z.B. Köln, Essen oder Wien. – Diözesen, die sowohl über urbane Ballungsräume verfügen als auch über ländliche strukturierte Gebiete sind z.B. Rottenburg-Stuttgart, Limburg und Freiburg. Da diese Bistümer sehr heterogen strukturiert sind, unterscheiden sich auch ihre Pfarrgemeinden: So zählt z.B. ein Drittel der Freiburger Pfarrgemeinden deutlich weniger als 1.000 Katholiken; ein zweites Drittel dagegen deutlich mehr als 3.000 Katholiken.

[16] ENDERS, Gisela: Zur neuen pastoralen Planung – Wissenswertes und Interessantes. In: Mitteilungen des Bistums Limburg 3 (1994) 5–7, 5. Das Bistum Limburg wies in seinem Strukturplan 175 Pfarrgemeinden als Zentralorte und 153 Pfarrgemeinden als Schwerpunkt-, bzw. lediglich Stützpunktorte aus.

Raumprofil der Pfarrgemeinde: *Größe nach Katholiken*
durchschnittliche Anzahl der Katholiken

(Erz-)Bistum		(Erz-)Bistum	
Görlitz	864	Limburg	2039
Erfurt-Meiningen	920	Basel	2076
Magdeburg	1025	Hildesheim	2081
Dresden-Meißen	1066	Wien	2081
Eisenstadt	1336	Chur	2129
St. Pölten	1371	Feldkirch	2130
Gurk-Klagenfurt	1385	Bamberg	2181
Würzburg	1471	Hamburg	2260
Augsburg	1508	Osnabrück	2279
Eichstätt	1614	Aachen	2301
Innsbruck	1725	Paderborn	2380
Regensburg	1745	Linz	2394
Trier	1749	Mainz	2469
Passau	1758	Graz-Seckau	2502
Berlin	1826	Salzburg	2524
Fulda	1856	München-Freising	2695
Speyer	1862	Köln	2947
St. Gallen	1945	Münster	3057
Rottenburg-Stuttgart	2010	Essen	3319
Freiburg	2025		

Am günstigsten ist die Situation dort, wo ungefähr gleiche, flächenmäßig eher kleine Pfarrgemeinden, die jeweils viele Pfarrangehörige zählen, eine relativ geschlossene Raumschaft bilden. Hier stehen den Bistumsleitungen eine Vielzahl an Kooperationsmöglichkeiten offen, die sie vor Ort installieren können.

1.1.3 Profil der Pfarrgemeinde in Bezug zu ihrem konfessionellen Umfeld

Die starren konfessionellen Verhältnisse, wie sie aufgrund der territorialen Gliederung des deutschsprachigen Raumes bis in das vorige Jahrhundert hinein bestanden, haben sich vor allem in der zweiten Hälfte dieses Jahrhunderts zunehmend aufgelöst. Während in ländlichen Gebieten die konfessionellen Verhältnisse der Ausgangslage zwar bis heute weitgehend nachwirken, haben sie sich in den urbanen Ballungsräumen deutlich verändert. Durch den Zuzug von Heimatvertriebenen nach 1945 und die wachsende Mobilität seit den 60er Jahren sank der Anteil der Katholiken in ehemals nahezu ausschließlich katholischen Raumschaften, so in z.B. Augsburg von 1900: ca. 89% auf 1980: 81,8%. In evangelisch geprägten Gebieten ist die umgekehrte Bewegung zu beobachten. Im Bistum Hildesheim stieg der Anteil der Katholiken an der Wohnbevölkerung im selben Zeitraum von ca. 10% auf ca. 12%.
In den ostdeutschen Diözesen hat die mit der Öffnung der Mauer 1989 einsetzende Abwanderungsbewegung die Pfarrgemeinden weiter ausgedünnt. Davon

Raumprofil der Pfarrgemeinde: *Konfessionelles Umfeld*
Anteil der Katholiken an der Wohnbevölkerung in %

(Erz-)Bistum	%	(Erz-)Bistum	%
Dresden-Meißen	4	Eichstätt	52
Görlitz	6	Münster	52
Hamburg	7	St. Gallen	59
Magdeburg	7	München-Freising	63
Erfurt-Meiningen	8	Aachen	65
Hildesheim	12	Wien	66
Berlin	13	Augsburg	70
Osnabrück	30	Würzburg	70
Fulda	31	Trier	72
Limburg	31	Feldkirch	84
Mainz	31	Regensburg	84
Basel	39	Eisenstadt	85
Bamberg	40	Gurk-Klagenfurt	86
Essen	40	Linz	87
Rottenburg-Stuttgart	42	Passau	90
Chur	45	Graz-Seckau	90
Freiburg	45	Salzburg	90
Speyer	45	Innsbruck	92
Köln	46	St. Pölten	93
Paderborn	48		

sind die ländlichen Gebiete noch stärker betroffen als die Städte. Flächenmäßig große Diasporapfarrgemeinden, zu denen nur wenige Katholiken gehören, sind dadurch inzwischen oft in ihrer Substanz gefährdet.[17]
Wo die Diasporasituation in einzelnen Gegenden zu einem solch radikalen Substanzverlust der Pfarrgemeinden geführt hat, stellt dies für die Bistumsleitungen eine schwere Hypothek dar; auch hinsichtlich möglicher raumplanerischer Strategien. Es fehlt schlicht die personelle Basis für jedwede Kooperation solcher Pfarrgemeinden.

1.2 Das Personalprofil der Pfarrgemeinden

Nicht nur was das Raumprofil anlangt, differieren die Pfarrgemeinden und damit die Bistümer des deutschen Sprachraums. Auch im Blick auf die Ausstattung mit hauptberuflich eingesetztem Personal sind die Unterschiede signifikant. Das gilt für die Zahl der zur Verfügung stehenden Priester ebenso wie für die Zahl der Diakone und ‚Laien'-Mitarbeiter/innen in der Pastoral.

[17] WANKE, Joachim: Worauf es uns als Seelsorger ankommen sollte! In: LS 41 (1990) 15–22, 15f: „Wir Katholiken, die wir hier im Raum der jetzigen DDR schon eine längere Diasporaerfahrung haben, erleben, wie sich unsere binnenkatholischen Milieus, die wir meinten noch halten zu können, aufsprengen und ihre bergende Kraft verlieren."

1.2.1 Zahl der zur Verfügung stehenden Priester[18]

Die Zahl der Priester ist zwar in den letzten 25 Jahren erheblich zurückgegangen, sie ist aber absolut immer noch höher als die Zahl der Pfarrgemeinden: Gegenwärtig ergibt dies rechnerisch 1,7 Priester für eine Pfarrgemeinde.[19] Von daher kann von Pfarrermangel zunächst nicht die Rede sein.
So haben eine Reihe diözesaner Maßnahmen die „Umverteilung" der Priester zum Ziel. Es werden z.B. Planstellen in der Kategorialseelsorge so umgewidmet, dass sie nicht mehr von Priestern besetzt werden müssen.[20] Und innerhalb der Territorialstruktur wird der Versuch unternommen, die Priester sinnvoller zu verteilen. Damit gehen (s.o.) raumordnerische Maßnahmen wie Auflassung bzw. Zusammenschluss von Pfarrgemeinden einher. Wo es möglich ist, werden Priester mit der Verantwortung für mehrere Pfarrgemeinden betraut.

Personalprofil der Pfarrgemeinde: *Zur Verfügung stehende Priester pro Pfarrgemeinde*

(Erz-)Bistum		**(Erz-)Bistum**	
Gurk-Klagenfurt	0,9	Osnabrück	1,5
Augsburg	1,0	Speyer	1,5
Erfurt-Meiningen	1,0	Bamberg	1,6
Magdeburg	1,0	Basel	1,6
Trier	1,0	Innsbruck	1,6
Eisenstadt	1,1	Dresden-Meißen	1,7
Rottenburg-Stuttgart	1,1	München-Freising	1,7
Würzburg	1,1	Wien	1,7
Freiburg	1,2	Mainz	1,8
Limburg	1,2	Fulda	1,9
Aachen	1,3	Linz	1,9
Eichstätt	1,3	Paderborn	1,9
Görlitz	1,3	Salzburg	1,9
St. Pölten	1,3	Berlin	2,0
Graz-Seckau	1,4	Münster	2,0
Passau	1,4	Chur	2,3
Regensburg	1,4	St. Gallen	2,3
Feldkirch	1,5	Köln	2,8
Hamburg	1,5	Essen	2,9
Hildesheim	1,5		

[18] „In der Diözese Würzburg standen am 31.12.1990 für 618 Pfarrgemeinden und sonstige Seelsorgestellen 439 Pfarrseelsorger (Diözesan- und Ordenspriester) zur Verfügung." Vgl. HerKor 45 (1991) 356. „In der Erzdiözese Köln standen für 814 Pfarrgemeinden und sonstige Seelsorgestellen am 31.12.1990 806 Pfarrseelsorger (Diözesan- und Ordenspriester) zur Verfügung. Diese Zahl wird sich bis zum Jahr 2000 auf 729 reduzieren." Vgl. dazu Imprimatur 30.9.1991, 331.

[19] Im Vergleich: 1830: 2,0; 1900: 2,0; 1930: 2,2; 1960: 2,2

[20] Waren z.B. von den im aktiven Dienst des Erzbistums Köln stehenden Priestern vor 25 Jahren noch 46% in der Kategorialseelsorge tätig, so ist dieser Anteil inzwischen kontinuierlich auf unter 20% gesunken.

Dies scheint auf den ersten Blick auch deswegen durchführbar, weil die Beanspruchung der Priester auf ihren klassischen Aufgabenfeldern, den Kasualien bzw. dem schulischen Religionsunterricht in den letzen Jahren zurückgegangen ist. Vor 25 Jahren bestand z.B. in Österreich die durchschnittliche Eucharistiegemeinde aus 362 Katholiken, heute sind es nur noch 267. Damals kamen auf einen Priester 23 Taufen, 14 Beerdigungen und 7 Hochzeiten im Jahr. Heute sind es nur noch 16 Taufen, 15 Beerdigungen und 4 Hochzeiten. Im Erzbistum Köln kommen 1995 im Vergleich zu 1955 46% mehr Katholiken auf einen Priester. Die Zahl derer, mit denen er die sonntägliche Eucharistie feiert, ist aber um 45%, die Zahl der Trauungen um 26% und die Zahl der Taufen um 7% zurückgegangen; lediglich die Zahl der Beerdigungen, die durchschnittlich von einem Priester zu halten sind, ist um 41% gestiegen.

1.2.1.1 Historisch bedingter Pfarrermangel

Unter historisch bedingtem Pfarrermangel verstehe ich Entwicklungen, die teilweise schon vor 250 Jahren ihren Anfang nahmen, wie etwa Wanderungsbewegungen oder traditionell niedere Weihezahlen.
Von ersterer besonders betroffen sind z.B. die alpenländischen Bistümer, wo viele Berggemeinden im 18. und 19. Jahrhundert gleich von mehreren Emigrationswellen erfasst wurden. Dort haben eine ganze Reihe von Pfarrgemeinden

Personalprofil: *Historischer Priestermangel*
Anzahl an Katholiken pro Priester im Schnitt der letzten 150 Jahre

(Erz-)Bistum		**(Erz-)Bistum**	
Dresden-Meißen	2747	Osnabrück	947
Essen	1591	Gurk-Klagenfurt	905
Hamburg	1476	Erfurt-Meiningen	904
Berlin	1334	Fulda	891
Aachen	1318	Linz	860
Feldkirch	1237	München-Freising	857
Eisenstadt	1207	Rottenburg-Stuttgart	842
Wien	1180	Görlitz	785
Köln	1161	Würzburg	777
Magdeburg	1133	Augsburg	776
Hildesheim	1107	Regensburg	765
Speyer	1080	St. Pölten	758
Innsbruck	1068	Graz-Seckau	748
Paderborn	1051	Salzburg	720
Mainz	1049	Passau	675
Bamberg	1006	Basel	674
Münster	989	Eichstätt	629
Trier	989	St. Gallen	604
Freiburg	989	Chur	461
Limburg	971		

seit über 100 Jahren keinen eigenen Pfarrer mehr. So gab es z.B. im Bistum Chur, obwohl dieses über lange Jahre hinweg über sehr viele Priester verfügte, schon in der ersten Hälfte dieses Jahrhunderts ca. 60 (10%) nicht besetzte Pfarrgemeinden.

Personalprofil: *„Priesterdichte"*
Priester pro 10.000 Katholiken und Abweichung vom Durchschnitt

(Erz-)Bistum	Anzahl Priester	Abweichung in %
Rottenburg-Stuttgart	5,43	- 34,66
Aachen	5,82	- 29,96
Limburg	5,90	- 29,00
Augsburg	6,07	- 26,96
Trier	6,12	- 26,35
Graz-Seckau	6,14	- 26,11
München-Freising	6,23	- 25,03
Paderborn	6,37	- 23,35
Münster	6,46	- 22,26
Osnabrück	6,52	- 21,54
Freiburg	6,53	- 21,42
Gurk-Klagenfurt	6,64	- 20,10
Hamburg	6,78	- 18,41
Hildesheim	7,08	- 14,80
Feldkirch	7,19	- 13,48
Bamberg	7,29	- 12,27
Würzburg	7,45	- 10,35
Mainz	7,47	- 10,11
Salzburg	7,66	- 7,82
Regensburg	7,73	- 6,98
Passau	7,81	- 6,02
Speyer	7,84	- 5,66
Eichstätt	7,96	- 4,21
Eisenstadt	7,96	- 4,21
Wien	8,11	- 2,41
Linz	8,12	- 2,29
Essen	8,83	+ 6,26
Innsbruck	9,35	+ 12,52
Magdeburg	9,35	+ 12,52
Köln	9,63	+ 15,88
St. Pölten	9,69	+ 16,61
Fulda	10,13	+ 21,90
Basel	10,27	+ 23,59
Berlin	10,75	+ 29,36
Chur	10,83	+ 30,32
Erfurt-Meiningen	11,63	+ 39,95
St. Gallen	11,92	+ 43,44
Görlitz	15,55	+ 83,15
Dresden-Meißen	15,95	+ 91,94

Andere Bistümer haben zwar ein günstigeres Raumprofil, aber traditionell eine vergleichsweise niedere Zahl von Priestern und von daher – schon historisch bedingt – Pfarrermangel.

1.3.1.2 Pfarrermangel aufgrund der Entwicklung der letzten 50 Jahre

Die Zahl der Priester pro Katholiken differiert von Bistum zu Bistum. Die Varianzen sind hier noch signifikanter als beim Verhältnis Priester/Pfarrgemeinden. Dies hat historische Ursachen (s.o.). Diese Unterschiede rühren aber auch zu einem großen Teil von Entwicklungen her, die noch nicht sehr lange zurückliegen.
Dazu zählen u.a. die verschiedenen Startbedingungen der Bistümer und insbesondere ihrer Priesterseminare nach dem Zweiten Weltkrieg; der unterschiedlich starke Zustrom heimatvertriebener Priester; die ungleich hohe Zahl an Amtsniederlegungen und der uneinheitlich verlaufene Rückgang der Weihezahlen in den letzten dreißig Jahren.
1995 wurden im deutschsprachigen Raum durchschnittlich 62% weniger Neupriester geweiht als 1965. In ländlich geprägten Bistümern mit vielen kleinen Pfarrgemeinden sind die Weihezahlen besonders deutlich gesunken: in Würzburg um 87%, in Trier, Augsburg und Aachen um 70%. Mit Limburg (-70%) und Mainz (-79%) war aber auch der Rhein-Main-Ballungsraum außerordentlich stark von dieser Entwicklung betroffen. Dagegen haben andere Diözesen einen wesentlich geringeren Rückgang der Priesterberufe zu verzeichnen: z.B. Münster (-22%) oder die bayrischen Diözesen Eichstätt (-25%), Passau (-5%) und Regensburg (-29%).
Der Rückgang der Zahl der Neupriester wirkt sich besonders dahingehend sehr ungünstig aus, dass gerade Pfarrer an sog. Zentralorten mit einem sehr hohen Aufkommen an Kasualien personell nicht mehr hinreichend unterstützt werden können. Dies wiederum führt zu einer ganzen Reihe von zusätzlichen Folgeschwierigkeiten.

1.2.1.3 Altersstruktur des Klerus

Die absolute Zahl der Priester, die einem Bistum zur Verfügung stehen, gilt als einer der wesentlichen Faktoren seiner Handlungsmöglichkeiten. Besonders ausschlaggebend ist hier die Altersstruktur des Klerus. In Basel z.B. sind 40% der Priester bereits im Ruhestand. Lediglich 39% stehen noch im Pfarrdienst. In anderen Diözesen sieht es nur auf den ersten Blick besser aus. Im Erzbistum Bamberg sind zwar erst 18% der Priester pensioniert, aber bereits 58% sind älter als 60.
In den kommenden fünf Jahren wird im deutschsprachigen Raum ein Drittel der jetzt noch im aktiven Dienst befindlichen Priester in den Ruhestand eintreten. Die große Zahl der Priester, die bislang bis ins hohe Alter hinein ihren Dienst in der aktiven Pfarrseelsorge versehen, ist auf Dauer nicht zu ersetzen. Bei insgesamt sinkenden Klerikerzahlen sind gerade Diözesen mit einem über-

Personalprofil der Pfarrgemeinde: *Altersstruktur der Priester*
Anteil der Pensionäre am Klerus

(Erz-)Bistum	%	(Erz-)Bistum	%
Hildesheim	35	Salzburg	21
Passau	29	Regensburg	21
Eichstätt	26	Trier	21
Mainz	25	Chur	20
Paderborn	25	Feldkirch	20
Fulda	25	Limburg	20
Rottenburg-Stuttgart	25	Linz	20
Speyer	25	St. Gallen	20
Würzburg	25	Essen	19
Augsburg	24	Hamburg	19
München-Freising	24	Innsbruck	19
Münster	24	St. Pölten	19
Basel	24	Bamberg	18
Dresden-Meißen	22	Köln	18
Freiburg	22	Aachen	17
Gurk-Klagenfurt	22	Berlin	17
Osnabrück	22	Magdeburg	14
Wien	22	Erfurt-Meiningen	9
Eisenstadt	21	Görlitz	8
Graz-Seckau	21		

durchschnittlich ungünstigen Altersschnitt in ihren personalplanerischen Möglichkeiten stark eingeschränkt.
All diese Entwicklungen wirken sich den letzten zehn Jahre immer signifikanter aus. In einzelnen Diözesen ist allein in diesem Zeitraum das Presbyterium „mit einem Schlag" um ein Fünftel geschrumpft.[21] Gerade in den zusätzlich mit der Hypothek eines historisch bedingten Pfarrermangels belasteten Diözesen[22] stellt sich die Frage nach Einsatzmöglichkeiten anderer kirchlicher Berufe.

[21] Vgl. z.B. BISCHÖFLICHES ORDINARIAT ROTTENBURG-STUTTGART (Hrsg.): Theologische Perspektiven zur pastoralen Planung 2001. Rottenburg 1990, 3: „Die Gesamtzahl der aktiven Priester in unserer Diözese beträgt gegenwärtig 991; im Jahre 2001 werden es nach realistischen Berechnungen nur noch 759 sein; das heißt, das Presbyterium der Diözese wird um über 23 Prozent schrumpfen."

[22] Allerdings hat der Umgang damit mancherorts auch zu einer Vielzahl bereits erprobter Strategien geführt. Auf Grund dieses Umstandes haben die Verantwortlichen, etwa in Limburg, schon weit früher als in anderen Diözesen nach Strategien zur Bewältigung des Priestermangels gesucht. So hat man dort z.T. vor 30 Jahren mit Konzepten experimentieren können, die andernorts erst jetzt überlegt werden. Näheres dazu in meinen Beitrag: Verlegenheitslösungen. Rückschau auf die Gegenwart einer Institution. In: SCHUSTER, Norbert u. Martin WICHMANN (Hrsg.): Die Platzhalter. Erfahrungen von Gemeindeleiterinnen und Gemeindeleitern. Mainz. 1997, 209–237.

1.2.2 Zur Verfügung stehende Diakone und ,Laien'-Mitarbeiter/innen

Eine Reihe diözesaner Strategien zur Bewältigung des Pfarrermangels basiert auf der theologisch begründeten Annahme, dass die Funktionen, die im Verlauf der geschichtlichen Entwicklung im Amt des Priesters zentriert wurden, zumindest teilweise entflochten werden können. Darunter gibt es einzelne Aufgaben, die inzwischen mancherorts andere Mitarbeiter/innen in der Gemeindepastoral übernehmen. In der Entflechtung seines Aufgabenbündels und der Delegation einzelner bisher nur von ihm selbst wahrgenommener Tätigkeiten sieht man ein breites Spektrum an Entlastungsmöglichkeiten für den Pfarrer. So z.B. von Administrationsaufgaben: der Pfarrer zieht sich aus der Arbeit des zuständigen Verwaltungsrates zurück. An seiner Stelle übernimmt diese Aufgabe ein/e aus der Gemeinde gewählte/r ehrenamtliche/r Vorsitzende/r diese Arbeit.[23]

Das Amt des Pfarrers enthält nach Canon 150 den vollen Umfang und die ganze Breite der seelsorglichen Aufgaben („officium secumferens plenam animarum curam"). Die Option Entflechtung und Delegation bezieht sich in einer ganzen Reihe diözesaner Handlungsstrategien nicht nur auf den administrativen, sondern auch auf den seelsorglichen Bereich. Hier sind allerdings in der Regel weniger ehrenamtlich Tätige, sondern vielmehr hauptberufliche Mitarbeiter/innen als Träger dieser Aufgaben im Blick. Da werden z.B. Diakone besonders im Kontext der Taufspendung zur Entlastung der Priester eingesetzt oder man erteilt z.B. ,Laien'-Mitarbeiter/innen die Beerdigungserlaubnis.

Personalprofil der Pfarrgemeinde: *Zur Verfügung stehende Diakone und „Laien"-Miarbeiter/innen in Deutschland* pro Pfarrei

(Erz-)Bistum		(Erz-)Bistum	
Regensburg	0,2	Essen	0,6
Dresden-Meißen	0,3	Rottenburg-Stuttgart	0,6
Eichstätt	0,3	München-Freising	0,7
Augsburg	0,4	Speyer	0,7
Fulda	0,4	Hildesheim	0,8
Görlitz	0,4	Köln	0,8
Magdeburg	0,4	Limburg	0,8
Paderborn	0,4	Münster	0,8
Passau	0,4	Osnabrück	0,8
Erfurt-Meiningen	0,5	Hamburg	1,0
Freiburg	0,5	Trier	1,0
Aachen	0,6	Würzburg	1,1
Bamberg	0,6	Mainz	1,3
Berlin	0,6		

23 Vgl. Amtsblatt des Bistums Limburg vom 1.9.1991, 114. – Vgl. auch Mitteilungen, Berichte – Informationen – Meinungen. Bistum Limburg 1/92.

Die Zahl der – auch hierfür – insgesamt zur Verfügung stehenden hauptberuflichen Mitarbeiter, Diakone und ‚Laien'-Mitarbeiter/innen, unterscheidet sich von Bistum zu Bistum. Dies gilt auch, betrachtet man nun die verschiedenen Berufsgruppen gesondert.

1.2.2.1 Diakone

Auf die Wiedereinführung des ständigen Diakonats haben die einzelnen Diözesen weltweit sehr unterschiedlich reagiert. Am konsequentesten sind dabei die US-amerikanischen Diözesen vorgegangen.[24] Der deutschsprachige Raum liegt etwa im Schnitt der europäischen Entwicklung. Allerdings gibt es hierbei erhebliche Unterschiede: Während in Chur, Dresden, Passau oder St. Gallen nur jede hundertste Pfarrgemeinde einen ständigen Diakon zur Verfügung hat, sieht das in Mainz und Köln z.B. völlig anders aus. Dort steht durchschnittlich jeder vierten bzw. dritten Pfarrgemeinde ein Diakon zur Verfügung.
Die „Rahmenordnung für Ständige Diakone in den Bistümern der Bundesrepublik Deutschland" vom 10.3.1987 spricht in Punkt 1.5 unzweideutig vom Dia-

Personalprofil der Pfarrgemeinde: *Zahl der zur Verfügung stehende Diakone*
Anzahl der Diakone pro Pfarrei

(Erz-)Bistum		**(Erz-)Bistum**	
Dresden-Meißen	0,01	Berlin	0,10
St. Gallen	0,01	Erfurt-Meiningen	0,10
Gurk-Klagenfurt	0,03	Freiburg	0,10
Passau	0,03	Speyer	0,10
Eisenstadt	0,04	Görlitz	0,11
Linz	0,05	Magdeburg	0,12
Chur	0,06	Limburg	0,14
Feldkirch	0,06	Osnabrück	0,14
Regensburg	0,06	Hamburg	0,15
Salzburg	0,06	Wien	0,16
St. Pölten	0,06	Paderborn	0,17
Eichstätt	0,07	Rottenburg-Stuttgart	0,17
Innsbruck	0,07	Würzburg	0,17
Bamberg	0,08	München-Freising	0,18
Fulda	0,08	Hildesheim	0,19
Augsburg	0,09	Mainz	0,22
Graz-Seckau	0,09	Münster	0,26
Trier	0,09	Köln	0,33
Aachen	0,10	Essen	0,42
Basel	0,10		

[24] In den USA wirkten am 1.1.1989 insgesamt 8719 Diakone, das sind 59, 17% aller Diakone der ganzen Welt.

konat als eigenständigem Beruf in der Kirche.[25] Das Diakonat[26] kann „hauptberuflich oder in Verbindung mit einem Zivilberuf" ausgeübt werden.[27] Die einzelnen Bistümer verfolgen hinsichtlich der Einführung des ständigen Diakonats unterschiedliche Strategien; ebenso bei der Übernahme nebenberuflicher Diakone in den hauptberuflichen pastoralen Dienst.

1.2.2.2 ‚Laien'-Mitarbeiter/innen

‚Laien'-Mitarbeiter/innen[28] sind weltweit, wie auf Europa hin betrachtet, in unterschiedlich hoher Zahl hauptberuflich in der Pastoral tätig:[29] überdurchschnittlich viele kommen im deutschsprachigen Raum, insbesondere in der Bundesrepublik Deutschland zum Einsatz.
Dazu zählen die Gemeindereferenten/innen. Deren Beruf geht auf Wurzeln zurück, die im Zusammenhang mit der gesellschaftlichen Umbruchsituation zu Beginn des 20. Jahrhunderts zu sehen sind.[30] Der Beruf der Pastoralreferenten/

25 Selbst Gemeindereferenten oder Pastoralreferenten, die eine abgeschlossene Berufsausbildung im kirchlichen Dienst haben, müssen zusätzliche Elemente der Eignung zum Diakonat nachweisen, um zur Weihe zugelassen zu werden.

26 Die Rahmenordnung beschreibt den Ständigen Diakon als Amtsträger der Kirche mit eigenem Proprium. Durch den Empfang der Weihe wird er dazu „bestimmt", „Zeichen des dienenden Christus und der dienenden Kirche zu sein." Seine „spezifische Berufung" treibt ihn, sich einzelnen Menschen und kleinen Gruppen in ihren konkreten leiblichen und geistlichen Nöten zuzuwenden. Darin zeigt sich ein wesentlicher Zug des Handelns Jesu, „diese Radikalität des Dienstes Jesu Christi wird im Diakon manifestiert".

27 Da ein nebenberuflicher Diakon die volle Arbeitskraft seinem Zivilberuf widmen und dort den Lebensunterhalt für sich und seine Familie verdienen muss, lässt sich sein diakonaler Dienst allerdings soziologisch nicht als Beruf bezeichnen.

28 Ich beschränke mich hier auf Gemeinde- bzw. Pastoralreferent/innen.

29 Das II. Vatikanische Konzil wünschte ausdrücklich, dass viele „Laien" „die Theologie auch zum Hauptstudium machen" (GS 62). Wenn auch in den Konzilsdokumenten nicht ausdrücklich von ‚Laien' – Theologen in pastoralen Berufen die Rede ist, so wird doch an mehreren Stellen die Mitarbeit von „Laien" in der Seelsorge erwähnt. Sie können „in verschiedener Weise zu mehr unmittelbarer Mitarbeit mit dem Apostolat der Hierarchie berufen werden". Sie haben „die Befähigung dazu, von der Hierarchie zu gewissen kirchlichen Ämtern (munera ecclesiastica) herangezogen zu werden, die geistlichen Zielen dienen" (LG 33) Das Konzil geht davon aus, dass es solche kirchlichen Ämter bereits gibt, die von „Laien" bekleidet werden. „Dazu kommen jene von Gott erwählten Laien, die vom Bischof gerufen sind, sich voll dem apostolischen Wirken hinzugeben, und im Akkerfeld des Herrn mit reicher Frucht zu arbeiten." (LG 41) Auch im Dekret über das Laienapostolat wird der kirchliche Dienst von „Laien", auch der von Laien in der unmittelbaren Pastoral, als Gegebenheit vorausgesetzt (vgl. AA 22)

30 Bedingt durch die gestiegenen Aufgaben der Pfarrgeistlichen kam es während des Ersten Weltkriegs erstmalig zu einem Einsatz weiblicher Laienhelferinnen in der Seelsorge. Auch nach dem Ende des Krieges meldeten insbesondere die Großstadtseelsorger einen entsprechenden Bedarf an, zur Entlastung der Geistlichen vornehmlich bei der Führung der Pfarrkartei, bei Verwaltungsarbeiten und bei Hausbesuchen. So wurden 1919 erstmals sogenannte Gemeinde- bzw. Seelsorgehelferinnen in westdeutschen Großstadtpfarreien und im Diasporagemeinden in Mittel- und Ostdeutschland eingestellt.

Personalprofil der Pfarrgemeinde: *Anzahl der Gemeinde- bzw. Pastoralreferenten/innen in Deutschland* pro Pfarrei

(Erz-)Bistum		**(Erz-)Bistum**	
Regensburg	0,14	Köln	0,45
Magdeburg	0,19	Rottenburg-Stuttgart	0,49
Eichstätt	0,28	Achen	0,52
Essen	0,31	Berlin	0,52
Augsburg	0,33	Münster	0,54
Görlitz	0,33	Bamberg	0,55
Passau	0,34	Erfurt-Meiningen	0,55
Würzburg	0,34	München-Freising	0,55
Dresden-Meißen	0,35	Speyer	0,55
Fulda	0,35	Hamburg	0,59
Freiburg	0,36	Hildesheim	0,63
Paderborn	0,37	Limburg	0,76
Trier	0,40	Mainz	1,10
Osnabrück	0,42		

innen ist jünger und verdankt sich der nachkonziliaren Entwicklung, insbesondere der 70er Jahre.[31] Wie bei der Einführung des Diakonats sind die deutschsprachigen Diözesen auch bei der Einführung dieser beiden Berufe unterschiedlich vorgegangen: In allen Diözesen gibt es Gemeindereferenten/innen, während u.a. in den ostdeutschen Diözesen der Beruf des Pastoralreferenten/in eher selten anzutreffen ist.

1.2.2.3 Relation Priester/Diakone und ‚Laien'-Mitarbeiter/innen

In einem Teil der Bistümer wird die hauptberufliche Arbeit in den Pfarrgemeinden hauptsächlich von Priestern getragen. Dies gilt besonders dort, wo aus dem Kreis der Pastoral- bzw. Gemeindereferenten/innen nur die Gemeindereferenten/innen in den Pfarrgemeinden, die Pastoralreferenten/innen aber auf der überpfarrlichen Ebene bzw. in der Kategorialseelsorge eingesetzt sind. In anderen Bistümern arbeiten nahezu ebenso viele Diakone, Gemeinde- und Pastoralreferenten/innen in der Pfarrseelsorge wie Priester.

Diese Tendenz hin zu einem paritätischen Verhältnis, wie das heute schon etwa in Limburg oder Mainz der Fall ist,[32] wird wohl in Zukunft in immer mehr

[31] Entscheidend waren hier als wichtigstes Dokument für die Ermöglichung neuer ortskirchlicher Dienstämter das Motuproprio „*Ministeria quaedam*" Papst Pauls VI. vom 15. August 1972; die Bischofssynode 1974, dort wurde von vielen Bischöfen in verschiedenen Ortskirchen der Welt immer wieder die Notwendigkeit betont, entsprechend ihrer pastoralen Situation Laiendienstämter in der Seelsorge zu schaffen; und das Apostolische Schreiben „*Evangelii nuntiandi*" vom 8. Dezember 1975, insbesondere der Abschnitt über die verschiedenen Dienstämter.

[32] In Mainz hat dies zu ausführlichen Konzeptionen geführt, was die Struktur der Pfarrver-

Bistümern festzustellen sein. Zwar ist die Zahl derer, die ein Studium mit dem Berufsziel Gemeinde- oder Pastoralreferent/in aufnehmen, in den letzten Jahren deutlich zurückgegangen: Mancherorts wurden in den 90er Jahren deutlich weniger Gemeinde- oder Pastoralreferent/innen eingestellt als noch in den 80er Jahren. Durch den gravierenden Unterschied in der Altersstruktur der Priester und der Diakone und ,Laien'-Mitarbeiter/innen werden sich allerdings die Verhältnisse in 10 Jahren noch einmal entscheidend geändert haben.[33]

Diözesanleitungen werden sich daraufhin vor allem um Klärung der verschiedenen Berufsprofile zu mühen haben. Und es wird ein hoher Bedarf an Verbindlichkeit hinsichtlich der Regelung des Zueinanders der verschiedenen kirchlichen Berufe bestehen.

Personalprofil der Pfarrgemeinde: *Verhältnis Priester zu Pastoral-, Gemeindereferenten/innen und Diakonen,* Anzahl pro Priester

(Erz-)Bistum		**(Erz-)Bistum**	
Regensburg	0,2	Erfurt-Meiningen	0,6
Dresden-meißen	0,3	München-Freising	0,6
Eichstätt	0,3	Münster	0,6
Essen	0,3	Speyer	0,6
Fulda	0,3	Trier	0,6
Paderborn	0,3	Basel	0,7
Berlin	0,4	Osnabrück	0,7
Görlitz	0,4	Würzburg	0,7
Passau	0,4	Hamburg	0,8
Bamberg	0,5	Rottenburg-Stuttgart	0,8
Freiburg	0,5	Hildesheim	0,9
Köln	0,5	Limburg	0,9
Magdeburg	0,5	Mainz	1,0
Aachen	0,6		

bände und Seelsorgeeinheiten anlangt. Dies ist eine der Voraussetzungen dafür, die Einsatzbereiche der verschiedenen pastoralen Mitarbeiter/innen klar abstecken zu können. In Limburg hat diese Situation die Überlegungen zur Profilierung der verschiedenen kirchlichen Berufe beschleunigt.

33 Gehen wir von einem Bistum aus, in dem gegenwärtig ca. 600 Pfarrer und 300 Pastoral- bzw. Gemeindereferent/innen tätig sind, und rechnen wir damit, dass dort jährlich 8 Neupriester und gleichzeitig 10 Pastoral- bzw. 5 Gemeindereferent/innen in den Dienst übernommen werden, um den gegenwärtigen zahlenmäßigen Stand der Priesterstellen zu halten, so werden in diesem Bistum in 10 Jahren noch ca. 370 Pfarrer, aber über 600 Pastoral- bzw. Gemeindereferent/innen in der Seelsorge vor Ort arbeiten. Das heißt, das Verhältnis hat sich umgekehrt und lautet jetzt 1:2.

1.3 Raum- und Personalprofil: Verbünde mehrerer Pfarrgemeinden

Aufgrund unterschiedlicher Konstellationen von Raum- und Personalprofilen ergeben sich verschiedene „Kooperationsgebilde“. Sie bestehen nicht nur aus jenem Drittel der Pfarrgemeinden im deutschsprachigen Raum, bei denen der Pfarrer nicht mehr am Ort wohnt. Sie umfassen auch mindestens noch ein weiteres Drittel der Pfarrgemeinden, nämlich diejenigen, die diesen benachbart sind und mit ihnen kooperieren (müssen). Die Varianzen an Formationen, bzw. Verbünden mehrerer Pfarrgemeinden sind beträchtlich; in Folge dessen präsentiert sich auch die Gestalt der Leitung sehr vielfältig.

1.3.1 Nicht mehr besetzte Pfarrgemeinden

31 Prozent der Pfarrgemeinden des deutschsprachigen Raumes müssen inzwischen ohne residierenden Pfarrer auskommen.[34] Im Bistum Essen kennt man praktisch keinen Pfarrermangel, ähnlich ist die Situation in Berlin, St. Pölten und Salzburg: Dort sind noch über 90 Prozent der Pfarrgemeinden besetzt.

Raum- und Personalprofil der Pfarrgemeinden: *Nicht mehr mit einem Priester am Ort besetzte Pfarrgemeinden,* im Verhältnis zur Gesamtzahl

(Erz-)Bistum	**%**	**(Erz-)Bistum**	**%**
Trier	47,0	Wien	23,3
Augsburg	43,1	Görlitz	22,8
Würzburg	39,8	Feldkirch	22,1
Gurk-Klagenfurt	37,9	Regensburg	21,1
Rottenburg-Stuttgart	35,9	Graz-Seckau	20,9
Speyer	35,4	Hildesheim	20,7
Eisenstadt	33,9	Basel	17,1
Limburg	33,8	Dresden-Meißen	16,3
München-Freising	33,3	Hamburg	15,3
Eichstätt	32,3	Linz	14,8
Freiburg	30,7	Chur	14,2
Köln	29,0	St. Gallen	13,8
Paderborn	28,2	Osnabrück	13,1
Magdeburg	27,7	Bamberg	11,3
Münster	27,2	Fulda	10,7
Mainz	26,4	Salzburg	9,7
Aachen	26,0	St. Pölten	9,2
Innsbruck	25,1	Berlin	7,3
Erfurt-Meiningen	24,8	Essen	0,2
Passau	24,3		

[34] Vgl. GREINACHER, Norbert: Das Heil der Menschen ist das oberste Gesetz in der Kirche. In: Ottmar FUCHS u.a. (Hrsg.): Der pastorale Notstand. Notwendige Reformen für eine zukunftsfähige Kirche. Düsseldorf 1992, 28–49, 35–36.

In Trier und Augsburg dagegen sind schon mehr als 40% der Pfarrgemeinden dauerhaft vakant. „In der Erzdiözese Köln standen für 814 Pfarrgemeinden und sonstige Seelsorgestellen am 31.12.1990 806 Pfarrseelsorger zur Verfügung. Diese Zahl wird sich bis zum Jahr 2000 auf 729 reduzieren."[35]
In Speyer geht man davon aus, dass im Jahr 2000 nur noch 150 der 350 Pfarrgemeinden des Bistums einen Priester am Ort haben werden, damit wären dort 58% der Pfarrgemeinden nicht mehr besetzt.[36] In Würzburg rechnet man mit einer Zahl um 57%.[37]
Dabei sind gegenwärtig nicht nur die kleinen Pfarrgemeinden vakant. Im Gegenteil: Viele ältere Priester, die noch im aktiven Dienst stehen, sind Pfarrer dieser kleinen Pfarrgemeinden und können das auch nur dort (noch) sein. Während also relativ kleine Pfarrgemeinden durchaus besetzt sind, haben mancherorts benachbarte Pfarrgemeinden etwa mit 2000 Katholiken kaum Chancen, einen eigenen Pfarrer zu bekommen.[38]

1.3.2 Formationen benachbarter Pfarrgemeinden

Aus den Grunddaten zum Raum- und Personalprofil der Pfarrgemeinden lassen sich Konstellationen erschließen, nach denen benachbarte Pfarrgemeinden eine Formation bilden, innerhalb derer kooperiert werden soll. Exemplarisch seien einige solcher Gebilde kurz skizziert.
Der Pfarrverband: Die Pfarrgemeinden verfügen über einen eigenen Pfarrer, der am Ort wohnt. Je nach Größe der einzelnen Pfarrgemeinde arbeitet dort ein/e weitere/r Mitarbeiter/in in der Pastoral. Die Pfarrgemeinden bilden einen Pfarrverband im klassischen Sinn.[39] D.h.: Jeder Pfarrer leitet, in Zusammenarbeit mit einem Pastoralteam, die Pfarrgemeinde, in der er seinen Wohnsitz hat. Darüber hinaus kooperiert er mit dem Nachbarpfarrer und den dortigen pastoralen Mitarbeiter/innen. „Dies ist die Idealvorstellung von einer kooperativen Pastoral, die freilich in Zukunft in den meisten Fällen nur noch bei größeren Pfarreien möglich sein wird."[40]

35 Vgl. dazu Imprimatur 30.9.1991, 331.

36 GREINACHER, Heil, 38.

37 HerKor 45 (1991), 356.

38 Z.B. zählen 18% der Pfarrgemeinden im Erzbistum Freiburg keine 600, 17% zwischen 600 und 1000 und 16% der Pfarrgemeinden zählen lediglich zwischen 1000 und 1600 Katholiken. Angenommen, dass zuerst die kleinen Pfarrgemeinden keinen eigenen Pfarrer mehr bekommen, dürfte in allen (377) Pfarrgemeinden mit weniger als 1000 Katholiken kein Pfarrer mehr wohnen. Dies ist aber keineswegs der Fall.

39 „Seelsorger, Pfarrgemeinderäte und Kirchenverwaltungen werden in der herkömmlichen Weise bestellt und behalten ihre bisherigen Rechte und Pflichten bei." DIE BAYERISCHEN BISCHÖFE: Rahmenordnung für Pfarrverbände. In: Würzburger Diözesanblatt 6 (1974) 76–79, Ziff. 4.1.

40 KASPER, Walter: Der Leitungsdienst in der Gemeinde. Referat von Bischof Walter Kasper beim Studientag der deutschen Bischofskonferenz in Reute am 23. Februar 1994. Hrsg. vom Sekretariat der Deutschen Bischofskonferenz. Bonn 1994, 16.

Die Zentralpfarrei: Eine überdurchschnittlich große Pfarrgemeinde ist umgeben von mehreren kleinen Pfarrgemeinden, die zusammen nicht so viele Katholiken zählen wie die große Pfarrei. Ein Pfarrer ist für dieses gesamte Gebilde zuständig und versorgt in Zusammenarbeit mit einem Pastoralteam von der Zentralpfarrei aus die kleineren Pfarrgemeinden mit. „Derartige pastorale Schwerpunkte, ausstrahlende Mittelpunktspfarreien und geistlich geprägte Orte bieten die Chance, durch gemeinsames Leben, bewusste Zusammenarbeit und gezielten Einsatz von Mitarbeitern Orte zu schaffen, die durch intensive und vielfältige Seelsorge eine Prägekraft für die Umgebung entfalten, an der die kleineren Orte teilhaben und durch die auch solche, die in ihrer Gemeinde nicht angesprochen werden, seelsorgliche Hilfe und religiöse Heimat finden."[41]

Die Seelsorgeeinheit (dezentral – kategorial): Mehrere, möglicherweise, was die Zahl der Katholiken anlangt, verschieden große, flächenmäßig eher kleine nicht weit voneinander entfernte Pfarrgemeinden, verfügen zusammen über einen Pfarrer und wenigsten eine/n weitere/n ‚Laien'-Mitarbeiter/in in der Pastoral. Pfarrer und Pastoralteam arbeiten pfarrübergreifend. „D.h. der Pfarrer nimmt seine Aufgaben in allen Gemeinden grundsätzlich in derselben Weise wahr, und seine Mitarbeiter/innen teilen sich die Arbeit in allen Gemeinden nach sachlichen Gesichtspunkten auf."[42]

Die Pfarreiengemeinschaft (dezentral – territorial[43]). Mehrere, flächenmäßig evtl. unterschiedliche, z.T. eher weit auseinanderliegende, aber was die Zahl der Katholiken anlangt, etwa gleich große Pfarrgemeinden verfügen über eine Gesamtzahl von Mitarbeiter/innen in der Pastoral, die in einer adäquaten Relation (am besten 1:1) zur Anzahl der Pfarreien steht. Hier nimmt das Team „seine Aufgaben pfarreibezogen wahr, d.h. jedes Mitglied des Teams ist in einer der Gemeinden Bezugsperson, der Pfarrer tut unmittelbare Seelsorgearbeit nur in der Gemeinde, in der er auch wohnt."[44] Bezugsperson bzw. Ansprechpartner sind in der Regel hauptberufliche Mitarbeiter/innen in der Pastoral. Dabei erhält „die jeweilige ‚Bezugsperson' besondere Kompetenzen (Teilhabe an Aufgaben der Gemeindeleitung) für ‚ihre' Gemeinde"[45] und ist für die Pastoral vor Ort verantwortlich. – Letztlich bestimmt hier die Zahl der Priester auf Grund

41 ERZBISCHÖFLICHES ORDINARIAT FREIBURG (Hrsg.): Seelsorglicher Dienst auf dem Weg ins Jahr 2000. Freiburg 1991, 35.

42 KASPER, Leitungsdienst, 16.

43 Die kategoriale Aufgabenverteilung kommt an ihre Grenzen, wo sich die Pfarrgemeinden sehr weiträumig ausdehnen und die Entfernung zwischen den Pfarrorten sehr groß ist; bzw. wo eine so große Zahl an Pfarrgemeinden zu einer „Pfarreiengemeinschaft" zusammengeschlossen werden, dass die zu einer Kategorie gehörenden Dienste und Feiern (z.B. Erstkommunion) praktisch nicht mehr von einem Mitglied des Pastoralteams überall übernommen werden können.

44 KASPER, Leitungsdienst, 16.

45 BISTUM ESSEN. Seelsorgeamt. (Hrsg.): Überlegungen zur Pastoralplanung in den Gemeinden des Bistums Essen. Grundlage für ein Planungskonzept zur Diskussion in den Dekanaten und Gemeinden. Essen 1994, 14.

ihres zusätzlichen kategorialen, für alle Pfarrgemeinden zu versehenden, liturgischen Dienstes, die Anzahl der Pfarrgemeinden, die eine solche Formation bilden können.
Der Verbund mehrerer Pfarrgemeinden. (dezentral – kategorial [hauptberuflich] – territorial [ehrenamtlich]). Mehrere flächenmäßig und ggf. auch hinsichtlich der Katholikenzahl verschieden große Pfarrgemeinden verfügen zwar über die zur kategorialen „Grundversorgung" der Pfarrgemeinden nötige Anzahl an hauptberuflichen pastoralen Mitarbeiter/innen, nicht aber über genügend zur territorialen „Versorgung", wobei hier eine genügend große Anzahl „ehrenamtlicher" Mitarbeiter/innen zur Verfügung steht. Die in dieser Situation zum Zug kommenden Modelle setzen in der Regel die hauptberuflich Tätigen kategorial ein und machen ehrenamtlich Tätige zu territorialen Bezugs- und Kontaktperson. „In erster Linie ist hier der /die Pfarrgemeinderatsvorsitzende als Ansprechpartner/in, Koordinator/in und Vermittler/in für die verschiedenen Anliegen zu nennen. Neben der/dem Pfarrgemeinderatsvorsitzenden hat in vielen Gemeinden auch der/die Kirchenpfleger/in, der/die Pfarrsekretär/in oder der/die Mesner/in eine bereichsübergreifende Bedeutung als Ansprechpartner/in."[46]
Der „ad hoc Verband". Mehreren flächenmäßig und ggf. auch, was die Zahl der Katholiken anlangt, ähnlich großen Pfarrgemeinden, die allerdings sehr weit auseinanderliegen, stehen unterdurchschnittlich viele pastorale Mitarbeiter/innen zur Verfügung. Hier ist Kooperation oft kaum möglich.[47] Die rechtliche und pastorale Zuständigkeit eines Nachbarpfarrers bleibt häufig formales Konstrukt. Die Pfarrgemeinden werden de facto einmal durch einen Diakon geleitet,[48] einmal durch eine/n andere/n Mitarbeiter/in in der Pastoral gemäß Canon 517, § 2 oder durch eine Bezugsperson am Ort, und zwar ohne formale Zuständigkeit. In jedem Fall wird nach einer Leitungsstruktur für die einzelne Pfarrgemeinde gesucht, die der herkömmlichen, durch einen investierten Priester, nachgebildet ist.

1.3.3 Gestalten der Leitung von Kirche am Ort

In der Regel ist für Seelsorge und Leitung einer nicht mehr besetzten Pfarrgemeinde der Pfarrer einer Nachbargemeinde zuständig. Er bekommt die Verantwortung für diese „zusätzliche" Pfarrgemeinde dadurch übertragen, dass er als

[46] BISCHÖFLICHES ORDINARIAT AUGSBURG, Pastorale Richtlinien, 68.

[47] Jedes Modell von Gemeindeleitung, das in irgendeiner Weise den regelmäßigen engen Austausch mehrerer Mitarbeiter/innen in der Pastoral voraussetzt, kommt dort an seine Grenzen, wo Pfarrorte auf Grund der Besiedlungsstruktur, wie etwa in manchen Regionen der Alpen, oder auf Grund der Diasporasituation, wie etwa in den norddeutschen bzw. in einem Teil der ostdeutschen Bistümer, mehr als 50 km auseinanderliegen.

[48] Ein Diakon leitet rechtmäßig „im Namen des Pfarrers und des Bischofs entfernt liegende Christengemeinden, bleibt dabei aber der Autorität des Bischofs und des zuständigen Priesters unterstellt". Vgl. Motuproprio Pauls VI. „Sacrum diaconatus ordinem" n. 22.10; 23; aufgenommen in Canon 517, § 2 CIC.

Pfarrer investiert, zum Pfarradministrator ernannt oder als Moderator bestellt wird. An dem Ort, an dem er nicht wohnt, müht man sich dann um sog. Ansprechpartner/innen. Dabei gehen die einzelnen Diözesen unterschiedliche Wege. In den meisten Fällen haben nebenberufliche Mitarbeiter/innen in der Pastoral[49] diese Position übernommen: der/die Pfarrgemeinderatsvorsitzende, der/die Kirchenpfleger/in, der/die Mesner/in. Über deren Zahl gibt keine Statistik Auskunft. Doch sie dürfte um ein Vielfaches über der der hauptberuflichen Ansprechpartner liegen.

Wo hauptberufliche Mitarbeiter/innen in der Pastoral diese Funktion innehaben, geschieht dies meist auf Grund von Absprachen mit „ihrem" Pfarrer. Gelegentlich verankert der Dienstgeber einzelne Leitungsaufgaben auch offiziell in entsprechenden Stellenbeschreibungen. Relativ selten sind Ernennungen auf der Basis des Canon 517, § 2[50]. Die Bischöfe halten sich hier eher zurück[51]. Zudem finden sich auch nicht allerorten genügend nebenberufliche, bzw. hauptberufliche Mitarbeiter/innen, die bereit sind, diese Aufgabe zu übernehmen. Es ist in den jeweiligen Berufsgruppen eher umstritten, inwieweit es sinnvoll und angezeigt ist, in diese „Bresche zu springen". So sind im deutschsprachigen Raum nach Canon 517, § 2 bisher lediglich 279 Personen bestellt worden.[52] Circa ein Drittel von ihnen arbeitet im Bistum Basel. Ein weiteres Drittel ist in insgesamt sechs Diözesen eingesetzt; die meisten von ihnen in Limburg und Linz. In anderen Bistümern wird Canon 517, § 2 nur in Einzelfällen angewandt.

Nun ist zwar auf verschiedene Weise – jedenfalls in der Praxis – die Leitung der Pfarrgemeinden ohne eigenen Priester am Ort geklärt, damit ist aber in der

49 BISCHÖFLICHES ORDINARIAT AUGSBURG (Hrsg.): Pastorale Richtlinien zur Pfarreiengemeinschaft als Seelsorgeeinheit in der Diözese Augsburg. In: Amtsblatt der Diözese Augsburg Nr.2 vom 22. Jan. 1997. 107 (1997) 49–87, 18.

50 Vgl. HUELS, John: Das Pfarreileben und der neue Kodex. In: Conc 22 (1986) 205–210, 207.

51 Vgl. SCHMITZ, Heribert: „Gemeindeleitung" durch „Nichtpfarrer-Priester" oder „Nichtpriester-Pfarrer". Kanonistische Skizze zu dem neuen Modell pfarrlicher Gemeindeleitung des c. 517§ 2 CIC. In: AKKR 161 (1992) 329 – 361, 356. – Es ist Sache des zuständigen Bischofs, Diakone oder andere Mitarbeiter/innen in der Pastoral mit diesem Amt zu betrauen. „Nicht einmal die Bischofskonferenz kann den Bischof in dieser Frage einschränken." (LORETAN, Adrian: Laien im pastoralen Dienst. Ein Amt in der kirchlichen Gesetzgebung: Pastoralassistent/-assistentin. Pastoralreferent/-referentin. Freiburg Schweiz 1994, 262.) Er befindet, wie das Canon 517, § 2 voraussetzt, ob Priestermangel besteht. Er legt fest, welche Qualifikation zur Übernahme dieses Amtes gegeben sein muss. Er regelt Rechte und Pflichten der Amtsträger und ihre Zuordnung zur Pfarrgemeinde und dem zuständigen Moderator. „Der Initiative und der Kreativität des Diözesanbischofs ist ... für Detailnormierung ein weiter Beurteilungs-, Ermessens- und Entscheidungsspielraum zuerkannt." (SCHMITZ, „Gemeindeleitung", 358.)

52 Diese Zahl ergibt sich auf Grund meiner Nachfragen bei allen deutschsprachigen Diözesen. Stand 1.1.1997. Dabei trifft man u.a. auf folgende Amtsbezeichnungen: Ständige Ansprechpartner, Gemeindeleiter, Gemeindeassistenten in einer Territorialgemeinde, Pfarrkuraten, Pfarrbeauftragte, Pfarrassistenten, Pfarramtsleiter, Pfarrgemeindebeauftragte oder Administrator genannt.

Regel nicht quasi mitentschieden, auf welche Weise und von wem der Verbund der Pfarrgemeinden zu leiten ist. Dies ist in den meisten Fällen überhaupt nicht im Blick. Vieles, sowohl auf der Ebene der einzelnen Pfarrgemeinden als auch auf der Ebene des Verbundes mehrerer Pfarrgemeinden ist ganz offensichtlich die Folge von Notlösungssequenzen. Dabei ist der zunehmende Mangel an klassisch wahrgenommener Leitung wie an neuen Leitungsformen, die auf eine breite Zustimmung stoßen, evident.

2. Pfarrgemeinde(n) in systematisch-theologischer Perspektive

Nachdem die Sozialgestalt der Pfarrgemeinde im ersten Schritt quasi aus der Vogelperspektive betrachtet und in ihren Grenzen vermessen wurde und noch bevor dann im dritten Schritt gewissermaßen eine Gesteinsprobe genommen und ein Querschnittsprofil ihrer Vielschichtigkeit erstellt wird, soll jetzt „zwischengefragt" werden: Was wird eigentlich mit den beiden am häufigsten verwandten Titeln „Kirche" bzw. „Gemeinde" über das Phänomen Pfarrgemeinde kommuniziert? Wie stellt sich Pfarrgemeinde systematisch-theologisch im Kontext der Ekklesiologie des II. Vatikanums dar? Welche ekklesiale Ortsbestimmung wächst der Pfarrgemeinde in der synodalen bzw. nachkonziliaren und nachsynodalen Entwicklung zu?

2.1 Konzil und Pfarrgemeinde

Sobald in Diskussionen das Thema Pfarrgemeinde bzw. Gemeinde aufgeworfen wird, stellt sich heraus, dass diese Begriffe längst nicht so eindeutig sind, wie es zunächst scheint. Sie werden es auch nicht, wenn man sich auf das Konzil beruft. Denn das II. Vatikanische Konzil nahm „vor allem hinsichtlich des Bischofsamtes und der bischöflichen Ortskirche"[1] Weichenstellungen vor. Sie, die Diözesankirche gilt dem Konzil als Ortskirche. Da die „Pfarrgemeinde [...] (zusammen mit dem Presbyterat) als eigene Grundgestalt von Kirche nicht mehr in vergleichbarer Weise in den Blick gekommen"[2] ist, sich das Konzil nicht im „wünschenswerten und erwarteten Ausmaß mit dem Problemkreis Pfarrei befasst"[3] hat, wurde die Pfarrgemeinde als ekklesiologische Größe kaum bestimmt. Was bleibt, ist ein „Mosaik an Einzelbausteinen"[4]. Dies machte allerdings eine „kirchenamtlich geförderte Theologie der Gemeinde im katholischen Raum möglich".[5] Zumal es ein Anknüpfen an drei „älteren" Ansätzen nahe legte: waren doch schon vorkonziliare Reformbewegungen „zu einer biblisch begründeten und liturgisch praktizierten Wertschätzung der Gemeinde gelangt".[6] Zweitens war unter Kirchenrechtlern schon in den 50er Jahren die Tendenz vorhanden, „die Pfarrei nicht nur als Verwaltungsbezirk, sondern als Teilverband der Diözese und damit als Teilgemeinschaft des Gottesvolkes zu deuten".[7] Drittens lag es in der Natur der damaligen ökumenischen

[1] WIEDENHOFER, Siegfried: Ekklesiologie. In: Theodor SCHNEIDER (Hrsg.): Handbuch der Dogmatik. 2. Aufl. Düsseldorf 1995, 47 - 154, 134.

[2] WIEDENHOFER, Ekklesiologie, 134.

[3] SCHMITZ, Heribert: Pfarrei und Gemeinde. In: AKKR 148 (1979) 48 -71, 50.

[4] Vgl. GARHAMMER, Erich: Dem Neuen trauen. Perspektiven künftiger Gemeindearbeit. Graz - Wien - Köln 1996, 73 f.

[5] WIEH, Hermann: Konzil und Gemeinde. Frankfurt 1978, 210.

[6] ZULEHNER, Paul M.: Gemeindepastoral. Kirche ereignet sich in Gemeinden, erschöpft sich aber nicht in ihnen. Düsseldorf 1989, 48.

[7] BAUMGARTNER, Konrad u. Erwin GATZ: Entwicklungstendenzen seit dem Zweiten

Aufbruchstimmung, dass die Gemeinde-Idee nicht mehr so leicht als „bloß“ protestantisch diskreditiert werden konnte.
Auf dieser Basis, also der der Ekklesiologie des II. Vatikanischen Konzils und der Reflexionen in dessen Vor- und Umfeld, wurden Wesensbestimmungen einer christlichen Gemeinde angedacht, von denen hier vier genannt sein sollen. Erstens: das Prinzip der Gleichursprünglichkeit. Danach sind sowohl Universalkirche als auch die vielen Ortskirchen im vollen Sinn Kirche. Es ist weder die Universalkirche bloß nachträglicher Zusammenschluss, noch stellen die Ortskirchen bloße Subsysteme dar. Beide sind nicht voneinander ableitbar und nicht aufeinander reduzierbar: In den bischöflichen „Einzelkirchen und aus ihnen besteht die eine und einzige katholische Kirche“.[8] Dieses Prinzip findet häufig Anwendung auch auf die Verhältnisbestimmung Bistum zu Pfarrgemeinden. – Zweitens: das Prinzip der Eucharistie als Konstitutivum für Kirche. Kirche ist danach wesentlich Eucharistiegemeinschaft. Von der Eucharistie her stellt sich das Wesen von Kirche dar und realisiert sich Kirche. Die Feier der Eucharistie ist „Quelle“ und „Höhepunkt“ des ganzen christlichen Lebens[9] und des Lebens der Kirche.[10] Dieses Prinzip auf die Pfarrgemeinde angewandt, lässt auch sie als „Ortskirche“, als Kirche am Ort – im Vollsinn – erscheinen. – Drittens: das Prinzip episkopaler Leitung. Danach steht Leitung immer an der Schnittstelle zwischen der kirchlichen Einheit, die sie selber verkörpert, und der größeren, universalen kirchlichen Einheit, in die sie bezogen bleiben muss. Diese bischöfliche Figur von Leitung, auf den Presbyter angewandt, eröffnet auf eine weitere Weise die Sicht der Pfarrgemeinde als einer (bischöflichen) ortskirchlichen Größe. Viertens: das Prinzip der Kollegialität. Es gibt bei der Leitung der Orts- und auch der Universalkirche eine grundsätzliche, wesensmäßige Gemeinschaftsdimension. „Nur wo für die Vielheit der Charismen Raum bleibt, kann die Einheit des Geistes gewahrt werden.“[11]

2.1.1 Gleichursprünglichkeit

„Die Frage ist, ob und inwiefern sich die neutestamentlichen, patristischen und konziliaren Aussagen über die Ortskirche auch auf die Ortsgemeinde anwenden lassen. Die Kirchenkonstitution ‚Lumen Gentium‘ macht unter der Nummer 28 dazu einige Andeutungen (vgl. Liturgiekonstitution, 42). Hier wird die Ortsgemeinde (communitas localis, also nicht wie es sonst heißt, ecclesia localis oder particularis) als Verwirklichung der Kirche, ja einfachhin als Kirche Gottes bezeichnet, wobei freilich zugesagt wird, der Priester als Vorsteher die-

Vatikanischen Konzil. In: Erwin GATZ (Hrsg.): Geschichte des kirchlichen Lebens in den deutschsprachigen Ländern seit dem Ende des 18. Jahrhunderts. Band I Die Bistümer und ihre Pfarreien. Freiburg–Basel–Wien 1991, 139–154, 142.

8 LG 23.

9 SC 11.

10 UR 15.

11 RATZINGER, Joseph: Das Neue Volk Gottes. Entwürfe zur Ekklesiologie. Düsseldorf 1977, 65.

ser Ortsgemeinde mache gewissermaßen den Bischof gegenwärtig. Man hat also den Eindruck, dass die Vergegenwärtigung der Universalkirche in der Ortsgemeinde nur möglich ist vermittels der Vergegenwärtigung der im Sinn der Diözesankirche verstandenen Ortskirche."[12] Man wird also bezüglich der Pfarrgemeinde eher vorsichtig von einer „relativ" eigenständigen Realisationsform von Kirche sprechen müssen und dabei immer die Notwendigkeit ihrer ständigen und engen Verbindung mit der Diözese und mit dem Bischof zu betonen haben. Es gilt zur Kenntnis zu nehmen, dass das theologische Problem der Verhältnisbestimmung von Bistum und Pfarrgemeinde, zumindest vom II. Vatikanum her nicht hinreichend geklärt ist. Es verlangt noch immer nach einer Lösung, „die die lokale Einheit [...] nicht, wie in der Vergangenheit häufig geschehen, gegenüber der überörtl(ichen) [...] zurücktreten lässt, sondern sie in ihrem durch die Verkündigung des Wortes Gottes u(nd) die Feier der Eucharistie konstituierten Kirche-Sein als die am Ort sichtbare Gesamtkirche (vgl. LG 28) ernst nimmt. Anderseits ist eine wie auch immer verstandene Autarkie der Gemeinde, v.a. was die Bestellung der Amtsträger angeht, mit der Lehre des Vat. II nicht vereinbar."[13]

Als Versuch einer wenigstens vorläufigen Lösung der Frage nach dem Verhältnis von Bistum und Pfarrgemeinde bietet sich an, die Grundidee von der Gleichursprünglichkeit, eigentlich auf das Verhältnis Universalkirche Bischofskirche(n) hin konzipiert, auf die untere Ebene der Kirche zu übertragen und sie auf das Bistum und die Pfarrgemeinde anzuwenden. So ist schon 1963 in der 1. Auflage des LThK von Diözese und Pfarrgemeinde als zwei verschiedenen Ortsebenen die Rede, auf denen gleichermaßen, im Sinn einer „repräsentativen Identität"[14] Kirche voll zur Darstellung kommt. 1992 heißt es unter der Überschrift „Die besondere Kirchlichkeit der Ortsgemeinde" in WIEDENHOFERs Ekklesiologie: „Die Ortsgemeinde hat weder eine vom Bischof unabhängige Selbständigkeit, noch ist sie eine bloße Filiale oder ein untergeordnetes Verwaltungsorgan der Diözese."[15] Mit der Übertragung des Prinzips der Gleichursprünglichkeit auf Bistum und Pfarrgemeinde(n) bekommt die Pfarrgemeinde ein ekklesiologisches Gewicht, das sich so, jedenfalls explizit, nicht von LG 23 und LG 28 her begründen lässt und das der Tatsache nicht Rechnung trägt, dass es sich z.B. in SC 42 durchaus um Formulierungen handelt, „die dem überkommenen zentralistischen ‚Filialdenken' nahe kommen".[16]

Die „Unbeholfenheit", mit der die besagten Texte sich zum Verhältnis Bistum Pfarrgemeinde(n) äußern, ist „Ausdruck [...] des noch nicht voll gelösten Problems der Verhältnisbestimmung von bischöflichen und priesterlichen Amt".[17]

12 KASPER, Theologie der Gemeinde 290.

13 WIEDENHOFER, Siegfried. Gemeinde. III. Systematisch-theologisch. In: LThK Bd. 4, 420.

14 Vgl. WALTER, Eugen: Die Theologie der Pfarrei. In: LThK Bd. 8. 2. Aufl. Freiburg 1963, 404.

15 WIEDENHOFER, Siegfried: Das katholische Kirchenverständnis. Ein Lehrbuch der Ekklesiologie. Graz - Wien - Köln 1992, 326.

16 ZULEHNER, Gemeindepastoral, 52.

17 KASPER, Theologie der Gemeinde, 290.

Zweifelsohne hat nur das Bistum „durch das Bischofsamt gleichsam alle Mittel zur Verfügung für eine relativ autonome und autarke Existenz".[18] Ähnliches kann aber auch über den Pfarrer und die Pfarrgemeinde gesagt werden: Wenn das Amt des Pfarrers das ist, das den vollen Umfang und die ganze Breite der seelsorglichen Aufgaben enthält[19], ist eine der Existenzgrundlagen der Pfarrgemeinde gegeben: Sie verfügt über das, was sie zum Leben braucht. Dennoch bleibt das Verhältnis Bischof zum Priester nicht eindeutig bestimmt: Das Amt des Pfarrers „ist einerseits Teilhabe am Amt des Bischofs und geschieht deshalb unter dessen Autorität. Es ist aber andererseits ein wirkliches Lehramt, Hirtenamt und Priesteramt in der Repräsentation Christi (vgl. CD 28–32; PO)."[20] Der Pfarrer ist der „Pastor proprius" der Pfarrgemeinde[21], der eigenständig, eigenberechtigt und eigenverantwortlich seines Amtes waltet. Was er in der Pfarrei tut, macht er auch im eigenen Namen und auf eigene Verantwortung, er ist nicht bloß Stellvertreter oder Beauftragter des Bischofs. Er hat vielmehr die ganze Amtsvollmacht, die notwendig ist, um die „Hirtensorge" in der ihm anvertrauten Gemeinschaft auszuüben. Allerdings ist „durch die Einbindung der Pfarrgemeinde in die Diözese das Amt des Pfarrers hinsichtlich dessen Stellung und Vollmacht begrenzt".[22] Außerhalb seiner Pfarrei hat er keine Eigenständigkeit. – Wer in der Verhältnisbestimmung Bischof – Priester eine funktionale Parallelisierung vornimmt, gibt der Pfarrgemeinde zwar ein hohes ekklesiologisches Gewicht, übersieht aber, dass „die Heilige Synode lehrt [...], dass durch die Bischofsweihe die Fülle des Weihesakramtes übertragen wird".[23] Der Bischof ist Inhaber der priesterlichen Amtsfülle. Der Priester hat daran Anteil und wird bestimmt durch seine Hinordnung auf den Bischof.

Es lässt sich von den Texten des II. Vatikanum her nur schwer zu einer Sicht der Pfarrgemeinde kommen, die im selben ekklesiologischen Sinn Kirche ist, wie die bischöfliche Ortskirche. Pfarrgemeinde ist Kirche im Darstellen, im auf eine „gewisse Weise"[24] „Sichtbarwerden" der Gesamtkirche.[25] Mit ganz ähnlichen Formulierungen beschreibt das Konzil auch die Differenz zwischen Bischof und Priester: „In den einzelnen örtlichen Gemeinden der Gläubigen machen sie (sc. die Priester) den Bischof, mit dem sie in vertrauensvoller und großzügiger Gesinnung verbunden sind, gewissermaßen gegenwärtig; sie übernehmen zu ihrem Teil seine Amtsaufgaben und seine Sorge und stellen sich täglich in ihren Dienst."[26]

[18] Ebd.
[19] Vgl. Canon 150 CIC: „officium secumferens plenam animarum curam".
[20] WIEDENHOFER, Lehrbuch der Ekklesiologie, 326.
[21] Vgl. Canon 519 CIC.
[22] SCHMITZ, „Gemeindeleitung", 336.
[23] LG 21.
[24] SC 42.
[25] Vgl. LG 28.
[26] LG 28.

2.1.2 Eucharistiegemeinschaft

Kirche, das ist ein durchgängiges ekklesiologisches Grunddatum des II. Vatikanums, „erfährt in der Eucharistiefeier, versammelt um den einen Altar und unter Vorsitz ihres Leiters, den Grund, Vollzug und die letzte Manifestation ihres Kirche-Seins".[27] Von daher überrascht es nicht, das LG 26 die Ortskirche im Zusammenhang mit der Heiligungsaufgabe der Bischöfe in einem Passus über die Eucharistiegemeinden thematisiert. Es ist die Rede von der wirklichen Anwesenheit der Kirche Christi in den Altargemeinden. Sie sind Kirche: „In jedweder Altargemeinschaft erscheint unter dem Dienstamt des Bischofs das Symbol jener Liebe und jener ‚Einheit des mystischen Leibes, ohne die es kein Heil geben kann' (Thomas v. A.: Summa Theol. III, q. 73, a. 3). In diesen Gemeinden, auch wenn sie oft klein und arm sind oder in der Diaspora leben, ist Christus gegenwärtig, durch dessen Kraft die eine, heilige, katholische und apostolische Kirche geeint wird. Denn ‚nichts anderes wirkt die Teilhabe an Leib und Blut Christi, als dass wir in das übergehen, was wir empfangen' (Leo d. Gr. Serm. 63,7)."[28] Nicht Größe oder Reichtum der Gemeinde sind für das wahre Kirche-Sein entscheidend, sondern die Gegenwart Christi – vor allem in der Feier der Eucharistie – macht Gemeinde zu Kirche. Dieses Grundprinzip wird schließlich bis in den CIC hinein beibehalten. Dort wird Pfarrei „nicht zuerst rechtlich als eine sich selbst tragende Gebietskörperschaft verstanden, die vom Pfarrer geleitet und mit einer bestimmten Vermögensmasse ausgestattet ist, sondern theologisch umschrieben als die Eucharistie feiernde Gemeinschaft von Gläubigen, in der sich die Kirche Christi vergegenwärtigt".[29]

„Für die meisten Katholiken [...] ist ihre Pfarrgemeinde ihre Eucharistiegemeinschaft. Sie wollen einen Platz, an dem sie die Liturgie in einer würdigen und andächtigen Weise feiern, wo sie mit anderen Gläubigen Christus begegnen und von wo aus sie die Gegenwart des auferstandenen Herrn in ihre Familie und an ihren Arbeitsplatz bringen können."[30] Die Eucharistiegemeinschaft ist „der eindeutigste gesellschaftlich erfahrbare Ort"[31], an dem sich Christen, berufen zur „Teilhabe am Heiligen", als Kirche handelnd darstellen: „In der Mitfeier der Eucharistie bekennen die Mitfeiernden, dass sie ihr Leben aus der Communio mit dem gekreuzigten, auferstandenen und erhöhten Herrn zu ge-

[27] HOFFKNECHT, Ludwig: Zur Theologie der Ortskirche. Die Aussagen der Ortskirche in den Diskussionen und Dokumenten des Zweiten Vatikanischen Konzils als Ausgangspunkt einer ortskirchlichen Ekklesiologie. Münster 1983, 221.

[28] LG 26.

[29] LORETAN, Laien, 220.

[30] WEAKLAND, Rembert: Der Zukunft mit Hoffnung ins Auge sehen. Ein Pastoralbrief über Gemeinden für das Volk der Erzdiözese von Milwaukee. In: Ottmar FUCHS u.a. (Hrsg.): Der pastorale Notstand. Notwendige Reformen für eine zukunftsfähige Kirche. Düsseldorf 1992, 126 - 152, 137 - 138.

[31] KEHL, Medard: Ecclesia Universalis In: Elmar KLINGER u. Klaus WITTSTADT (Hrsg.) Glaube im Prozeß. Christsein nach dem II. Vatikanum. Freiburg 1984, 240 - 257, 253.

stalten suchen, der die Menschen untereinander in Liebe eint."[32] Von daher ist das „eigentliche Sozialitätsmedium in der Ortsgemeinde [...] der gemeinsame öffentliche Gottesdienst, vor allem die gemeinsame Eucharistiefeier am Sonntag".[33] So ist es nur folgerichtig, dass der Kodex dem Pfarrer aufträgt, dafür Sorge zu tragen, dass die Eucharistie zum Mittelpunkt der pfarrlichen Gemeinschaft der Gläubigen wird.[34]

„Die christliche Ortsgemeinde, die den Kult Gottes in Christo durch seinen Geist vollzieht, ist nicht nur Teilstück der Gesamtkirche, z.B. nach Art eines einzelnen politischen Verwaltungsbezirkes in einem Staat, sondern ist *die* Kirche in Präsenz an einem bestimmten Ort, durch welche Ortsgemeinde die Kirche schlechthin, ihren höchsten Grad des Selbstvollzugs, ihrer Aktualisation bewirkt und durch den Kult die höchste Gegenwart Christi in der Kirche erfährt."[35] Wo die Eucharistiegemeinschaft mit LG 26 zurecht Kirche heißt, liegt der Schluss nahe, in der Pfarrgemeinde ekklesiologisch Kirche im Vollsinn zu sehen, meint doch Pfarrgemeinde in der Regel Eucharistiegemeinschaft. Sie kann, „weil Wortverkündigung und Sakramentenspendung aber zumeist in der Pfarrei erfolgen [...], Ortskirche heißen".[36] Denn „alles, was Kirche zur Kirche macht: die Feier von Wort und Sakrament, die Diakonie, das bischöfliche Amt und die Verbindung mit den anderen Ortskirchen, ist in der Kirche am Ort gegenwärtig".[37] Darum hat sie z.B., und das wird daraus weiter geschlossen, auch ein Recht auf die Eucharistie: „Die Feier der sonntäglichen Heiligen Messe darf den kleineren noch überschaubaren Gemeinden nicht entzogen werden."[38]

Die Pfarrgemeinden sind Kirche „vor Ort", vor allem dank der Eucharistie. Da ist Kirche, wo sich Christen Eucharistie feiernd versammeln. Es ist aber die Frage, ob das Konzil mit diesem Ansatz auch sagen wollte, dort wo Christen sich im Bewusstsein versammeln, Kirche zu sein, haben sie ein Recht auf all das, was es zum Kirche-Sein braucht. Zudem kann gerade Pfarrgemeinde, wenn sie von der Eucharistiegemeinschaft her definiert wird, im Sinn des II. Vatikanums jedenfalls nicht als eine prinzipiell autarke ekklesiale Wirklichkeit gesehen werden, die etwa mittels Kommuniongemeinschaft mit dem Bischof

32 MÜLLER, Josef: Das Mit- und Füreinander im Gottesvolk. Perspektiven einer Communiotheologie und -ekklesiologie. In: DERS. u. Edward J. BIRKENBEIL (Hrsg.): Miteinander Kirche sein. Idee und Praxis. München 1990, 45 - 59, 55.

33 WIEDENHOFER, Lehrbuch der Ekklesiologie, 326.

34 Vgl. Canon 528, § 2.

35 RAHNER, Karl: Schriften zur Theologie VIII. Einsiedeln–Zürich–Köln 1967, 399.

36 NEUNER, Peter: Ekklesiologie - die Lehre von der Kirche. In: Wolfgang BEINERT (Hrsg.): Glaubenszugänge. Lehrbuch der katholischen Dogmatik. Bd. 2. Paderborn–München–Wien u.a. 1995, 401 - 578, 523.

37 Ebd. 522.

38 FUCHS, Ottmar: Das kirchliche Amt. In: Ottmar FUCHS u.a. (Hrsg.): Der pastorale Notstand. Notwendige Reformen für eine zukunftsfähige Kirche. Düsseldorf 1992, 67 – 96, 87. Vgl. dagegen: RATZINGER, Joseph: Recht der Gemeinde auf Eucharistie? Die „Gemeinde" und die Katholizität der Kirche. In: DERS.: Theologische Prinzipienlehre. München 1982, 300 - 314.

verbunden ist. Die Väter des Konzils sehen dies anders. Sie betonen einmal z.B. in der Kirchenkonstitution, „jede rechtmäßige Eucharistiefeier steht unter der Leitung des Bischofs“.[39] Zum anderen betont die Liturgiekonstitution: „dass die Kirche auf eine vorzügliche Weise dann sichtbar wird, wenn das ganze heilige Gottesvolk voll und tätig an denselben liturgischen Feiern, besonders an derselben Eucharistiefeier, teilnimmt; in der Einheit des Gebetes und an dem einen Altar, dem der Bischof vorsteht, umgeben von seinem Presbyterium und den Dienern des Altars“.[40]
Für das Konzil bleibt die bischöfliche Eucharistiegemeinschaft die eigentliche ortskirchliche Eucharistiegemeinschaft. Es meint keinesfalls die Pfarrgemeinde, selbst wenn diese sich vor allem als Eucharistiegemeinschaft konstituiert.

2.1.3 Episkopale Leitung

Die Bischöfe sind die Leiter ihrer Ortskirchen und garantieren deren innere Einheit. Gleichzeitig verkörpern sie die Einheit mit den anderen Ortskirchen und der Universalkirche. Sie stehen an der Schnittstelle zwischen bischöflicher Kirche und Universalkirche: „Die Einzelbischöfe [...] sind sichtbares Prinzip und Fundament der Einheit in ihren Teilkirchen.“[41] Sie sind aber auch „als Glieder des Bischofskollegiums und rechtmäßige Nachfolger der Apostel [...] zur Sorge für die Gesamtkirche gehalten“.[42] Dies „tritt auch in den wechselseitigen Beziehungen der einzelnen Bischöfe zu den Teilkirchen wie zur Gesamtkirche in Erscheinung“.[43]
Das II. Vatikanum hat erst ab der zweiten Sitzungsperiode explizit darüber diskutiert, was ein Pfarrer sei und überhaupt erst zur letzten Session einige wenige Pfarrer als Auditoren eingeladen. Das Konzil behandelte die Frage nach der Leitung im Blick auf den priesterlichen Dienst nicht, sondern ließ sie weitgehend offen. In diesem Vakuum wird seitdem immer wieder die Figur bischöflicher Leitung zur Bestimmung auch von der Leitung herangezogen, die von Priestern wahrgenommen wird: „Die Leiter der Ortskirchen sind nicht nur das Prinzip der inneren Einheit, sondern auch der Einheit mit den übrigen Schwesterkirchen: der Leiter der Basisgemeinde für seinen Bereich, der Pfarrer im Verhältnis zur Pfarrei, der Bischof für das Bistum und der Papst im Gegenüber zur ganzen Kirche.“[44] Der Priester, so wird schon kurz nach dem Konzil formuliert, „stellt das Bindeglied zwischen den einzelnen Gruppen und der größeren Gemeinde, der Pfarrei, dar, wie er ja auch als Bevollmächtigter des Bischofs und dessen Vertreter die Gemeinschaft mit der Gesamtkirche wahrt“.[45]

[39] LG 26.
[40] SC 41.
[41] LG 23.
[42] LG 23.
[43] LG 23.
[44] BOFF, Leonardo: Die Neuentdeckung der Kirche. Basisgemeinden in Lateinamerika. Mainz 1980, 37.
[45] BLASCHE, Helmut: Kollegialität in der Gemeinde. In: LS 19 (1968) 199 - 204, 202.

Auch fünfundzwanzig Jahre später wird so argumentiert: Der Inhaber des Leitungsdienstes in der Gemeinde, der Pfarrer, ist dazu bestellt, die Einheit der Pfarrgemeinde und die Einheit der Pfarrgemeinde mit dem Bistum zu verwirklichen. „Diese Leitungsperson wird versuchen, in der Gemeinde möglichst viel Kommunikation zu schaffen, Möglichkeiten der Diskussion und Auseinandersetzung zu bieten, den Dialog zu institutionalisieren. [...] Die ordinierte Leitungsperson der Gemeinde hat ferner für die Interkommunikation zu sorgen, sowohl im Hinblick auf die Gesamtkirche, auf die diözesane Kirche wie auf die Nachbargemeinden. Sie muss sich besonders der Verantwortung bewusst sein, dass die Gemeinde nicht eine Sekte wird, die sich abschließt, sondern dass sie sich als Teil der Gesamtkirche versteht."[46] Diese Doppelfunktion „stellt hohe Forderungen an die Inhaber pfarrlicher Leitungsfunktionen."[47] So folgert Norbert GLATZEL m.E. zu recht, dass der Gemeindeleiter, „um seine Vermittlerrolle spielen und effektiv arbeiten zu können, sowohl für die Diözese (Kirche) als auch für die Gemeindeglieder als Führer akzeptierbar sein (muss)".[48]

„Alles in allem wird die Rolle des Priesters mehr und mehr der eines Bischofs ähneln."[49] Gewiss ist es in der Tat seines Amtes, „eine Zersplitterung der Gemeinde durch Isolierung und Eigenbrötelei der Gruppen zu verhindern und ihre Einordnung in das größere Ganze immer zu gewährleisten".[50] Selbst wenn die Übertragung der episkopalen Leitungsfigur, wie sie das II. Vatikanum entwickelt hat, auf den Priester theologisch plausibel ist, heißt das aber nicht, dass der Priester mit dem II. Vatikanum als der gesehen werden kann, der den Bischof vor Ort ersetzt. Eine „Episkopalisierung" des priesterlichen Dienstes lässt sich vom II. Vatikanum her nicht begründen. So muss auch die Chiffre von der Letztverantwortung des priesterlichen Gemeindeleiters problematisch erscheinen. Erst in jüngster Zeit wird hier wieder, wenn auch sehr vorsichtig, entgegengesteuert: „Die Leitungsverantwortung des Bischofs erstreckt sich auf sein ganzes Bistum und damit auf jede Pfarrei."[51] – So wenig der Priester den Bischof ersetzt, so wenig handelt es sich bei „seiner/n" Pfarrgemeinde(n) um ein Bistum.

2.1.4 Kollegialität

„Das Zweite Vatikanische Konzil betonte die Kollegialität der Bischöfe und damit auch ihre Mitverantwortung bei der Führung der Gesamtkirche und die

46 GREINACHER, Norbert: Das Heil der Menschen ist das oberste Gesetz in der Kirche. In: Ottmar FUCHS u.a. (Hrsg.): Der pastorale Notstand. Notwendige Reformen für eine zukunftsfähige Kirche. Düsseldorf 1992, 28 - 49, 30.

47 GLATZEL, Norbert: Gemeindebildung und Gemeindestruktur. (Abhandlungen zur Sozialethik. Bd. 14) München–Paderborn–Wien 1976, 120.

48 Ebd.

49 WEAKLAND, Zukunft, 149.

50 BLASCHE, Kollegialität, 202.

51 ERZBISCHÖFLICHES ORDINARIAT FREIBURG, Wege kooperativer Pastoral, 420.

Bedeutung der Teilkirchen."[52] Damit wurde Kollegialität als eine der Grundbedingungen wiederentdeckt, unter der sich die Sendung der Kirche insgesamt vollzieht: „Unter dem Gesetz der Kollegialität ist die Kirche in die Welt gesandt. Diese Mitverantwortung bildet daher auch das Herzstück der Beziehungen zwischen Bischof und Priestern, zwischen Priestern untereinander sowie Priestern und Laien."[53] Kollegialität ist also „nicht nur eine Aussage über das Wesen des bischöflichen Amtes, sondern über die Struktur der Kirche insgesamt. Sie bedeutet, dass sich die eine Kirche aus der Kommunion der vielen Ortskirchen miteinander auferbaut, und sie bedeutet dem gemäß auch, dass kirchliche Einheit wesensnotwendig das Moment der Vielheit und Fülle einschließt."[54]

Bereits kurz nach dem Konzil wurde darauf hingewiesen, dass mit dem II. Vatikanum auch der Pfarrer in eine Kollegialitätsstruktur eingebunden ist, dass „Einzelpriester keine in sich abgeschlossene Einheit" mehr bilden.[55] Mit der Idee des Presbyteriums, die der Lehre vom Bischofskollegium entspricht, wird der Priester in die größere Einheit des Bistums eingebunden. Als eine Konkretion dieser Leitidee des Presbyteriums wurde der Priesterrat geschaffen. „Der Priesterrat als Beratungsorgan des Bischofs wurde [...] zur Pflicht gemacht. Was für die Bistümer als ‚Ortskirchen' galt, sollte in den Pfarreien durch die Pfarrgemeinderäte seine Fortsetzung erhalten."[56] D.h. die Kollegialität soll auf der Ebene der Pfarrgemeinde „in der Leitung der Pfarrei (zum Ausdruck kommen), die nicht mehr allein in den Händen des Pfarrers liegt, sondern eben durch ein kollegiales Gremium (Pfarrgemeinderat) ausgeübt wird".[57] Das Prinzip von Einheit in Vielheit, so folgert RATZINGER, betrifft also nicht nur die Ebene der Gesamtkirche. „Es reicht hinein bis in den Organismus der einzelnen Pfarrei, der einerseits im Pfarrer eine ‚monarchische' Spitze hat und doch nicht zu einer Monarchie des Pfarrers werden darf, sondern Raum haben muss für das ratende Wort der Laien und seiner Brüder im Amt, Raum haben muss vor allem auch für die vielfältigen Temperamente und ihre Äußerungsformen, die es rechtens gibt."[58]

Leiter ist der „Priester als Mitglied eines Kollegiums, dessen Haupt der Bischof ist, der den apostolischen Leitungsdienst ausübt, und als Mitglied der Gemeinde, in der viele Charismen zum Aufbau der Gemeinde vorhanden sind."[59] Auf diese Weise ist die Ortsgemeinde der im gemeinsamen öffentlichen Gottesdienst zentrierte Ort der kirchlichen Grundvollzüge und der Ort der

[52] KARRER, Leo: Dialogische Strukturen in einer synodalen Kirche. In: Ottmar FUCHS u.a. (Hrsg.): Der pastorale Notstand. Notwendige Reformen für eine zukunftsfähige Kirche. Düsseldorf 1992, 50 - 66, 51.

[53] SUENENS, Léon-Joseph: Die Mitverantwortung in der Kirche. Salzburg 1968, 99.

[54] RATZINGER, Volk Gottes, 65.

[55] SUENENS, Mitverantwortung, 100.

[56] KARRER, Dialogische Strukturen, 51.

[57] BLASCHE, Kollegialität, 203.

[58] RATZINGER, Volk Gottes, 66.

[59] WIEDENHOFER, Lehrbuch der Ekklesiologie, 327.

Kommunikation mit der bischöflichen Ortskirche. Gerade die Einbindung des Priesters in eine solchermaßen doppelte Kollegialität stellt vielleicht die deutlichste Übertragung der bischöflichen Leitungsfigur auf den Priester dar. Gleichzeitig relativiert sie ihn aber in weit stärkerem Maß, als das beim Bischof in dessen Kollegialitätsstruktur der Fall ist. Der Priester wird vom Konzil wesentlich durch seine Funktion als Helfer, als sorgsamer Mitarbeiter des Bischofs qualifiziert.[60] Der Priester bleibt im Verhältnis zu seinem Bischof in einem Rollenverständnis, das das II. Vatikanum im Blick auf den einzelnen Ortsbischof und dessen Verhältnis zum Bischof von Rom, der „als Nachfolger Petri das immerwährende, sichtbare Prinzip und Fundament für die Einheit der Vielheit von Bischöfen und Gläubigen" ist[61], überwunden hat.

2.2 Synode(n) und Pfarrgemeinde

Noch im Kontext des II. Vatikanums hat Ferdinand KLOSTERMANN mit seinem „Prinzip Gemeinde" eine Entwicklung eingeleitet, die die Idee der Ortskirche für die pfarrgemeindliche Ebene auf eine so ausschließliche Weise reklamierte, wie es das Konzil nicht tat: „Kirche ereignet sich wesentlich in und als Ortskirche",[62] und meint damit die konkrete Pfarrgemeinde. Damit folgte er einer Spur, die RAHNER bereits in den 50er Jahren gelegt hatte. Dieser war sich sicher gewesen, dass die kirchliche Gemeinschaft ihre intensivste und aktuellste Ereignishaftigkeit in der jeweiligen Ortspfarrei erhält.[63] Damit war die Grundsatzfrage beantwortet, „welche Stellung die christliche Gemeinde im Tun oder Leben der Kirche einnimmt, ob diese Gemeinde einfach ein Ort neben vielen anderen ist, [...] oder ob die Gemeinde ein zentraler Ort ist, der nicht einfach neben andere Orte gestellt werden kann, sondern auf den alle anderen geheimnisvoll bezogen und hingeordnet sind, wenn nicht das ganze System aus den Angeln geraten, sein Zentrum, seinen Schwerpunkt, sein Fundament oder seine Richtung und sein Gleichgewicht verlieren soll [...]".[64] (Pfarr-) Gemeinde ist „Ursakrament"[65]. Kirchliches und (pfarr-) gemeindliches Handeln ist identisch.[66]

60 Vgl. LG 28.

61 LG 23.

62 KLOSTERMANN, Ferdinand: Kirche - Ereignis und Institution. Überlegung zur Herrschafts- und Institutionsproblematik in der Kirche. Wien–Freiburg–Basel 1976, 41.

63 Vgl. RAHNER, Karl: Zur Theologie der Pfarre. In: Hugo RAHNER (Hrsg.): Die Pfarre. Von der Theologie zur Praxis, Freiburg 1956, 27–39, 31. Zum Verständnis der Pfarrei als Gemeinschaft vgl. Canon 515, § 1.

64 KLOSTERMANN, Ferdinand: Prinzip Gemeinde. Gemeinde als Prinzip des kirchlichen Lebens und der Pastoraltheologie als der Theologie dieses Lebens. (Wiener Beiträge zur Theologie. Bd. XI) Wien 1965, 12.

65 Ebd. 21.

66 Vgl. dazu auch: DERS.: Wie wird unsere Pfarrei eine Gemeinde? Wien–Freiburg–Basel 1979.

Spätestens mit Beginn der 70er Jahre stand das Thema (Pfarr-) Gemeinde also im Mittelpunkt nahezu aller pastoraltheologischen Überlegungen.[67] Von KLOSTERMANN angestoßen und immer wieder variiert, u.a. forciert durch Überlegungen im „Handbuch der Pastoraltheologie"[68]; „legitimiert" durch die vom Beirat der Konferenz der deutschsprachigen Pastoraltheologen im Auftrag der Deutschen Bischofskonferenz herausgegebenen Handreichungen für den pastoralen Dienst.[69] Die damals initiierte Dominanz der „Gemeinde als Prinzip des kirchlichen Lebens"[70] bestimmt die Pastoraltheologie lange Jahre hindurch und wirkt z.T. bis heute fort. Damit war ein Weg eingeschlagen, der im Grunde neben ihr – und zwar letztendlich als Territorialgemeinde -, kaum Raum ließ und lässt für andere Realisierungsformen von Kirche innerhalb der bischöflichen Ortskirche: Sie war Ortskirche. – Und zwar in einer ganz konkreten (neuen) Gestalt. Der Begriff „Gemeinde" stand (und steht) nicht nur für die „ortskirchliche Weihe", die der Pfarrgemeinde gegeben wird. Er qualifiziert diese auch. Sie ist – im Gegensatz zu dem, wofür „Pfarrei" stand (und steht) – ein offenes partizipativ kommunikatives Geschehen. Darum lautet das Motto auch: „Unsere Pfarreien müssen zu Gemeinden werden."[71] Denn sie „stellt eine Gruppe von Menschen dar, die an Jesus Christus glauben und versuchen, ihr individuelles und gemeindliches Leben an der Botschaft des Neuen Testamentes auszurichten; die Gemeindemitglieder sind in der Gemeinde in ein Geflecht von sozialen Beziehungen hineingebunden und übernehmen bestimmte Funktionen in der Gemeinde; den Mittelpunkt des Gemeindelebens bildet die Gemeindeversammlung, besonders der eucharistische Gottesdienst; die Gemeinde stellt aber kein Ghetto dar; sie versteht sich als integrierter Teil der Gesamtkirche und weiß sich verpflichtet zum Dienst an der Gesellschaft."[72]
„Diese" Gemeinde wurde Reflexionsgegenstand der Gemeinsamen Synode der Bistümer der BRD in Würzburg (1971–1975), der Dresdner Synode (1973–

67 Das belegt eine Fülle pastoraltheologischer Literatur. Neben anderen sei hier nur verwiesen auf: BETZ, Otto (Hrsg.): Gemeinde von Morgen. München 1969; EXELER, Adolf (Hrsg.): Die neue Gemeinde. Mainz 1967; GREINACHER, Norbert: Die Gemeindekirche als Sozialform der Kirche der Zukunft. In: Österreichisches Seelsorgeinstitut (Hrsg.): Kirche in der Stadt I. Grundlagen und Analysen. Wien 1967, 61–80; HERMANN, Theo: Offene Gemeinde–geschlossene Gesellschaft. Freiburg 1968; ENKRICH, Manfred u. Adolf EXELER (Hrsg.): Kirche–Kader–Konsumenten. Zur Neuorientierung der Gemeinde. Mainz 1971; LEHMANN, Karl: Was ist eine christliche Gemeinde? Theologische Grundstrukturen. In: IKAZ 1 (1972) 481–497.

68 Vgl. ARNOLD, Franz Xaver u. Ferdinand KLOSTERMANN u. Karl RAHNER u.a. (Hrsg.): Handbuch der Pastoraltheologie. Bd. I, 17–58; 185 ff; II/1 342 ff; III 119–139. Freiburg–Basel–Wien 1964 ff.

69 Vgl. dazu besonders FISCHER, Henry u. Norbert GREINACHER u. Ferdinand KLOSTERMANN: Die Gemeinde. Pastorale. Handreichung für den pastoralen Dienst. 2. Aufl. Mainz 1970.

70 Vgl. dazu etwa: METTE, Norbert: Was ist gemeindliches Handeln? Eine theoretische Kontroverse und ihre praktischen Implikationen. In: PThI. 2 (1982), 293–311.

71 FISCHER, Gemeinde, 14.

72 Ebd. 15.

1975) und des Österreichischen Synodalen Vorgangs (1973–1974). „In der Gemeinde wird der Priester besonders darauf hinwirken, dass aus einer Ansammlung von Betreuten eine lebendige Gemeinde wird."[73] So hieß es in Dresden. In Würzburg wurde derselbe Ansatz so formuliert: „Aus einer Gemeinde, die sich pastoral versorgen lässt, muss eine Gemeinde werden, die ihr Leben im gemeinsamen Dienst aller in unübertragbarer Eigenverantwortung jedes einzelnen gestaltet."[74] Damit hatte sowohl die ekklesiale Bedeutsamkeit, die der (Pfarr-) Gemeinde zugesprochen worden war wie auch ihre Qualifizierung als offenes kommunikativ-personales Geschehen ihren Niederschlag in den Synodendokumenten gefunden. – Wenngleich die Würzburger Synode auch an die organisationalen Momente erinnerte: „Die Gemeinde ist an einem bestimmten Ort oder innerhalb eines bestimmten Personenkreises die durch Wort und Sakrament begründete, durch den Dienst des Amtes geeinte und geleitete, zur Verherrlichung Gottes und zum Dienst an den Menschen berufene Gemeinschaft derer, die in Einheit mit der Gesamtkirche an Jesus Christus glauben und das durch ihn geschenkte Heil bezeugen. Durch die eine Taufe (vgl. 1 Kor 12,13) und durch die gemeinsame Teilhabe an dem einen Tisch des Herrn (vgl. 1 Kor 10,16f) ist sie ein Leib in Jesus Christus."[75]

2.3 Nachkonziliare und nachsynodale Entwicklung

Wo einerseits Kommunikations- und Sozialstrukturen jenseits der verfassten Pfarrgemeinde, was ihre ekklesiologische Relevanz anlangt, eher skeptisch betrachtet werden und andererseits die fundamentale ortskirchliche Bezugsgröße Bistum wenig im Blick ist, wird die Sozialform Pfarrgemeinde zur entscheidenden kirchlichen Größe. Das wird schnell mit dem in eins gebracht, was unter dem Begriff Systematisierung der im Konzil ansatzhaft vorhandenen Elemente einer Gemeindetheologie firmiert. Dabei handelt es sich um etwas, wovon behauptet wird, die nachkonziliaren Synoden hätten es geleistet.[76] Diese selbst waren jedoch in diesem Punkt viel skeptischer. Die Würzburger Synode war z.B. nicht davon überzeugt, dass es ihr gelungen war, die „Unschärfe und weithin babylonische Sprachverwirrung der [...] theologischen Diskussion zum Gemeindebegriff völlig (zu) klären".[77] Die Dresdner Synode hatte gar

[73] Beschluss „Dienste und Ordnungen im Leben der Gemeinde". In: Berliner Bischofskonferenz (Hrsg.): Konzil und Diaspora. Die Beschlüsse der Pastoralsynode der katholischen Kirche in der DDR. Leipzig 1976, 113.

[74] Die pastoralen Dienste in der Gemeinde. In: Beschluss „Dienste und Ämter". In: Ludwig BERTSCH u.a. (Hrsg.): Gemeinsame Synode der Bistümer in der Bundesrepublik Deutschland. Beschlüsse der Vollversammlung. Offizielle Gesamtausgabe I. Freiburg–Basel–Wien 1976, 597–636, 602.

[75] Die pastoralen Dienste. In: Synodenbeschluss „Dienste und Ämter", 605.

[76] Vgl. ZULEHNER, Gemeindepastoral, 53.

[77] Vgl. BOONEN, Philipp: Einleitung zur Rahmenordnung für die pastoralen Strukturen und für die Leitung und Verwaltung der Bistümer in der Bundesrepublik Deutschland. In:

nicht erst den Versuch einer Klärung unternommen: Sie „verzichtete auf die Entwicklung einer bestimmten Theologie der Gemeinde".[78] Fazit: Eine wirkliche ekklesiologische Systematik zur Pfarrgemeinde gelang den nachkonziliaren Synoden so wenig, wie eine solche in der Absicht des Konzils gelegen hatte. So kann auch die Gemeinsame Synode der Bistümer in der Bundesrepublik Deutschland kaum als Basis und Begründung der verschiedenen Ekklesiogenese-Rezeptionen auf pfarrgemeindlicher Ebene dienen. Sie stellt lediglich, wie Stefan KNOBLOCH es nennt, eines der „Vorfelder" dafür dar.[79] Mit diesem Vorfeld zusammenzubringen sind und waren vor allem verschiedene Grundattribute, die einzelne Momente ekklesialer Wirklichkeit von Pfarrgemeinde fokussieren. Attribute wie: „orthaft" – „konkret" – „ereignishaft"; „mündig" – „subjekthaft" – „lebendig". Sie sollen im Folgenden näher beleuchtet werden.

2.3.1 Pfarrgemeinde: „orthaft" – „ereignishaft" – „konkret"

Das Prinzip der „Orthaftigkeit" von Kirche spielt eine entscheidende Rolle bei der Reflexion dessen, was eine Pfarrgemeinde ekklesiologisch ist. Diese Denkfigur diente spätestens in den 60er Jahren zur Überwindung eines wesentlich liturgisch bestimmten Verständnisses der Pfarrei als „Kultgemeinde." Es war u.a. Yves CONGAR, der im Blick auf die Pfarrei die „Sozialstruktur des menschlichen und kirchlichen Lebens" in Erinnerung rief .[80] Auch in der WIEHschen Gemeindedefinition des Konzils ist „Ort" das erste Attribut von Pfarrgemeinde.[81] Zum „Ort" tritt dann in der Regel mit dem Stichwort „ereignishaft" ein weiteres Attribut hinzu, das konkretisiert, was mit orthaft gemeint ist: „Im Unterschied zur Pfarrei steht bei der Gemeinde nicht der institutionelle Aspekt, sondern die ereignishafte, charismatische Seite der Kirche, das Ereignis des Sich-Versammmelns im Vordergrund. Im Unterschied zur territorial umschriebenen Pfarrei sucht man nach personal und funktional strukturierten Gemeinden, in denen der einzelne Christ inmitten einer immer anonymer werdenden Gesellschaft ein Zuhause erfahren soll."[82]

Mit diesem Attribut kommt etwas in Blick, „vom ‚Geheimnis Gemeinde' […], über das wir nicht verfügen, das wir mit psychologischen und therapeutischen Methoden nicht herstellen können, aber das sich immer wieder ereignet,"[83] das

Ludwig BERTSCH u.a. (Hrsg.): Gemeinsame Synode der Bistümer in der Bundesrepublik Deutschland. Beschlüsse der Vollversammlung. Offizielle Gesamtausgabe I. Freiburg–Basel–Wien 1976, 679 - 687, 683.

78 NOWAK, Leo u. Ulrich WERBS (Hrsg.): Lebendige Gemeinde – unsere Sorge, unsere Hoffnung. Leipzig 1981, 28.

79 Vgl. KNOBLOCH, Stefan: Missionarische Gemeindebildung. Passau 1986, 164.

80 CONGAR, Yves: Die Sendung der Pfarre. In: DERS.: Priester und Laien im Dienst am Evangelium. Freiburg 1965, 162–185, 165.

81 WIEH, Konzil und Gemeinde, 211.

82 KASPER, Theologie der Gemeinde, 289.

83 STEINKAMP, Gruppe, 301.

zugleich aber auch für einen „konkreten" Erfahrungsraum steht, wenn es sich bei der Pfarrgemeinde um eine „konkrete Gemeinschaft glaubender Menschen"[84] handelt. „In der Regel ist nämlich die Gemeinde das konkrete Bewährungsfeld für die Wahrnehmung der pastoralen Verantwortung."[85] Kirche bedeutet in der Tat immer „das Leben und Tun konkreter Gemeinden und Gemeinschaften".[86] So wird für die Pastoraltheologie Pfarrgemeinde zum orthaften, ereignishaften und konkreten „Schnittpunkt, an dem sich der persönliche Glaube und der Glaube der Kirche begegnen. Die Gemeinde ermöglicht die Betätigung des persönlichen Glaubens und vermittelt zugleich den ‚kirchlichen Glauben' als Glauben der Gemeinschaft der Kirche. Somit ist die Gemeinde jener Raum, in dem der Glaube des einzelnen in die Dimension der Kirche und in die gemeinsame Verantwortung einbezogen wird."[87] So hat Gemeinde auch „Verweischarakter, Verweis auf den, der in der Enge Raum schafft, Verweis auf Gott. So realisiert sie ihren konkreten Anteil an der sakramentalen Grundstruktur der Kirche, in der Christus durch alle vorfindliche Gebrochenheit hindurch weiterwirkt."[88]

Die Attribute Orthaftigkeit – Ereignishaftigkeit – Konkretion bürden der Idee der Pfarrgemeinde allerdings eine Reihe von Lasten auf. Ob nun Norbert GREINACHER 1974 „im Entstehen solcher Gemeinden und in der Intensivierung bestehender Gemeinden [...] die Bedingungen der Möglichkeit des Überlebens von Kirche in einer ihrem Selbstverständnis entsprechenden Form" sieht,[89] oder Paul WEHRLE zwanzig Jahre danach sich davon überzeugt zeigt, „dass die Frage ‚Christsein ohne Kirche?' sich an und in der konkreten Gemeinde entscheidet",[90] immer trägt vor allem die einzelne Pfarrgemeinde die Verantwortung dafür, dass die kirchliche Sozialgestalt so geprägt ist, dass Menschen, die in der Verkündigung für das Ideal des Christseins begeistert worden sind, dieses Ideal konkret zu leben vermögen. „Das Entscheidende für die Kirche als Heimat des Glaubens, als Identifikationsort für Christsein, geschieht jedenfalls in den Gemeinden und in Gemeinschaften."[91] Gewiss ist der Würzburger Synode zuzustimmen, wenn sie ausführt: „Dadurch, dass in einer Gemeinde Menschen verschiedener Herkunft, Richtung und Bildung, unterschiedlicher Altersstufen, teilweise auch verschiedener Nationen und Rassen zueinander stehen, kann sie Modell und Zeichen einer versöhnten und brüder-

84 WEHRLE, Christsein, 6.

85 FUCHS, Ottmar: Memorandum: Für eine zukunftsfähige Kirche! In: DERS. u.a. (Hrsg.): Der pastorale Notstand. Notwendige Reformen für eine zukunftsfähige Kirche. Düsseldorf 1992, 112–126, 120.

86 WEHRLE, Christsein, 13.

87 MÜLLER, Josef: Gemeinde–Reform. Wien. 1983, 80.

88 TZSCHEETZSCH, Werner: Veränderungen in der Gemeindearbeit - Loslassen als Aufgabe. In: LS 45 (1994) 301 - 303, 302.

89 GREINACHER, Norbert: Zielvorstellungen einer kirchlichen Gemeinde von morgen. In: ThPr 3 (1974) 241–277, 243.

90 WEHRLE, Paul: Christsein ohne Kirche? Gemeinschaft im Glauben und christliche Identität. Freiburger Texte 17. Freiburg 1994, 12.

91 Ebd.

lichen Menschheit sein."[92] Die einzelne Pfarrgemeinde jedoch wird, soll sie Kirche in ihrer ganzen Weite und Vielfalt darstellen, dadurch konstitutiv überfordert: „Viele Pfarreien in Stadtgebieten oder in den Missionsgebieten sind wegen Mangel an notwendigen materiellen Mitteln und an geweihten Amtsträgern oder auch aufgrund ihrer geographischen Ausbreitung und der besonderen Situation einiger Christen (z.B. der Flüchtlinge und Auswanderer) nicht in der Lage, mit ganzer Wirksamkeit ihre Aufgabe zu erfüllen."[93] Es gibt vielmehr „Wirklichkeitsbereiche, die für Pfarreien weitentlegen und nie erreichbar sind"[94] und dennoch prinzipiell Orte kirchlicher Präsenz sein können (bzw. müssen). Zumindest gilt: „Die Pfarrei gewährleistet die verschiedenen Dienste in Zusammenarbeit mit dem Dekanat und der Diözese sowie den Diensten, mit den Bewegungen und den religiösen Einrichtungen."[95]

2.3.2 Pfarrgemeinde: „mündig" – „subjekthaft" – „lebendig"

„Zur Kirche gehört wesentlich Volk, und zwar tätiges Volk."[96] Zweifelsohne verschränken sich schon vor dem Konzil das Motiv der Ortskirche und das der Mündigkeit der ‚Laien', und zwar über ihre Rolle im „Weltdienst" und in den Verbänden hinaus. So kommt man zur Überzeugung, dass „die Gemeinde am Ort und damit die Kirche bereichert und auferbaut (wird) durch jeden Gläubigen, der sich ihr anschließt".[97] Den einzelnen Christen „Verantwortung und ihren Fähigkeiten entsprechende Tätigkeiten anzuvertrauen [...] (lässt ihre) Identifikation mit der konkreten Gemeinde und damit (die) Integration in sie wachsen".[98] Spätestens seit Mitte der 70er Jahre wird auch kirchenamtlich „Gemeinde [...] weniger als das passive Objekt eines einzigen zuständigen amtlichen Seelsorgers gesehen, vielmehr sammeln sich um ihn die vielfältigen Gaben und Dienste, die der Herr der Kirche seiner Gemeinde schenkt. [...] Durch die aktive Beteiligung aller Gemeindemitglieder und durch die konstruktive Mitverantwortung einzelner kann die Auferbauung der Gemeinde Jesu Christi nur gewinnen."[99]

92 Die pastoralen Dienste. In: Synodenbeschluss „Dienste und Ämter", 605.

93 Nachsynodales Apostolisches Schreiben „Christifideles laici". Papst Johannes Paul II. über die Berufung und Sendung der Laien in Kirche und Welt. Hrsg. vom Sekretariat der Deutschen Bischofskonferenz. Bonn 1989. Nr. 26, Abs.4.

94 SILLER, Hermann Pius: Der Weg einer Gemeinde in der gesellschaftlichen und kirchlichen Situation der Bundesrepublik Deutschland. In: Hubert FRANKEMÖLLE (Hrsg.): Kirche von unten: alternative Gemeinden. München 1981, 122 - 139, 130.

95 METTE, Norbert: Neuordnung einer diözesanen Landkarte - im Bistum Le Mans. In: Ottmar FUCHS u.a. (Hrsg.): Der pastorale Notstand. Notwendige Reformen für eine zukunftsfähige Kirche. Düsseldorf 1992, 153 - 160, 153 - 155.

96 CONGAR, Pfarre, 180.

97 WIEH, Gemeindeverständnis, 71.

98 ZULEHNER, Paul Michael: Religion nach Wahl. Grundlegung einer Auswahlchristenpastoral. Wien 1974, 9 - 158, 120.

99 DÖPFNER, Julius: Verlauf, Leitlinien und Impulse der Gemeinsamen Synode der Bistümer in der Bundesrepublik Deutschland 1971 - 1975. Bonn 1975, 10.

In der Pastoraltheologie herrscht seither weitgehend Konsens darüber: „Mit der Akzentuierung des Leitziels von einer versorgten zu einer engagierten Gemeinde geht es wesentlich darum, dass sich die Gemeinde selbst in ihren Mitgliedern als Subjekt ihres Wirkens versteht. Ein entscheidender Grund für diesen Akzent liegt darin, dass nur so Hoffnung besteht, in den Gemeinden neue Lebendigkeit und missionarische Ausstrahlungskraft zurückzugewinnen. Aktive Beteiligung am Leben einer Gemeinschaft braucht ein hohes Maß an Selbständigkeit."[100] ZULEHNER formuliert dies kurz und bündig so: „Subjekt der Pastoral wird die Kirche in ihrer konkreten Gemeinde sein, und diese Pastoral wird unvermischt und ungetrennt immer zugleich Heils- und Weltdienst sein."[101] MÜLLER folgert: „Kein Mitglied einer Christengemeinde darf seine Aufgabe als eine rein passive verstehen. Jeder soll nach seinen besonderen Fähigkeiten seinen Beitrag für die Sendung der Kirche und Gemeinde in der Welt leisten."[102] Wo angenommen wird, „dass unsere Territorialpfarreien immer noch zu sehr Orte der Betreuung sind,"[103] wird immer wieder neu und unverdrossen die Entwicklungsoption von der „Gemeinde als Trägerin der Seelsorge"[104] formuliert und die Pastoral vor Ort daraufhin ausgerichtet.

Gelingt es oder wird es wenigstens als Option aufrecht erhalten, dem Ziel der Mündigkeit und Subjekthaftigkeit näher zu kommen, bekommen Pfarrgemeinden das Attribut „lebendig": „Durch eine Vergrößerung der Verantwortung wird die Gemeinde lebendiger, und wenn die Gemeinde lebendiger wird, wächst das Verantwortungsbewusstsein der Mitglieder für die Kirche."[105] Immer geht es dabei darum, „die ganze Fülle der Gaben, die vom Geist der Gemeinde verliehen sind, zu entfalten, zu koordinieren und zum Einsatz zu bringen, damit in der Vielfalt aller Ämter, Dienste und Funktionen die Pfarrgemeinde als ‚Teilkirche', in der die ganze Kirche gegenwärtig ist, der lebendige Leib des Christus werde".[106] Die Lebendigkeit der Pfarrgemeinden ist kirchenamtliche Option vom Konzil bis in jüngste Lehräußerungen. „Die Pfarrei bietet ein augenscheinliches Beispiel für das gemeinschaftliche Apostolat; was immer sie in ihrem Raum an menschlichen Unterschiedlichkeiten vorfindet,

[100] SPÖLGEN, Gemeindekatechese, 39.

[101] ZULEHNER, Paul M.: Das geistliche Amt des Volkes Gottes. Eine futurologische Skizze. In: Paul HOFFMANN (Hrsg.): Priesterkirche. 2. Aufl. Düsseldorf 1989, 195 - 207, 206.

[102] MÜLLER, Josef: Die Gemeinde meiner Träume. In: Michael B. MERZ u. Josef MÜLLER u. Alois SCHWARZ (Hrsg.): Auftrag und Praxis des Pfarrgemeinderates. Informationen, Impulse, Perspektiven. 2. Aufl. München 1991, 197 - 201, 198.

[103] SCHULZ, Heinz–Manfred: Die territoriale Gemeinde als Basisgemeinde. In: Hubert FRANKEMÖLLE (Hrsg.): Kirche von unten. Alternative Gemeinden München - Mainz. 1981, 11 - 318, 113.

[104] Vgl. dazu die ausführlichen Erörterungen bei ERNSPERGER, Bruno: Zwischen Sackgasse und Weg ins Freie. In: LS 45 (1994) 43 - 47.

[105] IKSE (Hrsg.): Einstellungen, Motive und Wertorientierungen der Mitglieder der Pfarrgemeinderäte. Essen. 1972, 39.

[106] BLASCHE, Kollegialität, 200.

schließt sie zusammen und fügt es dem Ganzen der Kirche ein", heißt es im Dekret über das Laienapostolat.[107] Das Apostolische Schreiben „Christifideles laici" formuliert: „Damit all diese Pfarreien lebendige, christliche Gemeinden werden, müssen die jeweiligen örtlichen Autoritäten dafür Sorge tragen, dass [...] die Pfarrstrukturen den Situationen mit der großen Flexibilität, die das Kirchenrecht vor allem durch die Förderung der Teilhabe der Laien an der pastoralen Verantwortung gewährt, angepasst werden."[108]

Auch das, was mit den Attributen „mündig" –„subjekthaft" – „lebendig" gesagt ist, kann die Idee der Pfarrgemeinde als Teil der Ortskirche überfrachten. „Die Lebendigkeit der christlichen Gemeinden [...] hängt vom guten Willen ihrer Mitglieder ab, eine wahrhaft spirituelle Erfahrung zu machen. [...] Solche Lebendigkeit hängt auch ab von der Fähigkeit des einzelnen, seine Erfahrungen mitzuteilen und sich auf einen gemeinsamen Bildungsprozess einzulassen. Sie hängt schließlich von dem koordinierten Handeln der Priester, Diakone, Laien und Ordensleute ab [...]."[109] In welchem Maß kann Pastoral dafür überhaupt die Voraussetzungen schaffen? Muss nicht sogar die ihr zugrunde liegende Option in Frage gestellt werden? Kann eine Pfarrgemeinde immer aktiv und „lebendig" sein? Eine Raum schaffende Gemeinde ist ein Nährboden für sich bewusst beendende Gruppen und für die Konstituierung neuer Gruppen. Sie „lässt Raum zum Rückzug und zur Erholung: nicht jede und jeder muss gleich wieder Neues beginnen, sich wieder so engagieren wie vorher".[110] Norbert GLATZEL hat recht: „Geht man [...] davon aus, dass die Leistungsfähigkeit einer Gruppe personell und sachlich begrenzt ist, dann sind Dauerhöchstleistungen nicht möglich. Deshalb dürften auch im Leben einer Gruppe Phasen der Aktivität nach außen mit solchen der inneren Konsolidierung wechseln, d.h. Zielverwirklichung und Zusammenhalt werden alternierend im Vordergrund stehen."[111] Darüber hinaus zeigen sich natürlich auch innerhalb der Pfarrgemeinde „Unterschiede [...] in der Aktivität zwischen ihren Mitgliedern. [...] Die These von der gemeinsamen Verantwortung aller in der Gemeinde lässt sich deshalb so pauschal nicht halten."[112]

[107] AA 11.
[108] CL Nr. 26 Abs.4.
[109] METTE, Le Mans, 155.
[110] TZSCHEETZSCH, Loslassen, 303.
[111] GLATZEL, Gemeindebildung, 110.
[112] Ebd. 109.

3. Die Sozialgestalt Pfarrgemeinde

Nachdem das Phänomen Pfarrgemeinde zunächst von außen her vermessen und dann seine theologisch-ekklesiologische „Aufladung" diskutiert wurde, stellen sich nun eine Reihe von Fragen aus einer anderen Perspektive: Wodurch konstituiert sich die Sozialgestalt der Pfarrgemeinde von innen heraus? Auf Grund welchen Gestaltungs- bzw. Ordnungsprinzips? Wo ist dieses Gebilde inkonsistent geworden? In welche neue Formen hat es sich ausdifferenziert? Durch welche Entwicklungen? Welche dieser Veränderungen stellen für die Praxis der Leitung – und so auch für deren Theorie – die größten Herausforderungen dar?

3.1 Konsistente Sozialgestalt

Bis heute ist die Sozialgestalt der Kirche im deutschsprachigen Raum von zwei Grundmomenten geprägt: Erstens von dem aus reichs- und staatskirchlicher Tradition überkommenen Prinzip der flächendeckenden Erfassung der Gläubigen (Territorialprinzip), zweitens vom Prinzip der amtlichen Zu-ständigkeit einer Person für jedes Territorium (Personalprinzip). Beide Prinzipien stellen komplexe Phänomene dar. Ihre vielfältigen Aspekte resultieren aus dem differenzierten Wechselspiel theologischer wie soziokultureller Bezüge, die sich im Lauf der Geschichte immer neu verändert haben. – Da sich keine dieser Entwicklungen nach einheitlichen Normen vollzog – sie waren vielmehr von großer Vielfalt gekennzeichnet –, kann es sich in der folgenden Darstellung um kaum mehr als um kurze Hinweise auf einige wenige Grundlinien handeln.

3.1.1 Territorialprinzip

Kirchengeschichtlich betrachtet kann von der Entwicklung dreier Motive zur flächendeckenden Erfassung der Gläubigen gesprochen werden: Das erste liegt im Bereich der Finanzierung von Kultpersonal und -gegenständen. In diese Richtung weisen z.B. das frühmittelalterliche Eigenkirchenwesen, bzw. das Institut des Zehntsprengels. Das zweite gründet in der Intention, alle Gläubigen mit „Heil zu versorgen". Dafür steht das Stichwort „Seelsorgesprengel". Das dritte resultiert aus der Vorstellung eines lebendigen Organismus. In dieser Sicht kommen einzelne Territorien als „Gliedterritorien" im Sinne von Handlungsräumen in Blick.

Ordnungsinstrument zur Erfassung Kirchensteuerpflichtiger. Die frühe Christenheit an Rhein und Donau lebte in der Stadt und hatte ihren Bezugspunkt in der jeweiligen Bischofskirche. Sie war der Ort, den eine Sakralgemeinschaft zum Vollzug des Cultus divinus braucht. Die seit dem 4. Jahrhundert einsetzende Differenzierung der städtischen Gesellschaft führte dann zu einer allmählichen Aushöhlung dieses Systems der *bischöflichen* Taufkirchen: Daneben entstanden eine große Zahl weiterer Kirchen und Baptisterien – mit ihren „Gemeinden". Später, im 5./6. Jahrhundert während der Periode der Rearchaisierung, bauten außer den Bischöfen dann vor allem die Grundherren zusätzliche Kirchen auf dem Land. Sie sahen diese Kirchen als ihr Eigentum an („Eigenkirchen") und nutzten sie in der Regel wie „Wirtschaftsbetriebe"[1], die man erwirbt, in die man investiert, die man verpachtet und am Ende auch wieder veräußert.

Einen wichtigen Anstoß zur Änderung dieser Praxis bildete der von Karl dem Großen als Entschädigung für die Enteignung des Kirchengutes verpflichtend eingeführte Zehnt. Dies setzte allerdings die territoriale Gliederung eines Gebietes in Zehntsprengel voraus. Auf der Basis dieses Ordnungsprinzips konnten dann *alle*, die in einem Landstrich siedelten, zur Finanzierung von Kultpersonal und Kultgegenstände herangezogen werden, und zwar in Form von Pflichtabgaben an *ihre* Kirche. Dieser Obulus bestimmte den Standard der religiösen Grundversorgung in einem Zehntsprengel mit; ein Prinzip, das bis weit in das 19. Jahrhundert hinein Gültigkeit haben sollte.

Organisationseinheit zur Versorgung der Gläubigen mit Heil. Dieser Zehntsprengel war also zumindest in einer ganzen Reihe von Epochen der Kirchengeschichte – vor allem in der Neuzeit – der mehr oder weniger ausschließliche Bezugsrahmen „zur Versorgung der Gläubigen mit Heil". Spätestens am Beginn des Hochmittelalters war er erstmals zum *Seelsorgesprengel* geworden: zum ausschließlichen Ort für Taufe und Predigt, für die Spendung des Bußsakramentes und der Krankensalbung und für die Beerdigung. Erst durch die „Inkongruenz von neuer Siedlung und bestehender Pfarrorganisation" bei der Entwicklung einer autonomen städtischen Bürgerschaft des 12. und 13. Jahrhunderts[2] verlor dieses Prinzip wieder an Bedeutung. Die Bettelorden bauten Kirchen, die kein eigenes „Pfarrvolk" hatten. Hier wurden vielmehr die Sakramente allen, die darum baten, gespendet. Dem versuchte das Konzil von Trient (1545/47) entgegenzusteuern. Es forderte die Bischöfe ausdrücklich auf, „zur Sicherstellung des Seelenheils der Gläubigen"[3] die Diözesen in Pfarreien zu gliedern.[4]

Die tridentinische Gesetzgebung „ebnete den Weg zur modernen Pfarrei".[5] Mit ihr begann sich der „Seelsorgesprengel" langsam wieder durchzusetzen. Es war allerdings der französischen, bzw. josephinischen Pfarrregulierung vorbe-

[1] Vgl. GATZ, Erwin: Entwicklung und Bedeutung der Pfarrei bis zur Reformation. In: DERS. (Hrsg.): Geschichte des kirchlichen Lebens in den deutschsprachigen Ländern seit dem Ende des 18. Jahrhunderts. Band I. Die Bistümer und ihre Pfarreien. Freiburg–Basel–Wien 1991, 29–40, 31.

[2] Vgl. FRANK, Wilhelm Isnard: Kirchengeschichte des Mittelalters. 3. Aufl. Düsseldorf 1994, 125.

[3] Vgl. Konzil von Trient sess. 24, c. 13 de ref.; vgl. schon sess. 14, c. 9 de ref.

[4] SCHMITZ, Heribert: Pfarrei und ordentliche Seelsorge in der tridentinschen und nachtridentinischen Gesetzgebung. In: GATZ (Hrsg.), Bistümer, 41–50, 43.

[5] PLÖCHL, Willibald M.: Geschichte des Kirchenrechtes III . 2. Aufl. Wien–München 1970, 324–359, 328.

halten, diesen Prozess zu Ende zu bringen. Sie „hatten in weiten Gebieten die Pfarrorganisation neu geordnet und erstmals in der Geschichte unter rationalen Aspekten nach einem einheitlichen Konzept zu gestalten versucht."[6] Die viel zu großen Pfarreien wurden verkleinert und statt dessen eine Vielzahl neuer Pfarreien errichtet. Die Auflösung vieler Stifte und Klöster durch Reichsdeputationshauptschluss von 1803 tat das Ihre: die Pfarrei war der nahezu ausschließliche Bezugsrahmen der Seelsorge.

In der zweiten Hälfte des 19. Jhd. sollte sich das vorübergehend ändern: bedingt durch die Wiederzulassung der Orden und der damit einsetzenden Renaissance der Volksmission[7] und das Aufkommen des Vereinswesens. Durch eine stark (berufs-)ständisch konzipierte Seelsorge löste besonders in den Städten der Verein den Sprengel als Ort der Seelsorge eine Zeitlang ab. Die pastoral motivierte Neubesinnung nach dem Ersten Weltkrieg machte die Pfarrgemeinde allerdings schnell wieder zum nahezu ausschließlichen Bezugspunkt der Seelsorge. Die Einschränkung der Arbeit der Vereine und Orden durch die nationalsozialistische Kirchenpolitik ließ zudem dann kaum noch etwas anderes zu. Aufs Ganze gesehen war die Pfarrgemeinde als Basis-Raum des Territorialprinzips bis weit in die Mitte der zweiten Hälfte des 20. Jahrhunderts hinein das dominierende Strukturprinzip der Seelsorge.

Realisierungsraum gemeinschaftlichen Handelns. Das Territorium kann also unter mehreren Gesichtspunkten in Blick kommen: Es ist Ordnungsinstrument zur Erfassung der dort Wohnenden als Kirchensteuerpflichtige. Es ist Organisationseinheit zur Versorgung der Gläubigen mit Heil. Es ist aber auch Realisierungsraum gemeinschaftlichen Handelns. Dies gilt z.B. schon für die mittelalterliche Stadt. Auf Grund der rechtlich prinzipiellen Gleichstellung der Bevölkerung und der sich herausbildenden Selbstverwaltung[8] übernahm der Magistrat dort auch die Verantwortung für die religiösen Vollzüge des Gemeinwesens. In ihren politischen Repräsentanten wurde die Ortskirchengemeinde erst recht zu Beginn des 16. Jahrhunderts – nach der weitgehenden Aushöhlung bischöflicher Leitungskompetenz und in Folge der reformatorischen Bewegungen – selbst- und eigenverantwortlich handelndes Subjekt hinsichtlich ihrer kirchlichen Gestalt. Dies sollte sich im Lauf der weiteren Geschichte zwar verschiedentlich ändern, aber es gab immer wieder Phasen, in denen die Ortskirchengemeinde eine starke Rolle spielte: So war es z.B. während des Kulturkampfes. Auch dort war die Pfarrgemeinde im Sinn der örtlichen Kirchengemeinde mehr als bloßer „kirchlicher Verwaltungsbezirk, der als solcher nicht handlungsfähig ist".[9]

6 GATZ, Erwin: Die französische Pfarrregulierung. In: DERS. (Hrsg.), Bistümer, 65–72, 71.

7 Vgl. GATZ, Erwin: Die Pfarrei von der Säkularisation bis zum Beginn der großen Binnenwanderung. In: DERS.(Hrsg.), Bistümer, 73–88, 88.

8 Vgl. dazu: ISENMANN, Eberhard: Die deutsche Stadt im Spätmittelalter 1250–1500. Stadtgestalt, Recht, Stadtregiment, Kirche, Gesellschaft, Wirtschaft. Stuttgart 1988; bzw. ENNEN, Edith: Die europäische Stadt des Mittelalters. 4. Aufl. Göttingen 1987.

9 Die ab der Mitte der zweiten Hälfte des 19. Jahrhunderts staatlich normierte Mitwirkung

Die nach dem Ersten Weltkrieg einsetzende Reflexion auf das Wesen der „Pfarrei" markiert eine weitere Etappe auf dem Weg, das Verständnis von der Pfarrgemeinde unter dem Aspekt „Handlungsraum", zu entwickeln: Die beiden Programmworte „Ecclesiola in Ecclesia"[10] und „Lebendigkeit"[11] stehen für die theologische Ausformulierung dieser Idee. In Folge des II. Vatikanischen Konzils wurde dies zur Konzeption von der Subjekthaftigkeit des ganzen Gemeinwesens fortgeschrieben. „Die Kirche in ihrer konkreten Gemeinde"[12], bzw. „die Gemeinde in ihren verschiedenen Gliedern"[13] wird zum Subjekt ihrer Pastoral, ihrer pastoralen Planung[14] und ihrer pastoralen Vollzüge, besonders der liturgischen Feier.[15] Der Handlungsraum Pfarrgemeinde ermöglicht „Darstellung der Kirche"[16] und die Realisierung der Subjekthaftigkeit[17] derer, die in diesem Raum leben.

3.1.2 Personalprinzip

Mit jeder dieser verschiedenen Sichtweisen des Territoriums korrespondiert *ein* Leitbild priesterlicher Tätigkeit. Dementsprechend machen auch mindestens drei Facetten das Bild der für ein Territorium amtlich zu-ständigen Per-

der Gemeindeglieder bei der Verwaltung des Ortskirchenvermögens in Preußen, Baden und der Schweiz trug z.B. dazu bei, dass der Zehnt- und Seelsorgesprengel ganz entscheidend auch Handlungsraum war. GATZ, Erwin und Heribert SCHMITZ: Tendenzen der Pfarreientwicklung von der Mitte des 19. Jahrhunderts bis zum Ersten Weltkrieg. In: GATZ (Hrsg.), Bistümer, 89–104, 94.

10 SCHURR, Mauritius: Die übernatürliche Wirklichkeit der Pfarrei. In: Benediktinische Monatsschrift 19 (1937) 81–106, 89; DANDER, Franz X.: Papstworte über die Pfarre. In: Hugo RAHNER (Hrsg.): Die Pfarre: von der Theologie zur Praxis. Freiburg 1956, 9–14.

11 Franz Xaver ARNOLD charakterisiert die Pfarrei z.B. mit Worten aus Georges BERNANOS´ Roman Monsieur Ouine als „lebendige Zelle der unvergänglichen Kirche und kein erfundenes Glied im Verwaltungsapparat" Vgl. BAUMGARTNER, Konrad: Die Neubesinnung auf die Pfarrei als Gemeinde nach dem Ersten Weltkrieg. In: GATZ (Hrsg.), Bistümer, 115–122, 116. Vgl. dazu auch: Die lebendige Pfarrgemeinde. Bericht über die dritte Wiener Seelsorger-Tagung (26.-29.Dez. 1933) Wien 1934; NOPPEL, Constantin: Die neue Pfarrei. Eine Grundlegung. Freiburg 1939; PARSCH, Pius: Die lebendige Pfarrgemeinde. In: BiLi 8 (1933–34) 185–194; 211–216; 235–240; 263–267.

12 Vgl. ZULEHNER, Paul M.: Das geistliche Amt des Volkes Gottes. Eine futurologische Skizze. In: Paul HOFFMANN (Hrsg.): Priesterkirche. 2. Aufl. Düsseldorf 1989, 195–207, 206.

13 Vgl. WANKE, Joachim: Worauf es uns als Seelsorger ankommen sollte! In: LS 41 (1990) 15–22, 18.

14 Vgl. LOTTAZ, Angelo: Wach auf du kalte Kirche. Anstiftungen zum Aufbruch. Zürich–Einsiedeln–Köln 1984, 17 f.

15 Vgl. HAHNE, Werner: Vom besonderen Priestertum zur Diakonie der Leitung. In: Norbert SCHUSTER u. Ulrich MOSER (Hrsg.): Kirche als Beruf. Mainz 1996, 48–79, 64.

16 Vgl. dazu KASPER, Walter: Elemente einer Theologie der Gemeinde. In: LS 27 (1976) 289–298, 296.

17 Vgl. dazu: GREINACHER, Norbert: Zielvorstellungen einer kirchlichen Gemeinde von morgen. In: ThPr 3 (1974) 241–277, 243.

son aus. Erstens die Honorierung des von ihr zu erbringenden Dienstes durch ein an sie verliehenes bepfründetes Amt oder durch „Einzelgebühren". Zweitens die „persönliche Haftung" für die geregelte Verwaltung der in ihrem Amtsbereich zu erbringenden Dienste. Drittens die Vorstellung des „Vaters" bzw. „Bruders" in einer familiar geprägten Gemeinschaft.

Bezahlte Kultdiener. Zum Territorium „Zehntsprengel" gehört die Figur des „Eigenkirchenpriesters"[18] als Pfründeinhaber und Empfänger von Benefizien und Stipendien. Der Patron stellte ihn an, verlangte von ihm eine Abgabe und beanspruchte die Aufsicht über ihn. Schon früh wurde kirchlicherseits – wie z.B. auf der Aachener Synode (836)[19] – versucht, einen Pflichtenkanon für diese „Seelsorger" zu erstellen. Als Dienstpflichten waren in der Regel festgelegt: der Einsatz am Altar, als Gebet für den, der die Gaben gestiftet hat oder im Gedenken an einen Toten; und zum Schutz vor dem Bösen Benedictionen aller Art: Segnungen von Menschen, Tieren, Pflanzen und Sachen. Für diese Einzelhandlungen waren von den Gläubigen Stolgebühren zu entrichten. – Einerseits bahnte sich mit der Bindung des Eigenkirchenpriesters des Frühmittelalters an seinen Herrn „die lange nachwirkende Bindung des Priesteramtes an die Pfründe an, bei der das geistliche Amt als eine Art Lehen betrachtet wurde."[20] Andererseits begründete die „Gebührenpflicht für geistliche Handlungen" im einzelnen die Haltung: Wer in der Lage ist, diese Dienste zu bezahlen, hat auch ein Anrecht auf sie und auf den, der sie verrichtet.

Verantwortlicher Pfarrseelsorger. Dem Territorium „Seelsorgesprengel" entspricht die Figur des „Pfarrseelsorgers". Vor allem im 12. und 13. Jahrhundert und unter dem Einfluss der Medikantenorden wurde die „Versorgung der Gläubigen mit den Sakramenten" in größerem Umfang Bestandteil der Tätigkeit der Priester. Zu Förderung der Cura Animarum – wenngleich „noch nicht im Sinne einer späteren Individualseelsorge oder Begleitung des einzelnen"[21] – sind im Spätmittelalter dann aber immerhin „im Bereich des Pfarrklerus Versuche auszumachen, die wir heute als Arbeit an der Basis bezeichnen".[22] Neben der Sakramentenspendung tritt die Vermittlung der Grundelemente des

18 Erst im Kirchenkapitular von 818/819 wurde geregelt, dass die Kirchenherren nicht mehr Unfreie an ihren Kirchen anstellen durften. Sie mussten den Eigenkirchengeistlichen vielmehr aus dem kirchlichen Grundbesitz eine „Hufe" für ihren Unterhalt überlassen. An der persönlichen Abhängigkeit gegenüber dem Grundherrn änderte dies jedoch wenig. Vgl. LANDAU, Peter: Eigenkirchenwesen. In: TRE 9 (1982) 399–404, 401. – Vgl. auch GRASMÜCK, Ernst Ludwig: Vom Presbyter zum Priester. Etappen der Entwicklung des neuzeitlichen katholischen Priesterbildes. In: Paul HOFFMANN (Hrsg.): Priesterkirche. 2. Aufl. Düsseldorf 1989, 96–131, 113.

19 Vgl. Concilium Aquisgranense II (836), Caput II „De vita & doctrina inferiorum ordinum", V, Sp. 680f. In: Mansi. Sacrorum concilium nova et amplissima collectio. Bd.14, Paris & Leipzig 1902.

20 JÄGER, Hermann: Das Bild des Priesters im Wandel der Geschichte. In: LS 17 (1966) 129–133, 129.

21 GATZ, Bedeutung der Pfarrei, 36.

22 GRASMÜCK, Priester, 123.

christlichen Glaubens in den Mittelpunkt priesterlicher Aktivitäten. – Mit dem Konzil von Trient schließlich wurden dann drei entscheidende Grundprinzipien festgezurrt, die das Bild einer ordentlichen Pfarrseelsorge in Zukunft prägen sollten:[23] Erstens erlegte das Konzil den Pfarrern die Residenzpflicht auf und betonte, dass diese „in der Natur der Sache, d.h. in der Kraft göttlicher Weisung wahrzunehmenden Seelsorgeaufgabe"[24] begründet sei. Zweitens schrieb es die Applikationspflicht vor. „Wer als Seelsorger für eine Gemeinde/ Gemeinschaft verantwortlich sei, habe für die ihm seelsorglich Anvertrauten das Messopfer zu feiern, und zwar nicht einfach zu zelebrieren, so dass den Gläubigen die Teilnahme möglich sei, sondern es zu applizieren, d.h. in der Intention für sie darzubringen, so dass diese unter Ausschluss privater Interessen des Zelebranten an diesem Messopfer teilnehmen und seiner voll und ganz teilhaftig werden könnten."[25] In der nachtridentinischen Zeit endlich entwickelte sich zunächst teilkirchlich, 1614 dann mit dem Rituale Romanum von Paul V. gemeinkirchlich drittens die vorgeschriebene Führung der Pfarrbücher.[26] Die seelsorglich relevanten Daten sind in Zukunft im Liber Animarum festzuhalten. Residenzpflicht, Applikationspflicht und Registerpflicht: Das sind die strukturellen Grunddaten der Pfarrseelsorge seit dem Tridentinum. In Folge der mit diesem Konzil eingeleiteten Reformen gelang es, „durch das voruniversitäre und dann auch akademische Ausbildungsprogramm der Jesuiten [...] die dazu notwendigen Seelsorgepriester bereitzustellen".[27] Inmitten der Menschen wohnen, zu ihrem Heil das Messopfer darbringen und sie in ihrer Lebenssituation kennen, das war das Ideal eines Pfarrseelsorgers, das die Konzilsväter von Trient vor Augen hatten.

„Vater" oder „Bruder" in der „Pfarrfamilie". Im Dienst am Altar der Kirche des Zehntsprengels wie in der Seelsorge an den Gläubigen des zur Pfarrkirche gehörenden Territoriums blieben die Priester weitgehend in Distanz zum „gemeinen" Volk und bildeten ihren eigenen Stand. So hielten es auch die *Regularkleriker* des 16. und 17. Jahrhunderts, obwohl es diesen neben der gewissenhaften Verwaltung der Sakramente und dem „Apostolat der christlichen Lehre primär auch um den Dienst an den Armen und Kranken ging".[28] Das galt auch für den von der Spiritualität der französischen Kirche beeinflussten *Säkularklerus* des 17. und 18. Jahrhunderts, wenngleich dieser bestrebt war, die ganze Persönlichkeit zu formen und alle denkbaren Lebensvollzüge in die

[23] Vgl. zur Residenzpflicht Canon 465, § 1–5 CIC/1917, zur Applikationspflicht Canon 466, § 1–5 und Canon 399, § 4.

[24] SCHMITZ, Pfarrei, 45.

[25] Ebd. 50.

[26] Rituale Romanum Paul V, Titulus I, Caput Unicum („De iis quae in administratione sacramentorum generaliter servanda sunt") N.18: „Postremo quisquis sacramenta administrare tenetur, habeat libros necessarios ad officium suum pertinentes, eosque praesertim, in quibus variarum paroecialium functionum notae ad futuram rei memoriam describuntur, ut ad finem hujus Ritualis habetur."

[27] GRASMÜCK, Priester, 123.

[28] JÄGER, Das Bild des Priesters, 131.

Seelsorge mit einzubeziehen. Auch die priesterlichen Volkserzieher und Lehrer der Aufklärungszeit hielten an der Vorstellung des eigenen Standes und damit ihres Ab-standes zum Volk fest.
Mit der nachnapoleonisch-biedermeierlichen und bürgerlichen Vorstellung von der Pfarrei als Pfarrfamilie und mit der Idee des Corpus Christi mysticum vollzog sich dann allerdings ein gravierender Wandel. Die Pfarrgemeinde wurde nicht mehr in erster Linie als Kultort, bzw. als Aufgabenfeld priesterlicher Sendung gesehen. Sie wurde zur familiaren „Lebenswelt" auch des Priesters und damit zu einem Moment seines theologischen Selbstverständnisses. Dieses Motiv gliederte ihn nun – wenn auch zunächst in klarer „Haupt- und Vaterrolle" - in die Pfarrgemeinde, wie in einen „Organismus" ein. „Und in welchem Verhältnis steht der Pfarrer zu seinen Pfarrkindern? Er ist Vater, sie sind Kinder. Das ist wiederum nicht ein bloßes Bild. Es ist Wirklichkeit. Der Pfarrer ist wirklich Vater, Erzeuger seiner Pfarrkinder."[29] Nach dem II. Vatikanischen Konzil führte die Diskussion – in Deutschland besonders im Kontext der Ereignisse des Jahres 1968 – zu einer kritischen Sicht eines jeden Standesdenkens[30] und zur Präferenz der „Bruderrolle" als der Idealfigur für den Priester, ob als „Vater" oder dann als „Bruder": Weniger das Gegenüber als die Zugehörigkeit zur Pfarrgemeinde prägte das Leitbild priesterlicher Existenz im 20. Jhd. Es korrespondiert mit dem Territorium im Sinn eines Realisierungsraums gemeinschaftlichen Handelns.

3.1.3 Parochialprinzip

Die Verschränkung der beiden Grundprinzipien Territorium und Person finden auf der Ebene der Pfarrgemeinde ihre Konkretion im sog. Parochialprinzip. Die Pfarrgemeinde ist „Zehntsprengel", „Seelsorgesprengel" und „Handlungsraum" *in einem* und sie verfügt über ihren bezahlten Kultdiener, verantwortlichen Seelsorger, „Vater" bzw. „Bruder" *in einer Person*: über den für sie zuständigen Pfarrer. Das Parochialprinzip im Sinne des Pfarrbanns[31], d.h. die gegenseitige Verwiesenheit der Christen eines Territoriums auf „ihren" Pfarrer, bzw.

29 PARSCH, Pfarrgemeinde, 214.

30 DÖPFNER, Julius: Hirtenworte in die Zeit. Kardinal Döpfner über priesterliche Existenz. In: HerKor 18 (1963–64) 485–489. 486: "Während die alten Stände in vielen Zwischenstufen zusammen mit der geschlossenen Gesellschaftsordnung abgebaut wurden und ihren Einfluss verloren haben, erlebt sich der Klerus in anachronistischer Weise noch weithin als ‚Stand'. So bewegen sich die Priester nach Ansicht weiter Kreise in überholten soziologischen Gesellschaftsvorstellungen und beanspruchen (Standes-)Rechte, die ihnen nicht mehr oder immer widerwilliger von ihrer Umwelt zugebilligt werden."

31 Der Pfarrbann stellte „ein Rechtsverhältnis auf Gegenseitigkeit fest, denn er unterwarf nicht nur die Gemeinde einem Zwang, sondern auch den Pfarrer. [...] Wer das Pfarramt annahm, verpflichtete sich nicht allein, Gott und dem Altar zu dienen und die christliche Lehre und die Satzungen der Kirche unverfälscht zu vermitteln, sondern auch zum sakramentalen, seelsorgerlichen und karitativen Dienst an der Gemeinde, der soweit ging, dass der Pfarrer versprechen musste, dem Kirchenvolk in aller Not beizustehen und es auch bei großer äußerer Gefahr nicht zu verlassen. [...] Jenseits dieser Dienstpflichten war der

auf die für sie zuständige Person und umgekehrt, war eine der Voraussetzungen für die Präsenz der Kirche in der mittelalterlichen und neuzeitlichen Gesellschaft. Das Parochialprinzip ermöglichte jahrhundertelang die „Integration der persönlich familiär gelebten Religiosität, der kirchlich-institutionellen Verfasstheit des Glaubens und dessen gesellschaftlich-kulturellen Prägekraft".[32] Bis in die zunehmend urbanisierte Gesellschaft des ausgehenden 19. und noch im 20. Jahrhundert erwies sich das Parochialprinzip als taugliches Koordinatensystem der Pastoral, an dessen Erhalt im übrigen auch die jeweilige staatliche Obrigkeit ein hohes Interesse hatte. Denn in der noch weitgehend undifferenzierten Gesellschaft war die Kirche mittels dieses Strukturprinzips „eines, wenn nicht das integrierende Moment [...]. Sie stand für die Einheit und das Ganze. Sie vergewisserte als der für alle gültige Gesamtzusammenhang die Zugehörigkeit des Individuums, der Sippe, des Dorfes oder Kleinstaates zum Gesamtzusammenhang."[33] Es wundert also nicht, dass alle Pfarr- und Diözesanregulierungen in der Geschichte von der „weltlichen Obrigkeit" initiiert worden waren. Dabei wurden die kirchlichen Strukturen in der Regel den staatlichen angepasst, was gleichzeitig dazu führte, dass das kirchliche Personal dem auf der jeweiligen Ebene entsprechenden staatlichen typverwandt war.[34]

3.2 Destabilisierung bisheriger kirchlicher Sozialgestalt

Die innere Konsistenz von Raum und Person ist allerdings am Ende des 20. Jhd. auf vielfache Weise brüchig geworden, wie auch die eben erwähnten Korrespondenzen fast nicht mehr vorhanden sind. Das klassische in sich auf einer Ebene stimmige Parochialprinzip ist letztlich eine Fiktion.

3.2.1 Zunehmende Inkonsistenz von Raum und Person

Erstens: Zehntsprengel ist das *Bistum* und – abgesehen vom schweizerischen Institut der Kirchengemeinde[35] – nicht mehr die Pfarrgemeinde.[36] Dies bedeu-

Pfarrer auch gehalten, seinen Lebenswandel an den Geboten Christi und der Kirche auszurichten, nicht allein, um Vorbild zu sein, sondern auch um zu verhüten, dass der über ihn hereinbrechende Zorn Gottes die ihm anvertraute Gemeinde ins Unglück brachte. [...] Zum Wesen des Bannrechts gehörte es, dass die Gemeinde die Einhaltung dieser Verpflichtungen vom Pfarrer verlangen und auch gegen ihn einklagen konnte." FUHRMANN, Rosi: Kirche und Dorf. Religiöse Bedürfnisse und kirchliche Stiftung auf dem Lande vor der Reformation. Stuttgart–Jena–New York 1995, 28 f.

32 KEHL, Medard: Wohin geht die Kirche? Eine Zeitdiagnose. 3. Aufl. Freiburg–Basel–Wien 1996, 43.

33 BREITENBACH, Gemeinde, 217.

34 Diese Zusammenhänge habe ich ausführlich dargestellt in: Mit der Volkskirche leben. Pastorales Engagement zwischen Spiritualität und Professionalität. In: Norbert SCHUSTER u. Ulrich MOSER: Kirche als Beruf. Mainz 1996, 80–101, bes. 81 ff.

35 Die Kantone verleihen den öffentlich-rechtlich anerkannten Religionsgemeinschaften des Besteuerungsrecht. Dies wird in der Regel von den Kirchengemeinden ausgeübt. So sind

tet zunächst eine Entlastung für die Pfarrgemeinde: Sie ist in der Regel nicht mehr verantwortlich für den Unterhalt ihrer pastoralen Mitarbeiter/innen. Sie ist zudem Teil der Solidargemeinschaft Bistum, das auch dort hauptberuflich geleistete Pastoral finanziert, wo eine einzelne Pfarrgemeinde aufgrund ihrer Möglichkeiten dazu nicht in der Lage wäre. Andererseits sind die, die – aus ihrem Erleben der konkreten Kirche am Ort heraus – mit ihren Steuern, bzw. Spenden die ökonomische Subsistenz des Bistums sicherstellen, nur *mittelbar* an der Entscheidung über die Verteilung kirchlicher Ressourcen beteiligt. Das ist in mehrfacher Hinsicht problematisch:

Die Idee der Finanzierungsgemeinschaft auf einer Ebene der Pfarrgemeinde, prägt dort noch immer die Erwartungshaltung: Die meisten der Beteiligten wollen Pfarrgemeinde als „‚Servicestelle' für Sakramente und religiöse Bildung"[37] und eine dementsprechend vielfältige Angebotspastoral.[38] STEINKAMP spricht in diesem Zusammenhang vom „geheimen Einverständnis einer großen Mehrheit der Pfarreimitglieder und ihrer Seelsorger über einen Typus von Religionspraxis, der dem Angebot-Nachfrage-Dogma" eine zentrale Bedeutung zumisst.[39] Auf der Ebene der Pfarrgemeinde entstehen die Erwartungen an kirchliches Personal und kirchliche Sachleistungen. Dort werden sie artikuliert und wollen auch befriedigt werden. – Kirchliche Mitarbeiter sind dazu aber, selbst wenn sie es wollten, zumindest auf dieser Ebene oft genug nicht mehr in der Lage.

Zweitens: Der Seelsorgesprengel bleibt die Organisationseinheit, die den Bezugspunkt der Pastoral darstellt. Dabei handelt es sich aber immer häufiger nicht mehr um die *eine* Pfarrei, sondern um einen *Verbund mehrerer Pfarrgemeinden*, um die größere Einheit einer Stadtkirche oder das Bistum selbst. Dies ist aus verschiedenen Gründen (s.o.) unumgänglich. Die Idee der Betreuungsgemeinschaft auf der Ebene der Pfarrgemeinde ist also längst obsolet.

Als Konstrukt wird sie aber, auch durch den Kodex, aufrecht erhalten. Das ist unter anderem an der „universalen Servicementalität" vieler Christen festzu-

nach schweizerischem Staatskirchenrecht diese staatskirchenrechtlichen Kirchgemeinden Träger und Verwalter der in Canon 1272 genannten Vermögensmassen." Vgl. CARLEN, Louis: Kirche und Staat in der Schweiz. In: Joseph LISTL u. Hubert MÜLLER u. Heribert SCHMITZ (Hrsg.): Handbuch des katholischen Kirchenrechts. Regensburg 1993, 1097–1109, 1108.

36 In Österreich wurde 1939, in der Bundesrepublik Deutschland mit der Einführung der staatlich eingezogenen Diözesankirchensteuer 1950 und auf dem Gebiet der ehemaligen DDR nach der Wende 1990 das Bistum „Zehntsprengel". Vgl.: PAARHAMMER, Hans (Hrsg.): Kirchliches Finanzwesen in Österreich. Geld und Gut im Dienste der Seelsorge. Thaur / Tirol 1989. Bzw. Vgl. MARRE, Heiner: Das kirchliche Besteuerungsrecht. In: Ernst FRIESENHAHN u. Ulrich SCHEUNER (Hrsg.): Handbuch des Staatskirchenrechts. Bd. II. Berlin 1975, 5–50.

37 KRÄTZL, Helmut: Zeichen der Zeit–Perspektiven für die Seelsorge. In: LS 41 (1990) 4–14, 10.

38 Vgl. RÜCK, Werner: Begleitung statt Angebot. In: LS 41 (1990) 79–85, 79.

39 STEINKAMP, Hermann: Selbst „wenn die Betreuten sich ändern". Das Parochialprinzip als Hindernis für Gemeindebildung. In: Diak 19 (1988) 78–89, 86.

machen und an der dieser Einstellung entsprechenden „Versorgungsattitüde seitens vieler Pfarrer".[40] Pfarrgemeinde ist – so ein immer noch wirkmächtiges Bild – Heimat für die dort wohnenden Christen. Sie steht als Teil ihrer religiösen Identität für „Hoffnungen und Sehnsüchte nach verbindlicher und bergender Gemeinschaft, die offenbar in dem Maße wachsen, wie Anonymität, Unübersichtlichkeit und apokalyptische Grundstimmungen [...] zunehmen".[41] Genau für jene allerdings, die als pastorale Mitarbeiter/innen für diese „Beheimatung" Sorge tragen sollen, ist die *eine* Pfarrgemeinde, in der dies geschehen soll, oft nicht mehr der zentrale Bezugspunkt ihres Arbeitens und erst recht nicht mehr ihres Lebens.

Drittens: Die Option, „die ganze Gemeinde als Träger kirchlichen Handelns zu entdecken, steht hinter den seelsorglichen Planungen der letzten 25 Jahre."[42] Diese Bemühungen sind aber letztlich erfolglos geblieben. Der anhaltende Rückgang der Zahl der Gläubigen, die regelmäßig am kirchlichen Leben „ihrer Pfarrgemeinde" teilnehmen, hat dazu geführt, dass die Pfarrgemeinde als ganze nicht mehr als *der* Realisierungsraum gemeinschaftlichen Handelns gelten kann. Das ist inzwischen eher die *Gruppe*, im Sinne einer Interessengruppe, einer Selbsthilfegruppe oder eines Freundeskreises.

Dennoch bleibt die Pfarrgemeinde das „Raumideal" für die Realisierung gemeinschaftlichen Handelns. Selbst dort, wo man die Lebensfähigkeit gerade der kleinsten Pfarrgemeinden bezweifelt,[43] werden sie in ihrer Existenz allerdings nicht angetastet. Allerorten spricht man sich für die Erhaltung ihrer Selbständigkeit aus.[44] Die, die nun vor Ort als „Platzhalter" bzw. „Nachfolger" der „Vater"- und „Bruder"-Pfarrer-Typen diese Selbständigkeit repräsentieren (sollen), z.B. PGR-Vorsitzende oder Ansprechpartner, werden damit aber in eine doppelt schwierige Lage gebracht: Von „oben" wird ihnen nur eingeschränkte Handlungsverantwortung zugesprochen; die „Führungsverantwortung", unter der ihr Handeln steht, ist auf einer anderen Ebene angesiedelt.[45] Von „unten" – aus den Gruppen – wird ihnen nicht selten schlicht das Mandat abgesprochen, gemeinschaftliches Handeln repräsentieren zu können.

3.2.2 Verlust der Stabilisierung von Seiten des Staates

Nicht nur die innere Konsistenz des Parochialprinzips, auch das System gegenseitiger Stabilisierung kirchlichen Parochialprinzips und staatlichen Territo-

[40] Ebd.

[41] Ebd. 82.

[42] DIE DEUTSCHEN BISCHÖFE: Schreiben der deutschen Bischöfe über den priesterlichen Dienst vom 24.9.1992. Die deutschen Bischöfe: Hirtenschreiben. Erklärungen; 49, 16.

[43] Vgl. z.B. SEELSORGEAMT OSNABRÜCK (Hrsg.): Orientierungshilfen zur pastoralen Arbeit in mehreren Gemeinden. Osnabrück 1993, 9.

[44] Vgl. z.B. SEELSORGEAMT FREIBURG (Hrsg.): Dokumentation zum Freiburger Diözesanforum. Heft 1. Die Voten. Freiburg 1992, 9.

[45] Vgl. BÖHNKE, Michael: „Priesterlose" Gemeinde. CiC 517,2: das Moderatorenmodell. In: Trierer Forum. Oktober 1994 (Nr. 3) 10–12, 12.

rial-, bzw. Personalprinzips[46] hat ein Ende. Für die Aufrechterhaltung dieses Gefüges gab es lange Zeit gute Gründe: sie wurzelten vor allem in der Idee eines Staates, der die Unterstützung durch das Sinnsystem Kirche braucht. Immer radikalere Pluralität und die Unstetigkeit aller Dinge, die beiden Grunddaten der Moderne, haben diese Idee allerdings inzwischen weitgehend überlagert. Die „unüberschaubaren, nicht mehr integrierbaren, ohne allgemein gültige Legitimation agierenden unendlich vielen Einzelgeschichten der Menschen"[47] sind ebenso gesellschaftliche Realität wie die „grundsätzliche Veränderlichkeit aller Dinge"[48]. Ein solcher Staat braucht Kirche – jedenfalls in ihrer bisherigen Sozialgestalt – nicht mehr als Stabilisierungs-, bzw. Sinninstanz. Dem Parochialprinzip ist aber nicht nur dieser inhaltliche Auftrag verloren gegangen; es ist ihm auch die staatliche Parallelstruktur abhanden gekommen: Der Staat definiert nach verschiedenen kommunalen Gebietsreformen seine handlungsrelevante Ebene anders als die Kirche. Sie hat inzwischen das kleinteiligere Territorialprinzip. Der Pfarrgemeinde als unterster Ebene von Kirche entspricht gerade auf ländlichem Gebiet in der Regel lediglich der Ortsteil. Selbst Verbünde mehrerer Pfarrgemeinden decken sich nicht immer mit den neu geschaffenen Großkommunen. „Die bisherige tonangebende öffentlich-kirchliche Gestalt des Glaubens wird mehr und mehr nur noch als Hintergrund oder Rahmen einer selbstentworfenen privaten Religiosität betrachtet werden."[49]

3.2.3 Phänomene der Dislozierung und Segmentierung

Die bisherige Sozialgestalt von Kirche wird aber nicht nur deswegen instabil, weil sie in sich selbst inkonsistent geworden ist und sie von außen nicht mehr Unterstützung erhält. Der in einer modernen Gesellschaft unumkehrbare Pro-

[46] „Nach dem Staatskirchenrecht ist in der Bundesrepublik Deutschland die katholische Kirchengemeinde und somit jede Pfarrei eine Körperschaft des öffentlichen Rechts. [...] Zusammenfassungen von Kirchengemeinden zu Gemeindeverbänden besitzen ebenfalls die staatliche öffentlich-rechtliche Personalität. [...] In Österreich haben, gemäß der früheren Konzeption, die kirchlichen juristischen Personen Pfarrkirche und Pfarrpfründe Rechtspersönlichkeit für den staatlichen Bereich und genießen öffentlich-rechtliche Stellung. In der Schweiz ist die staatsrechtliche Stellung der Pfarrei nach Kantonen verschieden geregelt. Auch Quasi-Pfarreien können staatliche Rechtspersönlichkeit besitzen (Kirchengemeinden)." HACK, Hubert: Die Pfarrei. In: Joseph LISTL u. Hubert MÜLLER u. Heribert SCHMITZ (Hrsg.): Handbuch des katholischen Kirchenrechts. Regensburg 1983, 384–395, 394. Der klare Zuständigkeitsbereich nach dem Parochialprinzip, die vorausgesetzte Zugehörigkeit einer pluralen Mitgliedschaft, die prinzipielle Öffentlichkeit ihrer Dienstleistungen und Veranstaltungen, all dies sind Analogien der kirchengemeindlichen Organisation zur Organisation des demokratischen Gemeinwesens. „Der rechtliche Ausdruck dieser bürokratisch-demokratischen Organisationsform ist der Statuts als Körperschaft öffentlichen Rechts." BREITENBACH, Gemeinde, 182.

[47] KEHL, Wohin, 29.

[48] KAUFMANN, Franz Xaver: Religion und Modernität. Tübingen 1989, 19.

[49] KEHL, Wohin, 44.

zess zunehmender Dislozierung und Segmentierung menschlicher Lebenswelt hat ebenfalls Auswirkungen. Beide Entwicklungen destabilisieren das Parochialsystem von ihren Mitgliedern her.

Der Raum und das Ganze: Dislozierung. In der postmodernen Gesellschaft können immer weniger Menschen in ein und demselben Handlungsraum in allen Rollen agieren: Der Mensch ist nicht mehr am selben Ort Familienvater/mutter, Arbeiter/in und Erholungssuchende/r. Er muss dazu räumlich voneinander getrennte Orte aufsuchen. Die Rolle, die ein Mensch innerhalb eines Raumes ausübt, spezifiziert den Raum, in dem er in dieser Rolle handelt. Dadurch kann sich das Interesse des Handelnden ungeteilt auf die jeweils geforderten Tätigkeiten richten und es ist ihm möglich, Rückkoppelungen an andere Bereiche auszuschalten.[50] Nutzt eine Vielzahl von Menschen denselben Raum auf dieselbe Weise, wird er durch deren einheitliches Handeln eindeutig profiliert. – Kein Raum steht jedenfalls mehr für das Ganze des Lebens. Diese Dislozierung menschlicher Handlungsräume ist nicht nur ein Phänomen „auf der Ebene". Es muss vielmehr im Sinne mehrstöckiger sozialräumlicher Strukturen gedacht werden. Der unterste Stock ist der Intimraum, das Geviert, in dem Menschen siedeln; der erste Stock ist der Nahraum, die Ortschaft oder das Wohnviertel, in der die allermeisten Besorgungen zu Fuß erledigt werden könn(t)en; der zweite Stock schließlich ist der Verkehrsraum: Er beherbergt die Infrastruktur, die der durchschnittliche Bürger zum Leben und Arbeiten benötigt. Die einzelne Gruppe, die „klassische" Pfarrgemeinde, bzw. der Verbund mehrerer Pfarrgemeinden bilden eine vergleichbare mehrstöckige Raumstruktur.

Die Person und das Ganze: Segmentierung. Das Leben des Individuums besteht immer mehr aus einzelnen Bruchstücken, und auch soziale Systeme können höchstens noch als ein aus Teilen zusammengesetztes Ganzes begriffen werden. Niemand, auch die Religion nicht, erbringt nun für das Individuum „die Leistung der Integration seiner in wechselnden Rollen fraglich gewordenen Identität; Religion wird vielmehr selbst zu einem in unterschiedlichen Lebensphasen unterschiedlich relevanten Teilaspekt von Identität".[51] Die Metamorphose vom hineingeborenen, getauften Kirchenglied zu demjenigen, der sich mit den Ideen, Werten und Normen der Kirche identifiziert, bzw. sich für diese in der Pfarrgemeinde engagiert, gelingt immer seltener. Die Lebenswelt des Menschen bleibt dauerhaft in verschiedene Teilidentitäten segmentiert. Diese Entwicklung spiegelt sich wider im Sozialsystem Pfarrgemeinde. Ein und dieselbe Pfarrgemeinde ist inzwischen ein von verschiedenen Einzelnen und Gruppen unterschiedlich genutzter Ort. Es gibt nicht mehr *das* soziomorphe Stereotyp Pfarrgemeinde. Der Segmentierung menschlichen Lebens entspricht die Herausbildung einzelner „Sektoren" in der Pfarrgemeinde. Herbert LINDNER beschreibt das Phänomen so: Die Pfarrgemeinde ist für die einen

[50] Vgl. GLATZEL, Norbert: Territoriale Bedingungen der Pastoral. In: LS 31 (1980) 333–336, 335.

[51] BREITENBACH, Gemeinde, 217.

„Heimat im Hintergrund", Halt in schwierigen Situationen, Begleitung an den Krisenpunkten des Lebens und Hilfe bei der Feier des Jahreskreises. Für die anderen ist sie „Lebensraum". Sie fühlen sich ihr intensiv verbunden, besuchen regelmäßig Gottesdienste und sind Mitglieder in Gruppen und Kreisen der Gemeinde. Für eine dritte Gruppe ist sie „Feld des Engagements" und Ort verbindlicher Lebens- und Glaubensgemeinschaft.[52]

3.3 Polymorphität pfarrgemeindlicher Sozialgestalt

Die Dislozierung von Handlungsräumen in Form einer „Stapelung" zu einer mehrstöckigen Raumstruktur und die Segmentierung von Lebenswelten hin zu einer Ausdifferenzierung in Sektoren haben das Bild der Pfarrgemeinde entscheidend verändert. Sie muss als komplexer vielgestaltiger Kirchen"körper" verstanden werden.

3.3.1 Pfarrgemeinde: ein mehrstöckiger sozialer Raum

Die Pfarrgemeinde ist ein mehrstöckiges Gebäude, das sich als Stapelung eines Systems von Primärräumen, Nahräumen und Verkehrsräumen zu einem vertikal durchschreitbaren sozialen Raum aufbaut. Jeder dieser Räume hat seine eigenen Gesetzmäßigkeiten, bestimmt damit das Verhalten des Menschen, auch was die Aktualisierung seiner Religiosität anlangt.
Der Primärraum ist der unterste soziale Raum. Es ist der am meisten geschützte Raum. Hier kann sich der Mensch in Liebe (aus)leben. Es ist der Raum des Eros, der Agape und der Philia. Der Primärraum gibt dem Eros Raum, also der geschlechtlichen, d.h. emotionalen und sexuellen Anziehung zwischen zwei Menschen. Jenem Phänomen, „das keine Gründe für sein Verhalten" hat, „nach Laune kombiniert", „seine Ziele in der Form des nicht Zurechnungsfähigen" sucht, „sowohl unverantwortlich wie gleichzeitig keiner Rechtfertigung bedürftig".[53] Der Primärraum markiert von daher beides: Keckheit, Überfluss, Luxus, Selbsterfüllung und Bedürftigkeit, Unstillbarkeit, Nie-Befriedetheit, Ausgeliefertsein. Ähnliches gilt, wenn man ihn aus der Perspektive der Agape betrachtet, jener „aufopferungsvollen und großzügigen Liebe, die anderen gibt ohne Erwartungen zu hegen".[54] Er ist Ort des Exzessiven, wo nicht nur im Besitzen und Genießen, sondern auch im Verlieren geliebt wird;

[52] Vgl. LINDNER, Herbert: Konziliarität und Gemeindepraxis. In: Joachim MATTHES (Hrsg.): Kirchenmitgliedschaft im Wandel. Gütersloh 1990, 99–118, 101. Karl GABRIEL unterscheidet etwas differenzierter fünf Sektoren: den „latenten", den „formalen", den „katholikalen", den „gemeindeorientierten", und den „Bewegungs"-Sektor. Vgl. GABRIEL, Karl: Christentum zwischen Tradition und Postmoderne. (QD 141) 4. Aufl. Freiburg 1995, 177–192.

[53] GERL-FALKOVITZ, Hanna-Barbara: Eros und Christentum ein Spannungsfeld mit Zukunft? In: Denken + Glauben. Graz. Nr. 102/Oktober 99, 3–8, 4.

[54] ARNOLD, Patrick M.: Männliche Spiritualität. München 1994, 223.

es ist der Raum, wo sich Eros und Leiden begegnen und – dafür steht der Aspekt Philia – wo zu alledem das Ruhen in einem gemeinsamen Verstehen treten kann. Es ist der Raum der Freunde, die um etwas wissen, auf das hin sie ihren Weg gemeinsam gehen. Es ist der Raum, der die Bindung von Menschen aneinander stärken kann, weil er die Anziehung, die von einem gemeinsamen Ziel ausgeht immer neu aktualisiert.
Religion in diesem Primärraum verweist in mehrfacher Hinsicht gerade auf ein menschliches Grunddatum: dass uns auch und gerade in Bindung das Wagnis nicht erspart bleibt. Und zwar sowohl dort, – Stichwort Eros – „wo das Leben eigentlich ins frei Schweifende, ins Heitere“ [55] übergeht, also auch dort, wo – Stichwort Agape – wie auf Golgatha die Bewegung der Liebe bis zum Ende geht, und auch dort, wo – Stichwort Philia – die im Abendmahlsaal grundgelegte Weggemeinschaft der Freunde und Freundinnen in Treue durchzuhalten und zu gehen ist. Ohne diesen geschützten Raum, wird es Menschen schwer fallen Bindungen einzugehen und trotzdem offen zu bleiben für das Wagnis und genau in dieser Spannung die Anwesenheit Gottes wahrzunehmen, und zwar in sinnlichen Zeichen der Ver-rücktheit, im Grundgestus des Loslassens und in einer Ordnungen in Freundschaft, die etwas anderes ist als die bloße Vergesellschaftung von Singles.
Nahraum ist der mittlere soziale Raum, der den Lebensmittelpunkt des Menschen, seine eigenen vier Wände, umgibt, auf diesen „aufbaut“. Es ist ein halboffener Raum. Das gilt für das Wohnnahumfeld, die anderen Wohnungen im selben Treppenhaus, für die nebenanliegende Hälfte des Doppelhauses, also dort, wo man sich in Hausschuhen bewegt, wo man sich mit Namen kennt und grüßt, wo sich unmittelbare Nachbarschaftshilfe vollzieht. Das gilt auch noch für das Quartier, jene ca. 100–200 Wohneinheiten, die ein spezifisches Zusammengehörigkeitsgefühl entwickeln, unter einer gewissen Bezeichnung firmieren und z.B. eine Rümpel – Turnier – Mannschaft stellen und dessen Kommunikationszentrum früher der Tante-Emma-Laden oder die Eckkneipe war und heute der Kinderspielplatz, ein Innenhof oder eine Straßenkreuzung ist, wo man sich vielleicht nicht immer mit Namen, so aber doch vom Sehen kennt und sich in der Regel grüßt. Und es gilt für den Stadtteil bzw. das Dorf. In diesem halboffenen Raum vermag es der Mensch, seine alltäglichen Bedürfnisse zu befriedigen. Die nachbarschaftliche Hilfe bzw. die kommerzielle Infrastruktur dazu ist hier vorhanden.
Der Nahraum steht nun für zwei gegensätzliche Erfahrungen: Da dem Menschen das Geschehen in diesem Raum vertraut ist, kann er sich in ihm zuhause fühlen. Hier spielt im gelungenen Fall „Zweckdenken eine unwesentliche Rolle. Man lebt als Mensch unter Menschen.“[56] So kann der Einzelne Verhaltenssicherheit, gestaltende Aktivität und Identität entwickeln.[57] Gleichzeitig hat der

[55] GERL-FALKOVITZ, Eros, 3.
[56] Vgl. GLATZEL, Norbert: Verkehrsraum und Lebensraum. In: LS 32 (1981) 142–147, 144.
[57] Vgl. RIESCHER, Gisela: Gemeinde als Heimat. Die politisch-anthropologische Dimension lokaler Politik. München 1988, 72.

gesamtgesellschaftliche soziale, ökonomische und kulturelle Wandel (auch) den Nahraum mancherorts inzwischen so stark verändert, dass er wirkliche Beheimatung in vielen Fällen nicht (mehr) ermöglicht. Das bewahrt ihn allerdings nicht vor dahingehenden Erwartungen. Diese haben immer eine längere historische Zerfallszeit als die ihnen zugrundeliegenden Bedingungen.[58] In vielen Fällen ist der Nahraum also nur noch Symbol, aber nicht mehr Realität von Heimat. Angesichts dieser Diskrepanz wird von der Religion vor allem jene Integration erhofft, die dazu beiträgt, (wenigstens) die („kleine") Welt als sinnvolles Ganzes erleben zu können und auf diese Weise dem Einzelnen das sichere Gefühl der Beheimatung in dieser Welt zu (zurückzu) geben.[59]

Verkehrsraum ist der soziale Raum, in den Menschen „hinaufsteigen" müssen, wollen sie die Bedürfnisse befriedigen, die sie weder im Primär- noch im Nahraum befriedigen können. Er besteht aus einer Vielzahl einzelner Orte, denen – im Gegensatz zum Primär-, bzw. Nahraum weder eine reale, noch eine symbolische sinn- oder identitätsstiftende Funktion zukommt. Es handelt sich dabei in aller Regel und ausschließlich um Konsumorte. Sie stehen „zum Sinnentwurf des Lebens in einer eindeutigen Zweckbeziehung".[60] – Die Haltung, mit der der Mensch sich im Verkehrsraum bewegt, ist bestimmt von einer Beschränkung auf die jeweilige Rolle und Funktion und in jeder Hinsicht ergebnisorientiert. Hier bewegen sich vor allem auch jene, zu dessen zentralen Werten die individuelle Autonomie zählt. Ihnen ist eine „‚surfende' Lebensführung"[61] eigen, die aufgeschlossen ist für Neues, ohne dem Neuen allzu sehr anheimzufallen, wird es doch bald wieder durch Neueres abgelöst.

Auf dieser Ebene angesiedelte kirchliche Aktivitäten haben für die, für die sie gedacht sind, nahezu immer partiellen und notwendig funktionalen Charakter.[62] Hans-Joachim HÖHN bezeichnet die dem Verkehrsraum entsprechende Religiosität wegen ihrer Nähe zum urbanen Lebensstil als „City-Religion"[63]. Die Subjekte dieser City-Religion sind darum jene, „die sich en passant auch für Religiöses interessieren [...]."[64] Kennzeichnend sei „ein überwiegend ästhetisch, zuweilen auch psychologischtherapeutisch bestimmtes Interesse an Religion"[65], in dessen Mittelpunkt das Individuum steht. Gefragt sind Angebote, die die religiös aufgefassten Bedürfnisse möglichst schnell und mit großer Erlebnistiefe befriedigen, ohne dass sich die einzelnen selbst einbringen oder gar binden müssten. Eine Kirche allerdings, für die der Inbegriff des Verkehrsraums, das städtische Ballungsgebiet, längst keine „Todsünde"[66] mehr ist, die

58 Vgl. HUBER, Hans: Beheimatung im wachsenden Dorf. Würzburg 1992, 37.

59 Vgl. BERGER, Peter L.: Zur Dialektik von Religion und Gesellschaft. Frankfurt 1988, 3–28.

60 GLATZEL, Verkehrsraum, 144.

61 HÖHN, Gegen-Mythen, 119.

62 Ebd. 145.

63 HÖHN, Hans-Joachim: Gegen-Mythen. Religionsproduktive Tendenzen der Gegenwart. Freiburg–Basel–Wien 1994, 118–126.

64 Ebd., 120.

65 Ebd., 110.

66 SONNENSCHEIN, Carl: Notizen. Weltstadtbetrachtungen. Heft 3. Berlin 1926, 39.

vielmehr seit Jahren versucht, das „Ja" zu diesen großen Räumen als menschlicher Daseinsform[67] zu ratifizieren, wird lernen müssen, mit solchen Formen von Religiosität – im Sinne einer Dienstleistungsreligion, für die die Gesetze von Angebot und Nachfrage gelten – angemessen umzugehen.
Die Pfarrgemeinde als „mehrstöckiger Gesamtraum", weil sowohl auf der Ebene Primärräumen, Nahräumen und Verkehrsräumen verortet, ist ein ziemlich disparates soziales „Gebäude". Sie bietet sehr unterschiedlichen Religionstypen Raum.

3.3.2 Pfarrgemeinde: ausdifferenziert in „Teilgemeinden"

Man kann die Ausdifferenzierung der Pfarrgemeinde auch aus einer anderen Perspektive betrachten. Sie ist nicht nur vertikal, sondern auch horizontal „auseinandergebrochen". Und zwar in vier verschiedene „Teilgemeinden", die das funktionales Äquivalent zu jenen Aufgaben darstellen, die sich bislang zum einen konsistenten Gesamtgebilde Pfarrgemeinde komprimiert hatten: die Repräsentanzgemeinde, die Dienstleistungsgemeinde, die Finanzierungsgemeinschaft, die Gottesdienstgemeinde, die Kerngemeinde.
Die Repräsentanzgemeinde umfasst alle Einzelnen, aber auch alle Einrichtungen, Vereine und Verbände, die sich einer Pfarrgemeinde zugehörig fühlen oder dieser auch tatsächlich territorial zugehören und die ein und die selbe spezifische Erwartung bzw. Funktionszuschreibung verbindet, die sie insbesondere dann *der* Pfarrgemeinde gegenüber formulieren, insofern diese konkurrenzlos die einzige erreichbare kirchliche Einheit war bzw. ist: die private bzw. öffentliche Sinnrepräsentanz. Sie bzw. ihre Vertreter/innen haben „an das Religiöse und die humanen Werte zu erinnern".[68] Einmal im Jahr, zu bestimmten (kirchlichen) Festen und Anlässen, wenn die längst großgewordenen Kinder an den Ort ihrer Kindheit zurückkommen, die Eltern besuchen oder einen Gang auf den Friedhof machen wollen, muss es sie (noch) geben, die Kirche, mit ihren altvertrauten Liedern und Botschaften, wegen des Wiedererkennungswertes möglichst unverändert, für denselben Sinn stehend wie ehedem. – Aber auch die am Ort fragen Sinnrepräsentanz nach. Die Verkörperungen ihrer Fähigkeit, Leistungsvermögen zu erhalten und sich selbst zu behaupten, von Tennisanlagen bis Sparkassen, wollen „gesegnet", „eingeweiht" sein. Hinter solchen Bitten steht dann oft der Wunsch nach Stilisierung und Ästhetisierung eines Daseins, das sich bruchlos den Standards modernen Lebens einfügen soll. „Ob das nun Surrogate für die öffentliche Absage an die Sinnfrage sind, ob es die Ausbruchsversuche aus der Kälte der Projektwelt sind, ob sie den Wunsch zum Ausdruck bringen, der Mensch möge doch nicht das Letzte und einzige Maß aller Dinge sein,"[69] die Repräsentanz von Sinn ist immer noch gefragt.

[67] Vgl. dazu „Bemüht euch um das Wohl der Stadt ..." Interview mit Bischof Franz KAMPHAUS zur Großstadtpastoral. In: HerKor 43 (1989) 561–567, 562.
[68] WIDL, Kleine Pastoraltheologie, 22.
[69] GRONEMEYER, Kirche, 204.

Dies sollte aber nicht dazu führen, „sich über den faktischen Bedeutungsverlust christlicher Tradition hinwegzutäuschen".[70] Denn der öffentliche Einfluss kirchlicher Repräsentanten entspricht „längst nicht mehr ihrem Rückhalt in der Bevölkerung. Sie sind auf dem Weg, nur noch sich [...] zu repräsentieren."[71] Und dennoch gibt es sie, die Repräsentanzgemeinde. – Ihr „Kirchenbild" ist der nächtlich angeleuchtete Kirchturm, der inmitten einer Stadt oder eines Dorfes den stärksten Akzent bildet und die Silhouette stempelt. Ihre Überzeugung markiert ein – bisweilen durchaus trotzig ausgesprochenes – „Wir sind doch schließlich gut katholisch."

Die Dienstleistungsgemeinde verdankt sich dem Phänomen latenter, bzw. diffuser Christlichkeit, einer auf Familie, besonders Kinder, zentrierten Religiosität. Sie umfasst all jene Christinnen und Christen, die bei bestimmten Gelegenheiten auf einzelne Formen religiöser Praxis zurückgreifen, von denen sie sich eine gewisse Stabilisierung des persönlichen und familiären Lebens verspricht. Die Dienstleistungsgemeinde umfasst „in der katholischen Kirche Deutschlands gegenwärtig wohl bei etwa 75 – 80 % aller Getauften."[72] Bei der Aufnahme der Bedürfnisse dieser Gemeindeglieder übernimmt in der Regel „der Pfarrer eine Schlüsselrolle"[73] Dabei hat neben einer Vielzahl von Diensten, von der Spendung von Sakramenten und der Feier von Kasualien bis zur Verfügungstellung freier Gesprächsangebote und dem Angebot einzelner Elemente der Gemeinwesenarbeit vor allem die intensive Begleitung von Menschen in Lebenswende- und Grenzsituationen „- zumal unter einer isolierten und spezialisierten Seelsorgeperspektive – einen hohen Grad an Plausibilität".[74] Die Angebots- bzw. Dienstleistungspastoral steht in der Regel allerdings für eine Pastoral, die „stärker zur Individualisierung von Religion beiträgt als zu Gemeindebildung."[75] Wo der in diesem Bereich dominierende Mechanismus von „Angebot und Nachfrage" als mehr oder weniger geheime Tagesordnung die Aktivität der pastoralen Mitarbeiter/innen überhaupt bestimmt, kann dies eine Sogwirkung auf alle anderen Bereiche entwickeln: „Unter der Frage ‚Was kommt an?' werden Inhalte der Gemeindekatechese, der kirchlichen Jugend- und Erwachsenenbildung ausgewählt, und unter der weiteren Frage ‚Wie und womit kann man möglichst viele aktivieren?' wird ein weiteres Auswahlkriterium eingeführt, das die Angebote der Gemeinde steuert. Dadurch bekommen Programme solcher Kirchengemeinden oft auch das Flair von kleinen Volkshochschulen oder Bildungsstätten."[76] Bestimmt die Dienstleistungsgemeinde

[70] STEINKAMP, Betreute, 84.

[71] GRONEMEYER, Kirche, 93.

[72] KEHL, Wohin, 46. Vgl. Dazu auch DUBACH, Alfred: Bindungsfähigkeit der Kirchen. In: DERS. u. Roland J. CAMPICHE (Hrsg): Jeder ein Sonderfall? Religion in der Schweiz. Zürich–Basel 1993, 161.

[73] BÄUMLER, Christof: Kommunikative Gemeindepraxis. Eine Untersuchung ihrer Bedingungen und Möglichkeiten. München 1984, 74.

[74] STEINKAMP, Betreute, 85.

[75] Ebd.

[76] STEINKAMP, Solidarität, 211.

allein die Sicht, verändert dies die Pfarrgemeinde als ganze und lässt auch die pastoralen Mitarbeiter/innen vor allem in einer Rolle erscheinen: Sie gelten als „Vertreter" von Produkten des Dienstleistungsunternehmens Kirche. – Zusammen mit dem Pfarrsekretariat und dessen Telefonzentrale werden sie zum „Kirchenbild" der Dienstleistungsgemeinde, deren Selbstverständnis sich dann beispielsweise in das Diktum ausspricht: „Wir zahlen doch schließlich Kirchensteuer!"

Gottesdienstgemeinde. Als größere Sonntagsgottesdienstgemeinde umfasst sie auch die kleinere Werktagsgottesdienstgemeinde, rekrutiert allerdings einen immer geringeren Teil der Katholiken. „In meinem Nachbarort gibt es eine Seelsorgehelferin, die in ihrem Leben nur eine einzige Stelle hatte. Sie ist seit 1948 in diesem Dorf. Sie erlebte mit, wie in den Jahren nach dem Krieg eine blühende katholische Gemeinde entstand mit einer Seelenzahl von 800 bis 1000 katholischen Christen, wie eine Kapelle eingerichtet, ein Pfarrer vom Bischof in den Ort geschickt wurde; sie erlebte in den siebziger Jahren den Rückgang der Gemeinde, die Abberufung des Pfarrers, die Kündigung der katholischen Kapelle, die Schrumpfung der Sonntagsgemeinde auf zehn bis 15 Gottesdienstteilnehmer."[77] Nicht überall ist die Gottesdienstgemeinde so klein geworden. Je nach Gegend sind es vielmehr immer noch zwischen 10 und 30 % der Katholiken, die sich zum sonntäglichen Gottesdienst in ihrer Pfarrkirche versammeln. Ihr wird eine hohe Bedeutung zugemessen: die Gottesdienstgemeinde wird – besonders in der sonntäglichen Feier der Eucharistie – zum Zeichen des einenden Heilshandeln Gottes an den Menschen.[78] Darum markiert die Gottesdienstgemeinde im Bewusstsein vieler, egal wie groß, das „Zentrum" der Pfarrgemeinde mit ihren „qualifizierten und geübten Musikern und Liturgikern, um dessen eingedenk zu sein, was als Bestes in der katholischen Tradition getan worden ist."[79] Sie prägt in der Öffentlichkeit das Bild von Kirche. „Wer […] am Gottesdienst der Pfarrei teilnimmt, hat ein mehr oder minder ausgeprägtes Bewusstsein von Zugehörigkeit zu dieser Pfarrei und gleichzeitig zur Großkirche, zu jenem Personenkreis, den man sonntags antrifft: die gottesdienstliche „Kern-" bzw. „Restgemeinde".[80] – Das „Kirchenbild" der Gottesdienstgemeinde ist die Kirche; genauerhin: das Kircheninnere! Sie singt: „Wo zwei, oder drei …"

Die Kerngemeinde. Es macht „wenig oder keinen Unterschied, ob eine Gemeinde 300, 1000 oder 3000 Mitglieder hat. Die Zahl derer, die sich *aktiv* an ihrem Leben beteiligen, bleibt konstant."[81] In der Regel sind es 100 Gemeindemitglieder. Diese finden sich „in Gruppen und Kreisen, in lebendigen Zellen zusammen, um in den Situationen, in denen sie leben, […] durch die Orientie-

[77] FRIEMEL, Franz Georg: Ist „Erfolg" keiner der Namen Gottes? In: Diak 19 (1988) 110–118, 110.

[78] Vgl. Synodenbeschluss „Gottesdienst" 2.3

[79] WEAKLAND: Zukunft, 140–142.

[80] STEINKAMP, Hermann: Solidarität und Parteilichkeit. Für eine neue Praxis in Kirche und Gemeinde. Mainz 1994, 193.

[81] MÜLLER, Pastoraltheologie, 189.

rung am Evangelium eine Lebens- und Glaubensgemeinschaft zu bilden".[82] In diesem gruppenorientierten Kernbereich weist die Pfarrgemeinde „Elemente vereinsmäßiger Organisation auf: [...] die freie Ausdifferenzierung spezieller Angebote und Abteilungen, [...] Ehrenamtlichkeit und hohes Engagement Einzelner".[83]

Die Kerngemeinde besteht aus einzelnen Gruppen, die allerdings ein unterschiedliches Selbst-, Welt- und Kirchenverständnis haben können. Hier gibt es eine große Bandbreite von eher „patriarchal" bzw. zu eher „geschwisterlich" ausgerichteter Leitbilder. Dem „patriarchalen" Leitbild folgen „vielleicht 5-10% der aktiven Kirchenmitglieder [...], die sich durch eine restaurative, auf die Vorkonzilszeit fixierte und äußerst modernitätskritische Grundmentalität auszeichnen".[84] Gläubiges Leben heißt hier „Wahrung der Werte der Familie und die opferbereite Liebe in allen Prüfungen des Alltags". Und zwar – das macht ein solches Leben zu einer Herausforderung – in einer Welt die „keine christlichen Werte mehr kennt." Darum ist in dieser Weltzeit auch die wahre Kirche, „das hierarchisch geordnete und von den Hirten zum ewigen Heil geführte Volk Gottes", bedroht und muss verteidigt werden.[85] Als „Chitinisierung" bezeichnet Reimer GRONEMEYER den gruppendynamischen Prozess, der zu dieser Grundhaltung führt; „Verdickung des Panzers durch Dogmatisierung".[86] Dabei wird zudem geradezu infantil eine Ordnung gefordert, die das Suchen nach Wegen der Verwirklichung der Freiheit überflüssig macht. Das gegenteilige Leitbild definiert Religion als etwas, das z.B. den je gerade erreichten Stand der eigenen Identität bestätigt. Glaube ist dabei etwas, das in „Bewegung" ist, das „mitlebt, weiterwächst und stets neue Akzente und Blickwinkel erhält".[87] Kirche ist Gemeinde, muss demokratisch strukturiert und vor allem tolerant sein: „Jeder kann leben, wie er möchte"[88] Hier besteht nach GRONEMEYER im Extremfall die Gefahr einer „Amerikanisierung" von Religion, einer Patchwork-Kirche ohne Substanz.[89] Wo sich gemeindliche Gruppen „ein geschwisterliches Miteinander, wo jede/r angenommen ist, wie sie/er ist"[90]

In beiden Varianten des gruppenorientierten Kernbereiches wird Pfarrgemeinde „in der Gestalt abgegrenzter Überzeugungsgemeinschaften zum Ort der Reduktion von Komplexität".[91] Beide stehen in der Gefahr, zu genau der Nische zu werden, deren zunehmendes Aufsuchen als Indiz für den Abschied von der Gesamtorganisation Kirche gesehen wird. Wie sehr damit in der Pfarrgemein-

[82] Ebd. 125.
[83] BREITENBACH, Gemeinde, 183.
[84] KEHL, Wohin, 45.
[85] Vgl. WIDL, Kleine Pastoraltheologie, 22.
[86] GRONEMEYER, Reimer: Wozu noch Kirche? Berlin 1995, 94.
[87] WIDL, Kleine Pastoraltheologie, 20.
[88] Ebd. 22.
[89] Vgl. GRONEMYER, Kirche, 95.
[90] WIDL, Kleine Pastoraltheologie, 22.
[91] BREITENBACH, Gemeinde, 217.

de die Kirchlichkeit von Glaube in Extremen verzerrt werden kann, darauf hat Hans-Jürgen VERWEYEN am Beispiel der Eucharistiepraxis hingewiesen: die der einen Gruppen wird zur „Gralsverehrung", die der anderen zum „Gemeindepicknick"[92]. Das „Kirchenbild" für die eine Kerngemeinde ist das Pfarrfamilienhaus, das für die andere das Gemeindezentrum. Die einen formulieren ihr Selbstverständnis so: „Wir helfen unserem Pfarrer". Die anderen so: „Wer mitmacht, erlebt Gemeinde."

3.4 Brüche und Komplexität: Anfrage an die Theorie

Das Territorialprinzip gilt als ein gut funktionierendes Instrumentarium zur Mitgliedererfassung, um das andere gesellschaftliche und politische Organisationen die Kirche(n) beneiden.[93] Es ist immer noch das entscheidende kirchliche Strukturprinzip, obwohl in der theologischen Diskussion gerade die „Stärken" des Territoriums als Ordnungsinstrument zur Erfassung von Kirchensteuerpflichtigen, bzw. als Organisationseinheit zur „Versorgung der Gläubigen mit Heil" inzwischen in ihren Auswirkungen eher zwiespältig eingeschätzt werden. Stichworte wie „Seelenzahlen", „Erfassung", „Versorgung" sind weitgehend negativ konnotiert. – Auch am Personalprinzip, als dem Prinzip der für ein Territorium zuständigen Person, wird nach wie vor festgehalten. So werden hauptberufliche pastorale Mitarbeiter/innen – wenn sie nicht explizit in der Kategorialseelsorge arbeiten – Territorien zugewiesen. Und für den investierten Pfarrer gelten nach wie vor Residenz-, Applikations-, und Registerpflicht.[94]

Die Verschränkung der beiden Grundprinzipien Territorium und Person, das Parochialprinzip, ist bis in die jüngste Gegenwart das Koordinatensystem für

[92] Vgl. VERWEYEN, Hansjürgen: Der Weltkatechismus. Therapie oder Symptom einer kranken Kirche? Düsseldorf 1994, 81.

[93] MÜLLER, Josef: Eine verwüstete pastorale Landschaft. In: LS 45 (1994) 293–295, 293.

[94] Vgl. dazu HEINEMANN, Heribert: Der Pfarrer. In: Joseph LISTL u. Hubert MÜLLER u. Heribert SCHMITZ (Hrsg.): Handbuch des katholischen Kirchenrechts. Regensburg 1983, 395–410, 400 f.: „b) Residenzpflicht (Canon 533, §1). Zu den besonderen Pflichten des Pfarrers gehört die Residenzpflicht, die beinhaltet, in einem Pfarrhaus bei der Kirche Wohnung zu nehmen. Der Ordinarius kann in besonders gelagerten Fällen aus gerechtem Grund die Erlaubnis erteilen, an einem anderen Ort zu wohnen, etwa in einem Haus, in dem eine Priestergemeinschaft wohnt. Dabei muss die Seelsorge in der Pfarrei gesichert sein (Canon 533, § 3). [...] c) Applikationspflicht (Canon 534). Mit Besitzergreifung der Pfarrei ist der Pfarrer verpflichtet, an allen Sonn- und bestimmten Feiertagen für seine Gemeinde die Eucharistie zu feiern (applicatio pro populo). [...] Hat der Pfarrer für mehrere Pfarreien die Seelsorge übernommen, bedarf es nur einer Applikation für alle ihm seelsorglich Anvertrauten (Canon 534, § 2). [...] d) Führung der Pfarrbücher, des Pfarrsiegels und des Pfarrarchivs (Canon 535). Die sorgfältige Führung und Aufbewahrung der Pfarrbücher, des Tauf- (vgl. Canon 877, § 1), Trauungs- (vgl. Canon 1121) und Totenbuches (vgl. Canon 1182) gemäß der vom Bischof oder von der Bischofskonferenz erlassenen Vorschriften obliegt dem Pfarrer (vgl. Canon 535, §1)."

die Grundorientierung der Pastoral und für kirchliche Planungen jeder Art. Es ist aber nicht mehr konsistent. Und zwar sowohl auf der Seite des Territorium als auf der Seite der Person. Die „schlichte“ Ebene Pfarrgemeinde ist einem Gebilde gewichen, das als mehrstöckige sozialräumliche Struktur begriffen werden muss. Dabei haben sich die Dimensionen Ordnungsinstrument, Organisationseinheit, bzw. Realisierungsraum – bislang auf der einen Ebene Pfarrgemeinde angesiedelt – nicht nur auf mehrere Ebenen verlagert; sie haben sich gleichzeitig in wenigstens vier grundverschiedene Teilgemeinden ausdifferenziert. Dem entspricht bezüglich der Erwartungen an die zu-ständigen Personen eine vergleichbare Differenzierung der Funktionen. Eine in diesem Kontext erforderliche Auseinanderentwicklung und Profilierung von Berufsbildern steht allerdings noch weitgehend aus. Im Gegenteil, die Sedimentation, bzw. Verdichtung der einzelnen Aufgaben in einem kirchlichen Beruf erweist sich als relativ „entflechtungsresistent“.

Exkurs 1:
Vor einer Kriteriologie

„Mit ‚Theorie' im modernen Verständnis bezeichnet man Gesetzmäßigkeiten, begründete Aussagen zur Erklärung von Tatsachen sowie Lehren jeder Art. In ihrer wissenschaftlichen Bedeutung sind Theorien falsifizierbare Aussagensysteme bzw. allgemein wissenschaftliche Lehrgebäude. Im weiteren Sinne kann man unter Theorie jedes menschliche Erkennen verstehen, das auf Allgemeinheit zielt (also von Konkretem *abstrahiert*) und nicht unmittelbar, sondern in (zeitlicher bzw. räumlicher) *Distanz* zur Praxis steht."[1] Im zweiten Teil dieser Arbeit geht es um eine theologisch verantwortete Theorie der Leitung, um Gesetzmäßigkeiten, bzw. begründete Aussagen zur Erklärung dessen, was Leitung in der Kirche ist, und wie diese „geht". Um diese zu entwickeln, gilt es nun, von einem, mittels seines Raum- und Personalprofiles vermessbaren und über besagte einschlägige Begrifflichkeiten kommunizierten Phänomen, von dem durch Inkonsistenz und Komplexität nicht mehr monolithischen verfassten Kirchen-„Körper" Pfarrgemeinde(n) wieder abzusehen. Um der „Theoriegewinnung" willen braucht es Abstand – vor allem von den in der Praxis enthaltenen, aber kaum explizit ausgesprochenen Prämissen bzw. Engführungen, innerhalb derer dort die Frage nach der Leitung für gewöhnlich thematisiert wird – und die Weitung des Horizontes, ein Nach-denken, das Fragen nachgeht, die allgemeinerer Natur sind. Zum Beispiel erstens: Was ist Kirche – oder die Frage nach ihren Aufgaben? Wie geht Kirche – oder die Frage nach einem ihr angemessenen Stil? Wo ereignet sich Kirche – oder die Frage nach ihrer strukturellen Gestalt. Zweitens: Was ist Leitung – oder die Frage danach, wie sie die Aufgabenerfüllung in der Kirche unterstützt? Was „macht" Leitung – oder die Frage nach ihrem Beitrag zur Gewährleistung einer spezifisch kirchlichen Organisationsstruktur? Wie geht Leitung – oder die Frage, mittels welchen Stiles sie am besten kirchliche Organisationskultur fördert? Auf die Behandlung insbesondere dieses zweiten Fragekomplexes soll nun hingearbeitet werden; und zwar zunächst durch eine Reihe biblisch-theologischer und organisationswissenschaftlichen Vorbemerkungen, an Hand derer der Frageraster, den es im „eigentlichen" Reflexionsteil dann abzuarbeiten gilt, präzisiert wird.

4. Biblisch-Theologische Vorbemerkungen zum Thema Leitung

In der Praxis kirchlichen Handelns ist Leitung ein inflationär verwendeter Begriff: Nahezu jede kirchliche Tätigkeit reklamiert für sich das Suffix „Leitung" oder bekommt es zugewiesen. Im krassen Missverhältnis dazu schweigt sich Pastoraltheologie über dieses Thema allerdings weitgehend aus. „Eine Lehre von der Theologie der Leitung ist in der Praktischen Theologie wenig entwi-

[1] WICHMANN, Theorie und Praxis, 122.

ckelt."[2] In systematisch-theologischen Zusammenhängen dagegen wird die Frage nach der Leitung vielfach diskutiert. Es ist damit ja auch ein Thema berührt, das uns schon die Hl. Schrift aufgibt.
Dabei geht eine biblisch-theologisch motivierte Zugangsweise zum Komplex Leitung vor allem drei Fragestellungen nach: Von der Basisüberlegung herkommend, was der „Ort" der Leitung ist und an diesem Ort grundsätzlich geschieht, was also (Sinn-)Bezugsfeld der Leitung ist, ergibt sich die Frage: Was „ist" Leitung im Sinn einer Sicherstellung, dessen, was an diesem Ort zu geschehen hat? Von dort aus stellt sich dann die Frage: Wie „geht" – im Blick auf die „Beschaffenheit" des Ortes – Leitung? Und das ist eine doppelte Frage. Nämlich zum einen die danach, wie Leitung strukturell zu konzipieren ist und zum anderen die, in welcher Intention Leitung wahrzunehmen ist.

4.1 Gott und der zu erlösende Mensch: Relativierung der Leitung

Leitung – nach der Logik der Bibel – ist zweifach relativiert: sie ist auf Gott bezogen, den eigentlichen Leiter der Gemeinschaft und auf den (Mit-)Menschen, dessen Rettung.
Gott ist der Leitende. Wenngleich der Herr nach dem Zeugnis der Schrift durchaus Menschen mit der Leitung beauftragt, bleibt deren Leitung auf ihn rückbezogen. Menschliche Leitung steht immer in einem Wesenszusammenhang mit Jahwe und ist von da aus, als Gottes-Herrschaft, für Israel von Anfang an von zentraler Bedeutung. Gottes vorgängige Herrschaft ist der erste Bezugspunkt und Sinnhorizont von Leitung. – Wo Leitung so verstanden immer „Sache" Gottes bleibt und dadurch jede menschliche Leitung relativ ist, steht Leitung auch in der Kirche unter einem theologischen Vorbehalt (Jer 29,11; Mk 4,27): Vor Gott ist Leitung niemals im Sinne einer Letzt-, sondern immer nur als „Vorletztverantwortung" wahrzunehmen. Als bereits von Gott unbedingt angesprochener und in Anspruch genommener, kann ein Mensch von einem anderen Menschen, auch von einer Leitungsperson, nur insoweit angesprochen und in Anspruch genommen werden, als Gottes größerer Anspruch gewahrt bleibt.
Gottes Leitung steht für Rettung: Er, der sich seinem Volk innergeschichtlich als der Mitgehende erschließt (Gen 12–50) und es zusammenführt, verteidigt es vor Angriffen von außen und rettet es durch seine großen Taten, die als Erweise seiner Gerechtigkeit zu sehen und zu bezeugen sind (Ri 10,11). „Der Weg unter seiner Herrschaft ist [...] Ort der Errettung."[3] So wundert es auch nicht, wenn „das Verbum naha ‚leiten, führen' [...] nur selten im eigentlichen Sinn in nicht theologischen Zusammenhängen"[4], in nicht soteriologischem

2 HELLER, Andreas: Art. Leitung. In: LThK, Bd. 6, 803.
3 HAAG, Ernst: Art. Herrschaft Gottes. I. Biblisch-theologisch. In: LThK, Bd. 5, 26.
4 JENNI, Ernst. Art. Naha leiten. In: DERS. (Hrsg.): Theologisches Handwörterbuch zum Alten Testament. Bd. 1. München 1971, 53–55, 53.

Kontext verwendet wird. Sich leiten zu lassen, und zwar von dem, der sagt „Ich bin für euch da" (Ex 3,14), ist für Israel eine Frage von „Leben und Tod" (Dtn 30,15–20). Ähnliches gilt für das odhgein (führen, anleiten, den Weg zeigen) des NT. Wo es um Leiten geht, steht immer etwas auf dem Spiel: da ist die Gefahr des Fallens (vgl. Mt 15,14; Lk 6, 39; Röm 2,19), die (Heils-)Notwendigkeit, in die *ganze* Wahrheit geführt zu werden (Joh 16,13 vgl. auch die Taufe des Äthiopiers Apg 8, 31) und die große Drangsal, aus der es gilt, herausgeführt zu werden (Offb 7,17).

4.2 Die (Selbst-)Bestimmung der Gemeinschaft: zur Grundierung der Leitung

Die biblische Gemeinschaft entwickelt aus ihrer Ausgespanntheit „zwischen" Gott und dem Heil des Menschen ihr Selbstverständnis, bringt dies in Metaphern und ermöglicht von dort her eine erste Orientierung über das „was" der Leitung.

4.2.1 Selbstbilder der biblischen Gemeinschaft

Das Selbstbild der biblischen Gemeinschaft, die sich von Gott geleitet und der Rettung des Menschen verpflichtet weiß, ist insbesondere in den drei in der Schrift grundgelegten und in der Tradition weiterentwickelten Metaphern vom „Volk Gottes", vom „Leib Christi", und vom „Tempel des Heiligen Geistes" festgehalten. In diesen Bildern werden die wiederkehrenden Erfahrungen, in denen später dann auch der Sinn des Kircheseins miterfahren wurde, bewahrt.
Das Volk Gottes: Gemeinschaft, gesammelt für die Welt. Das Volk Gottes ist das von Gott selbst ausgesonderte Volk, das ihm gehört als „Reich von Priestern und ein heiliges Volk" (Ex 19,5), in dem er selbst Wohnsitz nimmt (Lev 26,9.11.12) und das sich „heilig" zu halten hat. Es hat sein Urbild in der Sinaiversammlung, bei der es Jahwes Gesetz entgegennahm und sich um dieses als seine Mitte sammelte. So gesammelt und geordnet gleicht es einer Pflanzung, einem Garten, einem Weinberg (vgl. 2 Makk 1,29; Ps 80) an dessen Ebenmaß und Schönheit Gottes Plan und Wille für die ganze Schöpfung offenbar werden soll: die Vision eines gelingenden, fruchtbaren Zusammenlebens der Menschen in Gerechtigkeit, Freiheit und Würde; eines Miteinanders ohne jede Sklaverei. – Auch das neutestamentliche Gottesvolk versteht sich als „ek"-klesia, als Herausgerufene, als Gemeinschaft, die sich der Heilsinitiative Gottes verdankt: die „nicht sein Volk" waren (1 Petr 2,10; vgl. Hos 2,25), sind es nun. Volk Gottes heißt Nachfolge- und Schicksalsgemeinschaft mit dem, der in paradoxer Umkehrung kultischer Logik „mit seinem Tod außerhalb der Mauern Erlösung (Reinigung) erwirkt, aber eben nur für die, die die Erlösung nicht mehr in der Stadt (im Tempel) suchen, sondern die ihm nachfolgen auf seinem Exodus"[5] (Vgl. Hebr 13,13f). Die eigentlich nicht damit rechnen konnten, sind

[5] WERBICK, Jürgen: Kirche. Ein ekklesiologischer Entwurf für Studium und Praxis. Freiburg–Basel–Wien 1994, 63.

jetzt zu Gottes Festtafel geladen. Alle unterschiedslos, ohne Ansehen der Person oder des Standes.
Nach der Anerkennung des Christentums als Staatsreligion wird aus dem aus allen Völkern gesammelten Gottesvolk die Versammlung der Völker. „Aus der geistlich-theologischen, der himmlischen civitas Dei zugehörigen und ihr zustrebenden Größe ‚Volk Gottes' [wird] in den Jahrhunderten nach Augustinus eine politisch-theologische Realität: das christliche Volk."[6] Es entsteht die Statik einer Großkirche mit reichsförmigen Ordnungsstrukturen und Rängen, die sich nicht mehr durch ihr Gegenüber zu den anderen Völkern definieren kann. Sie bildet diesen Unterschied vielmehr in sich selbst ab und kommt dabei zu wenigstens zwei Ständen. Wobei einer davon dann Volk genannt wird und die Menschen im Gegenüber zu „den führenden Kreisen in der Kirche"[7] bezeichnet. Der Grundgedanke der Sammlung in Gerechtigkeit und gleicher Würde und der Sendung in die Welt hinein ist in den Hintergrund getreten. Spätestens im Kontext des II. Vatikanum hat sich dies allerdings geändert. Eine eher geschichtlich-dynamische Sicht von Kirche knüpft wieder am Gedanken vom Auszug aus den Unrechtsstrukturen des alten Äons an.[8] Die in ihr selbst waltende gleiche Würde aller prägt ihr Zukunftsbild von der Welt. Der Begriff „Volk Gottes" charakterisiert Kirche als solidarisch gerechte Weggemeinschaft „mit sich selbst" und steht gleichzeitig für die Weggemeinschaft der Kirche mit den Vielen, fungiert also als „ökumenische Brücke"[9]. Mit Volk Gottes wird jene Kirche bezeichnet, die „Weggenossin all derer [ist], die sich in der Geschichte ihrer Gruppen und Völker, in der Geschichte der Menschheit, für Menschlichkeit und Gerechtigkeit einsetzen".[10]
Der Leib Christi: Gemeinschaft, verwurzelt in Christus. Die Metapher „Leib Christi" steht für Christuszugehörigkeit als Identitätsmerkmal der Gemeinschaft. Was zweierlei besagt. Erstens: Die Zugehörigkeit aller Glaubenden zu Christus und zueinander im Leib Christi ist so tiefgreifend, dass es daraus kein Herausfallen gibt. Zweitens: Alle bisher ausschlaggebenden sozialen Schranken verlieren ihre Relevanz (vgl. Gal 3,28). Und auch alle anderen. Paulus weist mit der Metapher Leib – indem er sie deutlich anders verwendet als dies in der antiken Organismusideologie üblich ist – jeden Überlegenheitsanspruch einzelner Charismen zurück (vgl. 1 Kor 12,12f.27; Röm 12,4). – Schon in der Konzeption der Deuteropaulinen kommt es allerdings zu ersten Akzentverschiebungen: etwa zu dem von der Kirche in ihrer Unterordnung unter das Haupt Christus (Kol 1,12–20), und dem vom Heilsraum, in den die Glaubenden durch den Tod Christi hineinversetzt und damit gerettet werden. Daran

6 Vgl. FRIES, Heinrich: Wandel des Kirchenbildes und dogmengeschichtliche Entfaltung. In: MySal Bd. 4.1. 1972, 223–285, bes. 236.
7 NEUNER, Peter: Der Laie und das Gottesvolk. Frankfurt 1988, 45.
8 Vgl. VORGRIMLER, Herbert: Die Volk-Gottes-Theologie des Zweiten Vatikanischen Konzils und die Folgen 30 Jahre „danach". In: BiLi 66 (1993) 67–72, bes. 70 f.
9 RATZINGER, Josef: Die Ekklesiologie des Zweiten Vatikanum. In: IKAZ 15 (1986) 41–52, 49.
10 WERBICK, Kirche, 157.

knüpfen die Theologen der Alten Kirche an. Im Kontext des Bildes vom Leib Christi reflektieren sie über den Bischof als den, der Christus repräsentiert, und die Heilsnotwendigkeit der Zugehörigkeit zum „bischofskirchlichen" Leib Christi.

Finden dann auch noch entsprechende Elemente des römischen Körperschaftsprinzips Eingang in diese Überlegungen, ist fast nur noch das Haupt und dessen Rolle im Blick, d.h. die Vereinigung aller Kompetenzen bei ihm, dem „Ober-Haupt". „Ohne das Haupt kann keine ausgeübt werden, ja, das Haupt übt sie ‚principaliter' durch alle jene aus, denen es einzelne dieser Vollmachten wie ein Lehen übertragen hat."[11] Gerade letzteres hat das II. Vatikanum jedoch auf mehrfache Weise korrigiert. Gegen die ausschließliche Verhältnisbestimmung von Leitern und zu Leitenden mittels der hierarchologischen Differenz zwischen dem Hauptsein der geweihten Amtsträger und dem „übrigen" Leib hat es die wiedergewonnene Erfahrung von Kirche als Gemeinschaft der Gläubigen gestellt. „Lumen gentium" hat „sowohl das christologisch-organologische Missverständnis – die Kirche ist so, wie sie als römische besteht, Leib und vollkommene Gegenwartsweise Christi – wie auch das exclusivistische Missverständnis – nur sie ist Leib Christi, alle von ihr Getrennten sind auch von Christi Leib getrennt – zumindest relativiert."[12] Gegen eine ekklesiale Introvertiertheit, die eine zu eng interpretierte Leib-Christi Metapher begünstigen kann, steht die „subsistit"-Formel[13] und der Gedanke des sakramentalen Wirkens der Kirche in und an der ganzen Welt.[14] Es sind wieder verstärkt die Vielen im Blick, ja alle.

Der Tempel des Heiligen Geistes: Gemeinschaft, Vorausbild der Familie Gottes. Auch das Bild vom Tempel des Heiligen Geistes, bzw. von der „kyriake oikia", vom Haus Gottes bezeichnet die Gemeinschaftsdimension göttlichen Vorhabens in und mit der Welt. Über diese Metapher sind darüber hinaus besonders die im Tempel geltenden „Bauprinzipien" in Blick: Kirche wird mittels der Gnadengaben, die allen Gliedern der Gemeinde mitgegeben sind, auferbaut (vgl. 1 Kor 14,4) und ist permanent davor zu bewahren, dass sie wieder zu einer „Räuberhöhle verkommt bzw. den offenen und bergenden Charakter, der einer Hausgemeinschaft Gottes eigen ist, verliert. – Während die communiale Struktur der frühen paulinischen Gemeinde durch ihre charismatische Wirklichkeit bestimmt ist, nehmen auch hier – wie schon beim Leib Christi – schon die Deuteropaulinen eine andere Perspektive ein: Es wird nach dem Fundament des Gottesbaus gefragt: Hier haben die Apostel und Propheten Christus abgelöst. (Eph 2,20f; vgl. auch 1 Tim 3,15). Der Geisttempel Gemeinde, das Haus Gottes Gemeinde ist auf das Fundament der Gemeindevorsteher gegründet. An ihnen ist es, gerade auch um der Sicherung des Charismatischen willen, der Subversion von innen und den Anfeindungen von außen zu trotzen.

[11] Ebd. 291.
[12] WERBICK, Kirche, 281.
[13] LG 8.
[14] LG 1.

Von da aus kam es dann über die Rezeption der hellenistischen Oikos-Ideologie, des Modells naturrechtlichen Zusammengehörens der Familien- und Hausgenossen in einem hierarchisch geordneten, vom Hausvater verkörperten Hauswesen mit seiner Hausordnung (vgl. Eph 5,21–6,9; 1 Petr 2,13–3,7) und der Ausrichtung am pater familias, im Verlauf des zweiten Jahrhunderts zur Konsolidierung des monarchischen Episkopats. Den Espikopoi oblag zunächst besonders die Aufsicht über alle Initiativen der Gemeindecaritas und des dafür unterhaltenen Kassenwesens. Ihre Leitung wurde dann zunehmend absolut und auf alles bezogen. Am Ende konnte und sollte nichts wesentliches mehr entschieden und getan werden in der Gemeinde ohne den Bischof. – Das II. Vatikanische Konzil übernimmt an verschiedenen Stellen das Bild von der Kirche als Tempel des Heiligen Geistes und als Hauswesen Gottes.[15] Besonders das Moment der familiaren Struktur findet Aufnahme in die Konzilstexte. Zunächst bezieht sich dieses Bild auf die Kirche in ihrer Innendimension und bestimmt das Verständnis des bischöflichen Amtes:[16] Die geweihten Amtsträger haben „in Christi Autorität die Familie Gottes durch Lehre, Heiligung und Leitung so (zu) weiden, daß das neue Gebot der Liebe von allen erfüllt wird".[17] Das Ökumenismusdekret[18] und erst recht „Gaudium et spes"[19] haben dann eine die römisch-katholische Kirche übersteigende Vision von der „Familie Gottes."[20]

Alle drei Metaphern stehen erstens für den (Rück-)Bezug kirchlicher Gemeinschaft auf ihren Herrn bzw. für deren Ausrichtung auf Welt und die Erlösung des Menschen und zweitens für eine gott- und sendungsgemäße Geordnetheit ihres Miteinanders.

4.2.2 Drei Richtungen für die Aufgabenstellung der Leitung

Was die biblische Gemeinschaft ist, bzw. wie sie sich versteht, gibt Auskunft darüber, wessen sie bedarf, auch an Leitung. So geht die Aufgabenstellung der Leitung im Blick auf diese biblische Gemeinschaft in drei Richtungen:

Leitung, der Dienst am Hinausführen in die Weite. „Volk Gottes" steht für jene Gemeinschaft, die aus den todesverfallenen Ordnungen eines alten Äons gesammelt und herausgerufen ist, die eine exemplarisch-eschatologische Bestimmung für die ganze Welt hat und dieser Aufgabe für die Welt nachkommen muss, wo sie im übrigen ihren Gott schon am Werk finden wird. Leitung hat also zuerst die Funktion, den Aufbruch des Gottesvolkes zu initiieren. Sie wird das Volk in die Weite hinaus führen. Angesichts vielfacher Tendenzen,

[15] Vor allem LG 6; aber auch LG 17; PO 1; u.a.

[16] LG 28.

[17] LG 32; ähnlich PO 6.

[18] UR 2.

[19] GS 32; 40; 43;

[20] Die Zielkategorie „brüderliche Eintracht" (UR 2) lässt jedoch vermuten, dass auch hier die klare, überschaubare Geordnetheit, die mit dem Hauswesen Gottes assoziiert wird, im Blick ist. Es geht um Heimat und Geborgenheit.

den umgekehrten Weg zu gehen, den Rückzug aus der Welt hinein in eine selbstgemachte Binnenwelt anzutreten, muss die bleibende Notwendigkeit dieser ersten Aufgabe besonders deutlich unterstrichen werden. Leiten heißt „weiten".

Leitung, der Dienst an der Verwurzelung im Innersten. Weit und in der Welt zu sein heißt nicht, keine Mitte haben. Ganz im Gegenteil: Je mehr das Gehen nach draußen angesagt ist, desto mehr braucht es die Vergewisserung im Innern. Für diese Vergewisserung im Innern, im Sinne eines Hineinverwurzelns in der Gemeinschaft in ihre Mitte, ist Leitung verantwortlich. Leitung heißt, die für Sein und Weg der Kirche als ganzer notwendigen Charismen innerhalb (und außerhalb) ihrer Gemeinschaft durch ständige Rück- und Ineinanderverwurzelung zu unterstützen. Was Röm 6,5 mit „zusammengepflanzt" meint, muss Realität bleiben. In diesem Sinn heißt Leiten „innern".

Leitung, der Dienst an der Zukunftsfähigkeit. Ausgehend vom gemeinschaftsinsinuierenden Bild des „Tempel des Heiligen Geistes", den nach Paulus schon jeder Christgläubige für sich allein darstellt (1 Kor 6,19), das aber auch für die Gemeinschaft als ganze steht, ist der Dienst der Leitung ein „Offenhalten" dieses Tempels auf die Zukunft hin, von woher Geist als „Angeld" dieser Zukunft schon immer auf die Gemeinschaft zukommt. Leitung heißt da zum einen Traditionssicherung. Es geht ihr immer „darum, im Rahmen der Bestimmung der eigenen Situation und der Legitimation des eigenen Standortes sich des Ursprungs zu vergewissern".[21] Gleichzeitig trägt Leitung die Verantwortung für Innovation, d.h. für das Einholen neuer und anderer Horizonte, auf die hin Kirche als Tempel des Heiligen Geistes und als Hauswesen Gottes sich öffnen muss. Ihre Verantwortung besteht in der Herstellung ursprungsadäquater, d.h. herkunftsgetreuer wie situationsangemessener, d.h. gegenwarts- und zukunftstauglicher Realisierung von Kirche. Leiten heißt „austarieren".

4.3 Die Struktur der Leitung

Wie „geht" – im Blick auf die „Beschaffenheit des Ortes" – Leitung? Wie ist Leitung also strukturell zu konzipieren? Hinsichtlich dieser Fragestellung führt uns ein Blick in die Hl. Schrift zunächst vier Grundtypen von (Leit-)Figuren vor Augen, lässt dann einzelne Momente gemeinschaftlicher Leitung wenigstens erahnen und weist schließlich auf zwei komplementäre Leitungsgestalt(ung)en hin.

4.3.1 Eine Typologie der (Leit-)Figuren von Leitung

In der Schrift lässt sich das, was Gemeinschaft an Leitung erfährt und reflektiert, besonders an Bedeutung und Verwendungszusammenhang der Begriffe

[21] VÖGTLE, Anton u. Lorenz OBERLINNER: Anpassung oder Widerspruch. Von der apostolischen zur nachapostolischen Kirche. Freiburg–Basel–Wien, 1992, 37.

Hirte, König, Prophet und Priester festmachen. Das gilt vor allem für das AT, während die neutestamentlichen Gemeinden eher sparsam mit der Verwendung dieser Leitungstitel umgehen.[22] Aufs Ganze gesehen ist der Befund allerdings sehr aufschlussreich.

Hirte. Vor allem im Bild des Roeh und mit dessen Zuordnung wird ausgedrückt, wer Leiter ist und was Leitung bedeutet: Leiter ist Gott. Leiten bedeutet das, worauf bereits sein Name verweist: Mit-dem-Volk-Sein. Er führt die Seinen weg von ihrem Vaterhaus, wie dereinst Abraham (Gen 12,1). Er geleitet sie aus der Gefangenschaft Ägyptens heraus (Ex 14). Er ruft die neuerlich Zerstreuten (Sach 10,18), sammelt sie (Jes 56,8) und trägt sie (Jes 40,11; Ps 28,9) als sein Volk (Ps 68,8; 23,3) wieder zu den lebensnotwendigen Weideplätzen (Ps 23,2; Jer 50,19). Er ist der gute Hirte, selbst wenn Jahwe auch die andere Seite des Hirten annehmen „und sein Volk wie Kleinvieh zur Schlachtung hingeben und (statt es zu sammeln) unter die Völker zerstreuen (Ps 44,12; Jer 12,3; Sach 11,4.7) kann."[23] Jahwe ist der gute Hirte, der für seine Herde und ihre Einheit steht. Was von Menschen-Hirten so allerdings nicht gesagt werden kann. Über sie (2 Sam 7,7) klagt die Hl. Schrift meist und wirft ihnen vor, sie seien untreu und töricht (Jer 2,8) und hätten darum auch keinen Erfolg (Jer 10,21). Sie würden vielmehr das ihnen anvertraute Volk in die Irre führen (Jer 50,6), ihrer Aufgabe und Verantwortung nicht gerecht werden, ja sogar Gottes Werk zerstören. Jeremia lässt Gott sagen: „Hirten in großer Zahl haben meinen Weinberg verwüstet, mein Feld zertreten, mein prächtiges Feld zur öden Wüste gemacht" (Jer 12,10). Wen wundert es, dass Gott da in Zorn gegen die Menschen-Hirten entbrennt (Sach 10,3) und droht, sie zu schlachten. – Jesus, der Hirte. Während Jesus nach dem Matthäusevangelium mit dem Wort vom „Hirten" auf seinen Vater verweist (Mt 25,32),[24] bezieht nach Markus Jesus Sach 13,7 auf sich: Er selbst ist der Hirte; er geht für die Seinen in den Tod (Mk 14,27) und bringt ihnen so das Leben (Joh 10,11), als der große Hirte (Hebr

22 Lediglich an zwei Stellen etabliert das NT den Hirten als Chiffre für die geistlichen Führer (Apg 20,28; Petr 5,2). Mit dem Titel Priester oder König werden Einzelne überhaupt nicht belegt. Statt dessen verleiht z.B. die Offenbarung des Johannes allen Christus-Gläubigen diese Namen (Offb 1,5; 5,10; 20,6). Der erste Petrusbrief nennt die Gemeinschaft der Gläubigen eine „heilige Priesterschaft", deren Auftrag darin besteht, „durch Jesus Christus geistige Opfer darzubringen, die Gott gefallen" (1 Petr 2,5). Lediglich der Titel Prophet bezeichnet im NT gelegentlich das Tun Einzelner: Als Beitrag zur Auferbauung der Gemeinde (1 Kor 14,4), als Zeichen für die Glaubenden (1 Kor 14,22) und als eine Gabe, die die Hinwendung zu Gott bewirkt (1 Kor 14,25).

23 BAUER, Johannes. B. Art. Hirte. In: DERS. (Hrsg.): Bibeltheologisches Wörterbuch. Graz–Wien–Köln 1994, 311–312, 311.

24 Die einzige Stelle, an der der matthäische Jesus von sich als Hirte spricht, ist in der Nacht vor Golgatha angesiedelt: Dort identifiziert sich Jesus indirekt mit den schlechten Hirten, von denen das AT immer wieder als solchen spricht, die Gott ausrotten wird: „Nach dem Lobgesang gingen sie zum Ölberg hinaus. Da sagte Jesus zu ihnen: 'Ihr alle werdet in dieser Nacht an mir Anstoß nehmen und zu Fall kommen; denn in der Schrift steht: Ich werde den Hirten erschlagen, dann werden sich die Schafe der Herde zerstreuen.'" Mt 26,31 (par. Mk 14,27).

13,20), als Hirte und Hüter der „Seelen“ (1 Petr 2,25), der im Gericht schließlich die Vielen auf die Weide führen wird (Offb 19,15) und Hirte und (Menschensohn-) Richter in einem ist (Mt 25,32). – Die Figur des Hirten steht für Leitung als Personifizierung der Sorge für die ihr Anvertrauten (Ez 34,12).
Der *König*. Mäläk, das im hebräischen AT nach Ben und Elohim dritthäufigste Substantiv, meint ursprünglich den Berater, den Ratgeber (vgl. z.B. Neh 5,7). Ab der Zeit der Staatswerdung Israels steht es für den König. Dieser ist eine politische[25] und zugleich charismatische Größe[26], also nie eine bloß säkulare Figur, wenngleich ihr dezidiert priesterliche Befugnisse nicht ohne weiteres zugestanden wurden.[27] König bezeichnet jene Leitungsgröße, die zwischen Jahwe und dem Volk steht, eine zugleich wichtige, aber auch – trotz ihres besonderen Platzes im Staatskult und in der Theologie – angegriffene und höchst fragwürdige Ausformung der Leitungsfigur (1 Sam 8,1ff; 10,17–27). Von daher ist verständlich, dass das Königsattribut für Gott eher selten verwendet wird und eine „speziell eschatologisch-messianische Bedeutung des Titels […] im AT noch nicht erkennbar (ist)“.[28] Dass insbesondere die Ausgestaltung der Figur des König für eine korporative Auffassung des Leitungshandelns steht, dafür gibt es eine Vielzahl von Hinweisen: Die deuteronomistische Deutung der Geschichte (3 Kön 14,16), die prophetischen Bücher und nicht zuletzt die sog. Königspsalmen (Ps 21,7).belegen allesamt die Schicksalsgemeinschaft zwischen dem Leitenden und seinem Volk.[29] Das Volk ist die Gemeinschaft, die der einzelne braucht, in der er, so er sich in sie einordnet, das wirkliche Leben findet. Der König verkörpert diese Gemeinschaft und ermöglicht sie zugleich, wenn er für eine heilvolle bergende Ordnung sorgt, in der Gerechtigkeit und Ausgleich das Leben bestimmen[30], in die sich jede und jeder einbringen kann, innerhalb derer aber auch alle angehalten sind, das Ihre zu tun. So geordnet bewahrt das Volk seine Erwählung und seine messianische Dimension. – Jesus, der König. Das Königtum Jesu wird von Anfang an im Kontrast zum

[25] Erst mit den gesellschaftlichen und politischen Veränderungen um das Jahr 1000 wandelte sich die akephale Stammesgesellschaft, in der es keine Entsprechung von himmlischer und irdischer Hierarchie gab, sondern Jahwe selbst die Spitze des irdischen Volkes bildete, in ein hierarchisch gegliedertes Königtum. Beschränkte sich zu Beginn der monarchischen Entwicklung die Aufgabe des Königs auf die Abwehr der Feinde und die Führung im Kampf, wurde mit der Ausdehnung Israels zum davidischen Großreich auch das Königtum in seiner Kompetenz immer mehr erweitert. So entwickelte sich die „Zentralinstanz König“, die einen Beamtenapparat zur Sicherung und Militär zur Durchsetzung der königlichen Macht zur Folge hatte.

[26] Vgl. SOGGIN, Jan A.: Art. Maelaek König. In: Ernst JENNI (Hrsg.): Theologisches Handwörterbuch zum Alten Testament. München–Zürich 1971, 910.

[27] Ebd. 911.

[28] SOGGIN, König, 914.

[29] FRAINE, Josef de: Adam und seine Nachkommen. Der Begriff der „Korporativen Persönlichkeit“ in der Heiligen Schrift. Köln 1962, 154.

[30] Wie sehr Leistungsausgleich und heilvolles Ergehen als identisch betrachtet werden, geht allein schon daraus hervor, daß die hebräischen Vokabeln von der Wurzel sdq sowohl „gerecht“ als auch „heilvoll“ bedeuten.

Königtum der Könige dieser Welt gezeichnet (Mt 2), die weiche Kleider tragen und in Palästen wohnen und denen jeder wirkliche Geist abgeht (Mt 11,8).[31] Jesu Königtum ist ein Königtum, wenngleich es – worauf besonders Markus verweist – immer ein noch verborgenes, erst im Anbrechen befindliches (Mk 1,15), unscheinbares, kleines ist (Mk 4,11f). Genau dieser arme König Christus wird allerdings am Ende über die Könige der Welt herrschen (Offb 1,5) und in sich das Schicksal der Erde vollenden. – An der Leitfigur König lässt sich besonders ein Aspekt von Leitung ablesen: das Verkörpern der Vielen als einer Schicksalsgemeinschaft mit und durch den Einen.

Priester. Das AT kennt zwei Substantive für den Priester, kohen (Wahrsager) und lewî (Orakelspender). In der vormosaischen Zeit wird das Priestertum von denen ausgeübt, die im engeren oder weiteren Sinn die Interessen der Gemeinschaft (Familie, Stamm, Volk) vertreten, mit dem mosaischen Gesetz sind es dann die Angehörigen des Stammes Levi (Num 17,5). Das Priestertum kulminiert im Hohenpriester.[32] Er stellt die die Spitze der „Priesterhierarchie“ dar. Die Leitung des Priesters umfasst verschiedene Bereiche: Er ist Liturge, ihm obliegt die Sorge um die Durchführung der Reinheitsgesetze (Lev 13f.), und er entscheidet in schwierigen Rechtsfällen (2 Chr 19,8.11). Bis zum Exil unterrichtet er auch das Volk im Gesetz (Dtn 33,10; Ez 44,24). Priesterliches Leitungshandeln ist mit hohen Anforderungen verbundenen. Diesen wurden die Priester oft nicht gerecht: Synkretismus (Ez 8), Missachtung des Gesetzes (Zef 3,4), Eigensucht (Mi 3,11) oder Lauheit im Dienst (Mal 2,1-9) gaben immer wieder Anlass zur Klage.– Jesus, der Priester. Mit ihm finden Tempel und Tempelkult ein Ende (Mt 26,61 par.; Joh 2,19ff). Er selbst ist die Erfüllung des Hoffens auf die ideale Priestergestalt. Nach seinem Wort ist er „mehr als der Tempel“ (Mt 12,6). Seinen Tod deutet er als *das* Opfer (Mk 10,45;14,24). Damit ist er künftig der einzige Mittler (1 Tim 2,5): „Es ist kein Platz mehr für eine andere Heilsbringergestalt.“[33] Durch ihn allein ist der Zugang zum Vater möglich (Röm 5,2). Mit seiner Hingabe bekommt auch „der Hohepriester-Titel eine vom übrigen Gebrauch fundamental unterschiedene Bedeutung, steht er doch nun für das eschatologische Sühnehandeln des Sohnes und seine bleibende Heilswirkung“.[34] So ‚entmythologisiert‘ der Hebräerbrief das „Priester-

[31] Vgl. LAMPE, Peter: Art. Basileus Herrscher/König.: In Horst BALZ (Hrsg.): Exegetisches Wörterbuch zum Neuen Testament. Bd. 1. Aaron-Henoch. 2. Aufl. Stuttgart–Berlin–Köln 1992, 492–497, 493 f.

[32] „Der Dienst des Hohenpriesters wird durch drei Momente bestimmt: durch die Berufung und Auserwählung durch Jahwe, durch das Vorrecht, in seinem Allerheiligsten zu stehen, und durch die Funktion der Versöhnung (Lev 16, 1–28; Num 17, 11–15; Sir 45, 6–22; 50, 1–21).“ STÖGER, Alois u. BAUER, Johannes. B. Art. Priester/Priestertum. In: Johannes B. BAUER (Hrsg.): Bibeltheologisches Wörterbuch. 4. Aufl. Graz–Wien–Köln 1994, 454–458, 455.

[33] OBERLINNER, Lorenz: Die Pastoralbriefe. Erster Timoteusbrief. (Herders theologischer Kommentar zum Neuen Testament; Bd. 11,2) Freiburg–Basel–Wien 1994, 74.

[34] MÄRZ, Claus-Peter: Hebräerbrief. (Die neue Echter-Bibel: Kommentar zum Neuen Testament mit der Einheitsübersetzung ; Bd. 16). Würzburg 1989, 40.

bild des sakral pontifizierenden Priesters […], indem er es zur Lebenssolidarität mit dem leidenden Menschen vermenschlicht".[35] Leitung steht – von der Figur des Priesters her betrachtet – für (Er-) Lösung mittels sich hingebender Solidarität mit denen, die es zu (er-) lösen gilt.
Prophet. Nabi, was die Septuaginta mit profetes, „Sprecher für Gott, Ausleger göttlicher Orakel" übersetzt, ist die oder der, der für Gott zu den Menschen und als Fürbitter für diese zu Gott spricht (Am 7,2.5). Am Beginn seines Tuns steht in der Regel die Erfahrung, dass Gott ihn „nimmt" (Am 7,15) und sendet (Jer 1,7). Darin gründet auch die bleibende Unmittelbarkeit zu Gott. Seine Ausrichtung auf Jahwe als den einzigen Gott und sein Eintreten für das Recht bringt ihn in Opposition zu jeder Macht, setzt ihn Spott (2 Kön 2,23) und Anfeindung (Jer 20,10) aus und zwingt ihn oft zu einer Existenz am Rand. Vielleicht erhöht gerade letzteres seine Sensibilität. Propheten „sind unabhängig von der Macht und damit wacher für die wahren Nöte."[36] Der Prophet verkörpert „das lebendige Bewusstsein Israels – das Bewusstsein des auserwählten Volkes, das sich sozusagen in diesem bevorzugten Glied der Gemeinschaft zusammenfasst"[37] und er leitet das Volk (an). – Jesus, der Prophet. Besonders von Lukas wird er in eine Linie mit den alttestamentlichen Propheten gestellt (Lk 4,14–30; Lk 24,19; Apg 3,11–26; Apg 7,1-53). So werden ihn auch viele seiner Zeitgenossen als Propheten gesehen haben (Mk 8,27 par). Gleichzeitig ist er nach dem Zeugnis der Schrift mehr als ein Prophet (Mt 12,41f) sucht er doch „über die Rolle des prophetischen Ansagers hinaus die Botschaft durch charismatisches Handeln glaubhaft zu machen: in der Sündenvergebung, den Exorzismen und Krankenheilungen".[38] Der Prediger Jesus, der Gleichnisse formuliert, der prophetische Provokateur Jesus, der mit Zöllnern Tischgemeinschaft hält und den Tempel demonstrativ reinigt, Charismatiker Jesus, der Kranke und Besessene heilt, und Menschen in seine Nachfolge beruft: „In seinem gesamten Wirken ist er Ort und Träger der Offenbarung […]."[39] Seine Person und sein Tun sind Proklamation für die Welt. – (Prophetische) Leitung setzt mit und durch die zu Leitenden eine Wirklichkeit für die Welt.
Leiter sind Personifizierungen der Sorge für die zu Leitenden. Leiter sind die Verkörperer der Gemeinschaft der zu Leitenden. Leiter solidarisieren sich mit den zu Leitenden, was denen zur (Er-) Lösung wird. Leiter fassen die Sendung der zur Leitenden zusammen und proklamieren mit diesen zusammen eine neue Wirklichkeit, die in ihrer Relevanz über den Kreis der zu Leitenden hinausgeht.

[35] SCHILLEBEECKX, Eduard: Christus und die Christen. Die Geschichte einer neuen Lebenspraxis. 2. Aufl. Freiburg–Basel–Wien 1980, 248.

[36] FISCHER, Georg: Art. Prophet. In: Johannes B. BAUER (Hrsg.): Bibeltheologisches Wörterbuch. 4. Aufl. Graz–Wien–Köln 1994, 459–462, 461.

[37] FRAINE, Adam, 156.

[38] SCHIERSE, Franz Joseph: Christologie. 3. Aufl. Düsseldorf 1982, 44.

[39] PESCH, Rudolf: Zur theologischen Bedeutung der Machttaten Jesu. In : ThQ 152 (1972) 203–213, 212.

4.3.2 Momente gemeinschaftlich wahrgenommener Leitung

Von Mose und Aaron bis Petrus und Paulus findet sich in der Hl. Schrift die Figur komplementär direkt aufeinander bezogenen – gemeinschaftlich verantworteten – Leitens. Darüber hinaus scheint (insbesondere bei Paulus) ein Verständnis von Mitarbeiterschaft auf, das durch das gleiche Bezogensein auf ein „Drittes" hin, zweie oder mehrere in gemeinschaftlich wahrgenommene Leitung stellt.

Einander sich ergänzende Paare. „Jetzt ist die laute Klage der Israeliten zu mir gedrungen, und ich habe auch gesehen, wie die Ägypter sie unterdrücken. Und jetzt geh! Ich sende dich zum Pharao. Führe mein Volk, die Israeliten, aus Ägypten heraus! ... Doch Mose sagte zum Herrn: Aber bitte, Herr, ich bin keiner, der gut reden kann, weder gestern noch vorgestern, noch seitdem du mit deinem Knecht sprichst. Mein Mund und meine Zunge sind nämlich schwerfällig. Der Herr entgegnete ihm: Wer hat dem Menschen den Mund gegeben, und wer macht ihn taub oder stumm, sehend oder blind? Doch wohl ich, der Herr! Geh also! Ich bin mit deinem Mund und weise dich an, was du reden sollst. Doch Mose antwortete: Aber bitte, Herr, schick doch einen andern! Da entbrannte der Zorn des Herrn über Mose, und er sprach: Hast du nicht noch einen Bruder, den Leviten Aaron? Ich weiß, er kann reden; außerdem bricht er gerade auf und wird dir begegnen. Wenn er dich sieht, wird er sich von Herzen freuen. Sprich mit ihm und leg ihm die Worte in den Mund! Ich aber werde mit deinem und seinem Mund sein, ich werde euch anweisen, was ihr tun sollt, und er wird für dich zum Volk reden. Er wird für dich der Mund sein, und du wirst für ihn Gott sein." (Ex 3,9f. 4, 10–16) Dass Leitung gemeinschaftlich wahrgenommen wird, kann – nach dem Zeugnis der Schrift, zumindest im Fall des Mose – sogar auf Gottes persönliche Anweisung zurückgeführt werden. Gott stellt dem Mose Aaron an die Seite, der ihn, gerade dort wo es ihm an Leitungskompetenz ermangelt, mit seinen Fähigkeiten passgenau ergänzt. Mose und Aaron sind aufeinander ver- und angewiesen. Dabei – so erzählt die Exodustradition – weisen sie sich durchaus auch gegenseitig zurecht: wenn einer Gefahr läuft, seine Macht zu missbrauchen (Num 12, Ex 32, 21ff). Gemeinsam gelingt es ihnen, das Volk aus Ägypten zu führen.

Mitarbeiterschaft. Dass die alttestamentlichen, in Jesus noch einmal konkretisierten Leitungstitel ausgesprochen sparsam auf die Leiter der frühen Gemeinden bezogen werden, heißt nicht, dass es keine Leitung gab. Im Gegenteil: Leitung wird wahrgenommen, und zwar von einzelnen Personen, die – wie eben angedeutet – aufeinander angewiesen sind.[40] Paulus nennt solche Personen

[40] Das Aufeinanderverwiesensein ist biblisches Grund-Handlungsprinzip: Das griechische „koinoneo" heißt ja „mit jemandem etwas gemeinsam haben", „zusammen handeln". Johannes und Jakobus sind die „köinonoi" des Petrus, seine Gefährten und „Geschäftspartner" beim Fischen (Lk 5,10). Die Koinonia der lukanischen Urgemeinde ist die des Brotbrechens und Betens (Apg 2,24) und der Gütergemeinschaft (Apg 4,34) also einer Handlungsgemeinschaft. Auch die in der Berufung aller Glaubenden zur Koinonia mit Christus (1 Kor 1,9) gründende Koinonia des Paulus ist keineswegs eine bloß ideell-spirituelle

konkret mit Namen (1 Kor 16,15–18). Diese sind bzw. haben Mitarbeiter. Dieser Begriff – Mitarbeiter – ist für die Idee gemeinschaftlich verantworteter Leitung, zumindest wenn sie in der Linie des Neuen Testamentes formuliert werden soll, von einiger Bedeutung. Der Term „Mitarbeiter" ist in den neutestamentlichen Schriften vor allem von Paulus geprägt. Und bei ihm heißt Mitarbeit in erster Linie „Mitarbeit am Reich Gottes" (vgl. 1 Kor 3,9). Was diese Mitarbeit am Reich Gottes anlangt, sind Frauen und Männer dann gleichermaßen in leitender Verantwortung. Phöbe arbeitet als eine Art Sozialarbeiterin mit dem Titel Diakonin (Röm 16,1), Frauen predigen im Gottesdienst, reden prophetisch (1 Kor 11,4) und sind vermutlich auch Vorsteherinnen von Hausgemeinden. (Paulus grüßt Nympha und die Gemeinde in ihrem Haus Kol 4,15). –
Jene, die Paulus Mitarbeiter (vgl. Röm 16, 3) nennt, sind – seien sie auch noch so sehr mit ihm persönlich verbunden – niemals von ihm „‚Engagierte' und mit einer speziellen Aufgabe Betraute, sondern von Gott um der Gemeinde willen in Dienst Gestellte. Mitarbeiter sind Beauftragte Gottes."[41]. Sie sind Helfer Gottes und nicht die seinen. Paulus ist auch nicht deren Einheitsstiftender Mittelpunkt. Einheit stiftet das gemeinsame Werk. „Er selbst ist Mitarbeiter an diesem Werk und behandelt die übrigen Mitarbeiter nicht als Gehilfen, sondern als mündige und selbständige Partner und Kollegen."[42] Die Arbeit, an der alle mitarbeiten, ist nicht die des Paulus, „sondern das Werk Christi (Phil 2,30), weshalb er sie seine ‚Mitarbeiter in Jesus Christus' nennt (Röm 16,3), was die Sphäre der gemeinsamen Arbeit umschreibt. Paulus und seine Mitarbeiter stehen also im selben Dienst, arbeiten am selben Werk mit."[43] Sie alle sind von Gott selbst zum Dienst Beauftragte, aufeinander Verwiesene und werden einander zu Partnern, zu „Arbeitsgenossen"[44] und stehen solidarisch zueinander. Darum stärkt Paulus denen, die sich im Dienst der einzelnen und der Gemeinde abmühen, den Rücken und fordert dazu auf, sie zu achten (1 Thess 5,12–13).

4.3.3 Leiten als „Verkörperung" und als „gehen machen"

Leiten ist nach dem Zeugnis der Schrift vor allem auf die von Einzelnen wahrgenommene Leitung, wohl aber auch auf gemeinschaftlich verantwortete immer zweierlei: „Sein" und Handeln. Gottes Herrschaft *ist* Herrschaft und Gott *handelt* als Herrscher.

(1 Kor 11). „In ihr ist auch die wahre diakonia realisiert – und von ihr her realisiert sie sich im gemeindlich-alltäglichen Teilen." (WERBICK, Kirche, 326.)

41 SPÖLGEN: Ehrenamtliche, 173.

42 Ebd.

43 ZAUNER, Wilhelm: Die menschliche und spirituelle Entfaltung der Mitarbeiter. In: Josef WIENER u. Helmut ERHARTER (Hrsg.): Pfarrseelsorge. Von der Gemeinde mitverantwortet. Wien–Freiburg–Basel 1977, 65.

44 Vgl. OLLROG, Wolf-Henning: Paulus und seine Mitarbeiter. Neunkirchen 1979, 58 ff.

Leiten als „Verkörperung". Gottes Leiten als Herrscher – und das entspricht der semitischen Vorstellung der korporativen Persönlichkeit – ist ein auf die Gemeinschaft des zusammengerufenen Volkes hin bezogenes „Sein". Gott umfasst die Gemeinschaft seines Volkes und stellt es dar: Er repräsentiert das Volk.[45] Er verkörpert eine gute heilvolle Ordnung, die sich unter seiner Herrschaft immer wieder neu einstellt: Gott ist der, der den Menschen auf rechten Pfaden (Ps 23,3), die Demütigen und Beter (Ps 31,4) nach seinem Recht (Ps 25,9), ja sogar die ganze Welt in Heiligkeit und Gerechtigkeit (Weish 9,3) leitet, sorgsam, wie ein Hirt (Jes 40,11).
Leiten als „gehen machen": Gottes Leiten ist auch ein höchst aktives – nach außen gerichtetes – Handeln: er bringt den Einzelnen und das Volk in Gang. Er führt es heraus aus Ägypten und durch die grausame Wüste hindurch in „ein schönes und weites Land" (Ex 3,7f). Leiten als „In-Gang-Bringen", bezeichnet ein Leitungsverständnis, das in der Tradition dessen steht, was mit dem hebräische „naha" verbunden werden kann. Es ist ein Kausativum für Bewegungsverben, d.h. ein Veranlassungswort, wie die deutschen Verben *leiten* und *führen* Veranlassungsworte sind: leiten für gehen, führen für fahren, also letztlich *gehen* bzw. *fahren machen* bedeuten. Dieses aktive Verständnis von Leiten im Sinne des In-Gang-Bringens ist schon für die Exodus- und Wüstenwanderungstradition des Volkes Israel ein entscheidendes Stichwort.
Auch das NT kennt diese beiden Aspekte göttlichen Leitens: des „Verkörperns" und des „In-Gang-Bringens". In der paulinischen Theologie etwa werden – zumindest in den Bereichen, die für die Frage nach der Leitung von hohem Interesse sind – die Linien des Alten Testaments weiter geführt. Christus ist für Paulus die „Corporate Personality" schlechthin. Er, der neue Adam, umschließt, umfasst und vertritt die ganze sündige Menschheit. Er gibt sein Leben als „Lösegeld für alle" dahin (Mk 10,45; Gal 2,20; Röm 4,25; 5,8) und versöhnt so die Menschheit mit Gott (Röm 5,10–11; 2 Kor 5,19–20).[46] Im Blick auf die Erlösten kann Paulus dann sagen: „Ihr alle seid einer in Christus Jesus" (Gal 3,28). Gleichzeitig ist Jesus der „In-Gang-Bringer". Er ruft die vielen Einzelnen in seine Nachfolge (Mk 2,14; 8,34), geht ihnen voraus (Mk 10,23; Mt 28,7). Er lehrt sie in „Wahrheit den Weg Gottes" (Mt 22,16). Schließlich wird sie der von ihm gegebene Beistand zur vollen Wahrheit leiten (Joh 16,13). Am Ende der Zeit werden dann die, die zu ihm gehören, aus der großen Drangsal geführt und zu den Quellen des lebendigen Wassers geleitet werden (Apk 7,17).

4.4 Der Stil der Leitung: Macht der Ohnmacht

Wie „geht" Leitung? In welcher Intention ist sie wahrzunehmen? Gibt es einen spezifischen Stil, der kirchliche Leitung ausmacht? Das NT kommt selten über

[45] Vgl. ebd. 32.
[46] FRAINE, Adam, 212.

die Hinweise auf sehr allgemeine Tugenden hinaus (1 Tim 3,2–4). Es mahnt die Gemeindeleiter, „acht zu geben". Mit zunehmender Etablierung der Ämter erscheint dies immer wichtiger. Zumindest nimmt die Kritik an den Bischöfen (1 Tim 3,3), Priestern (Tit 1,7) und Diakonen (1 Tim 3,8) zu. Da werden zunehmend Verhaltensweisen beklagt, die dem Idealbild des guten Vorstehers widersprechen: „einerseits charakterliche Schwächen (Selbstgefälligkeit bzw. Eigenmächtigkeit; Trunksucht), andererseits Verhaltensweisen, die den zwischenmenschlichen Kontakt belasten (Jähzorn, Gewalttätigkeit, Gewinnsucht)".[47] Fatal erweist sich das Amt dann, wenn es die Gemeinde in die Irre führt (Tit 1,11) und Katastrophen anrichtet (2 Petr 2,3). – Hermann Josef VENETZ fasst die Frage nach dem „Wie?" der Leitung in den neutestamentlichen Gemeinden so zusammen: Weder hat es in den Kirchen des Neuen Testaments ein ursprüngliches Leitungsmodell gegeben, noch die Tendenz zu einem bestimmten. Schon gar nicht gab es ein ideales.[48] Ist dieser Vorbehalt gemacht, lassen sich aber wenigstens zwei grundsätzliche Eckpunkte für die Ausgestaltung des Leitungsstiles machen.

Leitung muss gottgeführt sein. Leitung geschieht in der Haltung der Ohnmacht, die sich immer dann einstellt, wenn einer weiß, bei wem die eigentliche Macht ist. Gott ist der, der leitet. Der Mensch kann nur bitten, geleitet zu werden: „Leiten" und „führen" ist die Sache Gottes. Dies gilt selbst dort, wo Gott Menschen zur Leitung bestellt und diese Menschen, im Sinn der semitischen Vorstellung der Corporate Personality, einerseits die Gründungsidee bzw. -gestalt, aber genauso das gegenwärtige aktuelle Volk verkörpern, es in seiner Vielheit umschließen und dessen Schicksal bestimmen. Das gilt auch für die, die Gott als „In-Gang-Bringer" seines Volkes erwählt. Nur wo diese irdischen Repräsentanten und „In-Gang-Bringer" auf Gott, den einzig verlässlichen Sammler und Befreier verweisen, kann ihr Werk gelingen. Ansonsten führt nach dem Zeugnis der Schrift Leitung ins Verderben. Nicht umsonst sehen sich Hirten und Könige, aber auch die Angehörigen der Priesterkaste und Propheten immer wieder radikalster Kritik ausgesetzt. Der biblische menschliche Leiter steht in fundamentaler Abhängigkeit zu Gott. Auf sich allein gestellt ist er ohne Macht.

Leitung muss diakonisch sein. Leitung hat in der „Macht der Ohnmacht" zu geschehen. Was das heißt, ist durch die Gestalt Jesu eindeutig qualifiziert. In ihm wird der König zum wahren König in der Ohnmacht des Kindes (Mt 2,2) und der Passion; der Priester wird zum wahren Hohenpriester, indem er selbst das Opfer wird; der Hirte wird zum guten Hirten in der Hingabe seines Lebens (Mk 14,27) und der Prophet zur wirkmächtigen Proklamation in seinem Sterben am Kreuz. Solche Leitung steht in der Spannung zwischen der größtmöglich denkbaren Macht, seiner Wort- und Tatverkündigung in Vollmacht, und der größtmöglich denkbaren Ohnmacht, dass das Eigentliche durch sein sich

[47] OBERLINNER, Pastoralbriefe, 25.

[48] VENETZ, Hermann Josef: Vielfältige Leitungsmodelle im Neuen Testament. In: LS 46 (1985) 188–193, 188.

Hineingeben in Leiden und Tod geschieht. Jesu Leiten ist Dienst. Die Geltung, die er unter seinen Jüngern beansprucht, beruht auf dem Dienen (vgl. Mk 10,35-45). „Das Besondere, das Eigenständige und Unvergleichliche der 'Vollmacht' (exousia) Jesu, d.h. seiner von Gott geschenkten Autorität, zeigt sich in dieser ‚Diakonie'."[49] Leiten im Sinn des neuen und endgültigen Herausgeführtwerdens aus der Todes-Gefangenschaft Ägyptens heißt im Blick auf Jesus: gesammelt werden von dem Hirten, der für die Seinen sein Leben gibt; erlöst werden durch den Priester, der selbst zum Opfer wird; angesprochen werden durch den Propheten, dessen Gang auf Golgatha zur eigentlichen Botschaft wird. Die Herrschaft des Kyrios, Königs Jesus wird bei der Verspottung durch die Soldaten und durch die Inschrift am Kreuz offenbar; in seiner liebenden Lebenshingabe (vgl. Joh 19,19-30). Wegen dieser ist ihm „alle Vollmacht gegeben im Himmel und auf der Erde" (Mt 28,18). – Schon die Schrift weiß allerdings, wie schwer dieses jesuanische „Wie" der Leitung von menschlichen Leitern einzuholen ist. Nicht umsonst geraten dort „die Ämter, besonders die leitenden Ämter, immer unter stärkere und lautere Kritik".[50]

[49] HAHNE, Werner: Vom „besonderen Priestertum" zur Diakonie der Leitung. Ein Beitrag zur Klärung der theologischen Grundlagen des Leitungsdienstes in der Kirche. In: Norbert SCHUSTER u. Ulrich MOSER (Hrsg.): Kirche als Beruf. Neue Wege jenseits falscher Erwartungen. Mainz 1996, 48–79, 69.

[50] VENETZ, Leitungsmodelle, 188.

5. Organisationswissenschaftliche Vorbemerkungen zum Thema Leitung

Die Organisationslehre „ist eine junge wissenschaftliche Disziplin, die noch keine festen Konturen besitzt und deren Entwicklung bis zum gegenwärtigen Zeitpunkt in vollem Gange ist.“[1] Ihr Forschungsgegenstand sind Organisationen im Sinne einer eigenen Kategorie sozialer Gebilde, die bestimmte Züge gemeinsam haben, die sie von anderen sozialen Gebilden unterscheiden. Neben gesellschaftstheoretischen und individualpsychologischen Ansätzen existieren auch selbst in explizit soziologischer Perspektive eine ganze Reihe von Theorien über das, was eine soziale Organisation ist.[2]

Organisationssoziologie. Hier sei wenigstens kurz auf zwei Sichtweisen, und zwar durchaus komplementäre[3] hingewiesen: einmal wird Organisation als eine besondere Art des sozialen *Handelns* diskutiert, einmal als soziales *System.* Eine Theorie der Organisation kann also vom sozialen Handeln wie von der Handlungsvoraussetzung bzw. dem Handlungsresultat, dem sozialen System, her konzeptualisiert werden: das eine ist der handlungstheoretische, das andere der systemtheoretische Zugang. So ist Gegenstand der Organisationssoziologie(n) das „soziale Handeln unter den Bedingungen strukturierter Organisation, seine Funktionen und Folgen *und* die Eigendynamik systemischer Funktionszusammenhänge“.[4] Innerhalb „der“ Organisationssoziologie werden nun – wie in der Theologie – etwa an Hand der Stichworte „Macht“, „Herrschaft“, „Einflussnahme“ Fragen der Leitung diskutiert. „Organisationen sind artifizielle Gebilde. Sie sind nur mittels gut funktionierender Steuerungssysteme kontrollierbar und „beherrschbar“. Damit ist das Stichwort für einen wichtigen Problemkomplex der Theorie sozialer Organisation geliefert.“[5] Wer sich nun aber in der Soziologie auf die Suche nach diesem Stichwort macht, stößt zunächst auf eine geradezu babylonische Begriffsverwirrung.[6] – Nicht gerade

1 LEHMANN, Helmut: Betriebswirtschaftliche Organisationslehre. In Erich FRESE (Hrsg.): Handwörterbuch der Organisation. Stuttgart 1992, 1537–1554, 1538.

2 Z.B. Organisationen als rationales System oder natürliches oder offenes System; das wissenschaftliche Management; Bürokratietheorien und Theorien administrativen Verhaltens; die Human Relations Schule; kybernetische Modelle; die Kontingenztheorie; der strukturell-funktionale Ansatz; entscheidungstheoretische Analysen; der sozio-technische Ansatz und einige andere.

3 Die beiden Positionen unterscheiden sich in ihrem Menschenbild, ihrer Interpretation der Gesellschaft und den Beziehungen zwischen Sozialem und Individuellem: Während für die Handlungstheorie soziale Ordnung das selbstgewählte und gemeinschaftlich erzeugte Produkt von Individuen, die ursprünglich einmal frei von externer Kontrolle waren, ist, ist für die Systemtheorie eine objektiv erkenn- und damit beforschbare soziale Ordnung Voraussetzung für individuelles Wohlbefinden.

4 GIRSCHNER, Walter: Theorie sozialer Organisationen. Eine Einführung in Funktionen und Perspektiven von Arbeit und Organisation in der gesellschaftlich-ökologischen Krise. (Grundlagentexte Soziologie) Weinheim 1990, 24.

5 Ebd. 33.

6 Vgl. WUNDERER, Rolf u. Wolfgang GRUNWALD: Führungslehre. Bd. 1. Grundlagen der Führung. Berlin 1980, 63 ff.

leichter gemacht wird der Versuch zu beschreiben, was Leitung „ist“ und wie Leitung „geht“, dadurch, dass in die soziologischen Zugänge zu diesem Thema immer auch organisationspsychologische und betriebswirtschaftliche Überlegungen hineinspielen.
Organisationspsychologie versteht sich als „die empirische Wissenschaft, die sich mit den Erscheinungsweisen, den Bedingungen und Auswirkungen sozial organisierten Verhaltens und mit deren Veränderungsmöglichkeiten im Sinne sozial verantworteter persönlicher Entfaltung befasst“.[7] Ihr Gegenstand sind die „Zusammenhänge des Erlebens und Verhaltens bzw. Handelns des Menschen mit Struktur-, Prozess- und Zielcharakteristika von Organisationen“.[8] Dabei geht es ihr vor allem auch um die Frage, wie sich die „Kontextbedingung“ Organisation auf menschliches Verhalten auswirkt. Da Leitung unter dem Gesichtspunkt organisationsinterner Lebensvollzüge, bzw. im Gesamtkontext arbeitsteiliger Organisationsstrukturen eine entscheidende Rolle spielt, ist sie Thema der Organisationssoziologie wie der Organisationspsychologie. Dasselbe gilt für die *Betriebswirtschaft.* In ihr wird die Frage nach der Leitung ebenfalls gestellt, und zwar vor allem innerhalb der Managementlehre, besonders im Zusammenhang der klassischen Managementfunktionen Planen, Entscheiden, Organisieren, Kontrollieren; also im Sinn eines integrierten Teilaspekts der Gesamt-Lenkung von Unternehmungen.[9]
Was „ist“ Leitung? Wie „geht“ Leitung? Wer diesen Fragestellungen im weitesten Sinne organisationswissenschaftlich nachgehen will, muss nach einer ersten eher grundsätzlichen Überlegung entsprechenden Fragen auf drei Feldern nachgehen. Nach Hinweisen dazu, worin der (Struktur-)Rahmen der Leitung (Ort der Leitung) gesehen werden kann, geht es erstens um die Frage, worin grundsätzliche Funktionen von Leitung bestehen (Was ist Leitung?) und zweitens, welche Leitungsrollen dafür bereitstehen bzw. nach welchen Verfahrensweisen diese ausgeführt werden (Wie geht Leitung?).

5.1 Organisation und Institution

Die Leitung einer Organisation ist wie diese selbst auf eine fundamentale Weise relativiert. Organisation hat eine „Herkunft“ und einen „Zweck“. Dem hat sie zu entsprechen, zu dienen. Wer sich über diese grundsätzliche Relativierung Gedanken machen will, darf die beiden Begriffe „Institution“ und „Organisation“ nicht, wie das meist geschieht, synonym gebrauchen. In der Tat bezeichnen sie bei genauerem Zusehen nicht dasselbe.

[7] MAYER, Arthur: Organisationspsychologie VIII. Stuttgart 1978, 118.
[8] SCHULER, Heinz (Hrsg.): Lehrbuch Organisationspsychologie. (Huber-Psychologie-Lehrbuch) Bern–Göttingen–Toronto–Seattle 1993, 2.
[9] Vgl. MÜLLER, Werner R.: Führungsforschung in der Bundesrepublik Deutschland, in Österreich und der Schweiz. In: Alfred KIESER u. Gerhard REBER u. Rolf WUNDERER (Hrsg.): Handwörterbuch der Führung. (Enzyklopädie der Betriebswirtschaftslehre Bd. 10) Stuttgart 1995, 573–586, 575.

Institutionen gelten, vor allen Dingen nach dem seit den 60er Jahren in der Organisationstheorie zentralen Paradigma des Kontingenzansatzes, innerhalb dessen versucht wird, Zusammenhänge zwischen allgemeinen Umweltmerkmalen und der Gestalt der Organisationsstruktur nachzuweisen, als besonderes Element der Organisationsumwelt. Sie stellen einen verbindlichen, tradierbaren Wissensvorrat dar, Erfahrungen, die zu einem System bestimmter Wertpräferenzen und selbstverständlicher, oft nicht immer bewusster, Grundannahmen geronnen sind. Institutionen sind diejenigen gesellschaftlichen Einrichtungen, „die die jeweils historischen Antworten auf menschliche Grundwidersprüche verwalten. Die Antworten sind je nach Gesellschaft und menschheitsgeschichtlichem Entwicklungsstand verschieden, die zu beantwortenden Grundwidersprüche bleiben als Voraussetzungen konstant. [...] Institutionen sind an sich so ‚ewig' und ‚unsterblich' wie das Menschengeschlecht selbst."[10] Institutionen haben strukturprägende Wirkungen für die Organisationen und sind ihr und „der unmittelbaren Disposition des individuellen Subjekts weitgehend entzogen"[11]. Nach einer Formulierung von Wilhelm KORFF bedeutet Institution ein „komplexes normatives Gebilde, das als übergreifende Lebens- und Organisationsform menschliches Handeln steuert".[12] Institutionen sind das Gesamt verbindlicher Formen des Gemeinschaftslebens, die die Handlungs- und Beziehungsschemata menschlichen Zusammenlebens prägen, die ein Handeln möglich machen und dieses auch gewährleisten, ohne jeweils beim Punkt Null anfangen zu müssen. Sie sorgen sozusagen für die „Unbeliebigkeit der Grundentscheidungen, damit der Bestand der Gruppe nicht jeweils neu zur Entscheidung steht".[13] Mit handlungssteuernden Richtlinien und übergreifenden gesellschaftlichen Leitideen „begrenzen Institutionen den Spielraum möglicher Willkür, Beliebigkeit, Entropiebereitschaft sozialen Handelns und verleihen humanem Dasein überpersönlichen Gebildecharakter."[14] Nach Heribert W. GÄRTNER sind Institutionen „kulturell geltende, einen Sinnzusammenhang bildende, öffentlich garantierte Ordnungsgestalten",[15] wie Ehe und Familie, Asyl, aber auch Staat und Kirche. „Die Institution der Ehe z.B. regelt das menschliche Bedürfnis nach Geschlechtsgemeinschaft, die Institution Kirche sein Streben nach religiösem Sinnbezug."[16]

Organisation. Institutionen „bilden" und „unterhalten" zur Sicherung und Umsetzung ihres institutionellen Sinns Organisationen. So kann man unter Or-

[10] GÖTZ, Klaus u. Peter HEINTEL: Das Verhältnis von Institution und Organisation. 2. Aufl. München 2000, 11.

[11] DUBIEL, Helmut. Art. Institution, in:. RITTER, Joachim u. Karlfried. GRÜNDER (Hrsg.), Historisches Wörterbuch der Philosophie, Darmstadt 1984, Bd. 4, Sp. 418–424, hier: 420.

[12] KORFF, Wilhelm: Handbuch der christlichen Ethik I, Freiburg 1978, 168.

[13] WERBICK, Jürgen: System und Subjekt in: Christlicher Glaube in moderner Gesellschaft. Freiburg 1981 Bd. 24, 101–139, hier: 120.

[14] ZELINKA, Udo: Art. Institution. In LThK Bd 5, 545.

[15] GÄRTNER, Die kirchliche Wirklichkeit, 11f.

[16] ZELINKA, Institution, 545.

ganisationen also jene sozialen Gebilde verstehen, die das Ziel verfolgen, einen ihnen vorgegebenen institutionellen Sinn zu sichern, d.h. Zustände anzustreben, die der Realisierung dieses institutionellen Sinnes möglichst nahe kommen. So ist eine Organisation zunächst der organisierte kollektive Leistungsakt, mittels dessen institutionstypische Antworten auf die besagten menschlichen Grundwidersprüche her- bzw. dargestellt werden. In diesem Sinn agieren Organisationen, d.h. sie verrichten zur Herstellung angestrebter Zustände Tätigkeiten und nehmen Aufgaben als ganze bzw. arbeitsteilig differenziert wahr. Eine Organisation hat also Organisation im Sinn einer strukturellen „Regelung des Zusammenwirkens von Menschen und Menschen, Menschen und Sachen, sowie von Sachen und Sachen im Hinblick auf gesetzte Zwecke".[17] Jede Organisation bildet Strukturen, d.h. regelmäßig unter den Mitgliedern wiederkehrende Handlungsmuster, aus. Diese stehen unter dem Anspruch, gleichsam der „materialisierte" Niederschlag, das „objektivierte" Resultat des Institutionsauftrages zu sein. Organisationen haben Regeln und Rituale, in denen der ihr vor- und aufgegebene Sinn „tätig" gestaltet und „gefeiert" wird. Zudem verfügen Organisationen über Verfahrens- und Verhaltensregeln, in denen sich deren normative Vorstellungen und Erwartungen verdichten. Sie drücken die Bedingungen aus, denen, gemäß institutionellem Sinn, die Ausrichtung der verschiedenen Aktivitäten der Mitglieder auf dieses Ziel bzw. deren Koordination genügen müssen. Organisationen verfügen über Normen und Tabus.
Leitung ist für die Institutionsadäquanz der Organisation verantwortlich.

5.2 Das Organisationsverständnis als Referenzpunkt der Frage nach der Leitung

Jede Organisation *ist* Organisation und *hat* Organisation, bzw. muss ständig organisiert werden.[18] D.h. sie braucht eine Leitung(sorganisation). „Diese ist der sozialen Organisation zugeordnet und für deren Zusammenhalt und Fortbestand wichtig."[19] Dieser Gedanke der Zu-, man kann auch sagen, Unter-ordnung von Leitung(sorganisation) und sozialer (Gesamt-)Organisation soll unterstreichen: Leitungs(organisation) existiert nicht um ihrer selbst willen, sondern ist eine Funktion am Erhalt des Ganzen und zum Erreichen des Zweckes des Ganzen. Allerdings macht es nur dann Sinn, sich mit diesen Funktionen zu beschäftigen, wenn man sich bewusst macht, bzw. bleibt, dass Organisationen

[17] KOSIOL, Erich: Die Unternehmung als wirtschaftliches Aktionszentrum. Einführung in die Betriebswirtschaftslehre. Reinbeck 1966, 53.

[18] Vgl. dazu ebd. und z.B. MAYNTZ, Renate: Soziologie der Organisation. (Rowohlts Deutsche Enzyklopädie. Sachgebiet Soziologie; 166) Reinbeck 1963. BERKEL, Karl: Organisation. In: Christof BÄUMLER u. Norbert METTE (Hrsg.): Gemeindepraxis in Grundbegriffen. Ökumenische Orientierungen und Perspektiven. Düsseldorf 1987, 313–327.

[19] FOITZIK, Karl u. Elsbeth GROSSMANN: Arbeitsplatz Gemeinde. Lerngemeinschaft zwischen Verwaltung und Verheißung. (Gemeindepädagogik 5) Gütersloh 1989, 43.

„zuweilen sehr grobschlächtige Veranstaltungen"[20] sind, in denen es keineswegs rational zugeht, was zudem heißt, dass „Eins-zu-Eins-Relationen" von Leitung(s-Entscheidung) und Realisation dieser Entscheidung keineswegs selbstverständlich sind.

5.2.1 Organisationsmetaphern

Auf die Frage, was eine Organisation „ist", gibt die einschlägige Literatur sehr verschiedene Antworten. Dies rührt daher, dass diese Frage innerhalb der Organisationsforschung aus sehr unterschiedlichen Perspektiven und Sinnkonstruktionen angegangen wird. Was die Beschreibung von Organisationssichten anlangt, wird wesentlich mit Metaphern[21] gearbeitet. Mit der Maschinen- und der Organismusmetapher sollen nun zwei der am häufigsten verwandten Metaphern dargestellt werden.

Die Maschinenmetapher. Der Begriff „Organisation" ist aus dem griechischen Wort „organon" entstanden, das „Werkzeug" bedeutet. Ein klassisches Werkzeug ist die Armee. Sie ist gekennzeichnet durch abgestufte Ränge, formalisierte Regeln, standardisierte Ausrüstung, Spezialisierung der Aufgaben, einheitliche Kommandosprache und systematischen Drill sowie die Durchsetzung unbedingten Gehorsams. Auf das Vorbild eines solchermaßen „qualifizierten" Organisationsverständnisses griffen die mit der Industrialisierung entstehenden Großfirmen auf der Suche nach einem praktizierbaren Organisationsmodell zurück. Die Vorstellung, dass die perfekte Organisation eine Maschine sei, wurde in dieser Epoche zudem unterstützt durch die zunehmende Mechanisierung der Produktion (mit ihrer Überlegenheit gegenüber der Handarbeit, augenfällig besonders bei der Fließband- und Akkordarbeit). Perfektioniert wurde die Maschinenmetapher durch das sogenannte „Scientific Management" von Frederick TAYLOR (1911). Max Weber analysierte als erster bedeutender Organisationstheoretiker diese Entwicklung und kommt 1921 zu folgender Typologisierung: „Ein voll entwickelter bürokratischer Mechanismus verhält sich (sc. zu anderen Organisationsformen) [...] wie eine Maschine zu den nicht mechanischen Arten der Gütererzeugung."[22]

Die Maschinenmetapher hat die Realität von Organisationen vor allem zwischen 1850 und 1950 stark geprägt. Zu ihr „gehört" das von WEBER entwickelte Bürokratietheorem. „Bürokratie" bezeichnet von WEBER her bis heute „im wissenschaftlichen Sprachgebrauch einen bestimmten Typus von Organisation, dessen Merkmale sich mehr oder weniger auch in privaten Unterneh-

[20] GIRSCHNER, Walter: Theorie sozialer Organisationen. Eine Einführung in Funktionen und Perspektiven von Arbeit und Organisation in der gesellschaftlich-ökologischen Krise. (Grundlagentexte Soziologie) Weinheim 1990, 132.

[21] Gareth MORGAN hat in seiner Arbeit: Images of organisation. Beverly Hills, 1986 (Bilder der Organisation. Stuttgart 1997) die Metaphern, die in der Organisationsforschung verwendet wurden und werden, ausführlich systematisiert und analysiert.

[22] WEBER, Max: Wirtschaft und Gesellschaft. 5. Aufl. Tübingen 1972, 56.

men, Parteien, Verbänden oder Vereinen ausprägen können."[23] Und zwar einen, der durch drei Momente zu kennzeichnen ist: Eine Organisation verfügt über Organisationsmitglieder und die müssen fachlich qualifiziert und nach objektiven Kriterien eingestellt werden (nicht etwa mittels Erbe oder Lehensnahme o.ä.); sie haben ihre Aufgaben sachlich und unparteiisch zu erfüllen, d.h. u.a., sie haben ein bestimmtes Berufsethos sowie eine professionelle Orientierung entwickelt; und sie haben sich ihrem Dienstherrn loyal und diszipliniert zu unterstellen.[24] Von daher kann man drei Kernstrukturen insbesondere einer bürokratischen Organisation ausmachen. Erstens: als Folge vertiefter fachlicher Qualifikation die Spezialisierung bzw. Aufgabenteilung (formal abgegrenzte räumliche und sachliche Kompetenzverteilung); zweitens: als Folge sachgebundener personenunabhängiger Aufgabenstellung die Formalisierung bzw. Standardisierung (z.B. Regelgebundenheit und Schriftlichkeit des Verkehrs.); drittens: als Folge selbstverpflichteter Unterordnung unter Autoritäten die Hierarchisierung bzw. Zentralisierung der Entscheidungsbefugnis (formale Leitungsstrukturen).[25] – Dieser – so WEBER – „Prototyp" neuzeitlicher Organisation eignet sich vorzugsweise für solche Aufgaben, „die zum einen den Kontakt mit ebenfalls bürokratischen Organisationen und zum anderen solche Anforderungen betreffen, welche vorhersehbar, relativ kontinuierlich und gleichförmig auftreten, also aus relativ stabilen, berechenbaren Umweltsegmenten an die Organisation herantreten und nach generellen Verfahrensregeln bewältigt werden können".[26]

Die Organismusmetapher. Die starren Kompetenzabgrenzungen innerhalb bürokratischer Organisationen können dazu führen, dass neue Anforderungen aus der Umwelt nicht umfassend erkannt oder verarbeitet werden. Mit der Ausdifferenzierung der Organisation geht oft eine Überidentifikation mit Teilzielen einher. Die Überbetonung von Regelhaftigkeit führt zu defensivem Verhalten der Organisationsmitglieder. Als Folge des Festhaltens an entlastenden Routinen sind Bürokratien strukturkonservativ und in diesem Sinne eher nicht innovationsfreundlich. Im Grunde schon bei WEBER angelegt – und zwar im Vergleich zu „dessen" bürokratischer Organisationstheorie, bzw. mit Blick auf die Pathologien bürokratischer Organisation – kann also gefragt werden: was sind dann die Merkmale einer „unbürokratischen" Organisationsform? Was ist die Alternative zum bürokratischen Modell? D.h. wie sähe ein entsprechend alternatives Organisationsverständnis aus? Für die Antwort auf diese Frage steht die sog. Organismusmetapher: Organisationen werden wie Organismen (Einzeller, Pflanzen, Tiere, Menschen) betrachtet, die im ständigen Austausch mit

23 DERLIEN, Hans-Ulrich: Bürokratie. In: Erich FRESE (Hrsg.): Handwörterbuch der Organisation. Stuttgart 1992, 391–400, 391.

24 Vgl. WEBER, Wirtschaft, 541 ff.

25 Vgl. NEUBERGER, Oswald: Organisation und Führung. (Kohlhammer Standards Psychologie. Basisbücher und Studientexte. Teilgebiet: Arbeits- und Betriebspsychologie) Stuttgart 1977, 15 ff.

26 EBERTZ, Michael N.: Die Bürokratisierung der katholischen „Priesterkirche". In: Paul HOFFMANN (Hrsg.): Priesterkirche. 2. Aufl. Düsseldorf 1989, 132–163, 159.

ihrer Umwelt stehen: sie importieren Materie (Rohstoffe, Vorprodukte), Energiepotentiale (Arbeit, Kapital) und Informationen aus ihrer Umwelt, transformieren diese in Güter oder Dienstleistungen von höherem Wert und geben diese an bestimmte Umwelten wieder ab. Die biologisch inspirierte Systemtheorie liefert eine Reihe von relativ abstrakten Konzepten, mit denen komplexe Zusammenhänge leichter fassbar und überschaubar werden. Sie geht, und das ist hier von großer Bedeutung, von der Äquifinalität lebender Systeme aus, d.h. das gleiche Ziel kann auf sehr unterschiedlichen Wegen erreicht werden. Mit der Weiterentwicklung der biologischen Systemtheorie ergaben sich immer neue Anregungen, die auch in der Organisationsforschung aufgegriffen werden, wie die Ideen der Selbstorganisation, des Wandels von Strukturen durch positive, abweichungsverstärkende Rückkopplung und der Ko-Evolution von Organismen und Umwelten.

5.2.2 Leiten in der Organisation

"Die rein bürokratische [...] Verwaltung ist nach allen Erfahrungen die an Präzision, Stetigkeit, Disziplin, Straffheit und Verlässlichkeit, also Berechenbarkeit für den Herrn [...] rein technisch zum Höchstmaß der Leistung vervollkommenbare, [...] formal rationalste Form der Herrschaftsausübung"[27]: Es gibt Zuständigkeitsbereiche, die im Gegensatz zum patrimonialen System die Abhängigkeit vom Herrn mindern, der sie jederzeit nach Belieben ändern konnte. Zweitens ist die Herrschaft des Übergeordneten begrenzt, wohingegen im patrimonialen System die Herrschaftsbeziehungen vage definiert sind und auf persönlicher Loyalität basieren. Zum dritten werden Entscheidungen von erlernbaren, stabilen und abstrakten Regeln statt von den wechselnden Launen der Herrschenden geleitet. Zum vierten gehören die Organisationsressourcen zur Organisation und nicht einzelnen Organisationsmitgliedern, während im patrimonialen System keine Trennung zwischen dem persönlichen Geschäftshaushalt des Herrschers und amtlichen Geldern und Mitteln bestand. Zum fünften sind die Beamten in der bürokratischen Organisation frei. In den traditionellen Verwaltungen waren sie dagegen häufig vom Herrscher abhängig, der sie nach persönlichen Kriterien auswählte und in Form von Pfründen nach Gutdünken entlohnte bzw. sie willkürlich entlassen konnte.
Ein der Organismusmetapher entsprechendes sog. „organische" Organisationsmodell geht davon aus, „dass Kollektive mit sehr komplexen und/oder unbestimmten Aufgaben [...] erfolgreicher sind, wenn die Kommunikation und Interaktion nicht formal eingeschränkt werden und eine netzartige Struktur annehmen; wenn die Führungsfunktion je nach Sachzwängen und Arbeitsphasen vom jeweils kompetentesten Mitglied wahrgenommen wird; wenn geringe formale Statusunterschiede bestehen; wenn die Funktionen der einzelnen Mitarbeiter relativ unscharf definiert bleiben und die Vorstellung von Verantwortung als eines begrenzten Bereiches von Rechten, Pflichten und Methoden weg-

[27] WEBER, Wirtschaft , 128.

fällt".[28] Dieses organische Organisationsmodell wird jedoch immer mit einer erheblichen Unschärfe in der Konkretion zu kämpfen haben. So liegt es in der Natur der Sache, dass es weniger als Theorie einer administrativen Struktur taugt als das bürokratische.

Leitung in bürokratischen Organisationen ist idealtypisch durch rationale und regelgeleitete, spezialisierte und fachkompetente, hierarchisch kontrollierte und aktenmäßig nachvollziehbare Tätigkeit bestimmt. Im Blick auf die „organische" Organisation wird dieses Verständnis von Leitung zu ergänzen sein durch Momente der Dynamik und der Beziehungsorientierung. Leitung verlangt zusätzlich Intuition[29] und Charisma[30]. Im Zusammenhang mit der Frage nach den Funktionen von Leitung kann es nicht um eine Alternative zwischen dem Bürokratiemodell oder dem organischen Modell gehen. Es steht vielmehr an, Funktionen von Leitung zu benennen, die sich – mehr oder weniger jedenfalls – auf beide Theorien hin konzeptionalisieren lassen. Was mit den Begriffen „Steuerung", „Anpassung" und „Regelung" bezeichnet wird, scheint mir ein solches Funktionsinstrumentarium zu sein.

Steuerung ist ein Vorgang nach dem Grundmodell linearen und zielorientierten Denkens. „Das Ziel nicht aus dem Auge verlierend, muss Führung darauf bedacht sein, den Strömungen und Turbulenzen der Umwelt angemessen nachzugeben und sie möglichst geschickt zu nutzen."[31] Die Anwendung des Steuermannparadigmas auf soziale Systeme ist aber nur dann sinnvoll, wenn die mehrfache bürokratische Engführung im Blick bleibt, die diesem Bild innewohnt: Der Steuermann ist Teil des System. Um sein Steuern von außen her plausibel erscheinen zu lassen, braucht es einen „künstlichen" Distanzierungsvorgang. Das System, das mit dem Steuermann assoziiert wird, ist das Schiff, ein deutlich abgegrenztes, in sich und seinen Wechselwirkungen mit der Umwelt überschaubares, relativ geschlossenes System. Das Steuermannparadigma ist ein asymmetrisches Paradigma. Was die Mitarbeiter anlangt, ist lediglich wichtig, dass sie weisungsgemäß kooperieren.

28 MÜLLER, Werner: Die Relativierung des bürokratischen Modells und die situative Organisation. In: Karlheinz WÖHLER (Hrsg.): Organisationsanalyse. Stuttgart 1978, 20–53, 44.

29 Vgl. dazu SCHETTGEN, Peter: Intuition: Führung mit Kalkül oder mit Gefühl. In: zfo 2 66 (1997), 89–93, 91: „Intuition ist die Fähigkeit, sich den in einer Situation liegenden impliziten Bedeutungsüberschuss bewusst zu machen und explizit – mit einem Gefühl innerer Gewissheit – zur Grundlage der eigenen Entscheidungen und Handlungen zu machen."

30 Charismatisches Verhalten meint vor allem visionäres änderungsorientiertes Verhalten. Vgl. HOUSE, Robert: Führungstheorien – Charismatische Führung. In: Alfred KIESER u. Gerhard REBER u. Rolf WUNDERER (Hrsg.): Handwörterbuch der Führung. (Enzyklopädie der Betriebswirtschaftslehre Bd. 10) 2. Aufl. Stuttgart 1995, 878–897, 878.

31 MARTIN, Albert u. Susanne BARTSCHER: Führungstheorien – Entscheidungstheoretische Ansätze. In: Alfred KIESER u. Gerhard REBER u. Rolf WUNDERER (Hrsg.): Handwörterbuch der Führung. (Enzyklopädie der Betriebswirtschaftslehre Bd. 10) 2. Aufl. Stuttgart 1995, 906–915, 910.

Zielorientierte Steuerung gewinnt im Blick auf offene Systeme ihre wahre Stärke also erst dort, „wo sie sich den möglichen Ausweitungen des Modells stellt: Reflexion der eigenen Verflochtenheit der Steuernden ins System. Rechenschaft über Wechselwirkungen des Systems mit dem Umfeld. Partizipation aller Betroffenen an den Grundsatzentscheidungen zu Lageanalyse, Zielfindung und Routenwahl. Kriterienbezogene Entwicklung und flexible Veränderung von Zielentscheidungen. Kontrolle der Steuernden durch die sie Beauftragenden auf der Basis der allen vorgegebenen Grundentscheidung und der gemeinsam vereinbarten Ziele."[32] Leitung im Sinn von Steuerung heißt: Zielsetzung (Art und Inhalt der Arbeitsprojekte sowie deren Zweck – was soll wozu getan werden); Mittelfestlegung (Mittel und Methoden – wie soll es getan werden); und Gestaltung des Handlungssystems (wer soll mit wem und wann welche Verrichtung bzw. Tätigkeit ausüben.)[33]

Regelung heißt: „Das Ziel, der Sollwert wird von außen gesetzt, das System verändert selbst sein Verhalten so, dass der Sollwert erreicht wird."[34] Leitung im Sinn von Regelung gründet gleichermaßen in linearem Denken wie in der Figur des Regelkreises. Für ersteres steht die Zielbezogenheit und -ausrichtung des Systems. Leitung verlangt in diesem Kontext die „unmittelbare, absichtliche und zielbezogene Einflussnahme durch Inhaber von Vorgesetztenpositionen auf Unterstellte mit Hilfe der Kommunikationsmittel".[35] Da aber „das intelligente System [...] in der Lage (ist), seinen Istzustand gegenüber einem Sollzustand zu messen und entstehende Spannungen zwischen beiden für die Regelung seiner Bewegung hin auf einen Sollzustand zu nutzen,"[36] wird Leitung als Eingriff in dieses System darauf achten, die internen Regulierungsmechanismen nicht aufzuheben, sondern zu stärken. D.h. vor allem nach dem Grundsatz des gezielten Eingriffs die Dynamik aktiver Elemente im System fördern und sie in eine Richtung lenken, die ihre Synergiepotentiale verstärkt. Leitung im Sinn von Regelung heißt Einflussnahme und Aktivierung. Das soziale System, das es zu regeln gilt, ist einerseits durch die spezifischen Interaktionsbeziehungen, in denen die Individuen zueinander stehen und die entsprechenden Verhaltenserwartungen gekennzeichnet. Andererseits basieren diese wieder auf Interessen, Werten und Sinnzusammenhängen, die im System gelten. So zielt Leitung auf das Sinnsystem der zu regelnden Organisation.[37]

[32] BREITENBACH, Gemeinde, 141.

[33] Vgl. GIRSCHNER, Walter: Das Verhältnis von Individuum und Organisation. In: Karlheinz WÖHLER (Hrsg.): Organisationsanalyse. Stuttgart 1978, 83–107, 93.

[34] FLECHTNER, Hans-Joachim: Grundbegriffe der Kybernetik. Eine Einführung. München 1984, 44.

[35] ROSENSTIEL, Lutz von: Kommunikation und Führung in Arbeitsgruppen. In: Heinz SCHULER (Hrsg.): Lehrbuch Organisationspsychologie. (Huber-Psychologie-Lehrbuch) Bern–Göttingen–Toronto–Seattle 1993, 321–353, 337.

[36] BREITENBACH, Gemeinde, 142.

[37] Vgl. dazu WILKE, Helmut: Systemtheorie. Eine Einführung in die Grundprobleme. Stuttgart–New York 1982. Dort wird wiederholt auf die Relevanz der Grundkategorie Sinn verwiesen. Bes. 28–41.

Sie beeinflusst Wertvorstellungen. Sie bestärkt oder verändert die Prämissen, unter denen die Organisation ihr Handeln bestimmt.
Unter *Anpassung* wird verstanden: „Das System verändert sein Verhalten so, dass sich ein Gleichgewichtszustand zwischen System und Umwelt einspielt – dieser selbstentwickelte Sollwert wird jetzt der künftigen Regelung zugrundegelegt."[38] Das Modell der Anpassung als dritter Grundfigur, innerhalb derer Leitung bestimmt werden kann, folgt der „Homöostase als Lenkungssystem, das eine oder mehrere essentielle Variablen eines Systems innerhalb der ‚physiologischen' Grenzen halten kann".[39] Im Wechsel zwischen System und Umwelt schafft sich das System die Umweltbedingungen, die es beeinflussen und umgekehrt. „Systeme reagieren nicht nur auf Umweltbedingungen, Systeme gestalten und verändern ihre Umwelt."[40] Wo Leitung unter dem Stichwort Anpassung diskutiert wird, ist das Bild der Selbststeuerung des in seinem Milieu lebenden, sich verändernden Systems von hoher Relevanz. Leitung wird auf die Wechselwirkung zwischen System und Umwelt hin ausgerichtet sein, wird also zu einem Teil der ständig reziproken Interaktion zwischen kognitiven Variablen und solchen des Systemverhaltens und der Umwelt.[41] Leitung ist ein „Innenelement" des Systems. Es ist das Moment, das auf die Stabilität des Systems im Sinn eines „Fließgleichgewichtes" als Resultat eines ständigen lebendigen Anpassungsprozesses zielt. „Durch die Fähigkeit zur Neubestimmung von Zielen, Programmen und Vorschriften verbessert das System seine Anpassungsfähigkeit und gewinnt damit eine höhere Form der Stabilität."[42] Da die Veränderungsdynamik immer mehr zunimmt, sich die Veränderungszyklen verkürzen und Veränderungen sich weniger gut und genau vorhersehen lassen, wird das Ausmaß erforderlicher Anpassungsmaßnahmen für alle Organisationen immer größer und tiefgreifender.[43]
Das Vermögen des Systems zur ständigen Neubestimmung zu erhöhen, ist die entscheidende Leitungsaufgabe im Kontext der Leitungsfunktion Anpassung. Dabei ist Leitung stets ein „Teil des Problems, das zu bearbeiten sie jeweils aufgerufen ist".[44] Die Aufgabe, um die es dabei geht, zielt auf das, was unter dem Stichwort „organisationales Lernen" subsumiert ist und gilt zunächst auch und in erster Linie für die Leitung selbst. Dabei wird davon ausgegangen, dass

[38] FLECHTNER, Kybernetik, 44.
[39] PROBST, Gilbert J. B.: Selbst-Organisation. Ordnungsprozesse in sozialen Systemen aus ganzheitlicher Sicht. Berlin–Hamburg 1987, 18.
[40] BREITENBACH, Gemeinde, 133.
[41] Vgl. LUTHANS, Fred u. Stuart A. ROSENKRANTZ: Situationstheorie. In: Alfred KIESER u. Gerhard REBER u. Rolf WUNDERER (Hrsg.): Handwörterbuch der Führung. (Enzyklopädie der Betriebswirtschaftslehre Bd. 10) 2. Aufl. Stuttgart 1995, 1005–1021. Bes. 1007.
[42] PFEIFFER, Dietmar K.: Organisation als System. In: Karlheinz WÖHLER (Hrsg.): Organisationsanalyse. Stuttgart 1978, 3–19, 16.
[43] Vgl. dazu SCHUBERT, Hans-Joachim: Veränderungsmanagement. In zfo 6 66 (1997), 355–360, bes. 355.
[44] WIMMER, Zukunft, 48.

„ein Unternehmen – ähnlich wie eine Person – Wissen speichern und lernen kann".[45] Organisationales Lernen bedeutet dann den „Erwerb von Wissen über Fakten und Beziehungen, die Förderung konkreter Problemlösungen und die Steigerung eines abstrakten Problemlösungspotentiales".[46] Dabei wird Leitung zunächst dafür sorgen müssen, dass das System nicht nur das sieht, was es auf Grund seiner Eigenheiten zu sehen gewohnt ist. D.h. sie wird der Frage nachgehen: „Wie ist die Art, wie man Probleme sieht und definiert, an der Erzeugung und Perpetuierung eben dieser Probleme beteiligt?"[47] Ist strukturell eine breitere Sichtweise von Wirklichkeit möglich, wird sich Leitung in den Dienst einer verbesserten Kommunikationsstruktur stellen. Denn ohne Kommunikation können kein Wissen verfügbar gemacht werden und keine Aushandlungsprozesse stattfinden. Die dafür notwendige Kommunikationsstruktur muss auf Transparenz ausgelegt sein und die möglichst umfassende Integration von Wissen gewährleisten.

5.3 Die Struktur der Leitung

Mit dem Fokus der zweckrationalen Organisation und in der Tradition der Theorie(n) kommunikativen Handelns richtet Organisationslehre seit den 70er Jahren ihr Augenmerk auf das Leitungshandeln von Leitungspersonen. Erst recht in jüngster Zeit wird diese Seite, die „personalistische Führung in Gesellschaft und in Organisationen wieder [...] intensiv diskutiert. In Unternehmen sind Führungspersönlichkeiten gefragt, die außergewöhnliche Kompetenzen oder andere Qualitäten besitzen. [...] Der Ruf nach herausragenden Führungspersönlichkeiten (wird) deutlich hörbar vor dem Hintergrund, dass immer öfter Führungsschwäche und Missmanagement im komplexen, zunehmend undurchschaubaren Unternehmensgeschehen diagnostiziert werden."[48] – Durch die Rezeption systemischen Denkens, das darauf hinweist, wie sehr Organisationen „umweltoffene, umweltempfindliche, Eindrücke verarbeitende und kompensierende"[49] Gebilde sind, die in einem „Kräftefeld" existieren und von diesem beeinflusst werden, sind seit einiger Zeit auch Fragen der Geschlossen-

45 RUDOLPH, Hagen: Wie lernt das „lernende Unternehmen"? In: zfo 4 66 (1997) 202–205, 205.

46 PRANGE, Christiane u. Gilbert PROBST u. Charles-Clemens RÜLING: Lernen zu kooperieren–Kooperieren, um zu lernen. In zfo 1 65 (1996) 10–16, 12.

47 WIMMER, Rudolf: „Der Systemische Ansatz–mehr als eine Modeerscheinung?" Zur professionellen Orientierung von internen Experten für Organisations- und Personalentwicklung. In: Cristof SCHMITZ u. Peter W. GESTER u. Barbara HEITGER (Hrsg.): Managerie–1. Jahrbuch: Systemisches Denken und Handeln im Management. Heidelberg 1992, 70–104, 91.

48 HENTZE, Joachim u. Andreas KAMMEL: Benötigen Organisationen charismatische Führung? In: zfo 2 65 (1996) 68–72, 68.

49 LUHMANN, Niklas: Zweck-Herrschaft-Sytem. In: Renate MAYNTZ (Hrsg.): Bürokratische Organisation. (Neue Wissenschaftliche Bibliothek 27: Soziologie) Köln 1968, 47.

heit bzw. Offenheit von Organisation und der diese Zustände herstellenden Operationen im Blick. In diesem Kontext können dann z.B. Aspekte wie die der Relationen oder der „Rituale“, also quasi der „Bahnen“, innerhalb derer Leitung geschieht, thematisiert werden. Vor allem aber wird in diesem Kontext deutlich: Leitung „ist nicht auf [...] einzelne Personen zu reduzieren. Sie ist [...] eine Frage des Zusammenspiels von Leitungsteams in horizontaler und vertikaler Hinsicht in der gemeinsamen Sorge um die Funktionstüchtigkeit der jeweiligen Einheiten und um die Überlebensfähigkeit des Ganzen.“[50] Der Mythos des uneingeschränkt mächtigen Leiters ist Vergangenheit. „Der Glaube an den großen, klugen Lenker an der Spitze eines Unternehmens ist geschwunden.“[51]

5.3.1 Archetypische Leitungsrollen: Väter, Helden und Heilsbringer

“Jede Führungskraft hat eine bestimmte Rolle wahrzunehmen.“[52] Die Rolle wird der Führungskraft von außen her zugeschrieben. „Unter Rolle wird [...] das Insgesamt der Erwartungen verstanden, die an den Inhaber einer Position gerichtet werden.“[53] Diese verschiedenen Rollen lassen sich in ihrer archetypsichen Bündelung beschreiben. In dieser Hinsicht soll hier vom „Vater“, vom „Held“ und vom „Heilsbringer/Führer“ die Rede sein.[54]
Der *Vater*: Er ist streng und doch verständnisvoll, er belohnt und straft. Seine unmündigen Kinder beschützt er durch unermüdliche Fürsorge, hält damit aber den Unmündigkeitszustand aufrecht. Seine Herrschaft und Autorität gründet er auf das „natürliche“ Reifegefälle zwischen ihm und seinen „Kindern“. Der Vater definiert die Realitäten für die anderen, er erwartet Dankbarkeit, Ehrerbietung und Unterordnung. Zwischen Vorgesetzten und Untergebenen, „Vater“ und „Kindern“ herrscht ein Gefühl gegenseitiger Verpflichtung; das „Vatergefühl“ kann rücksichtsloses Vorteilskalkül verhindern. Die Beziehungen der Kinder zum Vater sind ambivalent: Liebe und Hass, Vertrauen und Angst, Dankbarkeit und Rebellion. In Organisationen, bei denen sich der Archetypus „Vater“ als Grundstruktur der Leitung verinnerlicht hat, – der Vatertyp ist meist im (Senior-)Management zu finden – haben es Frauen und junge Vorgesetzte außerordentlich schwer, sich in ihren Leitungsfunktionen durchzusetzen.
Der *Held*. Er hat die Vorherrschaft des Vaters überwunden und schafft eine neue Ordnung. Einsam und unbeirrt geht er seinen Weg. Seine Untergebenen lieben ihn nicht, sie bewundern ihn; sie bringen ihm keine Dankbarkeit entge-

50 WIMMER, Zukunft, 57.
51 Vgl. LAMPARTER, Dietmar H.: Der Frager. Oswald Neuberger entzaubert den Mythos der Unternehmensführer. In: Die Zeit. 28. Juni 1996, 26.
52 MÜLLER-SCHÖLL, Albrecht: Sozialmanagement. Zur Förderung systematischen Entscheidens, Planens, Organisierens, Führens und Kontrollierens in Gruppen. Neuwied 1992, 144.
53 NEUBERGER: Führen, 83.
54 Vgl. NEUBERGER, Oswald: Führen und geführt werden. 4. Aufl. Stuttgart 1994, 41–60.

gen, dafür zollen sie ihm Achtung. Im Gegensatz zum Vater, zu dem die Kinder in emotionaler, wenngleich ambivalenter Beziehung stehen, vermeidet der Held alle Gefühlsregungen, damit man nicht seine allzumenschliche Seite sieht. Dies prägt ebenfalls die Organisation. Sie wirkt kalt, berechnend und in einem ungeheuer hohen Maß effizienzorientiert. Kommunikation und Reflexion sind nicht unbedingt gefragt in solchen Unternehmen.
Der *Heilsbringer/Führer*. Er wird nicht geliebt oder gehasst wie der Vater, nicht bewundert oder beneidet wie der Held, sondern man ordnet sich ihm bedingungslos und bereitwillig unter. Sein Führungsstil ist dadurch geprägt, dass er niemandem Rechenschaft schuldig ist. Er begründete seine Führungsposition mit seinem „Charisma", das sich nicht widerlegen, aber auch nicht beweisen lässt. „Die Basis charismatischer und daher besonders erfolgreicher Führung liegt vor allem in der Wirkung des Führungseinflusses auf weltanschauliche und nicht pragmatische Werte der Gefolgsleute, in der Weckung unbewusster Motive und in der (Be-) Stärkung ihres Selbstverständnisses. Damit verpflichten Führer ihre Getreuen sich und einer gemeinsamen Vision, woraus folgt, dass Untergebene bereit sind, Eigeninteressen zurückzustellen und auch persönliche Opfer zu bringen zugunsten der gemeinsamen Vision."[55]
Väter, Helden und Heilsbringer sind oft zu außergewöhnlichen (Leitungs-)Leistungen in der Lage, wie z.B. die Sanierung angeschlagener Unternehmungen, die höchst erfolgreiche Führung von Organisationen durch Krisen, den Gewinn hoher Marktanteile im scharfen Wettbewerb oder die Wiederbelebung stagnierender oder maroder Betriebe. Sie dominieren allerdings die Organisation auch in „Nicht-Krisen-Zeiten" und machen sie zu so etwas wie einer „unipolaren Corporation", in der sie „als zentraler Träger der Willensbildung innerhalb der Unternehmung fungieren."[56]

5.3.2 Leitungssystem

Wer von Leitung spricht, spricht nicht nur von dem EINEN, er muss vielmehr von vielen Menschen reden, von einem System[57] wechselseitig voneinander abhängigen Elementen und Beziehungen,[58] von einer hoch komplexen Angelegenheit.[59] – Der einzelne Leitende ist immer in Beziehung gesetzt zu Anderen

[55] HOUSE, Führung, 879.

[56] BLEICHER, Knut: Organisation der Corporation. In: Erich FRESE (Hrsg.): Handwörterbuch der Organisation. Stuttgart 1992, 441–454, 449.

[57] Vgl. Dazu: STAERKLE, Robert: Leitungssystem. In: Erich FRESE (Hrsg.): Handwörterbuch der Organisation. Stuttgart 1992, 1229–1239. RÜHLI, Edwin: Die Organisation der Unternehmensleitung. In: Manfred GEIST u. Richard KÖHLER (Hrsg.): Die Führung des Betriebes. Herrn Professor Dr. Dr. h.c. Curt Sandig zu seinem 80. Geburtstag gewidmet. Stuttgart 1981, 211–223.

[58] WILLKE, Helmut: Systemtheorie. 4. Aufl. Stuttgart–Jena 1993, 144.

[59] Da gibt es nicht mehr den einen Chef, sondern eine Vielzahl von Leitungsstellen, in denen Führungsaufgaben gebündelt werden: Leitungsstellen innerhalb der Geschäftsleitung, Linieninstanzen unterhalb der obersten Leitung, Leitungshilf- und Stabsstellen. Stellen,

und zu Anderem. Wenigstens auf drei dieser Relationen soll hier kurz eingegangen werden:

Leitende und die zu Leitenden. Leitung ist ein Prozess, in dem nicht die Leitenden allein die Haupthandelnden sind.[60] Leitung ist „zutiefst auf die Akzeptanz der anderen [...] angewiesen. Sie verspielt ihren Kredit, sobald sie zu demonstrativ die übliche Vorgesetztenrolle hervorkehrt."[61] Status und Legitimität der Leitenden hängen von zwei Hauptfaktoren ab: ihrer Kompetenz, d.h. ihrer Zuständigkeitskompetenz, ihrer persönlichen Kompetenz und ihrer fachlichen Kompetenz und von ihrer Konformität. Sie sind die Basis für die Anerkennung durch die Mitarbeiter. „Es ist voraussagbar, dass mit einem relativ hohen Maß an sichtbarer Kompetenz es einem Gruppenmitglied mit der Zeit gelingen sollte, seinen Einfluss zu einem gewissen Maximum auszuweiten. Falls er oder sie jedoch schon früh mit den Gruppennormen nicht konform geht, könnte dies seinen oder ihren Einfluss vermindern, weil dies zu einer Wahrnehmungsblokkade führt. Andererseits würden spätere Anzeichen von Nichtkonformität, nachdem bereits Anerkennung erworben wurde, eine positivere Wirkung hervorrufen."[62]

Leitung und Situation. Leitung ist immer von der Situation abhängig. Zwischen die Leitungsperson(en) und den Leitungserfolg tritt die Situation als Moderator[63] bzw. als situationale Günstigkeit.[64] Wie sich Leitende in einer Leitungsfunktion verhalten, hängt ganz wesentlich von deren Möglichkeiten ab,

die von Direktoren besetzt sind oder von Kollegien. Die Beziehungen zwischen diesen Leitern können verschieden organisiert sein. Nach dem Prinzip Dienstweg: jeder Stelle ist nur eine Stelle vorgesetzt oder mehrlinig: der Mitarbeiter hat für jeden Teilbereich seiner Arbeit einen anderen Fachvorgesetzten oder in irgend einer Mischform. Mischformen sind die Stab-Linien-Organisation (Stabstellen unterstützen fachlich die Linienstellen, bekommen dadurch Gewicht und indirekte Führungsfunktionen), die Organisation mit zentralen Stellen (Spartenorganisation), das Produkt- oder Regionalmanagement, Matrixorganisation (zwei Dimensionen, z.B. Funktionen und Produkte, werden idealtypisch gleichberechtigt überlagert).

60 Wie sehr die Leitenden von den übrigen Akteuren abhängig sind, wird etwa mittels des sog. „Idiosynkrasiekreditmodell" plausibel. Vgl. dazu HOLLANDER, Edwin. P: Führungstheorien – Idiosynkrasiekreditmodell. In: Alfred KIESER u. Gerhard REBER u. Rolf WUNDERER (Hrsg.): Handwörterbuch der Führung. (Enzyklopädie der Betriebswirtschaftslehre Bd. 10) 2. Aufl. Stuttgart 1995, 926–940. – Auch die sog. Weg-Ziel-Ansätze in der Führungsforschung weisen dabei besonders darauf hin, in welch hohem Maß Leitung von der Motivationslage der zu Leitenden abhängig ist und relativiert wird. Vgl. ROSENSTIEL, Kommunikation, 344.

61 WIMMER, Zukunft, 55.

62 HOLLANDER, Idiosynkrasiekreditmodell, 930.

63 SCHREYÖGG, Georg: Führungstheorien–Situationstheorie. In: Alfred KIESER u. Gerhard REBER u. Rolf WUNDERER (Hrsg.): Handwörterbuch der Führung. (Enzyklopädie der Betriebswirtschaftslehre Bd. 10) 2. Aufl. Stuttgart 1995, 993–1005, bes. 998.

64 „Situationale Günstigkeit" hängt nach dem Kontingenzmodell von FIEDLER z.B. von der Überschaubarkeit der Anforderungen, von der Positionsmacht des Vorgesetzten und vom gerade herrschenden Gruppenklima ab. Vgl. dazu: SCHREYÖGG, Führungstheorien, 995.

die Situation wahrzunehmen und mit ihr umzugehen.[65] Dabei bedürfen sie einer Reihe von Grundeigenschaften im Sinn einer relativ breiten und zeitlich stabilen Disposition zu bestimmten Verhaltensweisen, die in verschiedenen Situationen immer wieder auftreten.[66]

Leitung und Wandel. Leitung ist einem sehr hohen Maß an Dynamik ausgesetzt.[67] Leitung beeinflusst den ständigen Wandel des Ganzen, wird aber auch durch den Wandel und durch die Art und Weise, wie er sich auf das Leitungssystem niederschlägt, relativiert. Die soziale Lerntheorie führt diesen Gedanken fort: Sie verweist ausdrücklich auf die Wechselwirkung zwischen Person und Umwelt. Verhalten ist eine ständige reziproke Interaktion zwischen kognitiven Variablen und solchen des Verhaltens und der Umwelt.[68] Im Wechsel zwischen Mensch und Umwelt innerhalb eines Leitungssystems schafft sich auch die Leitungsperson die Systembedingungen, die sie beeinflussen und relativieren.

5.3.3 Leiten als Kohäsion, Lokomotion und Vermittlung

In sozialpsychologischer Sicht wird die Leitungsrolle, sei sie jetzt von einer einzelnen Person oder von einer Gruppe wahrgenommen, in drei Grundaufgaben bzw. Funktionsbereiche aufgeschlüsselt: in die Kohäsionsaufgabe (Gruppenerhalt, Aufrechterhaltung der Gruppenbeziehung) und die Lokomotionsaufgabe (Zielinduktion, Aufgabenerzielung)[69] und in die Vermittlung zwischen beiden, der Kohäsion und der Lokomotion. Von den prozessualen Aspekten einer Unternehmensleitung herkommend, kann man zudem mit Frank SCHIRMER[70] auf drei verschiedene (Verhaltens-)Kategorien von Rollen hinweisen:

[65] Die Eigenschaftstheorie weist darauf hin, wie sehr die Eigenschaften der Führungsperson einen weiteren entscheidenden Faktor für den Führungserfolg darstellen. Vgl. DELHEES, Karl. H.: Führungstheorien – Eigenschaftstheorie. In: Alfred KIESER u. Gerhard REBER u. Rolf WUNDERER (Hrsg.): Handwörterbuch der Führung. (Enzyklopädie der Betriebswirtschaftslehre Bd. 10) Stuttgart 1995, 897–906, 897.

[66] "Als Führungseigenschaften gelten in bipolarer Beschreibung: (1.) Extraversion: gesprächig – ruhig; offen – verschwiegen; gesellig – zurückgezogen; abenteuerlustig – vorsichtig; (2.) Verträglichkeit: gutmütig – reizbar; kooperativ – negativistisch; freundlich – eigenwillig; (3.) Gewissenhaftigkeit: kleinlich – sorglos; beharrlich – unbeständig; verantwortlich – unabhängig; (4.) Emotionale Stabilität: beherrscht – nervös; gefasst – erregbar; ruhig – ängstlich; (5) Offenheit: phantasievoll – einfach, direkt; unkonventionell – konventionell; breite Interessen – enge Interessen;" DELHEES, Führungstheorien, 899 f.

[67] Gerade die, die in der Prozesshaftigkeit das zentrale Moment dieses „Ganzen" sehen, wie z.B. die Evolutionstheorien, weisen auf diesen Faktor hin. Vgl. PROBST, Gilbert u. Henrik NAUJOKS: Führungstheorien – Evolutionstheorien der Führung. In: Alfred KIESER u. Gerhard REBER u. Rolf WUNDERER (Hrsg.): Handwörterbuch der Führung. (Enzyklopädie der Betriebswirtschaftslehre Bd. 10) Stuttgart 1995, 915–926.

[68] Vgl. LUTHANS u. ROSENKRANTZ, Situationstheorie, 1005–1021. Bes. 1007.

[69] Vgl. dazu die Ausführungen in WISWEDE, Führungsrollen, bes. 829.

[70] Vgl. SCHIRMER, Frank: Arbeitsverhalten von Managern. Bestandsaufnahme, Kritik und Weiterentwicklung der Aktivitätsforschung. Wiesbaden 1992.

die interpersonellen Rollen, die informationellen Rollen und die Entscheidungsrollen. Zu den interpersonellen Rollen zählt er die des „Repräsentanten", des „Führers" und des „Koordinators". Die drei informationellen Rollen heißen „Sprecher", „Trendbeobachter", „Zusammenhangserleuterer". Die drei Entscheidungsrollen sind die des „Verhandlungsführers" , des „Unternehmers", „Ressourcenzuteilers/Krisenmanagers". Interpersonelle Rollen, informationelle Rollen und Entscheidungsrollen basieren jeweils auf einer sehr verschiedenen „Logik" des Verhaltens. Dies muss berücksichtigt werden, weist man sie, wie ich das im Folgenden tue, als verschiedene Kategorien den Grundfunktionen Kohäsion, Lokomotion bzw. der Vermittlung zwischen beiden zu.

Kohäsion (interpersonell): Der „Repräsentant" fungiert nach innen und nach außen als symbolischer Kopf, als Verkörperung einer Organisation oder Abteilung. Dabei erfüllt er die entsprechenden von ihm gesetzlich oder sozial erwarteten Repräsentationsroutinen. Kohäsion (informationell): Als „Sprecher" bündelt der Leiter Informationen über Pläne, Maßnahmen oder erzielte Ergebnisse des Unternehmens und gibt sie nach innen und nach außen weiter. Kohäsion (entscheidend): Als „Verhandlungsführer" verpflichtet der Leiter die Organisation intern auf (künftige) Aktivitäten und vertritt die Interessen der Organisation in Verhandlungen mit Externen. Diese „Broker-Role" verlangt politisches Geschick im Innern und Durchsetzungsvermögen nach außen.

Lokomotion (interpersonell): Im Mittelpunkt der Rolle des „Führers" steht Motivation und Anleitung von Mitarbeitern, Mitarbeiterführung allgemein und insbesondere Maßnahmen der Personalentwicklung. Lokomotion (informationell): In der Rolle des „Trendbeobachters" wird Leitung in ihrer Aufgabe beschrieben, extern und intern angestellte Beobachtungen, die besonders relevant sind hinsichtlich evtl. notwendiger Veränderungen, als verwertbare Information an die Mitglieder der Organisation weiterzugeben,. Lokomotion (entscheidend): „Ressourcenzuteiler/Krisenmanager". Hier obliegt der Leitungsperson die Entscheidung über die Vergabe von Ressourcen aller Art an Einzelne oder Gruppen; auch und gerade als Handhabung unerwarteter und wichtiger Störungen innerhalb des betrieblichen Leistungsprozesses.

Vermittelnde Funktion (interpersonell): Die Rolle des „Koordinators" schließlich ist geprägt vom ständigen Mühen um die Verknüpfung interner und externer formeller und informeller Kontakte. Vermittelnde Funktion (informationell): Der „Zusammenhangserleuterer" sucht alle Informationen, die das Verständnis über das Funktionieren der Organisation und ihrer Umwelt, bzw. der Interdependenzen zwischen beiden fördern und gibt sie entsprechend weiter. Vermittelnde Funktion (entscheidend): Als „Unternehmer" sucht der Leiter in der Organisation und in ihrer Umwelt nach Chancen zu Innovation und Wandel und steht für Innovationsprojekte ein. In dieser „Innovatorrolle" wird sich der Leiter vor allem um Zukunftsorientierung, um die Offenheit für Neuerungen und um die dafür notwendigen Akzeptanzvoraussetzungen innerhalb der Organisation wie in deren direkter Umwelt kümmern.

5.4 Der Stil der Leitung: Relationen und Dienstleistung

Welche Auskünfte gibt die Organisationswissenschaft zur Verfahrensweise von Leitung (Wie „geht“ Leitung?)? Was besagt die These von der Eingebundenheit der Leitung in ein System? Wozu führt die Überlegung vom Umdrehen der Organisationspyramide?

5.4.1 Praktizierte Sach- bzw. Mitarbeiterorientierung

Der Leitungsstil einer Leitungsperson ist Ausdruck ihres praktischen Leitungsverhaltens. Dieses Verhalten wird durch zwei Momente geprägt, das der Zielverfolgung, also den Blick auf Sachen und Ziele, und das der Berücksichtigung, also den Blick auf die Personen.[71] Ingeborg VERWEIJEN sieht folgende Variablen, aus denen sich der Leitungsstil entwickelt: „Die eine ist das Ausmaß des Lenkens und Leitens, wie viel ich bestimmen muss, wie viel ich für notwendig erachte zu befehlen, zu lenken, zu leiten. Die andere Variable ist die Einstellung dem anderen gegenüber, wie ich ihn als Person, als Mensch schätze, ob ich ihn wertschätze in seiner Eigenart, mit seinen Fähigkeiten, ihm etwas zutraue oder ob ich ihm eher wenig bis gar nichts zutraue.“[72]
Leitungsstil heißt also zuerst praktizierte Sach- bzw. Mitarbeiterorientierung des Leitenden. Dann bezeichnet man aber auch das von ihm realisierte Maß des Einbezuges der Mitarbeiter in den Willensbildungsprozess als Leitungsstil. Ein optimaler Leitungsstil orientiert sich weder vorrangig an Aufgaben und Leistung und vernachlässigt dafür die menschliche Seite, betrachtet diese als sekundär; noch besteht er in einer primären Mitarbeiterorientierung mit tendenzieller Vernachlässigung der Leistungskomponente. Ein optimaler Leitungsstil kombiniert beide Orientierungen. Dasselbe gilt für den Einbezug der Mitarbeiter in die Willensbildung: auch hier gibt es eine ganze Bandbreite an Möglichkeiten und auch hier heißt optimaler Leitungsstil: Vermittlung – in diesem Fall etwa zwischen den Extrempolen „autoritärem“ und „demokratischem“ Verhalten. Aufs Ganze gesehen werden in der Praxis oft vier verschiedene Leitungsstile ausgemacht, die Ausdruck unterschiedlicher Gewichtung der eben genannten Komponenten sind: der Aufgabenstil, der Verfahrensstil, der Beziehungsstil, der Integrationsstil.
Als Attribute des *Aufgabenstils* gelten: bestimmt, vorantreibend, geschäftig, strukturierend, ehrgeizig, wagemutig, selbstsicher, entscheidungsfreudig, dominant, allein entscheidend, initiativ, initiiert, bewertet, weist an, Kommunika-

[71] Vgl. SCHALL, Traugott Ulrich: Mitarbeiterführung in Kirche und Kirchengemeinde. (Reihe: Perspektiven für die Seelsorge; Bd. 3, hrsg. von Werner RÜCK) Würzburg 1991, 59.

[72] VERWEIJEN, Ingeborg: Verwirklichung gemeinsamer Verantwortung, Schwierigkeiten und Lösungen. In: ERHARTER, Helmut u. Rudolf SCHWARZENBERGER (Hrsg.): Kirche in gemeinsamer Verantwortung. Österreichische Pastoraltagung 29. bis 31. Dezember 1986, Wien 1987, 45–56, 49.

tion durch mündliche Anweisungen, Rationalisierung der Arbeitsstruktur. *Verfahrensstil* heißt: sorgfältig, perfektionistisch, bedächtig, vorschriftsmäßig, ordentlich, sicherheitsliebend, konservativ, korrigierend, regelorientiert, wenig initiativ, klärt, protokolliert, kanalisiert, Kommunikation durch schriftliche Mitteilungen, Aufrechterhaltung der Verfahren. *Beziehungsstil*: offen, kontaktsuchend, gesprächsbereit, mitfühlend, freundlich, zuwendungsbedürftig, akzeptiert andere, stimmt oft anderen zu, ermutigt, gleicht aus, fördert, Kommunikation durch einfühlsames Zuhören, unterstützt das soziale System. *Integrationsstil*: kooperativ, partizipativ anregend, lernend, interessiert, weltgewandt, aufgeschlossen, vielseitig, integriert andere, sucht Konsens durch Partizipation, setzt Maßstäbe, moderiert, integriert, Kommunikation durch wechselseitigen Gedankenaustausch, Beachtung des sozialen Systems und der Arbeitsstruktur.

Unter Leitungsstil wird „eine zwar durchaus dauerhafte Grundhaltung von Führungskräften verstanden, von der aber auch abgewichen werden kann beziehungsweise muss".[73] Verlässlichkeit ist das eine. Situationsbezug das andere. Die Optimalität eines Leitungsstiles darf nicht als absolut und personen/situationsunabhängig betrachtet werden. Der Leitungsstil muss immer auch situativ sein. Er orientiert sich demnach an der Art der Mitarbeiter und an der Problemlage. Je nach Situation erhalten dann die verschiedenen Komponenten eine unterschiedliche Gewichtung.

5.4.2 Dienstleistungsgesinnung

Immer häufiger wird in Kontext der Frage nach dem „wie" der Leitung ein Stichwort genannt: die „Dienstleistungsgesinnung"[74]. Damit ist etwas gemeint, was sich in seinem Selbstverständnis von einer bloßen „Dienstgesinnung" unterscheidet und zwar dadurch, dass die Erwartungen der „Leitungsnachfrager" bezüglich ihrer von ihnen angefragten (Leitungs-)Leistungen eine zentrale Rolle bei denen spielen, die die (Leitungs-) Leistungen erbringen. Mit diesem Grundgedanken wird die übliche Organisationspyramide auf den Kopf gestellt: Die Organisationsmitglieder stellen die oberste Organisationsebene dar.[75] Die Arbeit der Leitung ist lediglich ein subsidiärer Hilfsdienst. Dabei heißt Leitung primär „sicherstellen, dass die einzelnen Organisationseinheiten ihren autonomen Handlungsspielraum im Dienst des gemeinsamen Ganzen ausfüllen".[76] Leiten bedeutet die Bereitstellung der notwendigen Ressourcen und die Förderung der Fach- und Prozesskompetenz der Organisationsmitglieder.

[73] SCHWARZ, Peter u.a.: Das Freiburger Management-Modell für Nonprofit-Organisationen. Bern–Stuttgart–Wien 1995, 137.

[74] Vgl. SCHWARZ, Peter: Management in Nonprofit Organisationen. Bern 1992, 34.

[75] Vgl. BEDNARCZUK, Piotr u. Jürgen FRIEDRICH: Kundenorientierung ohne Marketing. In: Absatzwirtschaft, H.9 (1992), 90–99.

[76] WIMMER, Rudolf: Die Zukunft von Führung. Brauchen wir noch Vorgesetzte im herkömmlichen Sinn? In: Organisationsentwicklung 4 (1996) 47–57, 50.

Die in der bestehenden Literatur am häufigsten aufgeführten Merkmale einer Dienstleistung – und diese sollen hier kurz auf Leitung als Dienstleistung durchdekliniert werden – sind Immaterialität, Existenz eines externen Faktors und direkter Kontakt zwischen Anbieter und Nachfrager.[77] Dabei haben Dienstleistungen ihre Basis in den strukturellen Faktoren und Rahmenbedingungen, die zu ihrer Erbringung geschaffen werden. Sie werden in einem Prozessgeschehen erbracht und führen zu einem Ergebnis. Die Erreichbarkeit der Dienstleistenden, ihr Wissen, ihre Höflichkeit und Vertrauenswürdigkeit und ihre Bereitschaft, durch Einfühlungsvermögen und entsprechende Reaktionsfähigkeit individuelle Wünsche adäquat und zeitgerecht zu erfüllen, machen die strukturellen und Rahmenbedingungen der Dienstleistung aus. Die Fähigkeit, den Erstkontakt mit dem, der um die Dienstleistung nachsucht, positiv gestalten zu können; die Eignung, ein Ziel vereinbaren zu können; die Kompetenz, die Leistungserbringung planen, bzw. ein geeignetes Dokumentationssystem vorhalten zu können, markieren die Faktoren, die den Prozess der Dienstleistung entscheidend prägen. Schlussendlich ist das Ergebnis der entscheidende Faktor der Dienstleistung: das Maß, in dem das angestrebte Ziel tatsächlich erreicht wurde.
Die Qualität der Dienstleistung hängt von diesen drei Faktoren ab: von der Struktur-, der Prozess- und der Ergebnisqualität: Bei einfachen Dienstleistungen ist die sachliche und personelle Ausstattung des Anbieters für den Nachfragenden entscheidend. Mit steigender Intensität der Interaktion bei der Dienstleistungserstellung bestimmt der wahrgenommene Verlauf zunehmend das Qualitätsurteil des Nachfragers. Bei Dienstleistungen, denen der Nachfrager eine eminent hohe Bedeutung zumisst, ist für ihn die Nachhaltigkeit der Wirkung, die sich aus dem Dienstleistungsgeschehen ergeben soll, entscheidend. Leitung im Sinn einer Dienstleistung muss über ein Mindestmaß an Strukturqualität verfügen: Darunter fallen besonders die Rahmenbedingungen, innerhalb derer Leitung angeboten wird: die personelle und sachliche Ausstattung, d.h. eine auf Dauer angelegte Organisation mit Adresse und Erreichbarkeit und qualifiziertem Personal. Leitung im Sinn einer Dienstleistung muss zu einem qualitativ hochstehenden Prozess in der Lage sein. D.h. sie wird die Regeln der Anamnese und Planung zu beherrschen haben und zur Ausführung und Dokumentation von Prozessen in der Lage sein. Sie wird die Dienstleistung Leitung, einschließlich der Regelungen zum Umgang mit den Nachfragern, vorstellen können. Schlussendlich ist auch bei der Dienstleistung Leitung der Zielerreichungsgrad der Maßnahmen, also die Ergebnisqualität entscheidend. Neben eher internen Variablen lässt sich die Ergebnisqualität der Leitung vor allem an der Leistung der Mitarbeiter/innen vor Ort messen.

[77] Vgl. STEINLE, Claus u. Heike BRUCH u. Kai BÖTTCHER: Qualitätsmanagement in Dienstleistungsunternehmen. In: zfo 5 65 (1996) 308–313, 308.

Teil II
Elemente eines theologisch konzipierten Verständnisses von Leitung

Wer Leitung theologisch bestimmen will, kommt nicht ohne grundsätzliche Vorüberlegung aus. Die theologische Diskussion nimmt bei der Frage danach, was Leitung heißt, den Leitenden so in Blick, dass sofort von dessen Relativierung durch Gott die Rede ist. Leitung hat ihren Ausgang in Gott: Gott ist und bleibt selbst der eigentliche Leiter. Und Leitung hat ihren Zielpunkt im Menschen, in dessen Heil. Von daher ist von Anfang an im Blick, dass der dreifaltige Gott schon vor jedem menschlichen Tun in der Welt leitet und für den Menschen leitend das Heil wirkt. Eine Theologie der Leitung wird also zuerst darüber Rechenschaft ablegen, was sie unter der Welt, als Handlungs-Welt *Gottes* versteht.

Denkt man theologische „Logik" und organisationale in eins, kommt ein Ort innerhalb der „Welt" als Ort lebensfördernden Wirkens genauer in Blick. Denn es gibt ja die beständige Präsenz des Vaters, des auferweckten Herrn und die Einwohnung des Heiligen Geistes nicht nur in der Menschheit überhaupt, sondern – „in qualifizierter Form" – „in der Gemeinschaft der Glaubenden und in jedem einzelnen Glaubenden".[1] In der Kirche. Auch sie bestimmt sich, wie die Welt überhaupt, als „Zwischen" zwischen dem Pol „Gott" und dem Pol „Heil des Menschen". Als dieses „Zwischen" ist sie ein „sichtbares Gefüge", eine „mit hierarchischen Organen verfasste Gesellschaft" und ein „geheimnisvoller Leib Christi"[2]. Das sichtbare Gefüge als dauerhaft formalisierte soziale Ordnung und als Geflecht von Normen und Kultur muss „dem Sendungsauftrag Jesu genügen"[3], der „Sicherung und Umsetzung [...] des institutionellen Sinns" dienen[4]. Es muss also im Sinn des Sakramentes zu einer neuen (Heils-) Ordnung beitragen. – Kirche ist Institution und hat Organisation, die diese abbildet und sie unternimmt – insofern sie Sakrament ist – zweckgerichtete Aktivitäten zum Heil des Menschen.

Leitung ist, theologisch betrachtet, durch ihre Relativierung von Gott her und auf den Menschen hin bestimmt. Ein Blick in die Organisationslehre trägt darüber hinaus dazu bei, diese idealtypische Vorstellung der Relativierung von Leitung in ihrer realen Konkretion deutlich werden zu lassen. Hier wird gefragt, auf welchem Feld diese Relativierung geschieht und mittels welcher Organisation. Wenn beide Linien verfolgt werden sollen, die theologische und organisationale, muss also geklärt werden, worin das von Gott herkommende

1 BOFF, Die Neuentdeckung, 42.
2 Vgl. LG 8.
3 GÄRTNER, Wirklichkeit, 13.
4 Ebd. 11.

und auf den Menschen zielende „lebensfördernde Wirken", und zwar innerhalb der Kirche, genauer besteht, was dieselbe Frage ist wie die, was über den institutionellen Sinn gesagt werden kann, dessen Sicherstellung Zweck kirchlichen Handelns ist.

Was steht nun von hier aus weiter an? Oder: *eine erste Aufgabe:* Organisational-theologisch formuliert, bedeutet Leitung die Tätigkeit der Sicherstellung der Zweckgerichtetheit kirchlichen Handelns, dessen innerstes Wesen im Fortführen des lebensfördernden Wirken Gottes besteht. „Christlich verstanden bedeutet Leitung Teilnahme an diesem lebensfördernden Wirken Gottes."[5] Wenn nun klar ist, in welchen Tätigkeiten Kirche dieses lebensfördernde Wirken konkretisiert und Leiten in seiner inhaltlichen Bestimmung deutlich werden soll, dann muss gefragt werden: mittels welchen Tuns kann dieses lebensförderliche Wirken hilfreich „verkörpert" bzw. mittels welcher konkret wie zu beschreibenden Handlungen können denn die kirchlichen Grundaufgaben stetig neu, wo nötig „in Gang gebracht werden"?

Es geht also bei einer theologischen Bestimmung dessen, was Leitung ist, nicht zuerst um deren formale Qualifizierung. Vielmehr steht eine inhaltliche Bestimmung der Leitung via Definition der Grundtätigkeiten der Kirche her an. Diese ist die erste Arbeit, die unter der Überschrift Pastoral-theologische Bestimmung von Leitung später zu erledigen sein wird.

Eine zweite Aufgabe: In der theologischen Diskussion wird das „wie" der Leitung in der Regel ideal(-typisch) als „Hingabe" formuliert. Das Wort vom „Dienen" wird in diesem Kontext zur alles beherrschenden Chiffre. Die Ermächtigung zum Leben enthebt den Menschen des Zwangs, ständig nur auf der Suche nach sich selbst zu sein. Diese befreiende Perspektive befähigt zur Liebe und Hingabe, zum Dienen. Dabei kommt es entscheidend darauf an, „dass Jesus Christus mit seiner liebenden Selbsthingabe [...] im Vollzug des jeweiligen Dienstamtes zur Geltung gebracht wird".[6] Der Leiter muss immer wissen, „dass er Bruder unter Brüdern ist, dass sein Vorsteheramt ein Dienstamt ist".[7] Er darf „keine Hingabe für die Nöte der Zeit scheuen".[8] Verantwortbar, und das ruft die theologische Diskussion in Erinnerung, erscheint Leitung, wenn sie in lauterer Gesinnung geschieht und bei der Frage nach der richtigen Art und Weise des Leitens vom jesuanischen Ethos des Dienens geprägt ist.

Innerhalb der Organisationslehre ist die Frage nach der Macht bzw. Ohnmacht im Kontext der Möglichkeiten sowohl einzelner Systeme als auch einzelner Menschen ein zentrales Thema. Dabei geht es z.B. um soziale wie personenbezogene Macht, um Machtmittel und Machtgebrauch, um Machtstrukturen

[5] SCHAUPP, Klemens: Kernelemente der Leitungskompetenz in Pfarrgemeinden. In: Trierer Forum. Oktober 1994 (Nr. 3) 6–8, 6.

[6] KERTELGE, Karl: Gemeinde und Amt im Neuen Testament. (Biblische Handbibliothek. Bd. 10.) München 1972, 161.

[7] BLASCHE, Kollegialität, 200.

[8] DÖPFNER, Synode, 11.

und Machtstrategien.[9] Macht ist bedingt durch das Ausmaß, in dem eine Gruppe Situationen kontrollieren kann, die für andere entscheidend sind. Diese Macht konkretisiert sich in den „Entscheidungen über den Ablauf der Betriebsprozesse (und) [...] im Recht, die Ergebnisse ihrer Entscheidungen im Wege der Anordnung (Weisung) anderen Stellen als Handlungsprämisse vorzugeben".[10] Zwei sich gegenseitig verstärkende Phänomene bestimmen allerdings grundsätzlich die Möglichkeiten und Grenzen von Leitung: die wachsende Komplexität und die Dynamik des Wandels. „Hier tut sich eine zunehmende Lücke in den menschlichen Möglichkeiten zur Bewältigung des Wandels auf. Diese war bislang noch tolerierbar, da sie mit den herkömmlichen Führungsmöglichkeiten einigermaßen geschlossen werden konnte. Die gegenwärtigen Symptome gesellschaftlicher Instabilität indizieren jedoch, dass dies in Zukunft nur noch mit verminderter Wirksamkeit der Fall sein dürfte."[11] Leitung bleibt verwiesen auf die Wirklichkeit sich ständig verändernder Systeme und genau dadurch in ihren Möglichkeiten relativiert. „Die Macht, das System verändern zu dürfen, und der Glaube, es durchschaut zu haben, führt zum Diktatorenverhalten, das jedoch für komplexe Systeme völlig ungeeignet ist."[12]
Leitung ist „organisationspsychologisch gesehen, eine Funktion, theologisch gesprochen, ein Dienst".[13] Theologie wird in ihrer Reflexion den prinzipiellen Dienstcharakter von Leitung weiter zu entfalten haben. Sie wird sich gleichzeitig von der Organisationswissenschaft her der Notwendigkeit von Macht und der damit einhergehenden Gesetzlichkeiten, d.h. samt der Grenzen der Macht, zu stellen haben. Von hier aus muss dann die Frage beantwortet werden, mittels welchen Leitungsstils, mittels welcher Verfahrenskultur kirchliche Organisationskultur in ihrer Spezifik bewahrt werden kann, und zwar so, dass das Wort vom „Dienen" nicht bloß der Verschleierung von Herrschaft dient,[14] sondern vielmehr in konkrete Eigenschaften übersetzt werden kann.

9 Vgl. dazu REMER, Andreas: Organisatorische Aspekte der Macht. In: Erich FRESE (Hrsg.): Handwörterbuch der Organisation. (Enzyklopädie der Betriebswirtschaftslehre Bd. 2) 3. Aufl. Stuttgart 1992, 1271–1286.

10 THOM, Norbert: Stelle, Stellenbildung und -besetzung. In: Erich FRESE (Hrsg.): Handwörterbuch der Organisation. (Enzyklopädie der Betriebswirtschaftslehre Bd. 2) 3. Aufl. Stuttgart 1992, 2322–2333, 2323.

11 BLEICHER, Knut: Vertrauen als kritischer Faktor einer Bewältigung des Wandels. In: zfo 6 64 (1995) 390–395, 390.

12 VESTER, Frederic: Neuland des Denkens. Vom technokratischen zum kybernetischen Zeitalter. Stuttgart 1980, 25.

13 BERKEL, Organisationspsychologie, 324.

14 Davor warnt z.B. Rudolf Bohren und betont: „Praktische Theologie [...] wird den unschönen Unterschied zwischen den sogenannten Laien und den sogenannten Geistlichen kritisch reflektieren und vor allem dort wachsam sein, wo man erklärt, dieser Unterschied bestehe eigentlich gar nicht, prinzipiell wären die Geistlichen und Laien einander gleichgesetzt. Solche Egalität ist meist ein Anzeichen von Verschleierung massiver Herrschaft, und Hässliches wird nicht dadurch schön, dass man erklärt, es komme nur auf den Standpunkt der Betrachtung an." BOHREN, Rudolf: Dass Gott schön werde. Praktische Theologie als theologische Ästhetik. München 1975, 188.

Eine dritte Aufgabe: Theologisch gesehen steht bei Leitung der Aspekt der Menschenführung im Vordergrund: Leiten heißt – im Weiterbuchstabieren und Proklamieren der „Weisung zum Leben“ des „lebendigen“ Gottes – auf den Einzelnen Einfluss nehmen. Dabei handelt es sich nicht um Gesetze, Vorschriften und Paragraphen, sondern um Orientierungshilfen zum Leben. Leitung muss es darum gehen, dass der Mensch sein persönliches Lebensziel erreicht, in dem er in Selbstbestimmung und Selbstverantwortung sich selbst in dem verwirklicht, was Gott in ihm angelegt hat. Der Mensch kann aber in seiner Weite und Abgründigkeit nicht begriffen und als stets ungelöstes Rätsel keiner „abschließenden Lösung zugeführt werden“.[15] Darum ist Leitung theologisch gesehen vom nicht verfügbaren Geheimnis Mensch aus zu reflektieren. Zudem kann die Berücksichtigung organisationaler Überlegungen, „in Übereinstimmung mit der kirchlichen Tradition, dem Gedanken, dass christliches Leben immer schon institutionell vermitteltes und eingebundenes Leben ist, erneut Geltung verschaffen.“[16] Denn die Organisationslehre lenkt gerade dann, wenn vom Einzelnen die Rede ist, die Aufmerksamkeit auf das Ganze, auf die Struktur. Es geht ihr darum, Eigengesetzlichkeit von Organisationen zu begreifen. Diese prägen die Wirklichkeit des Individuums. „Über Person- bzw. Subjekt-Sein lässt sich unabhängig von Organisation und Institutionen nicht reden, und für die Subjektwerdung des Menschen lässt sich nur etwas tun, wenn man seine Einbindung in Organisation und Institution mitbedenkt.“[17]
Verschränkt man auf diese Weise organisationale und Theo-logik kommt man zu folgender Überlegung: Im Horizont der Theologie lässt sich eine Theologische Anthropologie entwerfen, die auf die Geheimnisdimension des Menschen und auf dessen sichtbare und „welthafte“ Existenz verweist. Die Rezeption organisationswissenschaftlicher Erkenntnisse kann, gerade was letzteres anlangt, zusätzlich den Horizont dafür eröffnen, wie sehr organisationale Wirklichkeit den Menschen bestimmt. Leitung wird also solche Strukturbedingungen zu schaffen haben, die dem Mensch helfen, um in Welt (und Kirche) als Mensch Gottes leben zu können. – Wenn diese einzelnen Bedingungen bestimmt sind, ergeben sich daraus die Momente der struktursichernden Dimension der Leitung.

6. Theologische Bemerkungen zum Gegenstand der Leitung

Wer Leitung theologisch bestimmen will muss also zuvor von der Welt reden und in ihr von der Kirche als der Organisation, auf die hin die zu bestimmende Leitung ja bezogen ist. Dabei muss, „auf soziologisch hervorgehobene Weise der theologische Grundcharakter der Kirche zum Ausdruck“[18] kommen. In

[15] ZIEGLER, Führung, 2031.
[16] BERKEL, Organisationspsychologie, 328.
[17] GÄRTNER, Wirklichkeit, 11.
[18] KEHL, Kirche, 392.

Hinsicht darauf beschränkt sich die folgende Reflexion auf zwei Ausgangspunkte: Zum einen setzt sie ein bei Überlegungen zu Gottes dreieinem Sein bzw. Handeln in der Welt. Zum anderen fragt sie nach dem Menschen und dessen Sein und Handeln „unter den Augen Gottes". Ausgehend von der Trinitätstheologie des II. Vatikanum und bezugnehmend auf Grunddaten alttestamentlicher Anthropologie soll also – vor der Frage nach der Leitung – die Frage angegangen werden: Was ist die Welt als Welt Gottes? Bzw. was ist die Kirche als Ecclesia de Trinitate? Und: Was ist der Mensch?

6.1 Die Welt, Ideogramm Gottes

Gott und seine Welt. Ist Gott in der Welt? Wo ist er in ihr zu finden? Auf welche Weise ist er da? Was heißt das für die Welt? Was bedeutet das für die Kirche? Um Antworten auf solche und ähnliche Fragen müht sich die Theologie auf verschiedene Weise. Besonders interessant scheinen mir in diesem Zusammenhang trinitarisch strukturierte Ansätze. Sie gehen davon aus, dass das, was Gott „in sich" ist – ungeteilt und dennoch „eine Wirklichkeit des Miteinanderteilens"[19], ein „dreistrahliges" Beziehungsgefüge – der Verständnisschlüssel für die Frage sein kann, wie er sich zur Welt verhält und wie bzw. wozu er in der Welt anwesend ist. Sie thematisieren seine heilswirkende Zuwendung a) als Bund Jahwes mit den Menschen, b) im Christusgeschehen und c) in der Geistmitteilung.

a) Der Jahwe-Gott sagt über sich: „Ich bin für euch da" (Ex 3,14) und ist nach der Botschaft der Schrift der, der sich unwiderruflich an den Menschen gebunden hat und die Welt annimmt als Ort seiner Präsenz.
b) Mit der Formel von der Gottessohnschaft Jesu bzw. mit der von dessen Präexistenz markiert die christliche Verkündigung einen zweiten Bezug: die Welt ist „in Christus geschaffen", d.h. präsent in ihm.
c) Mit der Idee, dass der Hl. Geist das göttliche „Zwischen"[20] zwischen Vater und Sohn darstellt, korrespondiert die Vorstellung von einem dritten Bezug: die Welt als der menschlicher Existenz zugewiesene Lebensraum ist die Wirklichkeit zwischen Vater und Sohn. Sie ist vom Hl. Geist erfüllt und bestimmt.

Die eine göttliche Wirklichkeit, die sich in drei Personen auslegt, kommt in der Welt an und ist in ihr da. Darum kann sie als Ideogramm Gottes bezeichnet werden. Sie verfügt über die bemerkenswerte Eigenschaft, seine Präsenz in ihr und seine Absichten mit ihr „lesbar" zu machen. Noch mehr: Die Welt ihrerseits wird gedacht als hineingenommen in die Beziehung von Vater und Sohn im Heiligen Geist. Sie ist der Ort, an dem es den Menschen möglich wird, „durch Christus, das fleischgewordene Wort, im Heiligen Geist Zugang zum Vater zu haben".[21]

19 WERBICK, Kirche, 346.
20 HÖHN, Hans-Joachim: Kirche und Kommunikatives Handeln. Frankfurt 1985, 132.
21 DV 2.

Diese trinitarische Denkstruktur liegt z.B. der Kirchenkonstitution des II. Vatikanums zu Grunde. Verfolgt man deren Argumentationslinie besonders in den Eingangsartikeln, ergibt sich hinsichtlich der Frage nach dem „Zweck" der Anwesenheit Gottes in der Welt dieser Befund: Die Welt ist berufen a) zur Teilhabe am göttlichen Leben, b) zur Erneuerung in Christus und c) zu der im Heiligen Geist schon anwesenden und gleichzeitig noch zu vollendenden Einheit. Damit geht einher: a) Die Welt ist Verweisort auf Gott, wo Menschen so leben, dass dies dem entspricht, wie Gott Vater seine Beziehung mit der Welt gestaltet. Sie ist b) Ideogramm Gottes, wo Menschen so miteinander verbündet sind, dass dies die erlösend erneuernde Hineinverwurzelung der Welt in Jesus Gestalt annehmen lässt. Sie ist c) Schriftzeichen Gottes, wo menschliches Zueinander ein Abbild des „woher" und „woraufhin" der Liebe Gottes, also den Hl. Geist darstellt. – Was für die ganze Welt gilt, soll, so die Väter des Konzils, in der Kirche als „Vorausbild" sichtbar sein. Wozu die Welt berufen ist, soll durch die Kirche als „Zeichen und Werkzeug" mitbewirkt werden. Ist die Welt *Ideogramm* des dreifaltigen Gottes, so ist die Kirche dessen *Ikone*. Sie „hat ihren Grund im dreieinigen Geheimnis Gottes – sie ist [...] in der ‚ökonomischen Trinität' begründet."[22] Sie bildet ihn ab und stellt ihn dar. – Gott ist in der Welt und will etwas mit ihr. Was heißt das ganz allgemein und was ergibt sich daraus für die Kirche?

6.1.1 Die Welt: erhoben zur Teilhabe am göttlichen Leben

In allen Schichten des Alten Testaments ist der Glaube an einen Gott feststellbar, der die Welt und den Menschen in seine Nähe ruft, mit seinem Volk zieht und es nicht verlässt (vgl. Dtn 31,6.8; Jos 1,5.9; Ps 18,30 u.ö.). Mit Betonung lässt der erste, priesterliche, Schöpfungsbericht Gott bei der Erschaffung des Menschen sprechen: „Lasst uns den Menschen manchen nach unserem Bild, nach unserer Ähnlichkeit" (Gn 1,26). Beide Ausdrücke, Bild und Ähnlichkeit, besagen, dass der Mensch innerhalb der sichtbaren Schöpfung das Abbild Gottes darstellt und bringen damit in kaum auszulotender Tiefe die Würde des Menschen zum Ausdruck, die in seiner unter allen Geschöpfen einzigartigen Nähe zu Gott begründet ist.[23] Das Neue Testament formuliert darüber hinaus den Gedanken der Teilhabe des Menschen an Gott und dessen göttlicher Lebenswirklichkeit (vgl. 1 Kor 10,16–17). Für die Väter des Konzils kommt damit in der Tat eine zentrale Absicht Gottes mit der Welt zum Ausdruck. Gott hat beschlossen, „die Menschen zur Teilhabe am göttlichen Leben zu erheben."[24] Der Terminus *Partizipation* (Teilhabe) wird zum ersten Begriff für Inhalt und Form der Gottesbeziehung. Er wird wesentlich durch zwei Momente konstituiert: durch Personalität und Geschichtlichkeit.

[22] PESCH, Otto Hermann. Das Zweite Vatikanische Konzil. Vorgeschichte, Verlauf, Ergebnisse, Nachgeschichte. Würzburg 1993, 162.

[23] Im zweiten, jahwistischen, Schöpfungsbericht steht entsprechend die Aussage, dass Gott dem Menschen Odem von seinem Odem einhaucht (Gen 2,7).

[24] LG 2.

Personalität. Ein Denken, das die „Ek-sistenz, die Freiheit, die aus sich heraustritt und die sich im Vollzug verwirklicht“[25] als ihren Ansatzpunkt wählt, verabschiedet sich von der Dominanz klassischer Metaphysik, dem Ausgehen vom Sein. Wo aber nicht mehr Substanz, sondern Relation das Erste ist, kann auch das Verhältnis der Welt zu ihrem Gott anders gedacht werden: relational-personal. Dann ist Teilhabe am göttlich-dreieinigen Leben nicht Partizipation von etwas an etwas, sondern von jemand an jemandem, ist ein Geschehen, das von einem lebendigen Jemand ausgeht und ein lebendiges Gegenüber sucht und sich als in Freiheit konstituierte Partnerschaft realisiert. Das Erhobenwerden zur Teilhabe am göttlichen Leben nimmt seinen Anfang darin, dass Gott die Menschen, „um sie in seine Gemeinschaft einzuladen und aufzunehmen“[26], anredet und mit ihnen verkehrt wie mit Freunden (vgl. Ex 33,2; Bar 3,38 Joh 15, 14–15), woraus dann eine „Gefährtenschaft“[27] erwächst – innerhalb derer Würde und Wahrheit des Menschen offen-kundig werden[28] und aus der Teilhabe schließlich, und das ist bedeutsam, Teilnahme wird: Mitwirkung des Menschen am Werk Gottes. Mit der Hineinnahme in das „innergöttliche“ Leben konstituiert sich zudem immer auch eine zweite Beziehungsstruktur, das zwischenmenschliche Beziehungsgeflecht: In der Sprache des II. Vatikanischen Konzils heißt das: Es hat Gott gefallen, „die Menschen nicht bloß als einzelne ohne jede gegenseitige Verbindung, zu heiligen und zu retten, sondern sie zu einem Volk zu machen“.[29] Die Absicht Gottes, die Welt zur Partizipation an seinem göttlichen Leben zu erheben, realisiert sich in einem personalen Geschehen, das sich in Relation zu ihm und in der Relation der Menschen untereinander konkretisiert: als Partner- und Mitarbeiterschaft am selben Werk.
Auch und gerade Kirche verwirklicht sich als Relation, präzise: als Beziehungsgemeinschaft universaler, grundsätzlich grenzenloser Gestalt. Indirekt ist dies festgehalten in der in Lumen gentium vorgenommenen Beschreibung des Gottesvolkes: „Zu dieser katholischen Einheit des Gottesvolkes, die den allumfassenden Frieden bezeichnet und fördert, sind alle Menschen berufen. Auf verschiedene Weise gehören ihr zu oder sind ihr zugeordnet die katholischen Gläubigen, die anderen an Christus Glaubenden und schließlich alle Menschen überhaupt, die durch die Gnade Gottes zum Heile berufen sind.“[30] Theologie, die sich auf das Leben und die vielfältige Gestalt menschlicher Beziehungsgeflechte bezieht, verneint demnach keineswegs ihren Kirchenbezug. Vielmehr

[25] KASPER, Gott Jesu Christi, 193.

[26] DV 2. Vgl. dazu die Hinweise in: VERWEYEN, Hansjürgen: Gottes letztes Wort. Grundriss der Fundamentaltheologie. 2. Aufl. Düsseldorf 1991, 360.

[27] Vgl. den Wortlaut des 2. Artikel der Offenbarungskonstitution „dei verbum“: „quo homines ... divinae naturae *consortes* efficiuntur“.

[28] Vgl. GS 19.

[29] Vgl. z.B. LG 9.

[30] LG 16. Vgl. den Kommentar von VERWEYEN zur parallel konzipierten Stelle in LG 7: „Dass hier ein Hindrängen auf die Einheit der römisch-katholischen Kirche gemeint sein könnte, ist schon im Hinblick auf die ökumenische Grundhaltung des Konzils unwahrscheinlich.“ VERWEYEN, Gottes letztes Wort, 544.

eröffnet die Volk-Gottes-Ekklesiologie des II. Vatikanums einen Horizont, der gerade aus seinem Kirchenverständnis heraus die Praxis aller Menschen wahrnehmen lässt. Die damit gegebene Entgrenzung theologischer Wahrnehmungsperspektive impliziert zugleich eine Blickschärfung auf die jede organisationale Begrenzung umgreifende Gestalt eines „allumfassenden ‚Netzes' von Gleichnissen des Reiches Gottes"[31]. Menschen, die sich von der Liebe, die Gott ist, ergreifen, vom Geist der Liebe beschenken und ihn in der Liebe zum Nächsten wirksam werden lassen, werden in ihrem Leben und in ihren Beziehungen zum Ideogramm Gottes.

Geschichtlichkeit. Das zweite Vatikanum hat die Dimension Geschichtlichkeit in die lehramtlich betriebene Theologie eingebracht.[32] Auf kaum einem Konzil zuvor ist das Verhältnis der Welt zu ihrem Gott so sehr im Horizont des Gedankens der Heilsökonomie und der Heilsgeschichte reflektiert worden. Das Prinzip Dynamik hat das der Statik abgelöst. Gottes Selbsterschließung erfolgt immer in der Geschichte. Es gibt keine Situation in der Geschichte, in der Gott nicht handelnd gegenwärtig ist. Theologie muss also bereit sein, sich nach allen Dimensionen auf die Geschichtlichkeit und Menschlichkeit der Offenbarung Gottes einzulassen. Mit dem Gang zurück zur Schöpfung und der eschatologischen Perspektive hin auf das „Ende der Weltzeiten" und der erst dann zu erwartenden Vollendung des göttlichen Heilswillens haben die Texte des II. Vatikanums dies getan. Gerade in der Offenbarungs- und der Pastoralkonstitution wird auf diese Weise ein Raum des dynamischen Aufeinanderverwiesenseins von Anfang und Ende der Welt eröffnet. Geschichtlichkeit wird das hermeneutische Prinzip für die angemessene Interpretation aller geschöpflichen Wirklichkeit und auch eines jeden Beziehungsgeschehens. Die Beziehung der Welt zu Gott ist immer geprägt von Präsenz, Werden und Drängen der Heilsgeschichte auf Zukunft hin. Die Absicht Gottes, die Welt zur Partizipation an seinem göttlichen Leben zu erheben, realisiert sich also geschichtlich und dynamisch. Was auch für die Partizipation der Menschen aneinander gilt: Anscheinend können sie nur in der Geschichte und über ihre Geschichten, über die Art und Weise, wie sie sie bestehen, wie sie in ihnen verstrickt sind, wie die Verstrickungen zustande kommen, sich lockern oder unentrinnbar werden, zu sich selbst und zueinander kommen. Kirche existiert in Geschichte. Mit der Darstellung der Kirche, als einer seit Anbeginn der Welt vorausbedeuten, in der Geschichte Israels vorbereiteten und erst in Zukunft vollendeten, verweist Lumen gentium 2 auf die Geschichtlichkeit als Wesenskern von Kirche. Damit ist aber auch die Begrenztheit ihrer Bestimmung im Blick. Nicht sie selbst, sondern das Reich Gottes ist das Ziel der Heilsgeschichte. So „relativiert sich notwendig *jede* innergeschichtliche Gestalt von Kirche als vorläufig und damit als offen für jene Wege, die auf eine andere empirische Weise das gleiche Ziel

[31] KEHL, Kirche, 97.

[32] Vgl. FRIES, Heinrich: Die Göttliche Offenbarung. In: Karlheinz SCHUH (Hrsg): Die ökumenische Bedeutung der Konzilsbeschlüsse. Hildesheim 1986, 98–105, 100. Vgl. dazu auch: BOFF, Die Neuentdeckung, 39.

zu erreichen suchen".[33] Der Weg dorthin konkretisiert sich in der Vielgestaltigkeit des wirklich „katholischen" Gottesvolkes.
Die Berufung auf einen Gott, der beschlossen hat, die Menschen zur Teilhabe an seinem göttlichen Leben zu erheben, impliziert die Ratifizierung der Überzeugung, dass tatsächlich jeder einzelne Mensch im Raum des Beziehungswillens Gottes steht. Niemand kann das im Blick auch auf nur einen einzigen Menschen relativieren oder gar negieren. Jede und jeder ist ein Abraham. Darum ist auch die Vorstellung töricht, „dass Gott in unserer Lebenswelt nicht vorkommt. Wir haben nur oft noch nicht den Blick für die verborgene Anwesenheit Gottes mitten in der angeblichen ‚Stadt ohne Gott'."[34] Wenn nun die Welt durch die von Gott initiierten Beziehungen und die vielfältigen Gestalten, die diese annehmen, Ideogramm und Ort seiner Anwesenheit ist, dies aber nicht immer auf den ersten Blick offenkundig wird, ergibt sich für Theologie und Praxis der Kirche die Aufgabe, wie es die Pastoralkonstitution formuliert, in der Welt Gott, den Vater „sichtbar zu machen"[35] und zwar auf eine Art und Weise, wie das dem Modus der Anwesenheit Gottes in der Welt entspricht.

6.1.2 Die Welt: erwählt zur Erneuerung in Christus

Die Welt ist Ideogramm Gottes. Ein Zeichen, das gilt auch für die, die auf Gottes Anwesenheit in der Welt verweisen, ist Zeichen, weil und insofern es nicht konturenlos und unbestimmt ist, sondern Gestalt annimmt und hat. Das Zeichen mit der deutlichsten Kontur für die Präsenz Gottes in der Welt ist Jesus Christus. In Artikel 3 der Kirchenkonstitution heißt es, dem Epheserhymnus folgend, über ihn: „Es kam also der Sohn, gesandt vom Vater, der uns in ihm vor Grundlegung der Welt erwählt und zur Sohnesannahme vorherbestimmt hat, weil es ihm gefallen hat, in Christus alles zu erneuern [in EO omnia instaurare] (vgl. Eph 1,4–5 u.10)."[36] *Instauration* lautet das zweite zentrale Stichwort. Hinein-Erneuerung: D.h. das (Be-)Wirken einer geschichtlich erfahrbaren Gestalt, eines realsymbolischen Vollzuges, innerhalb dessen christliche Existenzwerdung geschieht; eines Handelns, das sich potentiell auf alles bezieht und in einem absoluten Sinn die Gesamtheit des Geschaffenen umfasst: „alles, das Natürliche und das Übernatürliche"[37]; das Bewirken einer Figur, in der die auseinandergefallene und zerbrochene Wirklichkeit wieder zusammengeführt wird; die Konfiguration einer heilvoll versöhnenden Ordnung, und zwar in „Form" des Kreuzes. Mit Bedacht stellten die Autoren der Kirchenkonstitution Joh 12,32 in die Mitte des 3. (christologischen) Artikels: „Und ich, wenn ich von der Erde erhöht bin, werde alle an mich ziehen." Erhöhung und Erde: Eine Gestalt, die den Geheimnischarakter der Erlösung und die Annahme der Welt zusammenführt.

[33] KEHL, Kirche, 94.
[34] WANKE, Seelsorger, 22.
[35] GS 21.
[36] LG 3.
[37] AA 7.

Geheimnischarakter. Mit den Texten des II. Vatikanischen Konzils hat die biblische Vorstellung vom „mysterion" Eingang gefunden in die theologische Reflexion von Welt und Kirche. Wenn die Schrift vom Mysterium spricht, dann erzählt sie von der Heilsbedeutung des Gottesreiches, die nicht jedem zugänglich ist. Sie ist, so Paulus, vor allem für den Glaubenden erkennbar. Dies gilt auch und erst recht für die verborgener Gegenwart des Reiches Gottes in Jesus Christus (Mk 4,11 par).[38] In erster Linie als Geheimnis, d.h. durch die vergegenwärtigende Darstellung des gekreuzigten und auferstandenen Jesus Christus, nimmt das Reich Gottes in der Geschichte Gestalt an. Es wird als geschichtstranszendente Größe auch dort Wirklichkeit, „wo Menschen sich von diesem Geist der recht-schaffenden und totenerweckenden Liebe Gottes bestimmen lassen und dies so in den sozialen Formen ihres Zusammenlebens ausdrücklich machen, dass diese von dem unbedingten Willen zur Einheit, zur Gerechtigkeit, zum Frieden für alle geprägt sind (vgl. GS 39). Dadurch entstehen an den verschiedensten Raum-Zeit-Stellen der menschlichen Geschichte solche ‚Realsymbole' des Reiches Gottes, die seine vollendete Universalität vorwegnehmend darstellen."[39] Diese werden mit dem Begriff Geheimnis bezeichnet, was auf die transzendente und göttliche Herkunft der Heilswirklichkeit verweist. Dabei steht das Wort vom Geheimnis für die konstitutive Grundbedingung des Heils in der Welt: seine Rückgebundenheit an das Licht der Völker, Christus.[40]

Der Begriff „Mysterium" steht – im Blick auf die Kirche – für die (all-) tägliche Transzendenz ihrer Vollzüge. Er legitimiert keinesfalls eine Vorstellung von Kirche als etwas Rätselhaftem, Unbegreiflichem, Dunklem, an das man nicht rühren darf, das als Geheimnis gleichsam über dem Alltag schwebt und das jedem Denken von vornherein entzogen ist. Mysterium meint auch nicht das Flair des Unbegreiflichen, mit dem man die Kirche umgeben kann, an dem alle Fragen von vornherein abprallen und angesichts dessen alle Bemühungen um eine Antwort überflüssig werden. So hat es das Konzil nicht gewollt und nicht verstanden. Vielmehr korrigiert der Begriff schlicht ein Kirchenverständnis, das auf eine vorwiegend juristisch-juridische sich quasi aus sich selbst reproduzierende „sichtbare Außenseite" reduziert war.[41] Der Begriff Mysterium ermöglicht einen neue Perspektive auf die Kirche, den Verweis auf „die transzendente und göttliche Heilswirklichkeit, die sich auf eine spezifische Weise offenbart"[42] und sich als elementares Zeichen ihrer Sichtbarkeit manifestiert. Die Idee vom Mysterium Kirche steht also für ein Verständnis, wonach die Kirche rückzubuchstabieren ist in das Geheimnisses Gottes, was nach der Sprechweise des Neuen Testamentes dasselbe bedeutet wie: Sie ist Teil des

[38] Vgl. dazu auch: BORNKAMM, Günter: Art. mysterion. In: ThWNT

[39] KEHL, Ecclesia Universalis, 243.

[40] Vgl. LG 1.

[41] Vgl. dazu besonders: BOFF, Leonardo: Die Kirche als Sakrament im Horizont der Welterfahrung. Paderborn, 1972, 228 ff.

[42] BOFF, Die Neuentdeckung, 36.

Heilswerkes Gottes, weswegen sich auch, wie es die Väter des Konzils formulieren, auf dem „Antlitz" der Kirche sich das Licht Christi widerspiegelt.
Weltannahme. Die Rede vom „In-Christus-Hineinerneuern" hebt das In-der-Welt-Sein des Menschen nicht auf und vergleichgültigt es nicht, sondern gibt ihm erst die rechte Bedeutung. Wenn auch im Gegenübersein zur Wirklichkeit Gottes das Gegenübersein des Menschen zur Welt in einen größeren Zusammenhang gestellt wird, so bleibt doch die Bindung des Menschen an die Welt wirksam. Die Hineinerneuerung des Menschen in Christus, von der Lumen gentium 3 spricht, geschieht in der Welt und nach den Gesetzen der Welt. In der Welt. Gaudium et spes belegt das Interesse der Konzilsväter an der Breite der Weltwirklichkeit und nimmt eine Perspektive ein, die die Welt (auch) in ihrer Ambivalenz wahrnimmt: In den Gegensätzen von Reichtum und Elend, im zunehmenden Einswerden (Globalisierung?), in der Fortdauer gefährlicher Spannungen, im Nebeneinander von wirtschaftlich-technisch fortschrittlichen Ländern und Entwicklungsländern, in den Spannungen zwischen der jüngeren und älteren Generation u.v.a.m. Nach den Gesetzen der Welt. D.h. nach Gaudium et spes vor allem: Entwicklung und Veränderung. Die Pastoralkonstitution spricht von einer Welt, die als Welt Gottes „außerordentlichen Wandlungen unterworfen ist [...] und einen sehr raschen Ablauf der Geschichte"[43] erfährt, die ständig in Bewegung ist, was sich an den stets neuen Zeichen der Zeit ablesen lässt und an den wechselnden „Ereignissen, Bedürfnissen und Wünschen"[44] der Menschen.
Kirche ist in der Welt und von dieser Welt. Vor der „rein geschichtstranszendenten Zukunft unserer Wirklichkeit"[45] begegnet uns die Kirche immer als Gemeinschaft in der Welt. Sie „ist notwendigerweise sichtbar, da sie sonst keine aus Menschen bestehende Gemeinschaft wäre"[46], und „unterliegt [...] ebenso wie alle anderen irdischen Wirklichkeiten der Uneinheitlichkeit, der Unvollkommenheit und der Unbeständigkeit".[47] Kirche ist, das impliziert die etwa in Lumen gentium 1 vorgenommene Anwendung des Terms „(Universal-)Sakrament" auf die Kirche, nicht selbst Gnadenvermittlung, eröffnet diese aber jenen, die ihr zugehören. Wenn also, und das ist ein Haftpunkt des Sakramentenverständnisses, Gnade, Vergebung, Gemeinschaft mit Gott nicht nur unsichtbar zu erfahren ist, sondern „greifbar" werden kann, dann durch die Existenz einer realen, sichtbaren d.h. eben auch „welthaften" Kirche. So bezeichnet sie und die sich aus ihr ergebenden (sieben) Einzelsakramente immer eine Handlung mit einem materiellen Element.
Dort wo die Menschen, die als Menschen dieser Erde untrennbar zusammengehören und aufeinander verwiesen sind, in Christus hinein verwurzelt wer-

[43] SUENENS, Léon-Joseph. Das II. Vatikanische Konzil 20 Jahre später. In: Elmar KLINGER u. Klaus WITTSTADT (Hrsg.): Glaube im Prozess. Christsein nach dem II. Vatikanum. Freiburg, 1984, 182–194, 184.
[44] GS 11.
[45] KEHL, Ecclesia Universalis, 243.
[46] SAIER, Oskar: „Communio" in der Lehre des II Vatikanischen Konzils. München. 1983, 40.
[47] SUENENS, Das II. Vatikanische Konzil, 184.

den, ist Gott da, mitten in der Welt. Er nimmt Gestalt an in einem Prozess, für den zweierlei von konstitutiver Bedeutung ist: Der Bezug zu Jesus Christus als dessen unhintergehbares und spezifizierendes normatives Kriterium. Und die Wahrnehmung der Wirklichkeit Welt. Sich in den Dienst der Gestaltwerdung solcher christ-menschlicher Beziehungen zu stellen, ist Aufgabe einer Kirche, die für die Väter des Konzils „Sakrament, das heißt Zeichen und Werkzeug für die innigste Vereinigung mit Gott wie für die Einheit der ganzen Menschheit“[48] ist, was gleichzeitig auch etwas über die Art und Weise dieser Gestaltwerdung sagt.

6.1.3 Die Welt: geleitet in „hochzeitlicher“ Erwartung

Artikel 4 der Kirchenkonstitution, der die pneumatologische Signatur der Kirche erörtert, deutet die heilsgeschichtliche von der („inner“)trinitarischen Wirklichkeit des Hl. Geistes her. Im Geist ereignet sich die „Vermittlung von unendlich sich verschenkender Liebe (‚Vater‘) und unendlich sich empfangender Liebe (‚Sohn‘), als die Einheit und Gemeinschaft des Wovonher und Woraufhin der Liebe Gottes.“[49] Vor diesem Hintergrund wird, was das Sprechen über das ökonomische Wirken des Hl. Geistes anlangt, so formulierbar: „Als das Werk vollendet war, das der Vater dem Sohn auf Erden zu tun aufgetragen hatte, wurde am Pfingsttag der Hl. Geist gesandt, auf dass …“[50] Im Weiteren stellt sich die Kirchenkonstitution durch ihren Bezug auf Joh 17,4 bzw. auf Joh 4,14 und Joh 7,38–39 in den Kontext johanneischer Theologie. Hinsichtlich des ökonomischen Aspektes greift sie zudem vor allem auf zwei biblische Metaphern zurück, mit denen schon die frühe Theologie die Vorstellung der Anwesenheit Gottes in der Welt und des darin gründenden Heiles kommuniziert hatte: Auf die Tempelmetapher und die Metapher des ehelichen Zusammen- bzw. Beiwohnens. „Der Geist wohnt in der Kirche und in der Herzen der Gläubigen wie in einem Tempel (vgl. 1 Kor 3,16; 6,19). […] Durch die Kraft des Evangeliums lässt er (sc. der Heilige Geist) die Kirche allezeit sich verjüngen, erneuert sie immerfort und geleitet sie zur vollkommenen Vereinigung mit ihrem Bräutigam. Denn der Geist und die Braut sagen zum Herrn Jesus: ‚Komm‘ (vgl. Apk 22,17).“[51] *Union* lautet das dritte Stichwort für die Frage nach dem Bezug Gottes zur Welt: Die Vollendung der Einheit ist das Ziel. Unter dieser Rücksicht kann über die „geistgemäße“ Anwesenheit Gottes in Welt und Kirche nicht geredet werden, ohne sich vor allem zwei Gesichtspunkten zuzuwenden, dem der Verlebendigung durch Verjüngung und dem der Vielgestaltigkeit der Vorläufigkeiten angesichts der im Wirken des Hl. Geistes begründeten,

[48] LG 1.
[49] KEHL, Medard: Kirche – Sakrament des Geistes. In Walter KASPER (Hrsg.): Gegenwart des Geistes. Aspekte der Pneumatologie heute. Freiburg–Basel–Wien 1979, 155–180, 158.
[50] LG 4.
[51] Ebd.

nicht aufhebbaren eschatologischen Spannung, in der sich Welt und Kirche befinden.

Ständige Verjüngung. Theologie ist der Ansicht, dass die Welt ohne den Hl. Geist ein leerer, sinnloser Daseinshorizont wäre und menschliche Existenz ein bloß materielles Vorhandensein ohne Bedeutsamkeit. Im Hl. Geist vielmehr sieht sie den Horizont jenes Beziehungsfeldes, dem alle Menschen angehören und das doch keiner besitzt. In ihm entsteht, was keiner für sich allein zustande bringen kann: das Geschehen der Gemeinschaft der Menschen untereinander und mit Gott. Gleichzeitig ist der Hl. Geist der, der dem einzelnen Menschen die „übernatürliche ‚Vitalität' göttlicher Lebenskräfte"[52] verleiht und der ihn und die Welt stets dadurch verjüngt, dass er sie als eine in jeder „Situation und Zeit erfahrbare Gabe der Befreiung von Sünde"[53] erfasst und durchdringt.

Lumen gentium 4 versteht das Pfingstereignis als das neben dem Kreuzestod Jesu zweite „kirchenbildende Ereignis"[54]. „Der Geist wohnt in der Kirche und in den Herzen der Gläubigen wie in einem Tempel (vgl. 1 Kor 3,16; 6,19)."[55] Damit folgt das Konzil paulinischer Theologie: Nachdem Israel sich der eschatologischen Sammlung verweigert und der Tempel auf dem Jerusalemer Zionsberg Legitimation und Bestand verloren hat, wird die Kirche zum neuen und wahren Tempel Jahwes, zum Ort von Leben und Wahrheit.

Das ist die eine Seite, für die Tempelmethaper steht. Nicht ohne Grund – und das verweist auf die andere Seite – ist allerdings schon bei Paulus die Tempelmetaphorik fast durchweg paränetisch motiviert. Sie knüpft an den Tempelreinigungsperikopen (Mt 21,12–17 parr. Joh 2,13–22) an und besagt: Der Kirche gilt die Verheißung des Lebens, die Verheißung, Ort zu sein, an dem die Wirklichkeit der angebrochenen Gottesherrschaft Raum gewinnt; was aber nicht heißt, dass in ihr Leben und Wahrheit nicht auch immer bedroht blieben. Ein Gedanke, der auch Teil der Metapher des bräutlich-ehelichen Beiwohnens ist: die Gefährdung der Gemeinschaft durch Untreue, die die Gemeinde einholt und dessen berauben kann, was sie als Gemeinschaft der Glaubenden auszeichnet: Tempel des Heiligen Geistes zu sein. Angesichts dieser Grundspannung ist es der Kirche aufgegeben, „sich selbst zu erneuern, bis sie durch das Kreuz zum Lichte gelangt, das keinen Untergang kennt".[56] Wie wichtig dem Konzil der Gedanke einer dauerhaften Verjüngung der Kirche, die ihre Normativität im ursprünglichen, biblisch bezeugten, Verhältnis Geist-Kirche findet, ist, „lässt sich, neben dem inhaltlichen Ertrag seiner Dekrete und Konstitutio-

[52] SCHNACKENBURG, Rudolf: Das Johannesevangelium. I. Teil. Einleitung und Kommentar zu Kap. 1-4. (Herders Theologischer Kommentar zum Neuen Testament. Bd. IV) 5. Aufl. Freiburg–Basel–Wien 1981, 466.

[53] FUCHS, Ottmar: Die Kirche im Ernstfall der Diakonie. In: Michael ALBUS u. Paul M. ZULEHNER (Hrsg.): Nur der Geist macht lebendig. Zur Lage der Kirche in Deutschland nach 20 Jahren Konzil und 10 Jahren Synode. Mainz 1985, 38–52, 42.

[54] Vgl. GRILLMEIER, Kirche, 161.

[55] LG 4.

[56] LG 9.

nen, schon allein am häufigen Gebraucht der Wortgruppe ‚renovatio – renovare' ablesen."[57]

Vielgestaltigkeit. Die von Gott gedachte, eschatologisch ausgerichtete Menschheit geht nicht denselben Weg. Die Entwicklungen auf der Erde verlaufen sehr verschieden. Auch werden eine Vielzahl von Richtungen ausgemacht, von denen her mit mancherlei unterschiedlichen Zu-künften gerechnet wird, sei es mit heilvollen oder solchen, die bedrohlich sind. Es gibt nicht den einen Weg. Es gibt auch keine Erwartungsuniformität. Plural ist der Normalzustand. Viele dieser Wege und die unterschiedlichen Zukunftsszenarien verweisen zwar auf die Totalität der eschatologisch zu erwartenden Vollendung und machen diese so als noch ausstehend ein Stück weit schon anwesend, aber sie sind eben selbst nicht diese Totalität. Sie lassen sich vielleicht, trotz ihrer Unterschiedlichkeit, zu einer Art eschatologischen Heils-Weg-Visions-Gemeinschaft zusammendenken, aber sie sind es noch nicht. So bleibt jeder nur auf Hoffnung hin und prinzipiell vorläufig ein zukunftsträchtiger Weg und jedes Bild nur eines von vielen denkbaren Zukünften.

Mit dem Verweis auf Joh 17,4 richtet Lumen gentium 4 den Blick zunächst auf die „gegenseitiger Verherrlichung" von Vater und Sohn, darauf, dass „die beiden Beziehungspole Vater und Sohn nicht ineinander aufgehen, sondern im Gegenteil gerade ihre personale Verschiedenheit unverwechselbar zur Erscheinung bringt. Der Vater löst sich nicht in den Sohn hinein auf, der Sohn nicht in den Vater. Gerade in der ‚untrennbar' vereinenden Liebe des Heiligen Geistes zeigt sich der Vater ‚unvermischbar' als Ursprung sich verschenkender Liebe und der Sohn als empfangendes Gegenüber."[58] In dieser Perspektive wird der Heilige Geist zum Urmodell der Verwirklichung der Spannung von Einheit und Freiheit für die Kirche. In seiner Weise, Verschiedenes zu vereinen, wird er zur Kunst der Liebe, „im engsten Miteinander-Kommunizieren zugleich die höchste personale Differenzierung zu gewähren".[59] Vielgestaltigkeit. Das heißt dann: Abschied nehmen vom „selbstverliebten Ekklesiozentrismus und pastoralen Uniformismus zugunsten einer vom Evangelium inspirierten Vielfalt von Ausdrucks- und Sozialformen".[60] Eine wirklich geistgewirkte Kirche steht vielmehr unter dem Zeichen der Vielgestaltigkeit. Auf diese Weise bringt sie das in Gott verborgene Leben zum Ausdruck. Denn „göttliche ‚Lebendigkeit' ist das Gegenteil eines starren Einerlei; sie ist Vielfalt in Einheit. [...] Ein zu starkes Einheitsdenken und eine falsche Gleichmacherei verfehlen die Bezeugung der göttlichen Einheit in der Fülle."[61] Pluralität und Vielgestaltigkeit sind Ausdruck kirchlicher Communio. „Kirche prägt in sich eben nicht die Einheit eines neuplatonisch gedachten, alle Differenzierungen übersteigenden göttli-

[57] GANOCZY, Alexandre: Kirche im Prozess der pneumatischen Erneuerung. In: Elmar KLINGER u. Klaus WITTSTADT (Hrsg.): Glaube im Prozess. Christsein nach dem II. Vatikanum. Freiburg–Basel–Wien 1984, 196–206, 196.

[58] KEHL, Kirche, 72.

[59] Ebd. 73.

[60] METTE, Dienst, 231.

[61] MÜLLER, Communioekklesiologie, 56.

chen ‚Einen und Guten' aus, sondern die Einheit der ‚Gemeinschaft Gottes' eben des Beziehungsgefüges der in sich dreifaltig differenzierten Liebe Gottes."[62]
Kirche bildet die Gemeinschaft derer, die glauben, dass jedes wahre menschliche Miteinander verborgen vom Geist Gottes getragen wird und daher an einem Sinn- und Freiheitsgrund partizipiert, den sie nicht für sich allein reklamieren kann. Der Einsatz für die Armen, Unterdrückten und Gefangenen, der Aufbau einer versöhnten Gesellschaft und einer solidarischen Welt, egal von wem initiiert und getragen, sind deutliche Ausformungen der Anwesenheit Gottes in seiner Welt. In ihnen wird dessen endgültiges Handeln am Ende der Tage antizipiert und scheint eine Wirklichkeit auf, in die es die Welt immer mehr zu „transformieren" gilt. Diese Aufgabe ist der Kirche aufgegeben, so das Selbstverständnis der Väter des Konzils, ist sie doch „der Sauerteig und die Seele der in Christus zu erneuernden und in die Familie Gottes umzugestaltenden menschlichen Gesellschaft".[63]

6.2 Der Mensch, Ideogramm Gottes

Jedes Pastoralkonzept, das „den Menschen in die Mitte nimmt", wie ihn die Hl. Schrift in die Mitte nimmt, wird drei Axiome berücksichtigen müssen. Erstens: Der Mensch ist – als Gottes Ebenbild – eine psychobiologische Einheit. D.h. er ist ganz oder gar nicht. Insbesondere dem hebräischen Denken ist jede dualistische, manichäistische Sicht des Menschen fremd. „Vielmehr ist der Mensch, wie in der modernen Physiologie und Psychologie, im NT ebenso wie im AT ein unteilbares psychosomatisches Ganzes."[64] Zweitens: Der Mensch ist – als Gottes Ebenbild – ein intersoziales Wesen. D.h. er ist nicht denkbar ohne seine Verwobenheit in seine soziale und geschöpfliche Mitwelt. Drittens: Der Mensch ist – als Gottes Ebenbild – eine Existenz mit, und niemals neben oder ohne Gott. D.h. der Mensch ist nur in seiner dynamischen Relation zu Gott zu begreifen. Er ist der als personale Ganzheit von Leib, Seele und Geist und als soziale Einheit mit seinen vielen „Dus" unter dem Anspruch Gottes[65] stehend. – In der Perspektive christlicher Anthropologie ist der Mensch Mensch, insofern er „mit sich als von Gott angeredetem Du und damit mit seinem Personsein und seiner dadurch gesetzten Bestimmung zur Gottebenbildlichkeit übereinstimmt"[66]. In dieser „Stimmigkeit" ist er ein Ideogramm Gottes. Dieses Schriftzeichen setzt sich aus vier kräftigen Pinselstrichen zusammen.

62 KEHL, Kirche, 66.

63 GS 40.

64 FÜGLISTER, Notker.: Art. Seele. In: Johannes B. BAUER (Hrsg.): Bibeltheologisches Wörterbuch. 4. Aufl. Graz–Wien–Köln 1994, 498–500, 498.

65 Vgl. THURNEYSEN, Eduard: Die Lehre von der Seelsorge. Zürich 1946, 46.

66 DALFERTH, Ingolf u. Eberhard JÜNGEL: Person und Gottebenbildlichkeit. In: Franz BÖCKLE u. Karl RAHNER u. Bernhard WELTE u.a. (Hrsg.): Christlicher Glaube in moderner Gesellschaft. Bd. 24. Freiburg–Basel–Wien 1981, 57–99, 94.

Néfesch („Seele"), Basár („Fleisch"), Rúach (Geist) und Leb („Herz") stellen die vier Grundbegriffe biblisch – christlichen Menschenbildes dar. Jeder dieser Begriffe nimmt einen Aspekt des Menschen in Blick. Die Worte, die sie im Deutschen wiedergeben, stehen allerdings am Ende einer langen Über-setzungsgeschichte. Sie geben nicht ohne weiteres wieder, was ursprünglich gemeinte war. Vielmehr transportieren sie „eine schwere Hypothek mit sich: Eine Überfremdung, die bereits mit der Übersetzung der hebräischen Bibel ins Griechische, d.h. mit der Septuaginta, begann und so auf die falsche Spur einer dichotomischen oder trichotomischen Anthropologie (Körper und Geist oder Körper, Geist und Seele) führen kann."[67] Man wird genau rückfragen und sich der tatsächlichen Bedeutungen jedes einzelnen dieser Worte im Sitz des hebräischen Denkens und Lebens vergewissern müssen, um dem nahe zu kommen, was der Mensch aus der Sicht der Bibel ist.

6.2.1 Der Mensch und Néfesch

Der Begriff Néfesch findet sich im Alten Testament ca. 750 mal. Am häufigsten in den Psalmen (144mal).[68] Das, wofür Néfesch dort steht, wird inzwischen oft überlagert durch die von griechisch-platonischem Denken bestimmte Konnotation der Begriffe „Psyché" bzw. „Seele", mit denen Néfesch übersetzt wird.[69] Auf diese Weise wird Néfesch zur unsterblichen Seele im Gefängnis eines sterblichen Leibes und der Mensch in Leib und Seele auseinanderdividiert, was der biblischen Sicht der Dinge nicht gerecht wird.[70] Dort ist Néfesch etwas anderes.

Schon Gen 7,2, die Stelle, an der der Begriff Néfesch zum ersten Mal in der Hl. Schrift auftaucht, erschließt den Begriff in einer elementareren Bedeutung: Dem „Erdling" Mensch wird durch seine Nasenlöcher Leben eingeblasen. Dadurch wird er Néfesch: Lebe-wesen. Der Begriff Néfesch verweist auf „die menschliche Existenz als ein Verhältnis zu sich selbst als eine Lebensenergie, und diese gibt es nicht ohne ein Verhältnis zu Gott".[71] Zugleich steht das Verb néfesch, das oft als Personalpronomen verwendet wird, für die Lebendig-

67 HAHNE, Werner: Die Versammlung einer heiligen Priesterschaft. Habil. theol. masch. Bonn 1998, 174.

68 Vgl. dazu WESTERMANN, Claus: Art. Nephes. In: DERS. u. Ernst JENNI (Hrsg.): Theologisches Handwörterbuch zum Alten Testament. Bd. II. München–Zürich 1976, 71–96.

69 Die Septuaginta übersetzt Néfesch nahezu immer mit „Psyché"; Martin BUBER grundsätzlich mit „Seele"; die Einheitsübersetzung schwankt zwischen „Leben", „Seele" und der Verwendung des Personalpronomens. Immer ist darunter aber „Leben" zu verstehen.

70 Wenn es z.B. in Mt 16, 26 parr heißt: „Was nützt es dem Menschen, wenn er die ganze Welt gewinnt, aber dabei seine Psyché einbüßt", kann dies leicht missinterpretiert werden, wenn dahinter nicht Néfesch in seinem ursprünglichen Bedeutungsverständnis „Leben" gesehen wird.

71 SEEBAS, H.: Art. Nephes. In: G. Johannes BOTTERWECK u. Helmer RINGGREN (Hrsg.): Theologisches Wörterbuch zum Alten Testament. Bd. 5. Stuttgart–Berlin–Köln u.a. 1986, 531–555, 552.

keit[72] des ganzen Menschen. Dort wo die Schrift mit Néfesch dann doch einen Teil des Menschen bezeichnet, das Organ der Atmung z.B. (vgl. Ps 107,9) oder der Nahrungsaufnahme (vgl. z.B. Hab 2,5), ist damit nicht eine Funktion gemeint – ein solches Verständnis ist dem synthetisch-stereometrischen Denken der Bibel fremd[73] – sondern ein Wesensmerkmal. Néfesch zeigt auf das Merkmal „Lebenshunger". Der ist einmal ein untrügliches Zeichen für die Vitalität des Menschen, gleichzeitig aber auch ein Indiz dafür, dass der Mensch nie mit der gänzlichen Befriedigung seiner Bedürfnisse rechnen kann. Néfesch sagt: der Mensch hat Néfesch und ist Néfesch, er lebt das Leben und bedarf des Lebens; er ist ein Wesen voller Lebensenergie und gleichzeitig unendlich bedürftig und arm.

6.2.2 Der Mensch und Basár

Die zwei Begriffe „Sarx", deutsch „Fleisch" und „Soma", deutsch „Leib" geben den einen hebräischen Begriff Basár wieder. Unter ihnen wird gleichermaßen das verstanden, was der hebräische Ausdruck Basár für den Menschen besagt: seine irdisch-geschöpfliche Existenz. Der Mensch ist so sehr Basár, dass Basár letztlich „ich" bedeutet und das Personalpronomen ersetzt.[74] Auch hier, wie schon bei Néfesch, gilt es jedoch, Hörtraditionen hinter sich zu lassen, will man zum ursprünglichen Verständnis des Begriffes gelangen. Man wird Basár nur dann mit Fleisch wiedergeben können, wenn man sich daran erinnert, dass in der Perspektive der altbundlichen Offenbarung auf der Leiblichkeit des Menschen keinerlei Schatten von Fragwürdigkeit oder Minderwertigkeit liegt. „Das AT kennt keinen manichäistischen Dualismus."[75] Die Geschöpflichkeit des Menschen, die Basár bezeichnet – und von der es schon auf den ersten Seiten der Hl. Schrift heißt, dass sie gut ist (Gen 1,31) – meint den Menschen in seiner individuellen Ganzheit. Im Verweis auf sich selbst erfasst Basár den Menschen aber auch immer unter der Perspektive der Schwäche und nimmt seine Sterblichkeit in Blick, seine „beschädigte Identität".[76] Basár ist also auch der umfassende biblische Ausdruck für die hinfällige Seite des Menschseins, auch seiner ethischen und moralischen. Erst recht, wenn der Mensch sich von Gott absondert, argumentiert Paulus in der Tradition dieses Verständnisses von Basár, bleibt er vom Leben abgeschnitten und dem Tod verfallen (vgl. Röm

[72] Vgl. ebd. 535 ff.

[73] Vgl. dazu FIORENZA, Francis u. Johann B. METZ: Der Mensch als Einheit von Leib und Seele. In: MySal Bd. 2. 1967, 584–636, 589.

[74] Jesus, das Basár gewordene Wort (Joh 1,14) gibt sein „Fleisch („Sarx") für das Leben der Welt" (Joh 6,51) bzw. nach Mt 26,26 parr; 1 Kor 11,27 seinen „Leib" („Soma") und beides steht für dasselbe: ihn selbst, seine irdische Existenz.

[75] DEISSLER, Alfons: Die Grundbotschaft des Alten Testaments. Ein theologischer Durchblick. 8. Aufl. Freiburg–Basel–Wien 1981, 55.

[76] Vgl. HALBE, Jörn: Betroffenheit als Kriterium für diakonisches Handeln. In: Ines CREMER u. Dieter FUNKE (Hrsg.): Diakonisches Handeln. Freiburg 1988, 220–236, 223.

8,13a). Diese abgesonderte, sündige Existenz bezeichnet Paulus dann als „Sarx".
Basár im biblischen Sinn des Wortes steht nicht nur für die individuelle, sondern auch für die inter-soziale Dimension des Menschen. Der im Gegenüber zu seinem Schöpfer stehende Mensch[77] wird durch sein „Basár-sein" radikal auf sich selbst, aber eben auch auf seine Mitwelt verwiesen: „kol Basár" bedeutet Frau (Gen 2,23), Bruder (Gen 37,27), Mitmensch (Jes 58,7) und auch die gesamte geschöpfliche Mitwelt „Vogel, Herdentier, Wildlebendes und alles Gewimmel" (Gen 7,21). Dass Basár auch das männliche Glied[78] bzw. die weibliche Scheide (vgl. Lev 15,19) bezeichnen kann, unterstreicht die unbedingte Ausrichtung des Menschen auf ein Du, ein Mit hin. – Im so verstandenen Basár gründet auch die biblische Überzeugung von der grundsätzlichen Gleichheit aller Menschen. Basár sagt: der Mensch ist ein Lebe-wesen, das ganz und gar von seiner Inidiviudalität geprägt ist, gerade aber auch in dieser Ich-Bezogenheit ganz und gar sterblich ist. Basár steht zudem für die Intersozialität des Menschen, dass er stark ist und sich entfaltet in Gemeinschaft.

6.2.3 Der Mensch und Rúach

Der Begriff Rúach findet sich ca. 400 mal im Alten Testament. Dort wird er auf Gott wie auf die geschaffene Welt bezogen verwendet. Der feminin geprägte Begriff wird in der Septuaginta in der Regel mit dem Neutrum „Pneuma" übersetzt. In den lateinischen Bibelübersetzungen wird er mit dem Maskulinum „Spiritus" wiedergegeben. Im Deutschen steht an dieser Stelle schlussendlich das Wort „der" Geist. Wieder gilt es, eine ganze Reihe von Konnotationen hinter sich zu lassen, wie z.B. „Denkvermögen" oder „Vernunft", wie „Intelligenz" oder „Rationalität". Sie leiten in die Irre. Rúach bezeichnet ursprünglich etwas anderes.
Zunächst steht Rúach für Wind-Braus (Gen 1,2b; Jes 7,2) meint aber auch die „Luft, die der Mensch holt", die ihm und der ganzen kreatürlichen Schöpfung zum Atem wird.[79] So wird Rúach deutlich als Rúach Gottes, dessen Anhauch für den Menschen Lebensvoraussetzung ist: Rúach ist der „allem Fleisch" ge-

[77] BRATSIOTIS, Panagiotis: Art. basár. In: G. Johannes BOTTERWECK u. Helmer RINGGREN (Hrsg.): Theologisches Wörterbuch zum Alten Testament. Bd. 1. Stuttgart–Berlin–Köln u.a. 1973, 850–867, 864. „Es ist bezeichnend für die Gottesvorstellung des AT, dass trotz der häufigen Anthropomorphismen basár [hebr.!] nie Gott zugeschrieben wird, wie es z.B. mit néfesch [hebr.!] geschieht. Vielmehr wird stets betont, dass Gott kein basár [hebr.!] ist und sich von jeglichem basár [hebr.!] schärfstens unterscheidet."

[78] Vgl. Ez 16,26. Dort wird von der untreuen Frau Jerusalem gesagt: „Du hurst mit den Ägyptersöhnen, deinen Nachbarn mit dem großwerdenden Glied (basár)" Oder: Ez 23,20. Da heißt es von Jerusalem: „Sie trug Verlangen nach ihren Lüstlingen, deren Penis (basár) wie ein Glied (basár) der Esel ist und deren Erguß dem der Hengste gleicht."

[79] Koh 3,19 sagt (in der Übersetzung von BUBER): Denn eine Widerfahrnis ist der Menschensöhne und eine Widerfahrnis des Getiers, eine einzige Widerfahrnis für sie, dem Sterben von diesem ist das Sterben von diesem gleich, ein einziger Anhauch „Rúach" ist für alle, da ist kein Vorrang des Menschen überm Tier.

gebene Lebensgeist (Jes 42,5; Ps 104,29f) und die Antwort Gottes auf die Néfesch des Menschen. Von daher steht Rúach auch für Beziehung, ist ein Ausdruck für Relation, ein „theo-anthropologischer Begriff".[80] So sehr man im Denken der Schrift sagen wird, der Mensch *ist* Néfesch, der Mensch *ist* Basár, so wenig wird man sagen dürfen, der Mensch *ist* Rúach. Im Sinn einer Wesensbestimmung reklamiert das hebräische Denken Rúach für Gott: Rúach heißt Geist des Herrn (Jahwes) bzw. Gottes. Wo sich Rúach auf den Menschen bezieht, bleibt die Relation zu Gott immer erhalten: es ist der Geist des Herrn, der auf einen Menschen herabkommt.
Diese Rúach wird im Menschen zu einer göttlichen Kraft, die ihn zu Außergewöhnlichem ermächtigt, befähigt und beauftragt (Ri 3,10; 6,34; 11,29; 14,6) oder wenn es – wie BUBER übersetzt – in Jes 11,2 heißt: „SEIN Geisthauch ruht auf ihm, Geist der Weisheit und Unterscheidung, Geist des Rats und der Heldenkraft, Geist SEINER Erkenntnis und Fürchtigkeit", dann zeigt dies: die Rúach, die auf einen Menschen herabkommt, ist mehr als eine „geistige Fähigkeit", etwa im Gegenüber zu einer körperlichen. Rúach ist mehr als „höhere Seelentätigkeiten [...] wie Erkennen und Wollen."[81] Rúach bezeichnet Macht von innen heraus. Der Mensch, der vorher ohnmächtig war, ist jetzt stark und verfügt über Potenz und Potestas.[82] Rúach steht aber nicht nur dafür, dass ein Mensch bevollmächtigt ist; Rúach zeigt vielmehr auch an, dass diese Rúach-Begabung für den „Betroffenen" einschneidende Konsequenzen mit sich bringt. Er wird ein anderer, wird verwandelt (1 Sam 10,6) und erfährt dabei auch Krise und Selbstzweifel (Ez 11,5ff), die mit dem auf andere Wege Gesandtsein immer einhergehen. Rúach sagt: der Mensch ist als ein geisterfüllter ermächtigt und stark; gleichzeitig ist er nicht mehr sein eigener Herr, ihre eigene Frau, sondern steht im Dienst eines anderen, im Dienst Gottes.

6.2.4 Der Mensch und Leb

Leb ist für die Sprachlehre alttestamentlicher Anthropologie das wichtigste Wort.[83] Es wird in der Regel mit „Herz" übersetzt, meint aber nicht nur den Sitz von Gefühlen und Gemütsregungen, sondern vorrangig auch das „Organ" des Denkens und Planens.
Leb steht für die Wahrnehmung von Wirklichkeit, für Gedächtnis (Ps 31,13), für Erkennen oder nicht Erkennen (Ps 14,1), für Ratschlüsse und Planungen (Ps. 33,11), für die Fähigkeit zu Konsequenz und Entschiedenheit (Ps 10,6),

[80] WOLFF, Hans W.: Anthropologie des Alten Testaments. 3. Aufl. München 1977, 57.
[81] DEISSLER, Alfons: Wer bist du Mensch? Die Antwort der Bibel. Freiburg–Basel–Wien 1985, 22.
[82] Nach Lk 11,20 treibt Jesus die Dämonen durch „den Finger Gottes" aus, nach Mt 12,28 „durch den Geist Gottes". Beide meinen damit offensichtlich „durch die Macht Gottes". Wo Rúach für Macht steht, wird Basár in seiner Dimension Sterblichkeit und Hinfälligkeit zum Gegenbegriff: So ist tatsächlich der Geist „willig", das Fleisch aber „schwach". (Mt 26,41)
[83] Vgl. WOLFF, Anthropologie, 68–95.

für Denken, „Sinnen und Trachten" (Gen 6,5). Mit dem Begriff Leb fasst die Bibel also „vor allem das Zentrum des bewusst lebenden Menschen ins Auge,"[84] wenngleich Leb immer auch gleichzeitig der Sitz von Gemütsregungen und Gefühlen ist: von Freude (Ps 16,9), von Fröhlichkeit (Ps 28,7), von Jauchzen (Ps 84,2), aber auch von Kummer (Ps 13,3), von Gebrochen- und Zerschlagenheit (Ps 51,19). Leb steht also dafür, dass im ganzen Menschen sämtliche Dimensionen seiner Existenz zusammenfinden und zusammengehören; für das Zueinander von rationalen und irrationalen Schichten, kognitiven und intuitiven Begabungen des Menschen, für „Herz" und „Verstand". – Nicht umsonst übersetzt die Septuaginta leb mit „Kardia" und „Nous". Leb ist das „Zentralorgan" des Menschen. Es zeigt das „mehr" an, über kol Néfesch und kol Basár hinaus: das Personsein des Menschen, das aus Sicht der Bibel in seiner Vernunftbegabung[85] gründet. „Der Mensch ist geworden wie unser einer im Erkennen von Gut und Böse", spricht Jahwe-Gott (Gen 3,22). – So steht Leb auch für Gewissen, für den „Ort", der das Wort Gottes zu vernehmen mag, wo die Lebensentscheidungen getroffen werden und der zur treibenden Kraft wird, von der die Taten des Menschen ihren Ausgang nehmen. Leb sagt: der Mensch hat eine Mitte, in ihr kommt alles zusammen, was ihn zur Person macht; aus dieser Mitte heraus erwächst sein ganzes Handeln, ob er sich damit nun verwirklicht oder verliert.

Néfesch, Basár, Rúach und Leb bestimmen die altbundlich-hebräische Anthropologie und kennzeichnen ebenso das Menschenbild der neutestamentlichen Schriften: Auch diese, nicht denkbar ohne den Einfluss der griechisch denkenden und sprechenden Weltkultur jener Zeit, halten am in seine Mitwelt verwiesenen ganzheitlich gedachten Menschen fest.[86] Gerade letzteres, die psychobiologische Einheit des Menschen, wird durch den neutestamentlichen Glauben an das persönliche Weiterleben nach dem Tod, die „Auferweckung im Leibe", zusätzlich bekräftigt. Dieser Mensch, so lässt sich christliche Anthropologie zusammenfassend kurz skizzieren, ist Ideogramm Gottes voller Lebensenergie und gleichzeitig unendlich bedürftig und arm; er ist ich-stark und auf Gemeinschaft ausgerichtet, potent und gleichzeitig sterblich und allein; er kann – geisterfüllt – ermächtigt sein und stark, dann ist er aber nicht mehr sein eigener Herr, sondern steht im Dienst Gottes; er steht in Spannung und (er-)hält so eine ungeheuer dynamische Mitte zwischen „Kopf" und „Bauch".

[84] Vgl. ebd. 90.

[85] Vgl. ebd.

[86] Wenngleich das Johannesevangelium nicht frei ist von einer dualistischen Sicht von Welt vgl. etwa: GNILKA, Joachim: Neutestamentliche Theologie. Ein Überblick. (Die neue Echter-Bibel: Kommentar zum Neuen Testament mit der Einheitsübersetzung; Ergänzungsband 1) Würzburg 1989, bes. 242., so ist doch auch dort die Schöpfung gut, und die Finsternis wurzelt nicht in der Materie, sondern der Sünde. Vgl. dazu: DEISSLER, Mensch, bes. 77 f.

7. Pastoral-theologische Bemerkungen zum Gegenstand der Leitung

Was ist Pastoral? Was ist Pastoral im Sinne eines zu „vermessenden" *Materialobjektes*? Was lässt sich über Pastoral sagen, im Sinne eines wie auch immer zu beschreibenden dieses Material prägenden *Formalprinzips*? Und schließlich: welche *Gestalt* nimmt diese Pastoral dann konkret an? Zur ersten Frage: Unter Pastoral verstehe ich das Gesamt der kirchlicher Vollzüge, die den Grundauftrag der Kirche materialisieren und die als einzelne Tätigkeiten der Kirche insgesamt aufgegeben sind, die sich als Volk Gottes (LG 9–17) der Menschheitsfamilie eingefügt weiß (GS 3) und in ihr, „während sie selbst der Welt hilft und vieles von ihr empfängt, nach dem einen Ziel, der Ankunft des Reiches Gottes und der Verwirklichung des Heiles der ganzen Menschheit' strebt"[1]. Zur zweiten Frage: Das Formalprinzip der Pastoral sind die Restriktionen, d.h. die Bedingungen, denen die Art und Weise des kirchlichen Vollzuges genügen müssen, um akzeptabel zu sein. Akzeptabel sind sie dann, wenn sie sich zu den Vorgehensweisen Gottes nicht kontraproduktiv verhalten. Zur dritten Frage: die Frage nach der Gestalt der Pastoral. Hier gilt das Augenmerk auf die Strukturierung des „Raumes" zu richten. – Was lässt sich also vom theologisch-institutionellen Sinn der Kirche her erstens über die Aufgaben sagen, die es in ihr im Sinne einer Organisation zu bewältigen gilt? Und was über eine diesem institutionellen Sinn entsprechende zweitens Kultur- bzw. drittens Strukturqualität der Organisation?

7.1 Pastoral. Drei Grundaufgaben der Kirche in der Welt

Pastoral strebt nach der Verwirklichung des Heiles der ganzen Menschheit. Dieses Streben lässt sich in Einzeltätigkeiten konkretisieren und in diverse Aufgaben übersetzen. Deren Summe deckt sich allerdings nicht mit dem Aufgabenkreis der Amtsträger, – wie der Begriff Pastoral zunächst nahe legt – sondern mit dem der Kirche insgesamt. Dennoch werden diese Tätigkeiten und Aufgaben arbeitsteilig wahrgenommen. – Pastoral als Dienst der Kirche in und an der Welt besteht in einer Pastoral der „Develation", in einer Pastoral der „Konfiguration" und einer Pastoral der „Transformation".

7.1.1 Pastoral als „Develation"

Gott ist in seiner Welt. Sie ist der Raum der von ihm initiierten personalen Beziehungen, die sich in der Geschichte fortentwickeln. Eine solche Sicht der Dinge hat Konsequenzen für Konzeption und Stil der Pastoral: Pastoral bedeutet nicht zuerst „machen" bzw. „reproduzieren", sondern heißt zunächst „entdecken", entschlüsseln. Für eine solche Arbeit braucht es die Bereitschaft, Wirklichkeit unverkürzt wahrzunehmen. Einerseits muss dazu jede Zweitei-

[1] GS 45.

lung in profan und heilig überwunden, andererseits darf aber auch die Ambiguität von Welt und Geschichte weder übersehen noch allzu optimistisch aufgelöst werden.[2] Pastoral als Develation hat eine „Kundschafterische“ Seite und unternimmt den Versuch, in den Lebensgeschichten der Menschen die Anwesenheit Gottes zu lesen. Zum anderen hat sie die Aufgabe, die Gottverbundenheit der Menschen aus ihren Ritualen zu entschlüsseln.

Erkunden der Lebensgeschichten. Die Lebensgeschichte eines Menschen galt schon immer als zentrale Informationsquelle, etwa für psychologische Fragestellungen oder für die Würdigung der Person in der Öffentlichkeit. Lebensgeschichten können aber auch als Glaubensgeschichten „gehoben“ werden. In der christlichen Überlieferung sind Lebensgeschichte und Glaubensgeschichte keine getrennten Wirklichkeiten, sondern gehören unauflösbar zusammen. Die Geschichte unseres Glaubens ist eine Dimension der Geschichte unseres Lebens, die immer Gottes Geschichte mit uns sein will. Gottes Selbstbindung an die Menschen und die Welt, seine Vernarrtheit in uns, verschränkt Leben und Glauben miteinander und hält sie zusammen. Dass Lebensgeschichten heute immer mehr aus dem Zusammenhang geraten und oft nur noch in unzusammenhängenden Teilstücken existieren, die nur schwer verständlich sind, macht die Aufgabe, sich mit diesen Geschichten auseinanderzusetzen, nicht leichter, aber nicht von vornherein unmöglich. Aufs Ganze gesehen spiegeln sie das „Alltagsbewusstsein“ des Menschen wider und sein „Lebenswissen“ und sind Ausdruck seines Ringens um die Richtigkeit eines Lebensentwurfes, das „auf dem Dialog von Gott und Mensch und dem Dialog der Menschen untereinander aufruht“.[3]

Wer in Lebensgeschichten hineinzuhören vermag und sie ernstnimmt – das gehört als grundlegendes Element zur kundschaftenden Pastoral – stellt fest, wie detailliert und differenziert diese Auskunft geben über Gottes Vorkommen in der Lebenswelt des Menschen. Dieser selbstverständlich und fraglos erlebte Bereich der Wirklichkeit, in dem sich der einzelne mit seinem Handeln vorfindet, erzählt von Gott, weil er sich auf die Lebensentwürfe hin entschlüsseln lässt, die diesem alltäglichen Handeln zugrunde liegen. So verstanden sind die, die sich an die Arbeit des Kundschaftens machen, zunächst immer „Lebensgeschichten-Sucher“ und „Glaubensgeschichten-Heber“. Sie wollen auf Entdeckung gehen und nach Überlebens- und Lebensmöglichkeiten suchen, die auch für die Kirche wichtig sind. Gesandt werden sie wie in Num 13,1ff, um eine bislang fremde Lebenswelt, als von Gott dem Volk versprochene, auf ihre Chancen und Risiken hin zu erkunden.

Sie leisten ihre Arbeit nicht nur, um das kirchliche Wissen von der Anwesenheit Gottes in der Welt zu bereichern. Sie sind vor allem um deretwillen unter-

2 Vgl. ALBERIGO, Giuseppe: Christentum und Geschichte im II. Vatikanum. In: Elmar KLINGER u. Klaus Wittstadt (Hrsg.): Glaube im Prozess. Christsein nach dem II. Vatikanum. Freiburg 1984, 143–158, 157.

3 WINDISCH, Hubert: Auf dem gemeinsamen Weg zur persönlichen Radikalität. In: DERS. (Hrsg.): Mut zum Gewissen. Regensburg 1987, 25–44, 39.

wegs, die sich tatsächlich oder auch nur vermeintlich auf das Geschäft des Suchens und Deutens nicht so gut verstehen. Sie stehen also im Dienst der Menschen, die theologisch gesprochen allesamt „Menschen auf der Suche nach ‚Heil'" sind. Sie sind Seelsorger, insofern sie, wie Henri NOUWEN es nennt, ihr „eigenes Suchen nach Gott mit all seinen Höhen und Tiefen an Schmerzen und Freude, an Trostlosigkeit und Hoffnung denjenigen zur Verfügung [...] stellen, die sich ebenfalls auf diese Suche begeben möchten, aber nicht wissen, wie sie es anstellen sollen".[4] Kundschafter sind Geschichten-Sucher. Sie erzählen diese Geschichten und deuten sie – mit den Betroffenen zusammen – als Geschichten Gottes mit ihnen und eröffnen damit – indirekt – der Kirche eine weite, sie selbst auch hinter sich lassende Perspektive auf Gott in der Welt.

Entschlüsseln der Rituale. Rituale sind feste Schemata, brauchtumsmäßig entstanden oder auch bewusst entwickelt, die dem Alltag Ordnung, Eindeutigkeit, Heimat und Entlastung geben sollen. Neben diesen individuellen oder auch kollektiven Gewohnheiten gibt es die Rituale großer Massenveranstaltungen. „Das ‚Ritual' eines Fußball-Länderspielss oder eines Boxkampfes dient offensichtlich dazu, eine Stimmung zu erzeugen, eine andere Welt entstehen zu lassen und ein Erlebnis zu ermöglichen, das sich vom Alltag unterscheidet. Diese standardisierten und ritualisierten Vollzüge werden nicht nur medial übertragen und vermittelt, sondern in zahlreichen Fernsehshows und Sendereihen geradezu erzeugt."[5] Standardisierte und wiederholbare Handlungssequenzen sind der Ausdruck einer Gemeinschaft und deren Identität und verweisen auf das „Jenseits", das sie verbindet. Gerade die Orte, wo der Mensch seine nichtalltäglichen Situationen in Ritualen inszeniert, sind für Religionswissenschaftler aufschlussreiche Felder. Sie verstehen Rituale, Bräuche, Begängnisse und Zeremonien im Leben der Menschen als „‚Fahrzeuge', welche die Berührung, die Einwurzelung in die bergende Welt Gottes ‚er-fahrbar' machen" sollen.[6] In den Inszenierungen und Ausstattungen, den Orten und der Sprache dieser Rituale versucht sie das zu entschlüsseln, was dahinter liegt an bergender heilender Welt Gottes, die darin „erfahren" werden soll. Sie halten nach der „verborgenen Macht" Gottes Ausschau, von der die Väter des Konzils sagen, dass sie sich „von den ältesten Zeiten bis zu unseren Tagen [...] bei den verschiedenen Völkern" überall wahrnehmen lässt.[7] Und zwar in vielfältigen „Elemente der Heiligung und der Wahrheit"[8], die sich nach der Überzeugung der Kirchenkonstitution auch außerhalb der Riten der römisch katholischen Kirche finden lassen.

Entschlüsseln heißt also keinesfalls, die Anwesenheit Gottes in das riteninszenierte Leben dieser Menschen zu „importieren". Es geht vielmehr darum,

4 NOUWEN, Henri J.M.: Schöpferische Seelsorge. 2. Aufl. Freiburg–Basel–Wien 1991, 164.

5 HAUNERLAND, Winfried: Die Sehnsucht nach Ritualen und der Anspruch der Liturgie. In: LS 50 (1999) 282–287, 282f.

6 ZULEHNER, Amt, 197.

7 NA 2.

8 LG 8.

vermittelnd zu deuten und sichtbar zu machen, worin im Zeugnis und Geschehen dieser Riten Gottes Heil gründet und wie er Menschen führt. Im Dienst der Pastoral des Entschlüsselns stehende, der Riten und Rituale kundige Menschen versuchen, sich beim Auseinandersetzen mit der „Wohltat des Bleibenden" in diesen Vollzügen jenem „heiligen Wissen"[9] zu nähern, das sie gegebenenfalls bergen; jenem „heiligen Schild"[10], unter dem der Mensch hofft, Rettung zu finden, weil er annimmt, dort ist Gott für ihn präsent. Dieses Entschlüsseln gelingt aber wohl nur den Menschen, die in der Lage sind, den ausdrücklichen „Zugang zu der Tiefe ihrer eigenen Existenz, in der sich Gott immer schon mitgeteilt hat und sich der Freiheit des Menschen anbietet"[11], zu eröffnen. Solche Ritualkundler sind also immer Grenzgänger zwischen der Ritenwelt außerhalb und der innerhalb der Kirche. Sie sind Grenzgänger wie der Jesus des Lukasevangeliums (vgl. z.B. Lk 17,11f); sie verstehen es, zwischen diesen Welten als Dolmetscher aufzutreten.

7.1.2 Pastoral als „Konfiguration"

Kirche ist der Raum, innerhalb dessen es gilt, die Menschen in Christus hinein zu verwurzeln. Dem dienen Symbolvollzüge. Sie bezeichnen sinnenfällig die Heiligung des Menschen und bewirken sie.[12] Sie sind „Bruchstücke", die das Zusammengefügtwerden mit dem größeren, auf das sie hinweisen, brauchen. Es kommt ihnen also immer ein Transzendenzcharakter zu. Gleichzeitig haben sie Immanenzcharakter. Man sieht ihnen auch in ihrer Diesseitigkeit an, an ihrem Material und dessen „Zusammensetzung", wie das Ganze eigentlich angelegt und gedacht ist. Ihre Außenseite verweist auf Christus als dem Gegenüber menschlichen Sehnens und Wollens, ihre Innenseite „bedient sich" des von ihm geheiligten Materials der Welt und entspricht dem Vermögen und Vollbringen menschlichen Daseins.

Entscheidend dafür, dass in diesen Vollzügen die Hineinverwurzelung des Menschen gelingt, ist die Sinnhaftigkeit ihrer Christusabbildung, die Attraktivität ihrer Außenseite und die Ernsthaftigkeit ihrer Weltannahme, die Stimmigkeit des Materials. Dafür braucht es die Arbeit der Ikonographen und der Konstrukteure. Die Ikonographen kümmern sich um die Spiegelseite kirchlicher Christus-Mensch-Gestaltwerdungsprozesse. Sie arbeiten am Erhalt der Stärke ekklesialer Geschehen, die Herrlichkeit Gottes widerscheinen zu lassen. – Die Konstrukteure arbeiten an der Eignung der Kirche, ins Werk setzen zu können, wozu sie Werkzeug ist, also an der Funktionalität kirchlichen Handelns. Der künstlerische Anteil sichert die Rückbindung an den zu entdeckenden Bedeutungszusammenhang; der handwerkliche Anteil sichert die Perfektion und technische Güte.

9 ZULEHNER, Amt, 197.
10 Vgl. ZULEHNER, Paul M.: „Leutereligion". Eine neue Gestalt des Christentums auf dem Weg durch die 80er Jahre? Wien 1982.
11 RAHNER, Zur Theologie des Gottesdienstes, 236.
12 Vgl. SC 7.

Christusabbildung. Kirche strahlt nicht von sich aus. Ihr Glanz, wenn sie denn einen hat, ist nicht ihr „Eigenprodukt". Was man an ihr sieht, ist hoffentlich auch nicht bloße Projektion der Bedürfnisse derer, die sich mit der Trivialität ihres Daseins nicht abfinden wollen. Kirche soll vielmehr, so formulieren es die Väter des Konzils: Christus, das Licht der Völker, auf ihrem „Antlitz" widerscheinen lassen. Alles, was die Antlitzoberfläche von Kirche ausmacht, insbesondere die ihrer (sakramentalen) Gestaltvollzüge, soll „wahrhaft würdig sein, geziemend und schön: Zeichen und Symbol überirdischer Wirklichkeiten".[13] Diese geziemende Schönheit, die sich an der „Außenseite" von Kirche spiegelt, ist – weil Schönheit des Lichtes Christi – Fascinosum et Tremendum. Sie konkretisiert sich also in etwas anderem als in jener Pseudo-Ästhetik, die Widersprüche und nicht aufgehende Gleichungen durch Blendwerk kaschiert. Im Erscheinungsbild der Kirche darf durchaus das Ungestalte Raum haben, das Uneingelöste, Dunkle und vom Tod Gezeichnete. Das Licht, das auf ihrem Antlitz widerscheint, verdankt sich nicht nur dem strahlenden Ostermorgen. Es ist auch das des leidenden, sich in den Tod gebenden Gottesknechtes (Jes 53,2-3), ja es vollendet sogar erst dadurch seine Gleichnishaftigkeit für Gott und dessen ganzer Schönheit. Wenn Kirche tatsächlich Christus widerspiegelt, ist sie, gerade auch, was ihr äußeres Erscheinungsbild anlangt, attraktiv.

Tatsächlich präsentiert sich Kirche, was Architektur und Einrichtung ihrer Gebäude anlangt, oder ihre Informationssysteme, deren Farben, Logo, typographischen Stile, oder die „Dienstkleidung" ihrer hauptberuflichen Mitarbeiter eher ambivalent. Diese Äußerlichkeiten sind wichtig. An ihnen entscheidet sich zweierlei: ob eine oder einer überhaupt näher tritt und ob sie oder er dann erkennt, was es denn ist, was man da vor sich sieht. Da Kirchen, Pfarr- und Gemeindehäuser für Fremde mit großen Schwellenängsten belegt sind, spielt es durchaus eine Rolle, wie allein schon der jeweilige Eingangsbereich gestaltet ist. (Ganz zu schweigen von den eigentlichen sakralen Räumen, oder den Fluren in den Amtsgebäuden, der Ausgestaltung der Sprechzimmer, der Büros der Mitarbeiter usf.) Das entscheidet darüber, ob jemand den nächsten Schritt auf Kirche zu macht, oder sich abwendet und geht. Die Kultur dieser Außenseiten wirkt aber auch „identifizierend": entweder verweist sie auf Geist, Haltung und Tugenden des Lichtes Christus oder sie spiegelt etwas anderes wider. Nachlässigkeiten, mangelnde Liebe zum Detail, Schlamperei und Unachtsamkeiten sprechen da oft eine beredte Sprache.

Soll die Außenseite der Kirche wirklich Christus widerspiegeln, braucht es Ikonographie. Das ist jene „Disziplin, die den Inhalt künstlerischer Formgebung bestimmt, klassifiziert und erklärt".[14] Sie fragt konkret: was ist das, die „Schönheit Gottes"[15], das ‚Mehr' einer Existenz in Christus? Dabei weiß Ikonographie vor allem um zweierlei: um die bleibende Differenz zwischen Christus und seiner Kirche: die Kirche ist nicht Christus, sie ist dessen Spiegel; und

[13] SC 122.

[14] Vgl. SCHÜSSLER, Gosbert: Art. Ikonographie. In LThK Bd. 5, 416.

[15] Vgl. SC 122.

um die grundsätzliche Begrenztheit des „Widerspiegelns": jeder Spiegel ist immer auch ein „zerbrochener Spiegel". Dennoch oder gerade deswegen ist Gestaltarbeit als Ausrichtung des Spiegels auf das Licht Christus nötig und als ständige Reparaturarbeit an diesem Spiegel, „dass die Gläubigen […] immer wieder […] hinzutreten"[16], um dann in diesen Vollzügen Nahrung für ihr christliches Leben finden. Dass die Gläubigen hinzutreten, dazu braucht es eine angstfreie und eine tatsächlich auf Christus verweisende Form und Ästhetik, Dramaturgie und Kunst, eine „Corporate Identitiy", die mehr ist als „kosmetische face-lifting-Maßnahme"[17]. Ein stimmiges Erscheinungsbild von Kirche entsteht nur im ikonographischen Wahrnehmen ihrer „Licht- und Glanzquelle" Christus.

Weltannahme. Wie die ganze Kirche haben auch alle einzelnen Gestaltwerdungen von In-Christus-Hinein-Verwurzelungen eine „werkzeugliche" Dimension. Wie die ganze Kirche als sakramentale Gestaltwerdung stellen auch einzelne Vollzüge ein „von Christus als Gemeinschaft des Lebens, der Liebe und der Wahrheit angenommenes […] Werkzeug der Erlösung" dar.[18] Was sie als Rückbindung auf Christus hin bezeichnen, sollen sie auch bewirken. Sie haben also nicht nur eine Außenseite sondern auch ein „Innenleben", so etwas wie eine „Mechanik". Mittels dieser soll die Transzendenz des gottgeschenkten Heils am Menschen realisiert, vergegenwärtigt werden. Das gilt für alle Vollzüge: ob für „Amtshandlungen" oder das gemeinschaftliche Engagement freier Initiativen oder gemeindlicher Gruppen. Immer verfügen diese Vollzüge über einen logischen, also einzuhaltenden, inneren Aufbau und ineinandergreifende Abläufe. Immer lassen sie sich in einzelnen Sequenzen darstellen und sich auf ihre Struktur- und Prozessqualität hin durchleuchten; ja sogar auf ihre Ergebnisqualität: haben sie doch effizient zu sein und Frucht zu bringen (Vgl. Joh 15).

Da es außerhalb der Welt des Dinglichen, des Greifbaren, der Welt der Sprache und der Zeichen kein „Werk" – in diesem Sinne – geben kann und auch das Sakrament eine Werk-Wirk-Dimension hat, müssen all diese Vollzüge in der Kulturwelt des Menschen gründen, in deren spezifischer Form und Begrenztheit und in dessen Material. Um dies zu gewährleisten, braucht es „Konstrukteure". Sie organisieren einen ständigen qualifizierten Austausch mit der Welt. Sie stehen von der „Materialseite" her für die Identität, d.h. auch Funktionalität kirchlicher Gestaltwerdungsvorgänge ein. Dazu müssen Konstrukteure besonders bewandt sein in Materialkunde. Sie müssen wissen, was, aufgrund welcher Beschaffenheit wozu taugt, müssen Bescheid wissen über den „jeweiligen Stand der Technik." Das verlangt von ihnen vor allem eins: ein liebendes Sich-vertraut-Machen mit dieser Welt, und zwar aus jenem Selbstbe-

[16] SC 59.

[17] KELLER, Ingrid: Corporate Identity-Elemente und Wirkung. Eine empirische Untersuchung zur Erfassung der internen Wirkung von Corporate Identity. Diss. Masch. Universität Mannheim. Stuttgart 1987, 20.

[18] LG 9.

wusstsein heraus, das „die Welt nicht bloß als den in nachtschwarze Gottesferne getauchten, der ‚krisis‘ bedürftigen johanneischen ‚kosmos‘ (vgl. Joh 1,9–11) wahrnimmt, sondern zugleich auch nachvollzieht, dass und warum – nach dem Zeugnis desselben Johannes – Gott diesen ‚kosmos‘ so sehr geliebt hat, dass er seinen Sohn für seine Rettung dahingab (vgl. Joh 3,16–17.)“[19] Erst das Ineinanderschwingen dieser beiden Dimensionen macht Konstrukteure zu guten Konstrukteuren. Sie sind auf eine existentielle Weise erdverbunden; wohl wissend, dass die Welt nicht bloß „neutrales Material“ ist, das man ohne die Anstrengung ethischer Durchdringung allein der Determination durch sogenannte ‚Sachgesetzlichkeiten‘“ überlassen kann.[20] Sie wissen aber auch: dieses Material ist angenommen und geheiligt, was nun wiederum seine Sachgesetzlichkeiten nicht außer Kraft setzt.
Kirchliche Gestaltvollzüge gehören immer zueinander. Sie bilden im gelungenen Fall – einem hochdiffizilen Uhrwerk gleich – ein Gesamtkunstwerk an vernetzter und vertakteter Komplexität. Gerade diese beiden Momente, Vernetzung und Vertaktung, machen die Tauglichkeit des „Instrumentum“ aus. Gelingt jene Vernetzung, die aus Teilsystemen ein Ganzes fertigt, in dem offenkundig wird, wie sehr die einzelnen Vollzüge miteinander verbunden sind, sich gegenseitig brauchen, ergänzen und sich so sogar wechselseitig kontrollieren? Gelingt jene Vernetzung, die Auswirkungen eines jeden Einzelvollzuges auf die jeweiligen anderen Orte abzuschätzen und produktiv einzusetzen vermag? Gelingt jene Vertaktung, die verschiedene einzelne Aktionen und Geschehnisse zu einem sinnvollen Ganzen werden lassen? Sind die einzelnen Abläufe optimal? Greifen sie an der richtigen Stelle und zur rechten Zeit ineinander? Sehen sie vor, dass der Mensch im Mittelpunkt steht, oder haben sie sich verselbständigt?

7.1.3 Pastoral als „Transformation“

Will die Kirche ihre transformatorische Aufgabe erfüllen, braucht es dazu eine große Kraftanstrengung. Sie muss wieder Zugang zur Dynamik ihres Ursprungs finden, und es müssen sich ihr Horizonte erschließen und Ziele eröffnen, die quasi von sich aus auf Aufbruch und Weggemeinschaft drängen. Dazu muss sich Kirche in der Treue zu ihren Anfängen auf Zukunft und Welt hin entgrenzen. Dazu wird sie sich gleichermaßen ihrer Ursprünge vergewissern, „Wurzelarbeit“ betreiben und sich möglichen verschiedenen Zukünften zuwenden, also „Visionsarbeit“ leisten müssen.
Vertiefen in den Ursprung. Begegnung mit dem Ursprung hat Bedeutung für jede menschliche Gemeinschaft. Motivation zur Fortsetzung gemeinschaftlichen Handelns ist oft nur vom Ursprung her zu verstehen, nur von dort her geistig und praktisch zu erhalten und zu erneuern. Aus ihrem Ursprung kommt auch für die kirchliche Gemeinschaft die sie durchdringende Wirklichkeit.

19 MÜLLER, Homiletik, 152.
20 LEHMANN, Karl: Seelsorge als Aufgabe der Kirche. In: LS 41 (1990) 48–53, 52.

Diesem Ursprung begegnen bedeutet, das, was für den Anfang „grundlegend war, für das eigene Dasein, das Hier und Jetzt neu zu begreifen. Es bedeutet, sich auf neue Weise als einzelner in Gemeinschaft in das Kraftfeld einer ununterbrochenen Wirkgeschichte zu stellen. Und es bedeutet schließlich, fähig zu werden, selbst neuer Anstoß in dieser Wirkgeschichte zu sein."[21]

Dass Gott Heil unter den Menschen wirkt, soll Kirche in der Welt sichtbar machen. Die Kraft zu diesem Zeugnis findet sie vor allem im Gang zu den Quellen[22], wo sich jenseits eines durch Menschenhand weitergegebenen Traditionsgutes das Evangelium findet. Jene Frohe Botschaft, von der Paulus sagt, sie sei nicht „dem Menschen nach", sondern „vom Herrn empfangen" (Gal 1,11). Pastoral braucht Wurzelarbeit, die an diese Ur-sprünge kirchlicher Tradition geht.[23] Sie muss kirchliche Wirklichkeit immer neu zurückbuchstabieren zur Katastrophe des Kreuzes, mit der die Möglichkeit der Nachfolge im Sinne des konkreten Zeugnisses für die Gegenwärtigkeit der Gottesherrschaft beendet und den Jüngern auch jegliche Möglichkeit genommen war, sich in Zukunft weiterhin an der Person und an der Botschaft Jesu zu orientieren. Unmittelbar zu dieser Katastrophe gehört aber auch jene Ver-rücktheit, jenes den Osterglauben auslösende Widerfahrnis, das in seinem konkreten Wie kaum zu erfassen ist, das lediglich in ein staunendes Bekenntniswort gekleidet wird: „er gab sich zu sehen" (1 Kor 15,5). Diesen Graben gilt es immer aufs neue als mögliches Kraftfeld auszuloten. Wie auch die Relevanz etwa des ersten und grundlegendsten Glaubensbekenntnisses der Jüngergemeinde, „Gott hat Jesus (aus den Toten) auferweckt." Womit der Glaube an seine Erhöhung verbunden ist, seine Einsetzung in eine Machtstellung, die zu heilbringendem Handeln befähigt und auf die es nur eine Antwort gibt, der „Reflex" des urchristlichen Gebets: „Unser Herr, komm!"

Nur aus dem Vertiefen in den Ursprung lassen sich kraftvolle Antworten finden auf jene Fragen, die sich stellen, wenn es die Welt umzugestalten gilt in die Familie Gottes. Welche Antwort gibt die Schrift z.B. auf die Fragen: Wie wird die Macht des Bösen in ungerechten Verhältnissen überwunden? Wie kann der Mensch erfahren, dass er obwohl Gefährdungen, Schmerz, Leid und Tod ausgeliefert, erlöst ist? Wie wird es möglich, dass Menschen, die leichtere Wege gehen könnten, sich auf die schwereren Wege anderer begeben? – Ursprung ist eine geistige Wirklichkeit. Sie lebt in der Entschlossenheit derer, die am Anfang standen und Antworten fanden auf diese und ähnliche Fragen. Sie lebt

[21] KLOSTERMANN, Siegfried: Management im kirchlichen Dienst. Paderborn 1997, 83.

[22] LG 12.

[23] Nach VERWEYEN spielen vier Momente in dem zusammen, was Traditio meint: 1. die Auslieferung eines Menschen an Gewalt durch einen Menschen. 2. die Auslieferung des eigenen Sohnes für uns alle durch Gott. 3. Die Selbsthingabe Christi für uns und 4. die Überlieferung im Sinne von Weitergabe.–In der Abendmahlsgeschichte bzw. in der ganzen Passionsgeschichte kommen alle vier Momente in eins. Traditio, dort angesiedelt und so verstanden, signalisiert im Blick auf das Verhältnis der Kirche zu ihrem Grund eher die Differenz, das „nicht dem Menschen nach", als dies die häufiger verwendete Chiffre von der Communio ermöglicht. Vgl. dazu: VERWEYEN, Gottes letztes Wort, 69 ff.

aber auch in der Entschlossenheit der Wurzelarbeiter, also derer, die fähig sind, an diesen Anfangsort zu gelangen, dort zu bleiben und damit die ganze Gemeinschaft in diesem Ort zu gründen. Sie können einen wichtigen Beitrag dazu leisten, dass die Glut des Anfangs wieder entfacht wird.

Eröffnen eines weiten Horizontes. Visionsarbeit. Jede Gemeinschaft braucht, will sie leben, eine wirkmächtige Vision, die von möglichst vielen Mitgliedern erfahren wird. Eine Vision hält das Ziel fest, das der Gemeinschaft vorgegeben ist – hat also eine orientierende Dimension – ; zudem lässt sich an ihr ablesen, wo die Gemeinschaft zur Zeit steht, auf welchem Weg zum Ziel, bzw. welchen Ab- bzw. Umwegen sie sich befindet – sie hat also eine kritische Dimension –; vor allem aber bewegt eine Vision jene, die von ihr ergriffen sind, sich immer wieder neu auf den Weg zu machen – sie hat eine motivierende Dimension. Visionsarbeit als der Versuch einer Zukunftsbetrachtung nimmt das Gegebene genauso wenig fraglos hin, wie die entschlossene Haltung, die sich aus dem Vertiefen in den Ursprung der Gemeinschaft ergeben kann. Im Blick auf die Welt, die nach Gaudium et spes „Schauplatz der Geschichte" ist, aber auch „Theatrum"[24], Ort der Karikatur und Täuschung, Ort der vielfältigen „Unternehmungen, Niederlagen und Siege"[25], im Blick gerade auf die sozialen Probleme dieser Zeit und die damit verbundenen Herausforderungen, kann der Frage nicht ausgewichen werden, wie die Zukunft der Menschen, vor allem der Hilfsbedürftigen, aussehen soll. „Die gesellschaftliche Ordnung" – so die Väter des II. Vatikanischen Konzils in ihrer Vision – muss sich ständig weiterentwickeln, sie muss in Wahrheit gegründet, in Gerechtigkeit aufgebaut und von Liebe beseelt werden und muss in Freiheit ein immer humaneres Gleichgewicht finden".[26]

Will die Pastoral Schritte einleiten und Aktivitäten unternehmen, die die Welt in die Nähe dessen bringen, was sie unter einer zu erneuernden Welt versteht, braucht sie Visionen. Sie braucht orientierende und motivierende Vorstellungen von möglichen Zu-künften. Solche Visionen sind besonders in Übergangszeiten gefragt. Denn gerade da braucht es für jede und jeden „eine anschauliche Vergegenwärtigung, wo ich mein Handeln ausrichte und mir die alten Lösungen nicht mehr genehmige".[27] Um Visionen zu „haben", braucht es Visionäre. Visionäre sind Menschen, die es vermögen, Ausschau zu halten und zwar am rechten Ort und auf die rechte Weise. Der rechte Ort: Sie suchen das „Obergemach". Ob Daniel: „In seinem Obergemach waren die Fenster nach Jerusalem hin offen. Dort kniete er dreimal am Tag nieder und richtete sein Gebet und seinen Lobpreis an seinen Gott, ganz so, wie er es gewohnt war." (Dan 6,11) oder die Visionäre der Apostelgeschichte (vgl. Apg 1,12). Die rechte Weise: sie verharren. Sie haben Geduld, griechisch „Hypomone", sie können „darunter bleiben". Zudem: sie verstehen es, ganz Auge, ganz Ohr zu werden; vermögen

24 GS 2.
25 Ebd.
26 Ebd.
27 ERNSPERGER, Bruno: Was wir loslassen müssen, worauf wir hoffen können. In: LS 45 (1994) 324–328, 326.

es, sich so auszurichten, dass blinde Flecken sich nicht in die möglicherweise entscheidende Richtung hin verstellend auswirken; sie sind in der Lage, sich so zu besinnen, dass da keine Geschwätzigkeit mehr ist und nichts Lautes (vgl. die „Stimme verschwebenden Schweigens“ in 1 Kön 19,11–12).
Visionen werden in Bildern, Symbolen, Metaphern gefasst, die alle Sinne des Menschen, nicht bloß seinen Verstand, ansprechen. Wenn sie den ganzen Menschen ergreifen, werden sie Leitbild für alles weitere Sehen, Denken, Handeln. Sie werden zur Intention, die sich im innerem Feuer äußert, das einen Seher ergriffen hat, in der Begeisterung und dem Engagement, kraftvoll und unerschrocken die Vision eben nicht aus den Augen verlieren zu wollen.

7.2 Pastoral. Drei Modi des Vollzuges der Grundaufgaben der Kirche in der Welt

Was lässt sich über Pastoral sagen, im Sinne eines wie auch immer zu beschreibenden das eben vermessene Material prägenden *Formalprinzips*? – Oder: worin bestehen die Modi des Vollzuges dieser Aufgaben? Im trinitätstheologischen Teil dieser Arbeit wurde deutlich: a) Die Welt ist Verweisort auf Gott, wo Menschen so leben, dass dies dem entspricht, wie Gott Vater seine Beziehung mit der Welt gestaltet. Sie ist b) Ideogramm Gottes, wo Menschen so miteinander verbündet sind, dass dies die erlösend erneuernde Hineinverwurzelung der Welt in Jesus Gestalt annehmen lässt. Sie ist c) Schriftzeichen Gottes, wo menschliches Zueinander ein Abbild des „woher“ und „woraufhin“ der Liebe Gottes, also den Hl. Geist darstellt. Das heißt: Pastoral vollzieht sich partizipativ, Pastoral vollzieht sich traditionssichernd und Pastoral vollzieht innovativ.

7.2.1 Pastoral: ein partizipativer Vollzug

Personalität und Geschichtlichkeit, Relationalität bzw. Dynamik sind Schlüsselbegriffe im Kontext der Überlegungen zur Anwesenheit Gottes, des Vaters in der Welt. Beziehungen, die sich als personale Begegnung in Sympathie, Vertrauen und Offenheit konkretisieren und die sich als entwicklungsfähig erweisen, wenn sie mit der „Lebenssphäre“ Gottes in Berührung gekommen sind, sollen kirchliche Sozialgestalt prägen. Damit ist eine erste Vorgabe für die Frage nach dem Modus der Pastoral ausgesprochen. Sie muss sich als in Beziehung und in Prozess vollziehen: das nenne ich partizipativ. Partizipation heißt: „einander gegenseitig teilhaben lassen am Denken und Handeln, heißt Meinungen, Entscheide und Verantwortung teilen. Partizipation heißt Mitbeteiligung.“[28] Partizipation steht für einen Lern- und Veränderungsprozess, der an-

[28] HÖCHLI-ZEN RUFFINEN, Anne-Marie: Partizipation hat viele Gesichter. In: SCHIFFERLE, Alois (Hrsg.): Pfarrei in der Postmoderne? Gemeindebildung in nachchristlicher Zeit. Freiburg–Basel–Wien 1997, 217-224, 217.

spruchsvoll ist. Er erfordert von allen Beteiligten die Einübung in eine Kultur und Spiritualität der Begegnung.
Partizipativ sich vollziehende Pastoral ist ihrem ganzen „Auftreten" nach eine Ermutigung zur Begegnung. Partizipativ ist Pastoral dann, wenn sie in Beziehungen denkt und wenn die Art und Weise ihres Vollzuges das sich Öffnen von Menschen füreinander ermöglicht. „Ein Schritt zu echter, vertiefter Partizipation kann getan werden, indem jeder Partner den anderen wissen lässt, was ihm wichtig ist, womit er rechnen muss, worauf er hoffen darf." [29] Partizipativ orientierte Pastoral erarbeitet praktische Regeln der Begegnungsermöglichung und des Austausches und sucht bzw. gestaltet die dafür nötigen Räume. Räume, die es ermöglichen, „relativ angstfrei in die Welt des anderen einzutreten und sich dort zurechtzufinden."[30] Sie sorgt für ein Klima „freiraumschaffender Weise der Zuwendung zum andern".[31]
Aber: „Ist Partizipation überhaupt möglich, wenn die Forderung des Tages heißt: Keine Pannen!"[32] Nein. Partizpativ ist Pastoral dann, wenn sie bei aller Verantwortlichkeit, mit der sie ihre Vollzüge organisiert, auch mit dem Misslingen rechnet. Damit diese Haltung möglich wird, muss sie sich um eine Kultur des Vertrauens mühen. Denn Vertrauen ist der kritische Faktor bei der Bewältigung solcher offenen, möglicherweise scheiternden Situationen. Vertrauen ist neben der Furcht eine der beiden Möglichkeiten in solchermaßen ergebnisoffenen Situationen, soziale Gemeinschaften zusammenzuhalten. Während Furcht unproduktiv ist, weil sie lähmt und so das Agieren überhaupt verhindert, steht Vertrauen für die Haltung der Zuversicht in ein Ereignis bzw. das Sich-Verlassen auf einzelne Personen: In Erwartung eines Zugewinns wird bewusst ein Risiko eingegangen. Dabei steht Vertrauen für das Verhalten, das die eigene Verwundbarkeit steigert und in einer Situation erfolgt, in der der erlittene Schaden, wenn ein anderer diese Verwundbarkeit ausnutzen sollte, größer ist als der gewonnene Vorteil, sollte der andere sie nicht ausnutzen.[33] Niklas LUHMANN kennzeichnet demzufolge Vertrauen als „Problem der riskanten Vorleistung".[34] Vertrauen im Sinn einer zentralen „Drehscheibe" der Beziehungsgestaltung und -entfaltung[35] wird ein zentrales Merkmal partizipativ vollzogener Pastoral sein. Nur so ist ein partnerschaftliches Miteinander aller Beteiligten möglich, samt einer hohen Fehlertoleranz.
Partizipativ vollzogene Pastoral ist eine begegnungsintensive und gewissermaßen riskante Pastoral.

29 Ebd. 223.
30 STENGER, Kompetenz, 120.
31 ZERFASS, Rolf: Seelsorge als Gastfreundschaft. In: Diak 11 (1980) 293–316, 303.
32 HÖCHLI-ZEN RUFFINEN, Partizipation, 222.
33 Vgl. KRSYSTEK, Ulrich u. Stefan ZUMBROCK: Planung und Vertrauen. Stuttgart 1993, 5 ff.
34 LUHMANN, Niklas: Vertrauen. Ein Mechanismus der Reduktion sozialer Komplexität. 3. Aufl. Stuttgart 1989, 23.
35 Vgl. DILLER, Hermann u. Marion KUSTERER: Beziehungsmanagement. Theoretische Grundlagen und explorative Bedeutung. In: Marketing ZfP 10 (1988) 211–220.

7.2.2 Pastoral: ein radikalisierender Vollzug

Die Begriffe Geheimnis und Annahme der Welt haben auf das Wie Gottes, des Sohnes in der Welt hingewiesen. Damit sind Grunddaten der Ekklesiologie benannt. Re-ligion als Rückbindung an das Transzendente und Konkretion als Annahme des Alltags sind zwei zentrale Dimensionen, die den zweiten Modus der Pastoral ausmachen. Sie wurzelt und ist immer neu zu verwurzeln (zu radikalisieren) als Gottes- und als Nächstenbeziehung.

In allen pastoralen Vollzügen muss eine radikalisierende, weil transzendierende Dynamik angelegt sein. Sie müssen Ausdruck radikaler Rückbindung an jenen christlichen Glauben sein, „wie er in den diesbezüglich besten Texten der Bibel und der Tradition zum Vorschein kommt. Vieles nämlich, was innerbiblisch und innerkirchlich geglaubt wird und theologisiert wurde, ist demgegenüber kontraeffektiv. Denn wo der Glaube an den universalen und unbedingt liebenden Gott z.B. auf exklusivistische und chauvinistische Regionalisierungen zurückgestutzt wird, wo er ganz bestimmte abstufende Innen-Außen-Beziehungen zu legitimieren hatte und hat, da wurde und wird er zur diabolischen Blockierung menschlicher Solidarität.“[36] Pastoral im Modus der Radikalisierung ist geprägt vom Bemühen, sich in jenen Dimensionen christlichen Glaubens zurückzubinden, „die Gott selbst als unendliche und passionsfähige Solidarität begreifen und von daher Menschen für eine ‚martyriumsfähige‘ Solidarität öffnen.“[37]

In diesem Sinn radikalisierend wird Pastoral vollzogen, wenn sie sich als Sozialpastoral begreift, wie sie Norbert METTE und Hermann STEINKAMP im Anschluss an Erfahrungen und Konzeptionen aus dem Kontext der lateinamerikanischen Theologie der Befreiung entwickelt haben.[38] Sozialpastoral stehe, so Norbert METTE, „für ein nicht mit herkömmlichen Pastoralkonzepten verrechenbares Paradigma pastoralen Handelns. Es insistiert darauf, dass Bemühungen, die soziale und politische Dimension stärker in die Pastoral einzubeziehen, im Grunde unterlaufen werden, solange das ihr innewohnende und ihren Handlungsspielraum sublim reduzierende ‚individualisierende Paradigma‘ nicht überwunden wird.“[39] Der Modus einer im Sinne dieser Sozialpastoral sich vollziehenden „radikalisierenden“ Pastoral ist also ein politisch-theologischer. Dessen Intention ist es, um der Einlösung der vorrangigen Option für die Armen willen, mentale und strukturelle Widerstände gegen ein solidarisches Miteinander von Menschen konstruktiv zu bearbeiten. Praxis in Solidarität ist das Ziel.

[36] FUCHS, Ottmar: Martyria und Diakonia: Identität christlicher Praxis. In: HASLINGER, Herbert (Hrsg.): Praktische Theologie. Grundlegungen Mainz 1999, 178-198, 192.

[37] Ebd.

[38] Vgl. dazu: METTE, Norbert: Sozialpastoral. In: EICHER, Peter u. Norbert METTE (Hrsg.): Auf der Seite der Unterdrückten? Theologie der Befreiung im Kontext Europas (Theologie zur Zeit 6). Düsseldorf 1989, 234-256. STEINKAMP, Hermann: Solidarität und Parteilichkeit. Für eine neue Praxis in Kirche und Gesellschaft. Mainz 1994.

[39] METTE, Norbert: Art. Sozialpastoral. In: LThK 3. Aufl. Bd. 9, 786.

Radikalisierend vollzieht sich Pastoral nach dem Modus des ständigen Zueinanders praktizierter Gottesbeziehung und Nächstenbeziehung.

7.2.3 Pastoral: ein innovativer Vollzug

Das, womit die Existenz der Kirche steht und fällt, ist ihre Beziehung zum Hl. Geist. Was bedeutet es aber konkret für das Selbstverständnis der Kirche und für die Ausgestaltung ihrer gesellschaftlichen Wirklichkeit, wenn als ihr soziotheologisches Konstitutivum das Wirken des Hl. Geistes behauptet wird? Zur Annäherung an eine Antwort auf diese Frage wurden oben zwei Gedankengänge vorgelegt. Der eine handelte vom Prinzip der Vitalität der Kirche durch ihre Fähigkeit zur ständigen Verjüngung. Der andere von der Vielgestaltigkeit ihrer Vollzüge. Wer beide Gedanken in eins liest und auf die Frage nach dem „wie?" der Pastoral hin weiterverfolgt, wird einen zweiten Modus der Pastoral durchbuchstabieren können: Pastoral steht für eine kirchliche Vollzugsweise, die innovativ ist. Wo sich Pastoral solchermaßen innovativ vollzieht, ist dies Ausdruck eines Aufeinandertreffens sozio-kultureller Neuerung und theologisch-praktischen Umdenkens und steht für ein per se konfliktträchtiges Unterfangen. Was innovativ – im Sinn einer veränderten Einsicht und Haltung – meint, sei mit einer Erinnerung von Ottmar FUCHS an einen Konzertbesuch illustriert:

„Ich erinnere mich in diesem Zusammenhang an ein Konzert, in dem junge moderne Künstler zum Teil in Premieren ihre Werke vorstellten. Als Liebhaber klassischer Musik hatte ich zunächst gemischte Gefühle. Und in der Tat: Noch nie ist mir der Unterschied zwischen der klassischen und der (‚atonalen') modernen Musik so erlebbar geworden. Geraten die Instrumente in der klassischen Musik unter den ‚kollektivistischen' Druck vorgeschriebener gemeinsamer Melodiethemen, deren Ausführung sich alle Instrumente zu unterwerfen haben, so lebte die Musik dieses Konzerts von der Kraft und Individualität der Einzelinstrumente. Sie spielen sich selbst, entfernen sich voneinander, treffen sich teilweise und geraten zuweilen auch wieder ‚melodisch' zusammen. Man muss sich an das Zuhören gewöhnen, weil die Ohren zunächst wenig Harmonie und zu viel Widersprüchliches und Dissonantes wahrnehmen. Allmählich indes wird das Zuhören zu einem Genuss eigener Art, indem man die Einzelinstrumente in ihrer Kraft gegenüber den anderen und zugleich in ihrer Selbstrücknahme verfolgt und spürt, dass auch hier ein Miteinander zutage kommt, freilich eines, das nicht reglementiert, sondern auch widersprüchliches ‚Gegeneinanderspielen' in sich aufzunehmen vermag.

Ich habe mit meinen Begleitern anschließend darüber gesprochen; und es ist uns etwas in ganz neuer Weise aufgegangen, worüber wir vorher diskutiert hatten, nämlich über das Verhältnis von Freiheit und Einheit in Kirche und Gemeinde. Unser ‚Umhören' in diesem Konzert assoziierten wir unwillkürlich mit der Umstellung, in der auch wir uns theologisch und pastoral befanden. Uns wurde deutlich, dass wir in der Pastoral immer noch das klassische Konzept vertraten, jedenfalls im Bauch, auch wenn wir im Kopf bereits anderes

dachten; die Sehnsucht nach gemeinsamer Meinung und nach Harmonie, nach einem melodischen Miteinander, vor allem im Bereich des Glaubens, wollten wir nicht leicht aufgeben, weder im Kunstgenuss noch in der pastoralen Praxis. Wir spürten von diesem Konzert her die Provokation: Entgegen unserer Sehnsucht nach verträglicher Harmonie gibt es im Leben der meisten gegenwärtigen Menschen grundlegend andere Erfahrungen mit ihren entsprechenden Äußerungen.
Im musikalischen Umlernen erschloss sich uns als ästhetische Tiefenerfahrung, was wir bisher nur mental anzunehmen bereit waren. Das Konzert wurde aus dieser Situation heraus zu einem kulturellen Bedeutungsträger, der im Bereich musikalischer Erfahrung vertieft erleben ließ, was in unserem Bereich eine Pastoral sein könnte, die nicht auf eine vergangene, sondern auf die gegenwärtige Erfahrungsform antwortet. Dann geht es nicht mehr um die Einheit des Einheitlichen, sondern um die Einheit der Menschen und Gruppen, die in ihrer Authentizität farbig und widersprüchlich bleiben dürfen, in der Hoffnung darauf, dass gerade dann, wenn sie sich selbst authentisch leben dürfen, nicht nur eine um so größere gegenseitige Spannung, sondern auch eine um so größere wechselseitige Bereicherung stattfindet, nicht zuletzt schon dadurch, dass man sich nebeneinander anerkennend wahrnimmt, aushält und gegenseitig im Anderssein Freiraum lässt, aber auch nicht die gegenseitigen Berührungsmöglichkeiten übersieht, in denen man sich, und wenn auch nur für begrenzte Zeit, als ‚harmonisch' zusammengehörig erfährt.
Einer aus der Konzertbesuchsgruppe, ein Pfarrer, erzählt dazu: Früher habe ich mir Gemeindeaufbau unter dem Bild eines harmonischen Konzerts vorgestellt, heute erkenne ich an, dass es in der Pfarrei viele Konzertgruppen, Ensembles und auch Einzelspieler mit unterschiedlichen Instrumenten gibt, die nicht unter eine Partitur zu bringen sind, sondern die im Gegenteil ihre eigene harmonische Melodie oder auch ihren melodiearmen Rhythmus spielen. Um den Menschen und Gruppierungen gerecht zu werden, muss ich mich auf deren eigene Bühne konzentrieren, damit ich sie in ihrem Eigenwert heraushören kann; zugleich muss ich mich darauf konzentrieren, jene Gelegenheiten und Möglichkeiten zu entdecken und zu stützen, in denen gerade auf dieser Basis ein gemeinsames ‚Spiel' entsteht, in dem zuweilen sogar Harmonie aufscheint. Und Dirigent ist wohl jener Geist Gottes, der uns alle, so dissonant wie wir zueinander sein mögen, eint, indem wir wechselseitig hören und reden, einmal lauter, einmal leiser, und alle gleichermaßen für den Zusammenhang verantwortlich zeichnen."[40]
Innovativ vollzieht sich Pastoral dort, wo sie Differenz wagt, sich neue „uneinheitliche" Gestalten von Einheit vorzustellen vermag und sich traut, multiple Identitäten zuzulassen.

[40] FUCHS, Ottmar: Kulturelle Bedeutungsträger als Orte der Wahr-Nehmung. In: HASLINGER, Herbert (Hrsg.): Praktische Theologie. Grundlegungen Mainz 1999, 231–247,238f.

7.3 Pastoral. Lebensbezogenheit als Gestaltprinzip kirchlichen Vollzuges in Welt

„Der Mensch [...] ist der erste Weg der Kirche, den die Kirche bei der Erfüllung ihres Auftrages beschreiten muss: er ist der erste und grundlegende Weg der Kirche, ein Weg, der von Jesus selbst vorgezeichnet ist.“[41] Dieser Mensch hofft nun nicht ohne Grund, dass ihm Kirche als Anwältin biblisch tradierten Lebenswissens, aus dieser spezifischen Art zu leben und Leben zu deuten, Wege zu einer wahren und sinnhaften Existenz eröffnet. Pastoral, als Materialisierung der „Prämisse Mensch“ einerseits und der zurecht gehegten Erwartung genau dieses Menschen andererseits, wird daher eine Gestalt annehmen müssen, in der alle Grundvollzüge menschlichen Lebens, dessen Grundbedürfnisse und deren Tiefendimensionen Platz finden; all das, was des Menschen Ebenbildlichkeit kennzeichnet und erfordert. Nichts von dem, was den Menschen ausmacht und zu dessen Leben gehört, darf sie demnach außer Acht lassen. Als Gesamt kirchlicher Vollzüge muss sie vielmehr so konzipiert sein, dass darin die Wirklichkeit des ungeteilten menschlichen Lebens zum Ausdruck kommen kann. Nimmt man Maß am synthetisch-stereometrischen Menschenbild der Bibel – und das ist die Basis der nachfolgenden Überlegungen – bedeutet das: Pastoral hält Orte der Leidenschaft bereit, der Leibhaftigkeit, der Lebensermächtigung und des Lebensganzen. An Hand dieser vier Eckdaten lässt sich in der Tat das Konzept einer lebensbezogenen Pastoral entwickeln, mittels derer, so steht zu hoffen, der Mensch der Weg der Kirche wird und ihm, wie das Paul M. ZULEHNER in seinem Plädoyer „Für ein neues Klima in der Pastoral“ als Leitziel formuliert hat, geholfen wird zu leben.[42]

7.3.1 Pastoral als Ermöglichung der Leidenschaft

Leidenschaft, positiv verstanden als besondere Stärke menschlich-personalen Strebens des Über-sich-Hinaus-Seins-und-Wollens ist eine zentrale „Wesenseigenschaft“ des Menschen.[43] Sie gilt zusammen mit anderen Persönlichkeitsmerkmalen geistiger Konzentration zudem als Grundvoraussetzung jeglichen schöpferischen Verhaltens.[44] Leidenschaft, steuerbar und gesteuert, ist Basis menschlicher Orientierung „nach vorne“ und so eine Macht wider den Tod. Umgekehrt: Ist das „Verlangen nach“ erst gestorben, macht sich im Menschen Desinteresse, Lustlosigkeit und Langeweile breit. Er fällt in einen Zustand der Apathie. – Aus der Sicht der Bibel erfährt der Mensch sich in Leidenschaft

41 Vgl. SEKRETARIAT DER DEUTSCHEN BISCHOFSKONFERENZ (Hrsg.) Die Enzyklika Redemptor Hominis von Papst Johannes Paul II. Verlautbarungen des Apostolischen Stuhls. Nr. 6 (1979) 10; bzw. Evangelium vitae. Verlautbarungen Nr. 120 (1995) 2.

42 ZULEHNER, P. Michael: Helft den Menschen leben. Freiburg–Basel–Wien 1980.

43 Vgl. dazu Überlegungen der phänomenologischen Persönlichkeitspsychologie. Etwa: LERSCH, Philipp: Aufbau der Person. 11. Aufl. München 1970.

44 Vgl. dazu die Ansätze in der psychologischen Kreativitätsforschung, etwa GUILFORD, Joy P. (Hrsg.): Modern Approaches to creative Thinking. New York 1962.

und kann dies einmal als Erweis von Vitalität und Lebenskraft nehmen; zum andern ist Leidenschaft „Erkenntnisort" der Ohnmacht und verweist auf seine Bedürftigkeit. Lebenswille und Ermangelung des Lebens, beidem muss Pastoral Raum geben. Ihre Vollzüge müssen so gestaltet sein, dass der leidenschaftliche Mensch alle Höhen und Tiefen seines Lebens in ihnen zu durchschreiten vermag.

Mystagogische Pastoral. Dem Menschen helfen, seine Leidenschaft als Vitalität zu leben, heißt, ihn in die Lage zu versetzen, sein „Getriebensein" ausagieren zu können. Leidenschaft, Suche nach Freiheit, Glück, Erfolg und Liebe, nach einem vertieften oder schlicht nach mehr Leben, nach dem „Leben in Fülle, im Übermaß" (vgl. Joh 10,10) prägen die zentralen lebensgeschichtlichen Erfahrungen des Menschen. Soll in diesen die verborgene Gegenwart des unbegreiflichen Gottes entdeckt werden können, müssen sie in all ihren Facetten in ekklesialen Vollzügen Gestalt annehmen und mittels dieser dargestellt werden dürfen. Und zwar alle. Denn wo unterschieden wird in solche, die man nur heimlich oder höchstens außerhalb kirchlicher Räume lebt und solche, die binnenkirchlich organisiert und verwaltet dem Menschen zugestanden sind; wo mithin das Bündel an Leidenschaft auseinandergenommen wird, – sortiert nach schlechten und guten – kann der Mensch die Leidenschaft in ihrer Gänze niemals als Erweis gottgewollter Lebendigkeit bejahen lernen. Wird ihm das aber versagt, kann sie ihm natürlich auch nicht auf eine gläubige Deutung hin erschlossen werden. Nur gelebt und als akzeptiert erfahren kann der Mensch in seiner Leidenschaft sehen lernen, was sie vor allem ist: Synapse, d.h. Anschlussstelle für das Ankommen Gottes. Seine Leidenschaft ist innere Entsprechung für die von außen her zu erwartende Erfüllung. Sie ist Symbol für Transzendentes. Eine Pastoral, die dem Menschen hilft, in Leidenschaft zu leben, wird Erfahrungsorte für möglichst viele Leidenschaften eröffnen und diese Räume mystagogisch prägen. Sie wird Deutungen und „Deutebegleiter" bereithalten, um in die Geheimnisdimension von Leidenschaft als Sehnsuchts-, ja vielleicht sogar Gotteserfahrung einzuführen.

Räume der Wahrheit. Die Leidenschaft, die nicht an ihr Ziel kommt und sich in zerbrochenen Hoffnungen, vertanen Möglichkeiten und zerronnenen Lebenswünschen manifestiert, stellt eine große Herausforderung dar für eine Pastoral, die dem Menschen helfen will, (dennoch und weiterhin) in Leidenschaft zu handeln. Denn angesichts bleibender Bedürftigkeit und Ungestilltheit menschlichen Lebens kann die Versuchung immer größer werden, sich mit Kitsch, mit Vereinfachungen und Stereotypen, mit Surrogat- und Ersatzwirklichkeit zufrieden zu geben und so in eine Welt zu flüchten, in der die Zumutung der Leidenschaft auf dem Altar von Lebensscheinlösungen geopfert wird. Wer diese Flucht verhindern will, muss eine Pastoral konzeptualisieren, die dem Menschen hilft, den Schmerz in seiner produktiven Dimension auszuhalten. Dabei geht es darum, den Menschen so zu begleiten, dass er jenes Maß an Belastbarkeit entwickeln kann, das es braucht, um sich selbst in der Situation grundsätzlicher Offenheit und endgültiger Nichtabschließbarkeit zu ertragen. Dies bedeutet, dem Menschen jene Räume der Wahrheit zur Verfügung zu stellen, in denen er den fragmentarischen Charakter seines Lebens als Leben schlechthin annimmt und vielleicht sogar schätzen lernt.[45] Eine solche Pastoral wird strenge Maßstäbe an sich selbst anlegen und sich fragen, ob ihre Vollzüge tatsächlich dem wirklichen Leben dienen, oder ob sie der Vermeidung von Wirklichkeit Vorschub leisten. Denn dem Wunsch nach Leben kann nur authentisches Leben gerecht werden, nicht ein Leben aus zweiter Hand und seien solche Angebote als Ersatz auch noch so gut aufbereitet.

7.3.2 Pastoral als Ermöglichung der Leibhaftigkeit

Der Mensch ist „da" als Leib, im leiblichen „Befinden", im sinnlichen Wahrnehmen seiner selbst und seiner Umwelt. Sein Handeln und Sprechen ist stets an den Leib gebunden. Durch ihn existiert er in Raum und Zeit. Ständige Verleiblichung ist eine Bedingung der Realisierung des Ichs. Sie vollzieht sich – im gelingenden Fall – als Reifung hin zu einem hohen Maß an Integrität[46]. Dazu braucht es einen lebenslangen Prozess der Individuation, der Ich- und Wir-Werdung. Leibhaftigkeit manifestiert sich in (Lebens-) Geschichte – braucht Zeit – und vermittelt sich immer interpersonal – braucht das Du. – Aus der Sicht der Bibel ist Leib und Leibhaftigkeit das, was den Menschen dessen Wesen, seine Individualität und Kontinuität erfahren lässt; einschließlich seiner elementaren Hinfälligkeit, markiert doch gerade die Leiblichkeit mit ihrer Dimension Tod auch Grenzen und Ende. Andererseits steht Leib nicht nur für Begrenztheit sondern auch für Beziehung und eröffnet dem Menschen den Horizont der Hoffnung auf Freiheit von Zerfall und die Chance einer den Tod überdauernden Identität. – Um den Menschen in seinem Sein und Handeln im Leib zu unterstützen, braucht es eine Pastoral, die alles bereithält, was des Menschen Integrität fördert, und zwar in Bezug auf deren individuelle wie interpersonale Dimension.

Nachhaltige Pastoral. Ich-Werden heißt er-wachsen im kraftvollen Mit-Gestalten des eigenen Lebens, heißt psychische, soziale und religiöse Entwicklung, braucht Zeit[47] und Begleitung. Eine Pastoral, die dem Handeln – und das heißt

[45] Eine Hochschätzung, die Dietrich BONHOEFER so ins Wort gebracht hat: „Ich empfinde immer mehr, wie Leben fragmentarischen Charakter hat. Es kommt also wohl vor allem darauf an, ob man dem Fragment des Lebens ansieht, wie das Ganze eigentlich angelegt und gedacht ist und aus welchem Material es besteht." BONHOEFER, Dietrich: Widerstand und Ergebung. München 1977, 257.

[46] In dem, was in diesem Zusammenhang unter Integrität verstanden werden soll, folge ich Hermann STENGER, der dies so formuliert hat: „Auf der Suche nach einer Kurzformel für den Zustand der Integrität bin ich vor etwa 40 Jahren in den Laudes am Fest des hl. Martin von TOURS auf eine Antiphon gestoßen: ‚nec mori timuit, nec vivere recusavit', ‚er fürchtete sich nicht zu sterben und weigerte sich nicht zu leben'. Dem ist nichts hinzuzufügen." STENGER, Kompetenz, 109.

[47] Vgl. dazu GÄRTNER, Einheit 171: „Durch die Forschung der letzten Jahre wurde immer klarer, dass für die menschliche Entwicklung nicht nur die Kindheit und das Jugendalter eine Rolle spielen, sondern, dass das Erwachsenenalter einen eigenen Entwicklungsbereich darstellt. Dieser Zeitraum ist kein einheitlicher Block, in dem nichts geschieht, sondern

hier „Werden" – im Leib gerecht werden will, muss sich dem Menschen also vor allem in seiner Lebensgeschichtlichkeit zuwenden und sich mit dieser auseinandersetzen. Wer in Lebensgeschichten hineinzuhören vermag und sie ernstnimmt, kann schnell erahnen, wie differenziert Pastoral konzipiert sein muss, um auf die vielen unterschiedlichen und jeweils ganzen Lebenswirklichkeiten einzugehen. Und nicht nur dies. Sie oder er sieht auch, wie krisenbejahend Pastoral konzipiert sein muss, damit der Mensch erleben kann: ich bin nicht nur Opfer, sondern aktiver Mitgestalter meiner Lebensgeschichte; Krise ist nicht nur Belastung, sondern auch Möglichkeit, die mich weiterbringt. Dazu muss Pastoral empathisch sein, was „alles andere ist als intuitive Sympathie oder mitleidig-sentimentales Nett-Sein, Alles-Verstehen oder verwöhnende Liebe"[48] und dennoch den Menschen in all seinen Lebensphasen (und -irrtümern) bejaht. Eine solche Pastoral setzt auf Zeit und Entwicklung. D.h. ihre Vollzüge verfolgen eine langfristig angelegte Perspektive, sind nicht kurzatmig hektisch, sondern vor allem eines: nachhaltig. Sie gehen von den jeweiligen Ansprüchen, Problemen und Möglichkeiten des Menschen aus. Sie verbinden längerfristige Entwicklungsanforderungen mit kürzerfristigen (Etappen-) Interessen des Menschen. Sie bauen auf Bestehendem auf und führen dies mit Neuem zusammen und sie tragen auch zur Verbesserung der Rahmenbedingungen bei, in denen der Mensch lebt.

Orte der Polaritäten. Handeln im Leib heißt Leben auf ein Du hin. Und zwar einmal verstanden als privat-intime Interpersonalität der Ich-Du-Beziehung und einmal als gesellschaftlich-politisches Zusammensein, als Verwiesenheit auf die ganze Mitwelt. Die Integrität des Menschen, im Sinn eines Ganzen, eines Personleibes, erwächst vor allem im Gegenüber von Mann und Frau. Als Gabe ist sie schon verwirklicht (vgl. Gal 4,4–6), als Aufgabe ist sie für jeden Menschen allerdings je neu zu erarbeiten. Pastoral, die das Handeln des Menschen im Leib zu fördern hat, wird ihm bei der Bewältigung dieser Aufgabe helfen können, wenn sie Räume zur Verfügung stellt, in denen sich Männer und Frauen gleichermaßen bewegen können und wollen, in denen sie sich mit sich selber auskennen lernen, mit dem Erleben ihrer Männlichkeit bzw. ihrer Weiblichkeit, mit ihren ganz spezifischen Regungen und Empfindungen, Gefühlen und Reaktionen. In diesen Räumen sollen eher männliche und eher

eine in Stadien verstehbare Entwicklungsperiode mit unterschiedlichen Lebensthemen. Ungefähr zwischen dem 22. und 28. Lebensjahr geht es um den Aufbau der ersten wichtigen Lebensstruktur, gewöhnlich mit Heirat und Familiengründung. Während der Übergangsphase mit ca. 30 erfolgt die erste Korrektur von ‚Irrtümern' und eine Veränderung bisheriger Lebensentscheidungen. Die nachfolgende stabilere Zeit ist durch starkes berufliches Engagement geprägt. Um die Lebensmitte stellt sich die Frage: Was habe ich bisher mit meinem Leben gemacht und was sollte ich ändern? Solche Stichworte verdeutlichen, dass das Erwachsenenalter ein wirklicher Entwicklungsvorgang ist bis in das späte Alter hinein."

48 WAHL, Heribert: Empathie als diakonische Praxis der Kirche. In: DERS. u. Ehrenfried SCHULZ u. Hubert BROSSEDER (Hrsg.): Den Menschen nachgehen. Offene Seelsorge als Diakonie in der Gesellschaft. St. Ottilien 1987, 79–99, 88.

weibliche Wahrnehmungs- und Handlungsmuster zusammengebracht und mit dem Mann- oder Frausein verknüpfte Rollen bzw. Kompetenzen ausagiert werden können als Ermutigung zu persönlicher Eigenart und Ausprägung je spezifischer Identität. Handeln im Leib heißt leben in Polaritäten und erfordert, sich auf das „Nicht-Ich“ zu öffnen und sich in der Spannung zu diesem als lebendig zu erfahren. Das gilt nicht nur für das Leben des Menschen als Mann und Frau. Dasselbe gilt für die Existenz des Menschen überhaupt: Als Leib existiert der Mensch in der Welt, ist er ein Stück Welt, für die und von der aus er seine Existenz hat. So wird Pastoral nach Mitteln suchen, die dem Menschen helfen, möglichst seine gesamte intersoziale, auch politische Existenz auszudrücken. Eine solche Pastoral, will sie nicht letztlich vor allem kurzschlüssige (heils-) individualistische Selbstverwirklichungsversuche befördern, darf dann aber nicht nur „nach innen“ strukturiert sein. Sie muss vielmehr auch dem Pol „Sendung nach außen“ Gestalt geben, also dazu beitragen, dass sich der Mensch als Mensch erlebt, indem er ein diakonisches und politisches Engagement wahrnimmt und diesem Weg Mensch wird. Es sind polare Strukturen von Nöten in denen unübertragbaren Eigenständigkeiten aufeinander verwiesen und miteinander verknüpft werden.

7.3.3 Pastoral als Ermöglichung der Lebensermächtigung

„In den Religionen der Völker wird die Begegnung des Menschen mit Göttern, Ahnen und Naturkräften als Abhängigkeit von ‚Höheren Machtträgern‘ [...] erfahren. Ihnen gegenüber ist der Mensch der auf Ermächtigung Angewiesene.“[49] – Aus der Sicht der Bibel ist jedem Menschen von Gott unvertretbar die Ermächtigung zum Leben gegeben. Diese Lebensermächtigung gründet in dem, was einem Menschen als dessen ganz besonderes Charisma gegeben ist. Es ist der Kern, aus dem heraus sich all seine Lebensgestaltungsmöglichkeiten ergeben. Es prägt den Menschen, bringt ihn zu sich selbst und macht ihn – zu einem gewissen Maß jedenfalls – unverwechselbar. Gleichzeitig bringt dessen Entfaltung menschliches Leben aber auch in ständige Spannung zu sich selbst, weil es sich erfährt als von einem anderen her, von Gott, in Dienst genommen und auf andere, von Gott gewollte, Menschen bezogen. Eine Pastoral, die der Lebensermächtigung Raum geben will, wird dem Menschen helfen, sein Charisma zu entdecken und zu bejahen und Räume der Entfaltung für dieses Charisma zur Verfügung stellen. Ansonsten würde der Mensch ja, wie Eugen BIESER formuliert, ein Leben lang „als das uneingelöste Versprechen seiner selbst durchs Leben“[50] gehen. Zum anderen wird Pastoral den Menschen darin unterstützen, die mit der Konkretisierung seines Charismas verbundenen Irritationen und Schwierigkeiten zu bewältigen.

[49] BÜRKLE, Horst: Art. Macht. In: LThK, Bd. 6, 1166.

[50] BISER, Eugen: Verwirklichung der Liebe. Erwägung zu dem Kierkegaard-Wort „Der Helfer ist die Hilfe“. In: Mitten in der Welt. Hefte zum christlichen Leben 11/12 (1973) 93–106, 10.

Kultivierende Pastoral. Nach biblischem Verständnis ist menschliches Leben ohne Gott und in Abstraktion von Gott nicht denkbar. Lebensermächtigt Handeln heißt Handeln aus dem Lebensgrund Gottes. Jede Pastoral, die dies unterstützen will, muss zuerst den Blick darauf ausbilden helfen. Dabei gilt es dann, das Charisma, in das hinein sich der göttliche Lebensgrund eines Menschen verdichtet, zu ent-decken, zu sehen und damit die Verwiesenheit des Menschen auf Gott zu bejahen. Da – als Wirken im Menschen – das Wirken des Geistes Gottes ‚kultivierbar' und ‚kultivierungsbedürftig' ist, haben kirchliche Vollzüge dann das Ziel, den Menschen bei seinem Bestreben zu unterstützen, sich die Wirklichkeit, die in ihm wohnt, immer mehr anzueignen. Sie soll sich als Äußerung seines Vermögens und seiner Kraft, als Ausdruck seiner Fähigkeit, etwas ganz bestimmtes tun zu können, konkretisieren. Das bedeutet aber, dass dem Menschen die Möglichkeit gegeben werden muss, sich in seinem Charisma zu erproben. Dies verlangt Strukturen des Miteinanders, die menschlich, geistermächtigtem Leben genügend Entfaltungsspielraum bieten. Spielräume allein genügen jedoch nicht. Form und Ausstattung der Räume sowie Auftreten und Gebaren der in ihnen Agierenden muss vielmehr Ausdruck von Kultur sein. Pastoral muss stilbildende Kompetenz realisieren. Wo es darum geht, aus seinem innersten Kern heraus eine eigene Kultur des Lebens zu entwickeln, braucht der Mensch die motivierende und inspirierende Begegnung mit bereits gelebter Kultur.
Lernfelder für den Umgang mit Irritationen. Es gibt keine Lebensermächtigung, der die Erfahrung des Selbstzweifels und der Irritationen erspart bliebe. Die Lebensmächtigkeit des Menschen kann sich dennoch entwickeln, wenn der Mensch in seinem Handeln aus dieser Mächtigkeit heraus stets neu bestärkt und insofern gleichzeitig dafür Sorge getragen wird, dass die unvermeidliche Erfahrung von Rückschlägen und Niederlagen nicht ein entmutigendes Ausmaß erreicht. Wo Pastoral ein lernendes Umgehen mit der Wirklichkeit, von einem anderen gegürtet und dorthin geführt zu werden, wohin man nicht will (vgl. Joh 21,18) gewährleistet, kann diese Erfahrung zu einer beträchtlichen Quelle für theologisches, praktisches und spirituelles Wachstum werden. Dazu muss Pastoral Lernfelder bereithalten, auf denen der Mensch üben kann Irritationen in sein Leben zu integrieren und sich vom Erschrecken über göttliche Interventionen nicht lähmen zu lassen; auf denen er trainiert von der Gott gegebenen Zumutung zu überlegen (vgl. Lk 1,29) Gebrauch zu machen und zu fragen, „wie soll das geschehen?“ (vgl. Lk 1,34). In diesem das Fragen und Auseinandersetzen unterstützenden Umgehen mit Irritationen umfasst ein wirklich lebensbezogenes Konzept von Pastoral „sowohl den ‚Lebensalltag' mit den alltäglichen Aufgaben der Alltagswelt als auch jene Weichenstellungen im Leben des Menschen, die seinen Lebensstrom mit dem Lebensbereich Gottes verbinden“.[51]

[51] MÜLLER, Perspektiven, 54.

7.3.4 Pastoral als Ermöglichung des Lebensganzen

Leben ist ein Lebensganzes. In sich ein Zusammenhang. Und ein Zusammenhang mit anderem Leben. „In sich" heißt Lebensganzes: das im-Lot-sein durch Aushalten elementarer Spannungen wie etwa der zwischen Emotionalität und Rationalität oder Sensibilität und Intellekt. „Im Zusammenhang mit anderem Leben" heißt Lebensganzes: Verschiedenheit und Dynamik, Pluralität und Unentschiedenheit, Eigenbereich, aber nicht Absonderung. – Aus der Sicht der Bibel ist der Mensch in beiden Perspektiven (nach innen wie nach außen) ein Lebensganzes, das, in Phasen, während derer dieses Ganzsein gelingt, „mittig" ist und in Phasen, während derer das Ganze nicht gelingt, „in sich" auseinander bricht, also die Möglichkeit zur Umkehr braucht. Pastoral wird dort zur Ermöglichung des Lebensganzen beitragen, wo sie jede dichotomische Trennung überwinden hilft und Wege aufzeigt, auf denen der Mensch wieder umkehren und neu beginnen kann, wenn er sich in seinem Ganzsein gefährdet oder gar verloren hätte.

Ausbalancierende Pastoral. Lebensganz sein heißt Handeln aus der Mitte heraus. Werner HAHNE hat darauf hingewiesen, wie sehr die Idee von der Mittigkeit des Menschen beispielsweise darauf basiert, „von der cartesianischen Konzeption vom Verstand als dem Eigentlichen und dem hierarchischen Zentrum des Menschen und somit von dem herrschsüchtigen Ich, das seinem Körper befehlend und als Nutzer gegenübersteht, Abschied zu nehmen".[52] Pastoral, die das Ganzsein menschlichen Lebens und das Handeln aus der Mitte heraus befördern will, muss anders denken. Soll „Körper" und „Geist" in ihrer Äquivalenz ausgelebt werden können verlangt dies Vollzüge, die nicht bloß einseitig eine Dimension des Menschen zur Entfaltung bringen, sondern solche, die „Leib" und „Seele" gleichermaßen fördern; Begängnisse, innerhalb derer die Ambivalenz menschlichen Lebens sich ausdrücken kann und die so zu Einübungsorten für ein Leben werden, das aus der Dynamik seiner im Innersten angelegten Spannung heraus handelt. Auf diese Weise die Mittigkeit des Menschen fördern kann Pastoral indessen nur, wenn sie selbst mittig ist, wenn das Handlungsnetz, in das hinein sie sich konkretisiert, ausbalanciert ist; wenn es etwa die Erfordernisse des Individuums auf der einen und der Organisation auf der anderen Seite ins Lot bringt, oder wenn sie – um eine andere Dichotomie zu nennen – dem Anspruch der Professionalität und dem der Spiritualität gleichermaßen genügt.

Prozesse der Umkehr. Die Auseinandersetzung mit anderem Leben im Kontext vielfältigen Beziehungsangebots ermöglicht, bisher nicht wahrgenommene Grenzen und Möglichkeiten des Lebens zuzulassen, zu erkunden und zu versprachlichen. Die Erkenntnis seiner selbst im Umgang mit anderen bleibt dabei ein schmerzhafter Prozess. In der Begegnung mit dem „anderen" Jesus, der das Gericht ist, kann der Verlust der Mitte des Lebens erst recht offenbar und deutlich werden. Sich dem auszusetzen wird freilich möglich, wenn Pastoral

[52] HAHNE, Priesterschaft, 217.

sich darin als Ausdruck der mütterlichen Barmherzigkeit Gottes erweist, dass sie konkretisiert, was es heißt, dass die Identität des Lebens niemals gewaltvoll geschaffen werden kann noch muss. In diesem bergenden „Rahmen" kann es sich der grundsätzlich ermächtigte, zeitweise nicht mehr „mittige" Mensch dann leisten, auf Eigentäuschung zu verzichten und sich dem Umkehrprozess als Erneuerungsvorgang zu stellen. Er kann trauern über das Hässliche des Lebens und bereit sein, sich dem Angebot der Umwandlung zur Schönheit hin auszusetzen. Umkehr geschieht ohnehin nicht durch verdinglicht-gegenständliche Thematisierungen des Glaubens, sondern vollzieht sich in der Teilhabe an der Hinwendung Gottes zu Mensch und Welt in seiner Erniedrigung ("Kenosis", vgl. Phil 2,8). Von daher wird sogar das kritische Sich-Einlassen auf die in dieser Welt nicht mehr umkehrbaren Dimensionen von Wirklichkeit möglich. Die endgültige Realisierung des Lebensganzen ist letztlich vor allem eine endzeitliche Realität. Nicht zuletzt das muss eine Pastoral unter der Überschrift „Helft den Menschen leben" manifestieren.

8. Pastoral-theologische Bestimmung von Leitung

Im folgenden versuche ich die bisherigen Überlegungen zu bündeln, und auf drei Fragen Antwort zu geben. Erstens auf die Frage: Was „ist" Leitung im Sinn einer Sicherstellung, dessen, was in der Kirche zu geschehen hat? Was sind also die elementaren Funktionen von Leitung hinsichtlich der Unterstützung kirchlicher Grundaufgaben? Zweitens auf die Frage: Wie „geht" – im Blick auf die „Beschaffenheit" von Kirche – Leitung? Worin besteht ihr Beitrag, eine spezifisch kirchliche Organisationskultur in ihrer Plausibilität aufrecht zu erhalten? Was „macht" Leitung etwa im Sinn der Gewährleistung einer spezifisch kirchlichen Organisationsstruktur?

8.1 Die angemessene Erfüllung kirchlicher Grundaufgaben unterstützen …

Worin bestehen – theologisch gesehen – die Funktionen von Leitung? Wenn man den Menschen als Bild Gottes und die Welt als dessen Ideogramm versteht, wenn kirchliche Vollzüge in dieser Welt als „Develation", „Konfiguration" und „Transformation" konzipiert werden, wenn Pastoral Erkunden von Lebensgeschichten und Entschlüsseln von Riten, Rückbinden an Gott und Hinwenden zur Welt, bzw. Vertiefen in den Ursprung und Eröffnen eines weiten Horizontes meint, ergeben sich für Leitung, will man sie als Dienst an diesen Diensten verstehen, sechs Funktionen. Ich will sie im Folgenden unter den Überschriften Heuristik und Entwicklung einer Basis-Kriteriologie, Existenzialisierung und Verantwortung für Weltadäquanz, Dynamisierung und Sorge um Kohärenz darstellen.

8.1.1 Develation. Heuristik und Hermeneutik

Die develative Aufgabe der Kirche besteht darin, Gottes Anwesenheit in der Welt zu erkunden und zu entschlüsseln. Die Wahrnehmung der Wirklichkeit Gottes in der Wirklichkeit Welt kann aber nicht in der Form eines „irgendwie" Hinschauens geschehen, sondern muss hinsichtlich ihrer Erkenntnisbedingungen und ihrer Vorgehensweise bedacht sein. Darum wird Leitung zur Unterstützung der develativen Aufgabe heuristisch tätig sein bzw. Grunddaten einer Kriteriologie entwickeln: Wo Gottes Anwesenheit in der Welt erkundet werden soll, braucht es eine Kultur der unverstellten Wahrnehmung von Lebensgeschichten. Wo in den Feiern der Menschen wenigstens annäherungsweise entschlüsselt werden soll, welchen Gott bzw. welche göttlichen „Wirkungen" Riten und Gebräuche darstellen sollen, braucht es Kriterien, an Hand derer Gott als der Gott des Bundes, als der Gott des Jesus von Nazaret, identifiziert werden kann.

Heuristik. Heuristik ist jene Kunst bzw. Wissenschaft, die Prinzipien, Regeln und Methoden des Entdeckens von theoretischen und praktischen Zusammenhängen, von Hypothesen und Theorien auf nicht-deduktiven Wegen erarbeitet.[1] Eine Pastoral des Erkundens von Lebensgeschichten lässt sich per se nicht in deduktiven Begründungs- und Entscheidungsverfahren betreiben. Sie muss sich vielmehr den Menschen selbst, den – wie es in der nord-amerikanischen Seelsorgebewegung treffend charakterisiert worden ist – „living human documents"[2] zuwenden. Dazu ist sie darauf angewiesen, dass ihr Prinzipien, Regeln und Methoden zur Verfügung gestellt werden, die ihr ihre Arbeit ermöglichen bzw. unterstützen. Ohne hier ausführliche Heuristik zu betreiben, will ich doch die Richtungen andeuten, in die m.E. gedacht werden müsste.

a) Prinzip: realitätsgerechte Wahrnehmung des ganzen Lebens. Wer die Wirklichkeit Gottes in der Welt, insbesondere in den Lebensgeschichten der Menschen entdecken soll, muss in die Lage versetzt werden, das Leben als ganzes und ohne Einschränkungen zu seinem theologischen „Suchort" zu machen. Das zu Entdeckende lässt sich nur in Wahrnehmung der ganzen Lebenswirklichkeit finden, vor dem Hintergrund vergangener, bestehender und zukünftiger Lebenswirklichkeit, und zwar gelebter, wie am Leben gehinderter Lebenswirklichkeit. Deswegen muss Leitung die Fähigkeit ausbilden helfen, Wirklichkeit in den Blick zu nehmen, wie sie ist und nicht wie sie herbeigesehnt wird. Die Wirklichkeit der Menschen darf darum z.B. weder dualistisch in profane und heilige Bereiche geteilt, noch als ganze profanisiert oder sakralisiert werden. Genaues Hinschauen verlangt zudem das ständige Mühen darum, der Selbsttäuschung zu widerstehen, das, was für Realität gehalten wird, sei schon das ganze Leben. Eine realitätsgerechte Wahrnehmung von Wirklichkeit muss sich auf deren grundsätzliche Befindlichkeit eines „Nicht – Mehr" und „Noch – Nicht" einlassen, auf ihren prinzipiell provisorischen und damit aber zugleich auch weiterführenden Charakter.

b) Regel: Wahrnehmung der kontextuellen Verfasstheit des Lebens. Leitung wird sich vor allem um die Ausbildung jener Haltung kümmern und die Rahmenbedingungen dafür zu Verfügung stellen, die die Kundschafter dazu quali-

[1] Vgl. HÖRZ, Herbert u. Heinz LIEBSCHER u. Rolf LÖTHER u.a. (Hrsg.): Philosophie und Naturwissenschaften. Wörterbuch zu den philosophischen Fragen der Naturwissenschaften. Bd. 1. A-M. 3. Aufl. Berlin 1991, 365.– JUNGIUS unterschied zwischen drei Graden des Lernens und Erkennens, einem empirischen, einem epistemischen und schließlich einem heuristischen und umschreibt sie folgendermaßen: Wer erst den empirischen Grad erreicht hat, hält das Gelernte noch deshalb für wahr, weil es mit der Erfahrung übereinstimmt. Wer bereits auf der epistemischen oder apodiktischen Stufe steht, versteht es, sein Wissen aus endlich vielen Prinzipien mit strengen Beweisen herzuleiten. Wer aber den höchsten, den heuristischen Grad inne hat, der verfügt über eine Methode, nicht gelöste Probleme zu lösen, neue Lehrsätze zu finden und neue Verfahren in die Wissenschaft einzuführen. – LEIBNIZ kannte zwei Methoden der Heuristik, der Methode der Erfindung: die „via demonstrativa", die auf Definitionen und Axiomen basiert, und die „via indicativa", die eher kombinierend vorgeht, dabei nicht so sehr eruiert, sondern eher suggeriert. Vgl.: RITTER, Joachim (Hrsg.): Historisches Wörterbuch der Philosophie. Bd. 3. Basel 1974, 1115–1120.; Meyers Enzyklopädisches Lexikon, 819.

[2] Vgl. WAHL, Heribert: Pastoralpsychologie–Teilgebiet und Grunddimension Praktischer Theologie. In: BAUMGARTNER, Isidor (Hrsg.): Handbuch der Pastoralpsychologie. Regensburg 1990, 41–61, 47,

fiziert, in die konkrete Lebenswelt der Menschen zu gehen. Ziel dabei ist es, die Bereitschaft der Kundschafter zu fördern, mit den Menschen deren Leben möglichst weitgehend und unverstellt zu teilen, sie anzunehmen, sich auf sie einzulassen, sich für sie zu interessieren. D.h. Kundschafter müssen sich in jene Kontexte einbinden lassen, aus denen die Erfahrungen der Menschen erwachsen. Sie müssen diese kennen, denn sie sind der Resonanzraum, in dem ihre Lebensgeschichten erst ihren Klang, ihre Relevanz und Deutungskraft erlangen.

c) Methode: Ausgang bei den Fragen der Menschen. Leitung unterstützt die Kundschafter vor allem dadurch, dass sie sie ermutigt, nicht zuerst nach den Antworten in den Lebensgeschichten der Menschen zu suchen, sondern nach den Fragen. Denn in den Fragen und Ängsten der Menschen, besonders im Fragmentcharakter ihres Lebens lassen sich die „Anschlussstellen" für Gottes Gegenwart vermuten. „Was ist der Mensch? Was ist Sinn und Ziel unseres Lebens? Was ist das Gute, was die Sünde? Woher kommt das Leid und welchen Sinn hat es? Was ist der Weg zum wahren Glück? Was ist der Tod, das Gericht und die Vergeltung nach dem Tode? Und schließlich: Was ist jenes letzte und unsagbare Geheimnis unserer Existenz, aus dem wir kommen und wohin wir gehen?"[3] Erst im Versuch, gemeinsam mit Fragenden und Suchenden auf das Mehr des wirklichen Lebens in ihrem Leben zu blicken, lässt sich der Versuch wagen, Gottes Anwesenheit in ihren Lebensgeschichten erkunden zu wollen.

Hermeneutik. Oder die Aufgabe, die Bedingungen des Verstehens in Blick zu nehmen und die ihm zu Grunde liegenden Einschränkungen ggf. zu „erweitern", d.h. für einen weiteren Verstehenshorizont zu sorgen. Bisherigem Verstehen dessen, was Religion ist, ist eine Kriteriologie inhärent, mit deren Hilfe vor allem eine bestimmte, historisch geprägte Form christlich-religiöser Präsenz „gemessen" werden konnte. So hat kirchliches Denken und Handeln seinen Horizont und seine Zuständigkeit auf diesen kleinen Ausschnitt religiöser Existenz reduziert. Aber die Welt „drum herum" ist nicht schon allein deswegen religionslos, weil die entsprechende kirchliche Perspektive eingeschränkt ist. Eine Pastoral der Develation, die die Aufgabe hat, die Gottverbundenheit der Menschen aus ihren Ritualen zu entschlüsseln, wird nur auf Grund einer deutlich erweiterten Wahrnehmungs- und Verstehensperspektive möglich sein.

a) Prinzip: ein weites Verständnis von Religion. „Für Christen (und Theologen allemal) ist eine inhaltliche Bestimmung evident, als Religion jene Inhalte, Rituale und Handlungen zu verstehen, wie sie die christlichen Kirchen als Offenbarungsreligion vertreten. In dieser Religion sind sie heimisch und auf diese richten sie ihr hauptsächliches Augenmerk."[4] Neben diesem christlich-substantiellen Religionsverständnis gibt es allerdings weitere Definitionsversuche des

[3] NA 2.

[4] ZIEBERTS, Hans-Georg: Religion, Christentum und Moderne. Veränderte Religionspräsenz als Herausforderung. Stuttgart–Berlin–Köln 1999, 16.

Phänomens Religion. Max WEBER hat in diesem Sinn Religion als ‚Sinnganzheit der Welt‘ verstanden, Peter L. BERGER spricht von Religion als ‚Kosmisierung des sozialen Gefüges‘, nach Niklas LUHMANN macht Religion das ‚Unbestimmbare bestimmbar‘ und für Paul TILLICH ist Religion das, ‚was den Menschen unbedingt angeht‘. Alle diese Definitionsversuche laufen darauf hinaus, Religion als die „Kultur der Symbolisierung letzter Sinnhorizonte in der alltagsweltlichen Lebensorientierung‘ zu begreifen“[5]. Eine „realitätsgerechte“ Wahrnehmung dessen, was der Mensch in religiösen Ritualen, Riten und Gebräuchen ausdrückt, braucht ein solchermaßen weites Verständnis von Religion.

b) Regel: sich einlassen auf Synkretismen. Wer die vielen Gestalten von Religion, wie sie im gegenwärtigen kulturellen Kontext entstehen, tatsächlich wahrnehmen will, muss verstehen lernen, wie sich Religion heute ereignet. Dazu ist es unerlässlich, beide Religionsverständnisse, das christlich-substantielle, wie das funktionale, „in den Blick zu nehmen und in der Reflexion zwischen ihnen zu oszillieren.“[6] Denn Menschen modellieren sich – sich auf beiden Feldern bedienend – im Hinblick auf für sie relevante alltagsweltliche Aporien ihr persönliches religiöses Symbolsystem. Sie bedienen sich aus dem Vorrat kulturell präsenter religiöser Semantiken und ergänzen diese durch Semantiken aus anderen Bereichen. Daraus entstehen individuelle Religionsstile in der Form selbst erstellter subjektiver Synkretismen. Auf diese Synkretismen gilt es sich kritisch einzulassen, nicht nur weil sie bis an das religiöse Bewusstsein kirchlicher Christen heranreichen und nicht bloß eine ‚außerkirchliche‘ Erscheinung sind. Vor allem deswegen, weil sich zeigt, jedenfalls dann, wenn man die allgemein meist negative Konnotation des Begriffes Synkretismus bei Seite lässt und ihm gegenüber ein analytisches Verhältnis einnimmt, „dass die gesamte Christentumsgeschichte ein vielgestaltiger Synkretismus ist, bei dem es immer darum ging, in Austauschprozessen mit der Umwelt die eigene Identität zu sichern. Dies geschah nicht nur abgrenzend, sondern auch durch Addition, Anpassung, Vermischung, Harmonisierung, Übersetzung oder Einschmelzung fremder Traditionsbestände“.[7] Einen positiven Zugang zu Synkretismen zu ermöglichen ist Sache der Leitung.

c) Methode: der Umschlagplatz. Dazu muss Leitung Umschlagplätze wollen, auf denen „alte“ Semantiken bzw. Gestalten von Religiosität und neue, „synkretistische“ miteinander ins Gespräch gebracht werden. Dabei ist ihr Interesse weder die Inkorporation aller möglichen Religionsäußerungen in die Praxis christlicher Religion noch die Affirmation christlichen Religionsverständnisses, dahingehend, dass alle religiös benennbaren Phänomene unbesehen gefeiert werden. Es geht zunächst um das Verstehen dieser Phänomene und dann – gegebenenfalls – um einen vorsichtigen Weiterbau an den bisherigen Gestalten

5 GRÄB, Wilhelm: Religion in der Alltagskultur. In: GRÖZINGER, Albrecht u. Jürgen LOTT (Hrsg.): Gelebte Religion. Rheinbach 1997, 30–43, 33.

6 ZIEBERTS, Moderne,16.

7 Ebd. 45.

religiöser Formen, auf mehr Anschlussfähigkeit hin, wofür seit dem II. Vatikanum der fast unübersetzbare Begriff aggiornamento steht.

8.1.2 Konfiguration. Transzendenzfähigkeit und Weltadäquanz

Die Symbolisierung der Anwesenheit Gottes in der Welt als Gestaltwerdung von Christusbezogenheit und -verbundenheit der Menschen ist eine wesentliche Aufgabe der Kirche. Darin wird ihre sakramentale Grunddimension konkret. Diese Gestaltwerdungen erweisen sich in ihrem sakramentalen Charakter als Rückbindungen an Gott und als Hinwendungen zur Welt. Um der Rückbindung an Gott willen müssen diese Vollzüge existentiell, um der Annahme der Welt willen weltadäquat sein. Leitung hat beides zu garantieren: die Transzendenzfähigkeit und die Weltadäquanz dieser Vollzüge.
Transzendenzfähigkeit. Pastoral dient der Gestaltwerdung der Beziehung des Menschen zu Gott. Diese „In-Christus-Hinein-Verwurzelung" soll dabei eine Form annehmen, in der der Mensch zu Gott und zu sich selbst kommen kann. Sie soll ihn einführen (agein) in jenes Geheimnis (Mysterium), welches das Leben Gottes und des Menschen ist. Diese Hineinverwurzelung oder „Religio" im Sinne von Rück- und Hineinbindung verdichtet sich zu einem gelebten und gestalteten Symbolsystem. „Religionen sind Symbolsysteme. Es kann darum keinerlei religiöse Betätigung geben, die nicht symbolische Kommunikation wäre."[8] Innerhalb dieser Symbolsysteme wird dann mit einer Vielfalt von Zeichen gearbeitet, die zum Sinnbild für etwas werden, das das bloße Hier und Jetzt übersteigt, zum Symbol für Überzeitliches.
a) Prinzip: Doppelte Existentialität. Zeichen dürfen nicht nur in einem zufälligen Ähnlichkeitsverhältnis zu dem stehen, was sie bezeichnen oder gar so „funktionieren", dass sie wie ein nicht genau genug ausgerichteter Spiegel eine Wirklichkeit einfangen, die haarscharf neben der liegt, die mit ihnen eigentlich bezeichnet werden sollte. In diesem Sinn verstanden kann man sagen: Transzendenzfähig sind kirchliche Vollzüge, wenn sie existentiell sind. Wenn sie sich auf Gott ausrichten wie er ist und wenn sie in der Tat „das unmittelbare Dasein eines einzelnen, bestimmten Menschen betreffen".[9] Leitung wird Anwalt der Existenzialität von Gestaltwerdungen sein und sich darum mühen, dass in kirchlichen Vollzügen jenes hohe Maß an Ernsthaftigkeit und Ehrlichkeit die Gestaltarbeit ausmacht, das es braucht, um sich Gott und dem Menschen wirklich anzunähern.
b) Regel: Wirklich verweisfähig auf Gott sind kirchliche Gestaltvollzüge nur, wenn sie sich widerständig verhalten gegenüber dem Strom der Platitüden und Selbstverständlichkeiten und es vermögen, mit der „karsamstaglichen Spannung"[10]

8 HALBFAS, Hubertus: Religionsunterricht in der Sekundarstufe. Lehrerhandbuch 6. Düsseldorf 1993, 91.

9 HALDER, Alois u. Max MÜLLER: Philosophisches Wörterbuch. 3. Aufl. Freiburg–Basel–Wien 1997, 86.

10 FUCHS, Niederlage, 300.

göttlicher und menschlicher Wirklichkeit umzugehen. So verstanden, erweist sich die Qualität der Pastoral der Gestaltarbeit darin, dass es ihr gelingt, die auf Gott und den Menschen hin auszulotende Wirklichkeit in ihrer Gesamtheit und wahr darzustellen. Transzendenzfähigkeit geht dagegen verloren, wenn nur noch theologische Mühlen klappern, ohne dass sich Korn zwischen den Mühlsteinen befindet. Soll Wahrheit in ihrer Gott und den Menschen unbedingt anbelangenden Dimension zum Ausdruck gebracht werden, muss es möglich sein, Wirklichkeit so zu ver-dichten, dass in ihr die Rede vom Menschen und von Gott jene Heiligkeit bewahrt, die nach Kurt MARTI den „Dichtern eigen ist, den Priestern und Theologen aber immer wieder abhanden kommt".[11]

c) Methode. Leitung nimmt die „Außenseiten" kirchlicher Vollzüge in Blick, die Bilder, Zeichen, Gesten, Geschichten, Feste oder liturgischen Akte, und fragt kritisch: verweisen diese auf das Geheimnis Gott oder spiegeln sie schlicht die Bedürfnisse jener wider, die sich mit der Trivialität des Daseins nicht abfinden können? Ist letzteres der Fall, werden sie schnell zu Konglomeraten von Vereinfachungen und Stereotypen und lösen die Wahrheit von Gott und vom Menschen in eine bloße „Kitsch-Welt" auf. Dann bestimmt die Banalität der „Vorspiegelung falscher Tatsachen und Vortäuschung nicht vorhandener Gefühle"[12] das Geschehen. Es liegt in der Verantwortung der Leitung, dies zu verhindern. Das wird sie besonders dadurch tun, indem sie für Orte der Unterbrechung und der Aus-Zeit sorgt und Räume zur Verfügung stellt, innerhalb derer die Rede vom Karfreitag Gottes möglich sein muss und in denen Platz sein muss besonders für jene Menschen, deren Lebensweg in die erschreckendste Gestalt von Alleinsein, das Sterben, geführt hat.

Weltadäquanz. Die Existenzialität kirchlicher Vollzüge erweist sich im Maß der Ernsthaftigkeit, mit der sie sich Gott und dem Menschen annähern. Sie haben das, was zur Beziehungswirklichkeit Gott – Mensch gehört, verdichtend darzustellen. Dabei taugen kirchliche Vollzüge nur dann als Form und Möglichkeit der Menschwerdung des Menschen, wenn sie gleichzeitig die Welt annehmen und sie in Adäquanz zu ihr gestaltet werden.

a) Prinzip: Die Gesetze der Welt. Es geht bei der Pastoral der Gestaltarbeit darum, Maß an der Christologie der Menschwerdung Gottes in der Welt zu nehmen. Die Pastoralkonstitution des II. Vatikanums hat das so gedacht: „Die Menschwerdung des Wortes Gottes ist an einem bestimmten Punkt des Raumes und einem bestimmten Augenblick der Zeit geschehen. Die Person Christi ist durch die Merkmale ihrer geographischen und historischen Koordinaten geprägt. Die Kirche steht unter dem gleichen Gesetz."[13] Die Inkarnation Gottes in Jesus Christus nimmt die Welt an, erfolgt mitten in die Alltagswelt hin-

[11] Zit. nach Carsten P. THIEDE (Hrsg.): Christliche Literatur des 20. Jahrhunderts. Bd.1. Wuppertal 1985, 3.

[12] HAHNE, De arte celebrandi, 175.

[13] SUENENS, Mitverantwortung, 157.

ein und meidet alles Mirakelhafte und Spektakuläre.[14] Es hat Kirche immer um das Reich Gottes zu gehen, „um die Realisierung dieser großen Vorstellung Jesu unter den Bedingungen von Zeit, Raum und menschlicher Unzulänglichkeit, aber auch menschlicher Wachstumschancen und menschlich möglicher Grenzerweiterung".[15]

b) Regel: Das Material der Welt. Es ist kein Zeichen der Ehrfurcht vor Gott und schon gar kein Hinweis dafür, dass die Welt ernstgenommen würde, wenn die „Materie" gerade auch in den sakramentalen Gestaltvollzügen „spiritualisiert" wird. Als Mensch kann der Mensch in diesen Vollzügen nur dann zu sich und seinem Gott kommen, wenn er darin als mit sich selbst identisch vorkommt. Das setzt voraus, dass diese Vollzüge adäquat, „werkstoffgerecht", d.h. dem „Werkstoff" Welt entsprechend angemessen gestaltet sind. Nicht in der Flucht aus der Welt, sondern nur in der Welt und mit ihr als „Material" gewinnt eine überzeugende und attraktive tatkräftige Vorabbildung des Gottesreiches Gestalt. Nur in der Welt kann das Reich Gottes eschatologisch zum Vorschein kommen. Die Kunst etwa der romanischen und gotischen Kathedralen oder der prächtigen Kirchenbauten des Barock und des Rokoko feiert das Angebrochensein und die kommende Vollendung der Gottesherrschaft, weil sie diese Welt zwar überschreitet, aber gerade in ihrem „Material" bleibt. Vergleichbares gilt für die Sprache kirchlicher Vollzüge. Denn „Sprache [...] birgt den Menschen, in der Sprache findet der Mensch zu seiner Identität, Sprache ist Leben."[16] Kirchliche Vollzüge müssen in die Sprache der Welt hinein kommuniziert werden, und zwar in die authentische Sprache dieser Welt. „Weltauthentisch" ist die Sprache, die präzis und gehaltvoll genug ist, um als Orientierung für eine individuelle und institutionelle Reflexion und Handlungsweise zu fungieren. Aber gerade darum wird es sich dabei um eine Sprache handeln, die vor allem die Ketten behaupteter Plausibilitäten durchbricht, statt sich in Formeln und Klischees zu erschöpfen. Nur so wird sie zur möglichen Ausdrucksform des ganzen Lebens, indem mit der formelhaften Sprache auch der Glaube formel- und klischeehaft wird. Sie muss so wenig vorgeprägt und eingeschränkt sein, dass mit ihr „die Muster und Denkschablonen des Vorhandenen durchkreuzt, zerbrochen und überstiegen werden" können.[17] In ihr muss sich das Angesprochen-Werden des Menschen und sein Ant-Worten ausdrükken können. In ihr muss der Mensch sich erleben können als ein vom Wort Gerufener, als ein zur Sprache Ermächtigter, als einer, der etwas zu sagen hat. Authentizität der Sprache ist ein zentrales Merkmal der Weltadäquanz kirchlicher Vollzüge. Aufgabe der Leitung ist es, dafür zu sorgen, dass kirchliche Vollzüge Vollzüge in der Welt sind: an den Orten dieser Welt, in den Aus-

14 Vgl. SAUER, Ralph: Mystik des Alltags. Eine Spurensuche. Freiburg–Basel–Wien 1990, bes. 69 f.

15 TZSCHEETZSCH, Loslassen, 302.

16 GASTGEIGER, Franz: Ein Wort verändert den Menschen. In: Hubert WINDISCH (Hrsg.): Mut zum Gewissen. Einladung zu einer riskanten Seelsorge. Regensburg 1987, 129–161, 130.

17 OTTO, Gert: Rhetorisch predigen: Wahrheit als Mitteilung. Gütersloh 1981, 13.

drucksformen dieser Welt, in der Sprache dieser Welt, in den Zeichen dieser Welt, mit den Materialien und Elementen dieser Welt. Und zwar der heutigen Welt!
c) Methode: Das Wissen der Welt. Kirchliche Vollzüge laden den Menschen ein und muten ihm gleichzeitig zu, mit seinem ganzen Leben, seiner ganzen Geschichte und in seiner komplexen Welthaftigkeit vor Gott zu treten. Sie sollen ein Ort sein, wo der Mensch sich selbst ganz und gar erfährt. Darum braucht es zu deren Konstruktion ein möglichst umfängliches Wissen. Dies zu gewährleisten, ist Sache der Leitung. Sie bringt „ihre" Konstrukteure mit anderen Wissenschaften in Kontakt, damit sie zu einer adäquateren Kenntnis ihres Reflexionsgegenstandes Mensch kommen und zu einer „besseren" Konzeption der auf ihn bezogenen Praxis kirchlicher Vollzüge. Es braucht die Begegnung mit den Human- bzw. Sozialwissenschaften. Deren Methoden, Instrumentarien und Erkenntnisse gilt es zur Kenntnis zu nehmen. Insbesondere die zentralen Hinweise aus diesen Bereichen müssen fachgerecht rezipiert und eigenständig verarbeitet werden.

8.1.3 Transformation. Implementierung und Relatierung

Die Welt als Welt Gottes prägend und gestaltend auf ihrem Weg vom „schon" jetzt zum „noch mehr" des verheißenen endgültigen Reich Gottes zu begleiten und im Heiligen Geist dabei einen Beitrag zu ihrer Heiligung und Wandlung zu leisten, ist das, was ich die „transformatorische" Aufgabe der Kirche nenne. Dazu muss sie einerseits immer wieder an die Wurzeln ihrer Herkunft geführt und andererseits auf die Vielfalt möglicher Zu-künfte hin entgrenzt und geöffnet werden. Pastoral konkretisiert sich dabei im Gang an die Wurzeln und im Ausschau halten nach „verbündbaren" Visionen. Leitung, die ersterem dient, übernimmt das Geschäft der Implementierung; Leitung im Dienst der Visionsarbeit sucht nacht „strategischen Partnerschaften" und müht sich um das Herstellen von Kohärenz, betreibt also „Relatierung".
Implementierung. „Was muss getan werden, um eine Organisation und die Mitarbeiter vom gegenwärtigen Zustand weg und zum idealen zukünftigen Zustand hin zu bewegen? Welche Aktionen braucht man innerhalb und außerhalb der Organisation? Wer muss vom Veränderungsziel und -plan überzeugt sein und ihn unterstützen? Welche Messkriterien sollen benützt werden, mit deren Hilfe man beurteilen kann, ob man erreicht hat, was man erreichen wollte? Was muss unternommen werden, um sicherzustellen, dass die geplante Veränderung auch tatsächlich von Dauer ist? Nachdem gut sichtbar ist, was alles im Veränderungsprozess getan werden muss: Wie sollen diese Tätigkeiten organisiert werden? Welche Personen oder Gruppen sollen das tun?"[18] Das sind Fragen, die im Kontext notwendiger Implementierungen gestellt werden. Vor der Auseinandersetzung mit diesen Fragen muss Leitung für sich selbst jedoch Grundsätzliches bedenken und klären.

[18] CZICHOS, Reiner: Chance-Management. 3. Aufl. München–Basel, 1997, 384ff

a) Prinzip: Selbsterneuerung vor jeder Implementierung. Leitung hat im Implementieren, d.h. Dynamisieren dessen, was die Schrift an Ur-kunde ekklesialen Selbstverständnisses bereithält, die Bedingungen für den Transformationsprozess von Kirche zu schaffen. Sie muss die dazu notwendige Wurzelarbeit nicht unbedingt selbst leisten. Sie muss auch nicht – jedenfalls nicht allein – die Frage nach dem Bedarf nach Änderung oder Neuerung erheben, Sachfragen klären und Ziele formulieren; sie müsste nicht einmal selbst Konzept und Implementierungsplan entwickeln.[19] Dass es aber zum Wandel kommt, dass Implementierungsinitiativen beginnen und möglichst gut gesteuert an ihr Ziel kommen, dass es also Veränderungen gibt, liegt explizit in der Verantwortung der Leitung. Implementierungsmaßnahmen sind Sache der Bischöfe, wie es z.B. die Liturgiekonstitution des Konzils eindeutig festlegt.[20] Gerade deswegen müssen die Leitenden zuerst selbst Maß nehmen an der Schrift und sich je neu wandeln. Das Konzil hat recht: „Die erstrebte Erneuerung der gesamten Kirche hängt zum großen Teil vom priesterlichen Dienst ab, [...] dessen ist sich die Heilige Synode voll bewusst."[21]
b) Regel: die explizite Verantwortung der Leitung hinsichtlich möglicher bzw. notwendiger Implementierungen bezieht sich vor allem auf zwei Voraussetzungen. „Implementierung bezeichnet grundsätzlich die gewollte und geplante Veränderung eines Ist-Zustands in einen Soll-Zustand durch Einführung eines bekannten Implementierungsobjekts, das auf Grund seiner Veränderlichkeit während der Einführung einen eigenen Gestaltungsbedarf besitzt."[22] Dieses Gestalten basiert auf zweierlei Grunddaten. Erstens: Ursprüngliches soll nicht verschüttet, die Bindung daran nicht gelöst werden. Zweitens: Genau so wenig darf die Gegenwart vergewaltigt werden. Auch ihr muss Gerechtigkeit widerfahren. Der Vorgang, der beides verbindet, ist ein dynamischer Prozess. Soll das Ergebnis des Ganges zu den Wurzeln für das Hier und Jetzt kirchlicher Wirklichkeit einen Handlungsimpuls darstellen, muss überhaupt der Zugang zum Urgrund gewonnen und das dort Entdeckte auf die Grundlagen heutigen gesellschaftlich-kirchlichen Lebens hin angepasst werden. Gleichzeitig ist die Frage zu klären, was es am Ende an Akzeptanz braucht, bevor Neues im Bisherigen verankert werden kann.
c) Methode: Förderung einer Kultur des Umganges mit den Anfängen und damit einer Kultur des Wandels. In der Dynamik des Anfangs gründet die Notwendigkeit der Dynamik als Prinzip kirchlichen Lebens überhaupt. Nur in der Beschäftigung mit der Heiligen Schrift wird die Suche nach Apostolizität möglich, das Unterfangen „im Rahmen der Bestimmung der eigenen Situation und der Legitimation des eigenen Standortes sich des Ursprungs zu vergewis-

[19] Vgl. zu diesen Einzelaufgaben: GÄRTNER, Heribert W.: Leiten als Verantwortung für Veränderungen. In: DERS (Hrsg.): Leiten als Beruf. Mainz 1992, 119–129.
[20] Vgl. SC 21.
[21] OT 1.
[22] ZEYER, Ulrich: Implementierungsmanagement. München–Mering 1996, 7.

sern".[23] Dies geschieht jeweils in der Auseinandersetzung mit jener Dynamik, von der schon das Urkerygma der Schrift beredtes Zeugnis gibt. Damit diese Auseinandersetzung möglich und fruchtbar wird, muss Leitung jene „Schrift"-Kultur fördern, „sich nach allen Dimensionen auf die Geschichtlichkeit und Menschlichkeit der in der Geschichte Jesu erfolgten Offenbarung Gottes einzulassen".[24] Will Leitung Implementierungsmaßnahmen ermöglichen, muss sie zuerst den Gang möglichst vieler zu den Quellen unterstützen. D.h. sie muss dafür sorgen, dass, wie es das II. Vatikanum im Dekret über die Ausbildung der Priester fordert, die Heilige Schrift wieder „die Seele der ganzen Theologie"[25] ist. Wo die Heilige Schrift im Zentrum der Suche nach dem Ur-grund des Lebens steht, wird es im Umgang mit ihr vor allem um das Ergründen der Ur-Taten gehen, „die Gott in der Heilsgeschichte gewirkt hat, und der damit verbundenen Worte, durch welche Gott selbst seine Taten erklärt wissen will."[26] Leitung trägt darüber hinaus die Verantwortung für ein Implementierungsfreundliches Klima, zentrale Voraussetzung dafür, dass das, was mittels der „Wurzelarbeit" zutage tritt, als die Kirche grundlegend tragend – nun übersetzt wird, d.h. an die veränderte Situation angepasst – auch im Jetzt der Kirche bestehen und Gültigkeit haben kann. Leitung sorgt dafür, dass der Begriff Wandel positiv besetzt ist. Dies ist aber nur dann möglich, wenn Leitung, wie das das II. Vatikanum getan hat, immer neu in Erinnerung ruft, dass Kirche wesenhaft „Ecclesia peregrinans" und als „Ecclesia viatorum" eine „Ecclesia semper reformanda" ist. Damit erinnert sie an die biblische Grunderfahrung, dass Nachfolge – im Alten und im Neuen Testament – mit Aufbruch, Wagnis, Unterwegssein verbunden ist. In den Paulus-Briefen beispielsweise begegnen wir nirgendwo fertigen Gemeinden. Die biblischen Texte sind voller Wachstumsbilder, die für das Reich Gottes, für das Leben Jesu selber, für den Glauben des Christen und für die Gemeinde in der Nachfolge Jesu gültig sind.

Relatierung. Die Effektivität und Effizienz seitens der Kirche initiierter möglicher Maßnahmen zur Transformation von Gesellschaft und Welt kann entscheidend gesteigert werden, wenn sie mit Maßnahmen anderer gekoppelt werden. Dafür trägt Leitung die Verantwortung. Die Suche nach Verbündeten und nach strategischen Partnerschaften ist ihr Geschäft.

a) Prinzip. Da Kirche kein „Selbstzweck", sondern „Mittel zum Zweck", Sakrament, d.h. Zeichen und Werkzeug für die Welt ist, wird sich ihre Erneuerung gerade im Durchbrechen von Selbstverschlossenheiten und dem Widerstand gegen alle Versuchung zur Selbstghettoisierung konkretisieren. Nur von da aus wird sich ein Beitrag zur Verwandlung der Welt leisten lassen. Wer dies will – und Leitung muss dies wollen – der muss zum einen die Arbeit der „eigenen" Visionäre unterstützen und zum anderen dafür sorgen, dass diese auch

[23] VÖGTLE u. OBERLINNER, Anpassung, 37.
[24] VÖGTLE, Dynamik, 55.
[25] OT 16; vgl. dazu auch DV 24.
[26] STAKEMEIER, Eduard: Die Konzilskonstitution über die göttliche Offenbarung. Paderborn 1966, 105.

in Kontakt kommen mit den vielen Visionären außerhalb der Kirche. Die Ermöglichung einer solchen „Kohärenz" ist Sache der Leitung.
b) Regel: Wahrung des Abstandes. Nicht nur zur Förderung des Eigenen muss Leitung immer wieder einen exponierten Standpunkt einnehmen. Auch wer Eigenes in Zusammenhang mit Anderem stellen und in diesem Zusammenhang bewerten will, muss außerhalb stehen. Leitung muss immer wieder einen Standpunkt einnehmen, der auf möglichst verschiedene Wirklichkeiten Ausblick gewährt: auf möglichst vieles, wofür „heutige gesellschaftliche Dynamik,"[27] „Dynamik der Gegenwart"[28] steht. Von da aus muss Leitung Zusammenhänge herstellen zwischen verschiedenen Visionen und Szenarien. Das bedeutet durchaus auch die Förderung des alltäglichen Dialoges „all der Menschen verschiedener Religionen, die sich täglich und stündlich in aller Welt bei allen möglichen Gelegenheiten treffen und besprechen".[29] Spiritualität und Professionalität von Leitung erweist sich darin, inwieweit es ihr gelingt, hier dauerhaft reflektierend tätig zu werden und „die Dinge [...] aus einer gewissen Distanz zu betrachten, ohne sich zu ‚distanzieren'".[30]
c) Methode: Relativierung der eigenen Visionäre und Kontaktaufnahme mit „Fremdpropheten". Es ist Aufgabe der Leitung, im Dialog mit kirchlichen Visionären das kritisch zu beleuchten, was diesen zukunftsverheißend scheint und was sie „Vision" nennen. Es braucht das, was Hermann STENGER unter dem Titel „Institutionalisierung einer auf die Kirche selbst bezogene Ideologiekritik" vorschlägt.[31] Es muss die Frage gestellt werden: Handelt es sich bei dem, was Visionäre sehen, um ein auf sie zukommendes Bild, Zu-kunft, oder um eines, das von ihnen ausgeht und lediglich ihre und der Kirche Innenwelt widerspiegelt und auf Zukunft hin projiziert? Damit wird die Arbeit der Visionäre nicht disqualifiziert. Sie wird allerdings relativiert und damit davor bewahrt, als Selbstzweck organisiert bzw. verstanden zu werden. Leitung hat denen gegenüber, die im Dienst der Visionsarbeit stehen, darüber hinaus die Funktion, zu kohärieren d.h. ihre Arbeit in den Zusammenhang ähnlich gelagerter Bemühungen anderer zu stellen. Dazu muss sie – nicht in erster Linie die Visionäre – aus der etwa vorhandenen falschen Binnenkirchlichkeit heraustreten. Dann hat sie aber vor allem der Frage nachzugehen, welche erkenntnisleitenden Interessen verschiedenen fremden Zugängen zur Zu-kunft zugrunde liegen, und ob bzw. inwieweit es Konvergenzen bzw. Kompatibilitäten zwischen den entsprechenden Visionen gibt. Dann wird sie, wo dies möglich ist, für den Dialog sorgen, der das, was innerhalb der Kirche an Zukunft für die Welt gesehen wird, mit dem ins Gespräch bringt, was außerhalb der Kirche ge-

27 GS 42.
28 GS 41.
29 KÜNG, Weltethos, 170.
30 STENGER, Kompetenz, 94
31 Vgl. STENGER, Hermann: Für eine Kirche, die sich sehen lassen kann. Transparenz als pastoraltheologische Leitidee. In: Ehrenfried SCHULZ u. Hubert BROSSEDER u. Heribert WAHL (Hrsg.): Den Menschen nachgehen. Offene Seelsorge als Diakonie in der Gesellschaft. St. Ottilien 1987, 65–78, bes. 67 f.

schaut wird. Ziel dieses Dialoges ist es, das Wechselspiel zwischen einzelnen Visionen in Gang zu setzen. Denn erst in diesen Zusammenhängen ist zu erwarten, dass Realisierungsmöglichkeiten in den Blick kommen, die angesichts heutiger vielfältiger und komplexer gesellschaftlicher Problemstellungen kreative Lösungsmodelle darstellen, um diese Welt dem näher zu bringen, wie sie als Schöpfung Gottes angelegt und gedacht ist. Insofern schärft erst die gemeinsame Suche nach der Wahrheit in der Verschiedenheit der Überzeugungen den Blick für die letztverbindende Wirklichkeit.

8.2 Die Plausibilität spezifisch kirchlicher Organisationskultur erhalten ...

„Nicht jeder meint dasselbe, wenn er von Kirche oder kirchlicher Einrichtung und Unternehmenskultur redet.“[32] Was unter Kirche verstanden wird, was als Merkmale ihrer Kultur gilt, hängt vom Gottes-, Welt- und Menschenbild des jeweiligen Betrachters ab. Denn die Basis einer jeden Organisationskultur bildet eine bestimmte Sicht von Wirklichkeit. Sie drückt sich in Wertvorstellungen, Normen und Verhaltensstandards aus und wird in Vermittlungs- und Darstellungsmustern, also in Symbolsysteme hinein verdichtet. Unter Organisations- bzw. Unternehmenskultur versteht man „die Gesamtheit der in der Unternehmung bewusst oder unbewusst kultivierten, symbolisch oder sprachlich tradierten Wertüberzeugungen, Denkmuster und Verhaltensnormen, die sich im Laufe des erfahrungsreichen Umgangs mit den Anforderungen der unternehmerischen Existenz- und Erfolgssicherung nach außen sowie der Sozialintegration nach innen entwickelt und bewährt haben und die deshalb den Unternehmensangehörigen als gültige Formen des Wahrnehmens, Denkens, Urteilens, Sprechens und Verhaltens vermittelt werden“.[33] So muss im folgenden von Überzeugungen gesprochen werden, die die Eigendefinition der Kirche prägen. Dabei wird es auch immer um Elemente einer gemeinsamen Orientierung und um jene Grundwerte gehen, die das Handeln jedes einzelnen Mitgliedes prägen sollen. Daraus ergeben sich aber auch spezifische, d.h. organisationsadäquate Formen, Wirklichkeit zu gestalten.[34]
Das II. Vatikanum versteht Kirche als Ikone, als vergegenwärtigendes Abbild und Teilhabe an der trinitarischen Communio zwischen Vater, Sohn und Heiligem Geist.[35] Theologischer Ausgangspunkt des Communiobegriffs ist also die innertrinitarische Communio und der Anteil, den der dreieinige Gott den Menschen an seiner Gemeinschaft gibt; auch im Sinne der Bedingungen für das

[32] BEULE, Georg u. Christoph DROHLSHAGEN: Grundsätzliche Aspekte zur Beratung und Weiterbildung in kirchlichen Systemen. In: Organisationsentwicklung 16 (1997) 26–36, 30.

[33] ULRICH, Peter: Unternehmenskultur. In: Waldemar WITTMAN u.a. (Hrsg.) Handwörterbuch der Betriebswirtschaft Bd. 3 Stuttgart 1993, 4351–4366, 4352.

[34] Vgl. dazu SCHREYÖGG, Georg: Organisationskultur. In: Erich FRESE (Hrsg.): Handwörterbuch der Organisation.3 Aufl. Stuttgart 1992, 1525–1537, vgl. bes. 1526.

[35] Vgl. z.B. LG 4, UR 2.

Communiodenken und -leben der Kirche. Aus dieser Konzeption einer „trinitarischen communio" ergeben sich Konsequenzen für die Kultur kirchlicher Organisation,[36] aus den drei ekklesialen Grunddaten Partizipation, Instauration und Antizipation die Grundprinzipien Dialog, Kooperation und Kollegialität.

8.2.1 Dialog

Im II. Vatikanum „wird die Haltung des Dialoges, des verstehenden Sich-Anpassens an den anderen zur Grundnorm gelebten christlichen Daseins gemacht." [37] Diese Grundhaltung wird auf die Kirche als ganze hin ausformuliert: „Da es der Kirche aufgegeben ist, mit der menschlichen Gesellschaft, in der sie lebt, in ein Gespräch zu kommen, ist es in erster Linie Pflicht der Bischöfe, zu den Menschen zu gehen und das Gespräch mit ihnen zu suchen und zu fördern."[38] Der Dialog ist aber nicht nur Grundprinzip bischöflichen „Verfahrens mit der Welt". Er ist die Haltung, die auch von den Priestern verlangt wird: Bei der Priesterausbildung sollen besonders die Eigenschaften gefördert werden, „die am meisten zum Dialog mit den Menschen dienen: die Fähigkeit, andere anzuhören und im Geist der Liebe sich seelisch den verschiedenen Situationen menschlicher Beziehungen zu öffnen".[39] Im Laiendekret wird der Dialog mit der Welt zur zentralen Aufgabe kirchlicher Sendung erklärt: „Die zeitliche Ordnung ist so auszurichten, dass sie, unter sauberer Wahrung der ihr eigentümlichen Gesetze, den höheren Grundsätzen des christlichen Lebens entspricht, dabei jedoch den verschiedenen Situationen der Orte, Zeiten und Völker angepasst bleibt."[40] Darum sollen die Katholiken bestrebt sein, „mit allen Menschen guten Willens zur Förderung all dessen zusammenzuarbeiten, was immer wahr, gerecht, heilig, und liebenswert ist. Sie mögen mit ihnen im Gespräch bleiben, mit Klugheit und Menschlichkeit ihnen zuvorkommen [...]."[41] Der Dialog ist die Seele des Reformwerkes [42], um das es dem II. Vatikanischen Konzil ging. Denn der Dialog geht nicht nur in die Weite, zu denen draußen – sondern er ist auch belebendes Prinzip für das Innere der Kirche. Er ist ein wesentliches Kulturprinzip[43] der Kirche. Aufgrund des grundsätzlich begrenzten Erkennens des Menschen kann Wirklichkeit immer nur bruchstückhaft erfasst werden, können wir sie – so RATZINGER – „immer nur von einer Seite betrachten und so je einen bestimmten Aspekt erfassen, der dem anderen zu widersprechen scheint und der doch nur zusammengehalten mit ihm ein Verweis

[36] Sie z.T. auch rechtlich fixiert: z.B. die fundamentale Gleichheit aller Getauften in den Canones 204 bzw. 208; die freie Verantwortlichkeit als Glied der Kirche oder das Prinzip der Partizipation in den Canones 209–217; 756–759; 834–836 CIC.

[37] PLATE, Manfred: Weltereignis Konzil. Freiburg 1966, 291.

[38] CD 13.

[39] OT 19.

[40] AA 7.

[41] AA 14.

[42] Vgl. PLATE, Weltereignis, 291 f.

[43] Vgl. ebd. 94.

auf das Ganze ist, das wir nicht zu sagen und zu umgreifen vermögen. Nur im Umkreisen (und nur im immer neuen Korrigieren, Ausloten und Verbessern), im Sehen und Sagen von verschiedenen, scheinbar gegensätzlichen Aspekten her gelingt uns das Hinüberweisen auf die Wahrheit, die uns doch nie in ihrer Gänze sichtbar wird."[44] Auf der Suche nach dieser Wahrheit „bleibt es das Recht und die Pflicht des kirchlichen Amtes, aufgrund des von Christus an die Apostel und ihre Nachfolger gegebenen Auftrags, im Namen Gottes zu sprechen. Dieses autorisierte und verpflichtende Sprechen darf aber nicht von einer über der Kirche stehenden Instanz ‚Lehramt' kommen, sondern muss innerhalb der Kirche als Funktion der von Gottes Geist selber geführten lebendigen Kirche verstanden werden. Daher gehört der ständige Dialog mit dem Volk Gottes wesentlich zu der kirchlichen Autoritätsausübung, die im Namen Gottes sprechen will."[45]

Dialog ist das erste Leitprinzip kirchlicher Verfahrenskultur. Es bedeutet vom Konzil her ganz wesentlich „das liebende Eingehen auf die konkrete Situation".[46] Damit wird die Art und Weise der Selbstmitteilung Gottes, den Anspruch vom Grund und Ziel des Menschen dialogisch zu vertreten, zum Maß kirchlicher Kommunikation. Dialog meint eine Verfahrenskultur, die zu allen Versuchen quersteht, das Personale durch das Funktionale zu ersetzen, Menschen unter ein Gesetz zwingen oder auf ein bestimmtes Maß zurechtstutzen zu wollen. Der Dialog ist der Weg der „Subjektwerdung unter den Augen Gottes."[47] Wie Gottes Werben um Abraham (Gen 12) verbürgt, sollen Menschen nicht Objekte, sondern „tragende Subjekte [...] ihres Glaubens" sein.[48] Dazu wird der Dialog immer dem Einzelnen gelten, ihn anreden und herausrufen, denn „Menschen, die sich in Kollektive einordnen, machen sich selber schon zu etwas wie Material, löschen sich als selbstbestimmte Wesen aus".[49]

Wenn „Gott konsequent als Liebe, als Gespräch, als Freundschaft in Beziehungen zu verstehen" ist[50], ist Dialog ein Ausdruck dieser Beziehung und Begegnung. Dann stehen jedoch nicht Gebote oder Verbote im Vordergrund. Es geht vielmehr darum, sich auf die gesamte Lebenswirklichkeit des Menschen einzulassen, und zwar auf eine Weise, die nicht von vornherein weiß, was für Menschen gut ist. Der Dialog fragt danach, was lebensfördernd ist. Einheit oder Übereinstimmung wird dabei – wenn überhaupt – „nur noch – und Gott sei Dank – durch kluges Vor- und Nachgeben, durch echten Dialog mit Respekt vor dem anderen erhandelt werden" können.[51] Eine dialogische Verfah-

44 RATZINGER, Joseph: Einführung in das Christentum. 4. Aufl. München 1980, 119.

45 OBERRÖDER, Wolfgang: Aspekte der Mitverantwortung in der Kirche. Augsburg 1977, 21.

46 PLATE, Weltereignis, 290.

47 Vgl. METZ, Johann Baptist: Glaube in Geschichte und Gesellschaft. Studien zu einer praktischen Fundamentaltheologie. Mainz 1977, 57–67.

48 KEHL, Kirche, 245.

49 ADORNO, Theodor W.: Erziehung nach Auschwitz. Zit. nach: Die Zeit. 1. Januar 1993, 53.

50 KEHL, Kirche, 1992, 63.

51 BÜHLMANN, Walbert: Von der Kirche träumen. Graz–Wien–Köln 1986, 33.

renskultur ist die Voraussetzung dafür, dass der Mensch, von Gott gerufen, sein Partner zu sein, diesen Ruf hört, ihm gegenüber gehorsam ist und sich mit dieser Berufung selbst identifizieren kann. Nur in einem Klima des Dialoges kann er sich entwickeln und in Übereinstimmung mit sich selber und dieser Berufung gelangen. Nur dort, wo es gelingt, „den Dialog zu institutionalisieren,“[52] wo das Miteinanderhören und das Aufeinanderhören gelebt wird, realisiert sich Volk Gottes. „Im Miteinanderhören wird Christus als die Wahrheit der Gemeinde, im Aufeinanderhören als die Wahrheit für mich und den anderen lebendig. Sein Anspruch, ‚Ich bin die Wahrheit‘ (Joh 14,6), wird praktisch erfahrbar, wenn das alltägliche Ringen um das richtige Ineinander von Freiheit und Wahrheit auf dem Dialog von Gott und Mensch und dem Dialog der Menschen untereinander aufruht. Eine christliche Gemeinde ist demzufolge eine Gehorsamsgemeinschaft, die die Wahrheit im Dialog zu ergründen sucht.“[53]

8.2.2 Kooperation

„Dazu ist die Kirche ins Leben getreten: sie soll zur Ehre Gottes des Vaters die Herrschaft Christi über die ganze Erde ausbreiten und so alle Menschen der heilbringenden Erlösung teilhaftig machen.“[54] Indem Christus „begann, alles an sich zu ziehen (Joh 12,32), begründete er sein Reich (LG 3) [...] Es ist seine Gotteskraft, die in diesem Reiche wirkt, das wir Kirche nennen. [...] Es ist seine Heilsmächtigkeit, die in ihr wirksam ist, um die Welt zu heiligen und zu retten.“[55] Und es ist seine Initiative und „Kraft“[56], die jene, die durch die Taufe in ihn hineinverwurzelt werden und ihm nachfolgen, in ein Mitarbeiterverhältnis, ein Kooperationsverhältnis beruft. Jedes kirchliche Verfahren, das der Sendung der Kirche, die „Teilhaftigwerdung des Heils“ zu bewirken, dienen soll, ist aus sich heraus kooperativ angelegt.

Kooperation ist demnach ein ekklesiologisches Prinzip und bedeutet als solches zuerst: „Mitarbeit“ ist Mitwirken der ganzen Kirche am Heilswerk Christi. Alle Glieder der Kirche sind persönlich vom Herrn berufen und durch Taufe und Firmung bevollmächtigt als „Mitarbeiter am Reich Gottes“ (Kol 4,11) und „Gottes Mitarbeiter am Evangelium von Christus“ (1 Thess 3,2). Alle sind im gemeinsamen Tun Mitarbeiter Christi. Daraus folgt die Überzeugung von der „Gleichheit der Würde und Aufgabe aller“.[57] Was wiederum zur Folge hat,

[52] GREINACHER, Heil, 30.

[53] WINDISCH, Weg, 39.

[54] AA 2.

[55] WINKELHOFER, Alois: Die Kirche als Geheimnis. In: LS 16 (1965) 201–204, 202.

[56] Gerade der Ausdruck „an mich ziehen“ unterstreicht dies deutlich. Vgl. dazu den Kommentar von Rudolf SCHNACKENBURG: Das Johannesevangelium. II. Teil. Kommentar zu Kap. 5–12. (Herders Theologischer Kommentar zum Neuen Testament. Bd. IV,2) 4. Aufl. Freiburg–Basel–Wien 1985, 493.

[57] ZAUNER, Wilhelm: Die menschliche und spirituelle Entfaltung der Mitarbeiter. In: Josef WIENER u. Helmut ERHARTER (Hrsg.): Pfarrseelsorge. Von der Gemeinde mitverantwortet. Wien–Freiburg–Basel 1977, 64–76, 67.

und das ist ein entscheidender Erkenntnisfortschritt des II. Vatikanum, dass die Charismen und Dienste in der Kirche „nicht [...] als Produkt oder ‚Verlängerung‘ des hierarchischen Leitungsamtes“ gesehen werden können.[58] Sie haben vielmehr „ihre genuinen Aufgaben und ihren je eigenen Rang“.[59] Das, was die Mitarbeiter Christi tun, „leitet sich von dem einen Haupt Jesus Christus her. [...] (Es) wird durch den Glauben und durch die Sakramente der Taufe und der Firmung vermittelt.“[60] Und „zu diesem Apostolat werden alle vom Herrn selbst durch Taufe und Firmung bestellt“.[61] Alle, auch die ‚Laien‘, „haben teil am Apostolat der Kirche, sie sind von Christus selbst dazu berufen“.[62]

Kooperation als Prinzip kirchlicher Verfahrenskultur ist damit eindeutig als etwas qualifiziert, das nicht lediglich die Förderung der Zu-arbeit oder der Unterstützung der Arbeit kirchlicher Amtsträger zum Ziel haben kann.[63] Kooperation als Leitprinzip kirchlicher Verfahrenskultur bedeutet demnach gerade nicht, Pastoral bloß so zu konzipieren, als ob ‚Laien‘ nur am Apostolat der Hierarchie Anteil hätten, bzw. gegebenenfalls an ihm mitwirken würden. In seinem nachsynodalen apostolischen Schreiben „Christifideles Laici“ betont Johannes Paul II.: „Der Ruf (Christi) ergeht nicht nur an die Hirten, an die Priester, an die Ordensleute. Er umfasst alle. Auch die Laien sind persönlich vom Herrn berufen, und sie empfangen von ihm die Sendung für die Kirche und für die Welt.“[64] Kooperation steht für eine Pastoral, die die Hineinverwurzelung *aller* pastoralen Mitarbeiter in Christus und sein Werk widerspiegelt. Das Werk Christi verwirklicht die Kirche „[...] wenn auch auf verschiedene Weise, durch alle ihre Glieder.“[65]

„Die Abwehr der Kooperation treibt in die Isolation [...]: Die ehrenamtlichen Mitarbeiter resignieren, die hauptamtlichen grenzen sich ab, kündigen die Zusammenarbeit innerlich auf.“[66] Kooperation ist entscheidend, soll die Mitarbeit am Werk Christi gelingen. Sie kann gefordert, nie aber erzwungen werden. Allerdings lassen sich Bedingungen schaffen, in denen sie sich als Zusammenarbeit Vieler vollziehen kann.[67] Dabei wird es um eine Verfahrenskultur gehen, die „das Leitungsamt der priesterlichen ‚Väter und Lehrer‘ von Mt 20,28 her in Richtung [...] Anerkennung und Förderung der anderen Charismen relativiert.“[68] Zudem werden Formen der Entscheidungsfindung anzustreben sein, in

[58] HEMMERLE, Theologische Bemerkungen, 139.

[59] Ebd. 139.

[60] FORSTER, Karl: Die Sendung des Laien. In: LS 32 (1981) 78.

[61] LG 33.

[62] NEUNER, Laie, 120.

[63] Vgl. dazu auch meine Ausführungen in: Gemeindeleitung und Pfarrgemeinderat. Theorie und Praxis. München 1994, bes. 138–143.

[64] CL 2.

[65] AA 2.

[66] KAMPHAUS, Franz: Priester aus Passion. Freiburg 1993, 26.

[67] GLATZEL, Gemeindebildung, 119.

[68] WAHL, Heribert: „Priesterbild“ und „Priesterkrise“ in psychologischer Sicht. Psychoanalytische und pastoralpsychologische Anmerkungen zu einem aktuellen Problem. In: Paul HOFFMANN (Hrsg.): Priesterkirche. 2. Aufl. Düsseldorf 1989, 164–194, 165–167.

denen nicht fernab und unter Ausschluss der Betroffenen entschieden wird.[69] Es gilt in einem möglichst breiten Prozess über die Ziele zu kommunizieren, die Basis gemeinsamen Arbeitens bilden.[70] Als Voraussetzungen dafür braucht es „Information, Kommunikation und das Vertrauen, dass alle nach ihren Möglichkeiten zum Gelingen einer Sache beitragen".[71]
"Die Dringlichkeit zur Kooperation darf nicht nur in organisatorischen o.ä. Gründen gesehen werden."[72] Sie fußt vielmehr in der in der ekklesialen Grunddimension verbrieften Ebenbürtigkeit aller Gläubigen, wie sie im CIC rechtsgültig aufgezeichnet ist: „Unter allen Gläubigen besteht, und zwar aufgrund ihrer Wiedergeburt in Christus, eine wahre Gleichheit in ihrer Würde und Tätigkeit, kraft derer alle je nach ihrer eigenen Stellung und Aufgabe am Aufbau des Leibes Christi mitwirken."[73] Nur wo Kooperation in diesem Sinn als Leitprinzip kirchlicher Verfahrenskultur realisiert wird, kann ausgeschlossen werden, dass die Konzeption der „kooperativen Pastoral" das Gegenteil dessen bewirkt, was sie intendiert: „Strukturen – nämlich auf der einen Seite die Subjekthaftigkeit der Gemeinden und auf der anderen Seite die Letztverantwortlichkeit des kirchlichen Amtes -, die sich gegenseitig paralysieren und so dauerhafte Konflikte vorprogrammieren."[74]

8.2.3 Kollegialität

"Das von der Geisterfahrung der Urkirche geprägte Bewusstsein: Jetzt sammelt Gott sein wahres Volk, jetzt gießt er die Gabe seines Geistes über das endzeitliche Israel aus, kann heute der Kirche helfen, sich der Gegenwart des Geistes in ihrer Mitte neu und tiefer bewusst zu werden."[75] Vom Wirken dieses Gottesgeistes her wird sich Kirche dann als antizipative Darstellung jener Vielfalt in Einheit begreifen, die, wenn die jetzt „noch unvollendete Geschichte"[76] endgültig im Reich Gottes aufgehoben sein wird, als universal gerechtfertigte und versöhnte „Menschheitsfamilie" Gestalt annehmen wird. Auf dem Weg dorthin gilt die Aufforderung des Epheserbriefes: „Bemüht euch, die Einheit des Geistes zu wahren." (Eph 4,3) Es geht um die Einheit, die seit der mit Jesus angebrochenen Endzeit, in der Gott von seinem Geist ausgegossen hat über das ganze Volk (vgl. Apg 2,16–18),[77] der Kirche vorgegeben und anvertraut

69 Vgl. auch KAUFMANN, Franz-Xaver: Kirchenrecht und Kirchenorganisation. In: Diak 13 (1982) 221–231, bes. 226 ff.
70 BERKEL, Eignungsdiagnostik, 153–154.
71 Beschluss „Räte und Verbände", 656.
72 FUCHS, Zukunftsfähige Kirche, 115–116.
73 Canon 208.
74 FUCHS, Zukunftsfähige Kirche, 117.
75 MÜLLER, Pastoraltheologie, 102.
76 PANNENBERG, Wolfhart: Wissenschaftstheorie und Theologie. Frankfurt am Main 1973, 440.
77 Vgl. WEISER, Alfons: Die Apostelgeschichte. Kapitel 1–12. Ökumenischer Taschenbuchkommentar zum Neuen Testament. Band 5/1 Gütersloh / Würzburg 1989, 92 f.

ist.[78] Communio ist immer Gnade und Geschenk Gottes. Communio kann nicht gemacht, sie kann lediglich bewahrt werden.
Mit dem Begriff Kollegialität wird das entscheidende Instrument zur Bewahrung dieser Einheit bezeichnet. Damit die ganze Fülle der Gaben, die vom Geist den vielen Einzelnen verliehen sind, sich entfalten und in einer Vielfalt von Ämtern, Diensten und Funktionen zur Wirkung kommen können, und damit ein Stück jener endgültigen Vielfalt des Reiches Gottes schon im Hier und Jetzt dargestellt werden kann, braucht es die Kollegialität als Kulturprinzip kirchlicher Organisation. Kollegialität im Sinn einer „sakramental gegründeten Geschwisterlichkeit" betrifft die „Ebene des Grundsätzlichen"[79] innerhalb der Kirche und ist die „Grundbedingung",[80] unter der sie sich in ihrer Sendung vollzieht. Kollegialität soll geschwisterliche Umgangsformen, Rücksichtnahme auf die Schwächeren und gegenseitige Hilfs- und Dienstbereitschaft ermöglichen und damit einen Raum schaffen, der auch denen Leben bietet, die nur noch „glimmen" oder die „geknickt" sind. Damit wird das Reich Gottes in seiner endgültigen Gestalt antizipiert.
Kollegialität muss darin konkret werden, dass jedes einzelne Charisma in seiner Eigenständigkeit in Blick kommt, denn „kein Charisma ist [...] von einem anderen ableitbar. Jedes ist spezifische Gabe des Geistes."[81] Darum bedeutet Kollegialität, der Vielzahl der Charismen Raum verschaffen und die Träger dieser Charismen miteinander in Kontakt zu bringen. „Nur wo für die Vielheit der Charismen Raum bleibt, kann die Einheit des Geistes gewahrt werden."[82] Als ein Ort, an dem Vielfalt in Einheit gelebt wird, wird Kirche dann zu einem Ort geistgewirkter Ebenbürtigkeit aller zum Glauben Erwählten. Als das „das ganze Volk Gottes betreffend" konkretisiert sich Kollegialität als Prinzip kirchlicher Verfahrenskultur schlussendlich dann in gemeinsam wahrgenommener Verantwortung als ihrem „Herzstück"[83].
Kollegialität ist keine Frage des Zeitgeistes oder der Zweckmäßigkeit. Die Überzeugung, „dass auch das Amt seine wirklich effiziente Glaubwürdigkeit vor den Menschen nur im Erweis des Geistes und nicht durch die bloße Berufung auf die noch so legitime formale Sendung und Autorität hat,"[84] führt zu einem Verständnis des Amtes, das im Sinne des II. Vatikanischen Konzils kollegial, personal und gemeinschaftlich auszuüben ist. So ermöglicht es Kirche in jener Vielfalt in Einheit, die etwas von dem vorwegnimmt, was „das endgültige Aufgehobensein der sich vom Heil Gottes zur ‚Gerechtigkeit' befreien lassenden Menschheit im vollendeten Reich Gottes" einmal sein wird.[85]

[78] Vgl. GNILKA, Epheserbrief, 199.
[79] RATZINGER, Das Neue Volk Gottes, 66.
[80] SUENENS, Mitverantwortung, 99.
[81] ZULEHNER, Amt, 203.
[82] RATZINGER, Neue Volk Gottes, 65.
[83] BOFF, Die Neuentdeckung, 50.
[84] RAHNER, Karl: Strukturwandel der Kirche als Aufgabe und Chance. Freiburg 1972, 61.
[85] KEHL, Ecclesia Universalis, 243.

Um dieser gemeinsam wahrgenommenen Verantwortung willen werden immer wieder neue institutionelle Formen nötig, die dem Wirken des Heiligen Geistes Raum lassen. Solchermaßen kollegial organisierte kirchliche Verfahren schließen „Struktur, Ordnung, Autorität, Recht nicht aus,“[86] auch nicht die Autorität des Amtes. Sie sind aber „mit der Erwartung verbunden, dass Macht und Einfluss in einer Weise ausgeübt werden, die der Überzeugung entspricht, dass der Geist Gottes auf dem ganzen priesterlichen und königlichem Geschlecht des wandernden Gottesvolkes ruht“.[87] Unbeschadet der Tatsache, dass alle Gläubigen aufgrund ihrer in Taufe und Firmung empfangenen Geistbegabung „gewissermaßen Träger spontaner pneumatischer Kirchenämter sind, ist nicht zu übersehen, dass es um des Aufbaus und der Identität der Kirche und ihrer Gemeinde willen auch darum gehen muss, [...] für die Erkenntlichkeit der Gemeinde Jesu Christi und ihrer Kontinuität im Sinne des wirkungsvollen Beistands des Heiligen Geistes Sorge zu tragen“.[88]

8.3 Die Dignität kirchlicher Organisationstruktur gewährleisten ...

Die Struktur einer Organisation gehört neben ihrer Verfassung zu den Merkmalen, die die Stabilität und Dauerhaftigkeit einer Organisation sichern. Die Struktur einer Organisation bildet innerorganisationale Notwendigkeiten ab, entsteht und verändert sich aber auch auf Grund positiver, abweichungsverstärkender Rückkopplung und der Ko-Evolution von Organisationen und Umwelten. Unter Struktur einer Organisation[89] versteht man deren Konfiguration. Diese wird durch zwei grundlegende Momente bestimmt: die Arbeitsteilung (Differenzierung) im Sinne der Spezialisierung[90] und die Koordination (Inte-

[86] BÜHLMANN, Kirche träumen, 254.

[87] STENGER, Kompetenz, 117.

[88] Vgl. KARRER, Laie/Klerus, 369 f;

[89] Die Untersuchung von Organisationsstrukturen hat ihren Ausgangspunkt bei WEBERs Bürokratiemodell genommen, weil hier das Muster einer besonders stark strukturierten Organisation (Maschinenmetapher) idealtypisch gezeichnet wurde. Die von WEBER beschriebenen Merkmale tauchen in ähnlicher Form bei fast allen Forschungen zur Bestimmung der Organisationsstruktur wieder auf: personenunabhängige Aufgabenspezialisierung und Stellenbildung, hierarchische Koordination, durch Regeln und Normen gesteuerte Arbeit und Kontrollierbarkeit aller wichtigen Vorgänge durch Aktenmäßigkeit.

[90] Spezialisierung kann sehr Unterschiedliches bedeuten: Man kann einerseits eine Aufgabe immer weiter in Teilaufgaben zerlegen und diese Aufgabenfragmente dann einzelnen Personen (Aufgabenträgern) zur Bearbeitung zuteilen. Höhere Spezialisierung bedeutet hier, dass weniger Funktionen pro Stelle wahrgenommen werden. Spezialisierung kann aber auch heißen, dass bisher einfach wahrgenommene Aufgaben mit Hilfe von besonders ausgebildeten Spezialisten gründlicher und besser bearbeitet werden sollen, etwa wenn Strategieentscheidungen nicht mehr nur intuitiv getroffen, sondern von speziellen Planungsstäben vorbereitet werden; hierbei handelt es sich dann um eine Stellen- oder Abteilungsspezialisierung.

gration) im Sinne der Leitung.[91] Sie realisiert sich in zwei Ordnungssystemen: in ihrer Gliederung, d.h. ihrem Aufbau und ihrem Prozedere, also ihren Abläufen. Was Kirche zusammenhält, ist theologisch gesehen der Glaube und soziologisch gesehen die Sozialform, mittels derer sie sich vollzieht. Deshalb ist die Suche nach einer gleichermaßen theologisch plausiblen und in konkreter Praxis tauglichen Organisationsstruktur für die Realisierung von Kirche eine eminent wichtige Angelegenheit und eine Verantwortung, aus der Leitung nicht entlassen werden kann.

8.3.1 Leidenschaft. Komplexitätsbejahung

Oder: Die Sorge um die *Komplexität* der Strukturen.[92] Leitung hat die Aufgabe, eine kirchliche Organisationsstruktur zu entwickeln, die dem jeweiligen gesellschaftlichen Komplexitätsniveau entspricht. Ist doch dieses Ausdruck des Menschen in seiner ungestümen Vitalität und Symbol für die Gefahr der Nichterfüllung seiner unendlichen Bedürftigkeit.

Komplexität wird klassisch mittels der Begriffe „Element" und „Relation" definiert. „Komplexität bedeutet die Menge an Relationen zwischen den Elementen eines gegliederten Ganzen."[93] Mit dem Anstieg der Zahl der Elemente wächst die Zahl der Relationen überproportional. So kann von einer bestimmten Größenordnung an nicht mehr jedes Element mit jedem anderen verknüpft werden. Dennoch: Je mehr Elemente im Blick sind, desto mehr Verknüpfungsmöglichkeiten gibt es, um so mehr ist allerdings auch jedes einzelne Element durch diese Verknüpfungsanforderungen überlastet. So steht Komplexität für den durchaus ambivalenten „Strukturreichtum eines sozialen Systems, d.h. die Quantität und Qualität der Relationen zwischen den Elementen des Systems."[94]

Kirchliche Struktur wird gegenwärtige gesellschaftliche *Komplexität bejahen* oder sie ist keine, die dem Néfesch-Menschen entspricht. Leitung wird sich also um eine möglichst umfassende, Wirklichkeit in ihrer Gänze abbildende, kirchliche Struktur bemühen. Dabei weiß sie: Diese Struktur ist nicht für alle,

[91] Bei der Koordination lassen sich vier Grundformen unterscheiden: *Weisung* als Kernelement hierarchischer (zentraler) Koordination und *Selbstabstimmung* als nichthierarchische (dezentrale) Koordination, die beide auf persönlicher Kommunikation beruhen. Unpersönlich sind demgegenüber *Programme* und *Pläne;* sie dienen ausschließlich der Vorauskoordination, während die persönlichen Formen auch zur korrigierenden Nachkoordination verwendet werden.

[92] Ich verzichte im Zusammenhang der hier anstehenden Überlegungen bewusst auf den Begriff „Netzwerk". Es handelt sich dabei zwar um einen der gegenwärtigen gesellschaftlicher Modebegriffe. Er wird aber meist ohne Tiefenschärfe und kaum in soziologischem Sinn verwendet, bezeichnet etwa im Rahmen der Entwürfe einer Sozialpastoral kaum mehr als die Absicht, „Menschen zusammenzubringen" (vgl. z.B. METTE, Norbert u. Hermann STEINKAMP: Anstiftung zur Solidarität. Mainz 1997, 39.) und verbleibt zu häufig auf der Ebene des Postulats und des bloßen Appells.

[93] BUSCHE, Hubertus: Art. Komplexität. In: LThK Bd. 6, 232.

[94] Art. Komplexität. In: HARTFIEL, Günter: Wörterbuch der Soziologie. 3. Aufl. Stuttgart 1982, 394.

immer, überall, ganz und im gleichen Maße „begehbar", hat doch der Zuwachs an Verknüpfungsfähigkeiten auch immer Limitationen (durch die Zahl von Kontakten, die ein Mensch mit anderen Menschen in einer bestimmten Zeit maximal haben kann). Dass es Schwellen gibt, ab der nicht mehr jedes Element direkt mit jedem anderen verknüpft werden kann, darf allerdings nicht heißen, dass auf (wenigstens indirekte) Verknüpfungen verzichtet wird. Die Gesamtstruktur muss dennoch entsprechend weitläufig „gebaut" sein, d.h. verschiedenste Bereiche, Gliederungsebenen und Abläufe miteinander direkt oder indirekt in Verbindung bringen.
Komplexitätsbejahung heißt aber immer auch Komplexitätsreduktion mit dem Ziel der *Komplexitätsverarbeitung*, womit besonders die Menschen im Blick sind, die die „Überkomplexität" dieser Zeit zu erschlagen droht. Um deretwillen müssen kirchliche Gemeinschaftsstrukturen trotz und in ihrer Weitläufigkeit über „überschaubare" Momente, über Haltestationen, verfügen: „lebensortbezogene Gemeinschaften", in denen partnerschaftliches Anteilgeben und Anteilnehmen, Gastfreundschaft und das miteinander Teilen möglich werden. „Realistischerweise wird man davon ausgehen müssen, dass heute die Erfahrung einer kirchlichen Gemeinschaft für die meisten Gläubigen erst auf der ortsgemeindlichen Gemeinde, ja vielleicht sogar erst in noch kleineren Gemeinschaften möglich ist. Zum mindesten in Deutschland scheinen die Pfarreien für die alltägliche Lebensführung vielerorts kaum mehr relevant. Umso wichtiger wäre daher die Habitualisierung des Alltags im Kontext religiöser Relevanzen durch kleinere Gemeinschaften wie die Familie oder auch Netzwerke von Familien, aber natürlich auch durch spezifisch-religiöse Gemeinschaften."[95] Einzelne Gruppen, transformative Gruppen, Gruppen im Umkreis der Liturgie, kommunikations-orientierte Gruppen, aktionsorientierte Gruppen, Begegnungsgruppen u.a.[96] „taugen" als solche Haltestationen in einer komplexen Struktur und stellen in ihrer Gesamtheit die Voraussetzung dafür dar, dass Menschen gerade in ihrer (armseligsten) Bedürftigkeit Verortung auch in der Weitläufigkeit erfahren: Hier können sie Gastfreundschaft, vielleicht sogar Heimat erleben. Leitung wird sich um Existenz und Bestand möglichst vieler solcher (Haltestationen-) Gruppen mühen.
Sache der Leitung ist: Ausbau einer Struktur im Sinne möglichst großer „Weitläufigkeit" (Komplexitätsbejahung) bei gleichzeitigem Ausbau der Knotenpunkte als Haltestationen (Komplexitätsbewältigung).

8.3.2 Leibhaftigkeit. Austauschfähigkeit

Oder: Die Sorge um die *Austauschfähigkeit* einzelner sozialer Einheiten. Leitung hat sowohl die einzelnen sozialen Einheiten einer Struktur in ihrer Auto-

95 KAUFMANN, Franz-Xaver: Glaube und Kommunikation–eine soziologische Perspektive. In: WIEDERKEHR, Dietrich. (Hrsg.): Der Glaubenssinn des Gottesvolkes–Konkurrent oder Partner des Lehramtes? Freiburg 1994, 159.
96 Vgl. dazu: STEINKAMP, Gruppe, 287–302.

nomie in Blick zu nehmen als auch die zwischen diesen Einheiten bestehenden (herstellbaren) (Zwischen-)Räume als Orte sozialer Beziehungen. Sie hat die Aufgabe, eine Organisationsstruktur zu entwickeln, die bei Wahrung und Stärkung der Geschlossenheit der einzelnen Einheiten zwischen diesen Austauschprozesse ermöglicht. Um des Basár-Menschen willen ist das nötig, zielt doch dessen „Handeln im Leib" darauf, Individuum, einmalige und unverwechselbare Persönlichkeit zu werden, wozu er gleichermaßen abgegrenzte Geschlossenheit braucht und die Möglichkeit, sich auf das Fremde, das „Nicht-Ich" hin kommunizierend zu öffnen.[97] Kirche wird diesem Menschen also eine Reihe von Möglichkeiten bereithalten müssen, mit und in denen er sich als „Ich-Mensch" und als Gemeinschaftswesen erfahren und positiv bestätigen kann.

Die Systemtheorie z.B. nimmt einzelne soziale Einheiten in ihrer (operativen) Geschlossenheit in Blick. Diese machen, was sie gemäß ihrer jeweiligen Grundoperation machen (können). Sie wissen prinzipiell nicht, was sie „für die anderen" zu tun haben. Nur für einen Beobachter ist die fortgesetzte Korrelation, die es zwischen diesen Einheiten gibt, zu erkennen. Sie beschränken (und erweitern!) sich dabei (ohne es zu „wissen") wechselseitig in ihren Möglichkeiten. Die Voraussetzung und der Modus eines solchen Austausches zwischen geschlossenen Einheiten wird „Strukturelle Kopplung"[98] genannt, eine Beziehung zwischen verschiedenen sozialen Einheiten („Systemen"), die die Autonomie der beteiligten Systeme nicht unterläuft, auch nicht so, dass diese dann als (zumindest) begrenztes „Offensein füreinander" verstanden werden müssten. Eine strukturelle Kopplung ist also weder „Schleuse" noch „Zugang" in bzw. für ein System. Sie ist vielmehr die gemeinsame Welt, die beobachtbar ist, wenn zwei soziale Einheiten miteinander „sprechen", d.h. aufeinander Bezug nehmen, das, was dabei entsteht als (Zwischen-)Welt, als ein emergentes, also neu entwickeltes System, das nicht auf eines der beiden beteiligten „Kognitionssysteme" zurückgeführt bzw. aus ihnen abgeleitet werden kann. Diese fortgesetzte Korrelation, also diese strukturelle Kopplung, muss immer durch einen Beobachter „zum Leben erweckt" (gemacht – „gestaltet") werden. Ungestaltete „Zwischenräumlichkeit" würde „jede Organisation im Chaos wechselnder Konstellationen zerfließen lassen"; sie könnte „keine Identität ausbilden."[99] Es geht also um die Stärkung der einzelnen Sozialen Einheit und um die Gestaltung der Zwischenräume, um das Schaffen einer

[97] Vgl. dazu die Unterscheidung zwischen dem Ich im Verhältnis zu sich selbst und dem Ich im Verhältnis zu seiner Mit- und Umwelt, wie sie George H. MEAD vornimmt. In: Geist, Identität und Gesellschaft aus der Sicht des Sozialbehaviorismus. 4. Aufl. Frankfurt 1980, bes. 236 ff.

[98] Vgl. dazu etwa: VOGEL, Hans-Christoph u.a.: Werkbuch für Organisationsberater. Aachen 1994, 298f.

[99] WILLKE, Helmut: Beobachtung, Beratung und Steuerung von Organisationen in systemtheoretischer Sicht. In: Rudolf WIMMER (Hrsg.): Organisationsberatung. Neue Wege und Konzepte. Wiesbaden 1992, 17–42, 22.

Struktur, die weder in den Zentren noch in den Zwischenräumen gänzlich aufgeht.[100] Leitung trägt zunächst die Verantwortung für die „Geschlossenheit“ kirchlicher sozialer Einheiten, für deren Grundoperation, Orte der Ich-Werdung zu sein, Orte, an denen es möglich ist, leben und sterben zu lernen. Hier ist Leitung vor allem in einem Punkt gefragt: Sie muss jene Regression zu verhindern suchen, die an diesen Orten eine falsche Beheimatung bietet, die bloße Flucht aus der Unübersichtlichkeit gesellschaftlicher Antagonismen. An diesen Orten darf nicht bloßen „Kuschel“-Bedürfnissen nachgegeben, Widerspruch und Konflikt gemieden und aus „dem Wir-Gefühl eine Identitätsanleihe“ gemacht werden, statt der „Subjektwerdung des einzelnen“ zu dienen. Es muss sich dabei vielmehr um Orte individueller und kollektiver Exodus-Erfahrungen handeln. Dazu müssen sie so strukturiert sein, dass an ihnen der Verwundbarkeit des Menschen Rechnung getragen wird, der in Übergangszeiten seines Lebens einer Tonskulptur gleicht, die vorübergehend in ihren weichen Zustand versetzt, gegebenenfalls hier neu modelliert werden kann.[101] Es müssen also Räume „der Durchschreitung nicht [...] der Vermeidung krisenhafter Lebensereignisse“[102] sein. Räume der Imitatio Christi. Denn „an seinem Vorbild lässt sich erkennen, wie ein Transzendieren, ein Überstieg aus dem Beziehungs- und Lebenstod zu neuen Lebensmöglichkeiten gelingen kann, wie in den verschiedensten psycho-physischen und geistig-sozialen Situationen ein Wiederauferstehen zu neuen Lebensformen möglich wird.“[103]

100 So teile ich etwa die Überzeugung von Michael HOCHSCHILD: „Kirche ausschließlich in sogenannten Zwischenräumen zu plazieren (vgl. EBERTZ, Michael: Kirche im Gegenwind. Freiburg–Basel–Wien 1997, 142), ist in mehrfacher Hinsicht problematisch. Erstens bedürfen diese Zwischenräume eines Kontextes, also Gemeinden, um sich dazwischen aufzuhalten. Das läuft aber dem Selbstverständnis einer Kommunikationspastoral, wie sie in diesem Zusammenhang vorgeschlagen wird, entgegen, weil sie nur dann funktioniert, solange zugleich auch die Gemeindepastoral erfolgreich arbeitet und den nötigen Kontext für die Zwischenräume schafft. Funktioniert aber die Gemeindepastoral, braucht man keine Kommunikationspastoral, weil keine Insuffizienz vorliegt und kein Mehrwert geleistet würde. Die Argumentation der Ablösung von der Gemeindepastoral durch die Kommunikationspastoral ist logisch widersprüchlich, sofern sie auf Ersatz und nicht Ergänzung zielt. Zweitens wäre es eine personalpolitische Illusion zu glauben, die Personaldecke der Kirche reiche aus, um sowohl Gemeinden als auch deren Zwischenräumen personal zu betreuen. Drittens stellen die sogenannten ZwischenRÄUME lediglich eine Variante des bisherigen Territorialprinzips dar und haben weder Auswirkungen auf veränderte Arbeitsformen der Pastoral noch werden sie dem Anliegen der Pastoral der Kommunikation selbst gerecht, weil sie sich auf religiösen Raum konzentrieren, wo sie religiöse Kommunikation fokussieren und dazu mehr auf diesbezügliche Sozialformen zu schauen hätten.“ HOCHSCHILD, Michael: Einladung zum Perspektivenwechsel. Informationen zum gegenwärtigen Stand von Kirche und Gemeinden aus soziologischer Sicht. Religiöse Individualisierung und Professionalisierung vor dem Hintergrund einer Kirche als sozialem Netzwerk (Vortrag vor der Arbeitsgruppe „Hauptberufliche Pastorale Dienste“ der Dt. Bischofskonferenz in Würzburg am 24./25.März 1999), 15.

101 Vgl. MÜLLER, Wunibald: Menschliche Nähe in der Seelsorge. 2. Aufl. Mainz 1989, 75

102 GÄRTNER, Einheit, 175.

103 POMPEY, Heinrich: Sterbende nicht allein lassen. Erfahrungen christlicher Sterbebegleitung. Mainz 1996, 95.

Leitung ist darüber hinaus für die Welt zwischen diesen Welten verantwortlich, für die Zur-Verfügung-stellung von Sprache. Denn „Sprache ist notwendiges Werkzeug für die Beschreibung, Weitergabe, Vermittlung, Legitimierung und Rationalisierung von strukturellen Eigenschaften des Systems und für dessen Veränderung."[104] Sprache, um die es in diesem Kontexte geht, wird in einem umfassenden Sinn verstanden. Sie beinhaltet sämtliche kommunikativen Prozesse zwischen den Mitgliedern oder Teilen eines Gesamtsystems: Sie erstreckt sich von analytisch-mathematischen Sprachformen über verbale Äußerungen bis zu „künstlerischen" Aussagen (Körpersprache, Erzählungen, Musik, Tanz, usw.). Die Skala geht damit von sehr exakten, klar definierten Bedeutungen bis zu Mehrfachbedeutungen. Ohne Sprache ist kein „Austausch" möglich. „Ich bin nicht Stiller" – mit diesem Satz beginnt Max Frischs erster bedeutender Roman. Und am Ende des ersten Heftes lässt er den, der in diesem Buch um seine Identität kämpft, sagen: „Ich habe keine Sprache für meine Wirklichkeit." Wo es keine Sprache gibt, die das „Zwischen" ins Wort rettet, ist Leitung gefragt: Sie muss eine solche Sprache „installieren", eine Sprache, die – und das gilt nicht nur für die „verbale" – mehr sucht als plakatiert und mehr zögert als abrundet, eine Sprache, die sich, analog einem Diktum Kafkas, nicht als Besitz der Wahrheit, sondern als Expedition nach derselben versteht. Dazu wird sie das übliche Material nehmen, das wir alle kennen, aber die Gewöhnung daran durchbrechen![105] Dabei „wird der Dichter zum Sprachlehrer der Entfremdeten"[106], der einander fremd sein müssenden, weil zueinander in Differenz befindlichen sozialen Einheiten, die, weil sie das Zwischen von Lebens- und Sterbensorten „vermessen" einer Sprache bedürfen, die – wie Paul CELAN formuliert – hindurchgegangen ist „durch ihre eigenen Antwortlosigkeiten, durch furchtbares Verstummen, durch die tausend Finsternisse todbringender Rede."[107] Leitung ist verantwortlich für die Austauschfähigkeit zwischen verschiedenen sozialen Systemen. Dazu wird sie die einzelnen Systeme in ihrer Grundoperation, d.h. in ihrer Funktion als Lebensorte stärken und eine Sprache zur Verfügung stellen, die die Korrelation dieser unterschiedlichen Einheiten darzustellen vermag.

8.3.3 Lebensermächtigung. Selbstorganisation

Oder: Das Zulassen der *Selbstorganisation* von sozialen Gesamtgebilden und deren Struktur. Selbstorganisation meint die alte Feststellung,[108] dass Ordnung

[104] PROBST, Gilbert J. B.: Selbst-Organisation. Ordnungsprozesse in sozialen Systemen aus ganzheitlicher Sicht. Berlin–Hamburg 1987, 105.

[105] Vgl. JANDL, Ernst: Die schöne Kunst des Schreibens. Darmstadt 1976, 67.

[106] BOHREN, Rudolf: Nur Poesie kann für Liebe sprechen. In: Evangelische Kommentare 5 (1972) 649-652, 649.

[107] CELAN, Paul: Ausgewählte Gedichte. Zwei Reden. Frankfurt 1968, 126.

[108] PROBST weist darauf hin, dass es bei der Entdeckung des Phänomens der Selbstorganisation keineswegs um eine Leistung(erst) unserer Zeit handelt und datiert die erste Forschungsphase zu diesem Phänomen ins 17. Jhd. Vgl. PROBST, Selbst-Organisation, 16ff.

nicht das Resultat gesteuerter oder gemachter Maßnahmen Einzelner ist, sondern „spontan“, „wie von unsichtbarer Hand“, „dialektisch“ aus dem System heraus entsteht. Es kann eine Ordnung entstehen, „die weder ganz unabhängig von menschlichem Handeln ist, noch auch das bezweckte Ergebnis von Verhalten, das die Menschen angenommen haben, ohne ein solches Resultat im Sinn zu haben.“[109] Selbstorganisation wird dabei immer als prozessuales Phänomen verstanden, als einer der Abläufe, die zu neuem Aufbau führen,[110] zu einer Ordnung, interaktiv aus individuellen menschlichen Handlungen entstanden, und zwar ohne die Absicht gerade diese zu kreieren. In einer solchen „Selbst-Werde-Struktur“ kann der Rúach-Mensch sowohl seine Ermächtigung (aus)leben als auch und sein (ständiges) Ver-rückt-Werden realisieren.
Nun hat es Leitung aber vor allem mit absichtlich und individuell gestalteten und gemachten Strukturen zu tun, mit erstarrten und festgefahrene Haltungen und Einstellungen, die das Ergebnis sind „von gepanzerten Überlebensmustern, wo neue Bewegung und alte Bewegtheit eingefroren wurden.“[111] Leitung muss diese Struktur „in Bewegung“ bringen. Will sie die Voraussetzung dafür schaffen, dass kirchliche Struktur sich aus der „eingefrorenen“ Gestalt der „Einpoligkeit“ konzentrischer Kreise heraus in ein polyzentrisches Gebilde verwandelt, muss sie sich zunächst von der Handlungsprämisse der kompletten Interdependenzen verabschieden: Es muss nicht alles mit allem zusammenhängen. Diese Einsicht fällt vielleicht leichter, wenn man sich klar macht, dass eine Struktur eben gerade nicht dadurch tragfähig ist, dass es da ein Zentrum gibt, über das alles und jedes miteinander verbunden wird. Ganz im Gegenteil: Strukturen sind stabil, wenn sie flexibel sind. Flexibel sind sie, wenn sie über mehr als ein Zentrum verfügen und diese vielen Zentren „nur“ „lose“ gekoppelt sind. Eine solche polyzentrische Struktur kann Störungen der Umwelt viel leichter, weil lokal abgefangen. So ist eben nicht immer sofort die Stabilität und Existenz des Ganzen gefährdet.[112] – Die Erstarrung in Konzentrik aufzubrechen und den Wandel in eine sich selbst organisierende Vielgestalt einzuleiten ist allerdings ein schwieriges Unterfangen. Ein hilfreicher Beitrag könnte dazu von der Theorie der lernenden Organisation[113] erbracht werden. Aus einer Lernperspektive operieren Organisationen auf einem grundsätzlich beweglichen Basismodus; die lernende Veränderung gibt das Grundprinzip. Der Wandel ist dann auch nicht ein separates, mühsam in eine Organisation hinein zu

109 HAYEK, Friedrich A. von : Freiburger Studien. Tübingen 1969, 36.

110 Die Forschung etwa der „Zweiten Kybernetik“ befasst sich intensiv mit Wandel, Instabilität, Abweichungen und amplifizierenden Prozessen, Flexibilität, innovativem Lernen oder innovativer Selbstorganisation.

111 PECHTL, Waldefried: Zwischen Organismus und Organisation. Wien 1991, 31.

112 Dieser Gedanke spielt z.B. auch bei der Hochtechnologie eine Rolle. Technische Systeme dürfen nicht so stark gekoppelt sein, dass ein Störereignis das ganze System zum „Explodieren“ bringt.

113 Vgl. dazu etwa: SCHREYÖGG, Georg u. Christian NOSS: Organisatorischer Wandel: Von der Organisationsentwicklung zur lernenden Organisation. In: Die Betriebswirtschaft 55 (1995) Heft 2, 169-185.

schiebendes Problem, sondern endogen, Teil des Systemprozesses. Ein Großteil des Wandels vollzieht sich damit auch auf ungeplantem Wege; Organisationsmitglieder initiieren z.T. auch Wandlungsprozesse selbst, sie leisten dagegen nicht nur Widerstand. Wandel kann aus dieser Perspektive von verschiedensten Stellen in Gang gesetzt werden. Das muss Leitung wollen und zulassen.

Dabei kann sie darauf vertrauen, dass zwischen verschiedensten Zentren immer neu „lose" Kopplungen entstehen werden. Lose Kopplungen müssen aber auch „Kopplungen" sein, sonst wird es dem Individuum strukturell verunmöglicht, sich innerhalb dieser Polyzentrität zu bewegen. D.h. heißt es braucht begehbare Brücken zwischen ganz verschiedenen Orten und vor allem „Hinweisschilder", die das Individuum in dieser oder jener Facette seiner Identität ansprechen und ihm zeigen, wohin es geht, wenn es sich auf diesen konkreten Weg einlässt. So müssen strukturell die Voraussetzungen dafür geschaffen werden, dass das Betreten einer ganze bestimmten Brücke, also der „Eintritt" in diese oder jene Handlung bzw. das „Zugreifen" zu ganz bestimmten Artefakten symbolisch gestaltet wird, um als „Einstiegsort" erkennbar zu sein. Unter Handlungen verstehe ich in diesem Kontext alle Tätigkeiten oder Aktivitäten, die ein Mensch unternimmt, um die Pluralität seiner Biographie zu leben. Als Artefakte bezeichne ich grob sämtliche „Produkte", verwendeten Gegenstände, Hilfsmittel, Instrumente, Einrichtungen, Ausstattungen und Technologien, die eine Organisation bereitstellt. In diesem Bereich ist – bei aller *Selbst*organisation – durchaus die gezielte Intervention von Leitung gefragt. Das Entstandene ist nicht nur Selbstzweck. Es ist steht auch im Dienst einer Zielerreichung.

Leiten heißt zum einen Zulassen eines Strukturumbaues von einer (gemachten) Struktur, deren tragendes Organisationsprinzip das der konzentrischen Kreise ist zu einer (sich selbst organisierenden) Struktur, die auf Polyzentrität basiert. Und zum anderen Begehbarmachung der Polyzentrität durch Kennzeichnung und Symbolisierung der „Einstiege".

8.3.4 Lebensganzes. Ganzheitlichkeit

Oder: Die Sorge um die *Ganzheitlichkeit* der Strukturen. „Wenn es stimmt, dass die Würde des Menschen in seiner Freiheit begründet ist, dass die Gottebenbildlichkeit gerade darauf beruht, dass er sich frei entscheiden kann, dann hat die Seelsorge nicht zuletzt die Aufgabe, diese Fähigkeit zu entwickeln."[114] In der Kirche muss strukturell das Maß an Freiheit herrschen, das es braucht, damit der Mensch die Ambivalenz seines Lebens und seiner Lebenserfahrung so ausdrücken kann, dass er darin „heil" wird. Er muss Leb-Mensch sein dürfen: ganz „Bauch", ganz „Kopf" und in der Mittigkeit zwischen beidem entschieden und zielorientiert. Dies ist nur innerhalb einer Struktur möglich, die „ganzheitlich" ist. Und ganzheitlich ist eine Struktur dann, wenn sie eine Ver-

[114] SCHWERMER, Entscheidungsfindung, 37.

zahnung der drei elementaren Handlungsebenen des Menschen, der Interaktion, der Organisation und (schließlich) der Gesellschaft darstellt.[115] Interaktion, so möchte ich diese Ebene auf Kirche übertragen, bezeichnet das Miteinander, das vor allem durch individuelle (beständige aber auch ggf. recht lockere und unbeständige) soziale Kontakte geprägt ist. Mit der Interaktion wird die Ebene der Personalisierung von Kirche betreten; mit anderen Worten: die Ebene, auf der Kirche vor allem ein „Gesicht" hat. Die Ebene der Organisation steht in Kirche eher für das Eingebundensein des jeweiligen Individuums in (Zweck-) Struktur und (strukturelle) Entscheidungsprozesse. Die Ebene der Gesellschaft schließlich ist die, auf die sich sowohl Individuum als auch Organisation begibt, wenn sie „sich selbst" verlässt (Stichwort „Sendung"). Für eine – um des Leb-Menschen willen notwendige – Verschränkung dieser elementaren Handlungsebenen ist es entscheidend, dass kirchliche Organisationsstruktur sowohl korporativ-familiale (Interaktion) als auch ministrativ-bürokratische (Organisation) Gestaltformen zunächst ermöglicht *und* diese in Ergänzung zueinander bringt, denn erst aus diesem Zusammenspiel ergibt sich die „Tauglichkeit" der Organisation Kirche in der und für die Gesellschaft. Kirche als Kirche in der Welt ist nach Lumen gentium 4 „Gemeinschaft und Dienstleistung" und man darf sicher auch von da aus jene ersten beiden der drei gerade vorgestellten Ebenen angesprochen sehen, die Kirche ausmachen und zueinander gebracht werden müssen um ihrer gesellschaftlichen Relevanz willen.

Leitung unterstützt diese Ebenen durch die Zurverfügungstellung bzw. Erhaltung der entsprechenden Strukturen: Zunächst ist Kirche also Korporation. D.h. sie versteht sich wie die Familie oder Sippe im semitischen Denken, bzw. wie das griechisch-römische „oikos", das Hauswesen mit seinem verzweigten Familien- und Bedienstetensystem. Vielleicht bilden z.B. die neuen geistlichen Bewegungen, wie sie HOCHSCHILD versteht, auf heutige Weise das Prinzip der Korporation ab. Sie versuchen das Prinzip Familialität zu kultivieren, bei der sich ein Austausch im überschaubaren Feld aufgrund informeller Beziehung ergibt, Formalisierungen vermieden werden, aber personale Einflussrollen (z.B. des jeweiligen Gründers der Bewegung) stark ausgebaut sind.[116] Gleichzeitig ist Kirche aber auch Bürokratie und lebt davon, dass Zuständigkeiten definiert sind, Strukturen formalisiert erscheinen und Macht hierarchisch organisiert wird. Die Tätigkeit der Mitarbeiter ist einer der entscheidenden Schlüsselfaktoren dieses Systems. Aufgrund einer bestimmten Qualifikation wird ein Mitarbeiter eingestellt. Dadurch entsteht ein Arbeitsverhältnis. Für den Mitarbeiter selbst macht diese Arbeit ein wichtiges, aber eben nur ein Segment seines Lebens aus. In dieser Relativität kann das System dann Loyalität gegenüber seinen Zielen erwarten.

115 Diese Ebenenunterscheidung entstammt LUHMANN, Niklas:, Soziologische Aufklärung. Bd. 2 Opladen 1991, 9-20.

116 Für einen ersten Ansatz das Phänomen der neuen geistlichen Gemeinschaften soziologisch zu analysieren vgl. HOCHSCHILD, Michael: Auf dem Weg zu einer Typologie der neuen geistlichen Bewegungen. In: Regnum 31/l (1999) 22-33.

Kirche ist Korporation und Dienstleistungssystem. Diese beiden Ebenen gilt es strukturell zu integrieren, soll der Leb-Mensch in seiner Entschiedenheit und Zielorientierung zum Zug kommen und der Kirche insgesamt gesellschaftliche Relevanz zuwachsen. Das Maß bereits geleisteter Integration dieser beiden Ebenen erweist sich an zwei Punkten: Erstens daran, dass es strukturell den Mitgliedern der Organisation möglich ist, zwischen beiden Ebenen zu wechseln. Und zweitens daran, inwieweit etwa Restrukturierungsprozesse gleichermaßen bei den sog. *weichen* Faktoren des Systems ansetzen, also z.B. die sozialpsychologische Dimension der Veränderungen berücksichtigen und sich auch den sog. *harten* Faktoren stellen, also z.B. organisationale Interessenkonflikte nicht verharmlosen.

Leitung hat um der „Potenz“ des Leb-Menschen willen noch eine zweite Aufgabe: sie hat die organisationale(n) Struktur(en), also das In-Eins von familiarer und bürokratischer Form so zu gestalten, dass die Gesamtorganisation ergebnisermöglichend strukturiert ist. D.h. sie hat dafür Sorge zu tragen, dass – negativ formuliert – nicht Struktur(en) verhindern, dass menschliches und organisationales Handeln Folgen zeitigt. Organisationspsychologie und Betriebswirtschaftslehre kennen eine Vielzahl von „Ergebnisvariabeln“[117], also beschreibbaren und bewertbaren Kriterien an Hand derer man ablesen kann, ob und inwieweit solches Handeln zu Ergebnissen führt. Effizienz[118] und Effektivität[119] sind zwei der am häufigsten genannten Kriterien. Dabei können die Bezugspunkte dieser (wie aller) Kriterien eher intern oder eher extern orientiert sein. Kriterien wie Konflikt/Kohäsion oder Arbeitsmoral unterliegen primär der internen Beurteilung. Kriterien wie Wachstum, Gewinn und Produktivität unterliegen dagegen primär der Beurteilung durch Externe. Verantwortung für Effizienz und Effektivität von Strukturen wahrnehmen heißt also u.a., in die Struktur einer Organisation Qualitätsmanagement und Beschwerdemanagement zu integrieren.

Leitung ist für das strukturelle Zusammenspiel verschiedener Organisationsmodelle und -philosophien wie für Produktivität und „Potenz“ der gesamten Organisation verantwortlich.

[117] Ergebnisvariablen sind z.B.: Effizienz, Effektivität, Überleben, Wachstum, Handlungsfähigkeit, Produktivität, Image, Wertschöpfung, Rendite, Gewinn, Ertragskraft, Dividende, Preiswürdigkeit, Produktqualität, Service, Vertragstreue, Liquidität, Steuerkraft, Umweltfreundlichkeit, Gesetzestreue, Demokratisierung, Arbeitsunfälle, Entfremdung, Fluktuation, Fehlzeiten, Lohnniveau, soziale Anerkennung, Qualifizierung, Handlungsspielraum und Zufriedenheit.

[118] Effizienz im engeren Sinne ergibt sich aus organisationsbezogenen Nutzen minus Kosten, die im betrieblichen Rechnungswesen in Geldgrößen bewertet werden (Gewinn = Ertrag–Aufwand) und anhand des eingesetzten Kapitals oder des Umsatzes relativiert werden (Rendite).

[119] Effektivität steht im Angelsächsischen für „Effizienz im weiteren Sinne“ und bezieht explizit die Nutzenstiftung für alle Interessenten mit ein, wie die Löhne, die gezahlten Steuern und Dividenden usw., was zusammen als Wertschöpfung bezeichnet wird.

Exkurs 2:
Vor einer Praxeologie

Im Folgenden wird vermehrt von Praxis die Rede sein. Sie soll mit dem korrespondieren, was bislang an Theorie erarbeitet wurde. Brüche sind allerdings, wie immer bei einem solchen Unterfangen, nicht zu vermeiden. Denn weder steht Theorie „als zeitlose, hermeneutisch und sachlich unangefochtene, in sich ruhende Größe"[1] normativ „über" der Praxis, noch ist eine veränderte Praxis leicht herbeizuführen, selbst wenn man deren Soll-Zustand exakt projektieren könnte. Veränderung von Praxis setzt immer bei schon Bestehendem und Vorgängigem an, so dass sich auch deswegen „die Frage der Vermittlung von Theorie und Praxis weder als Diktat von Theorie, noch als Idealisierung von Praxis stellt, sondern als notwendige Suche nach Orientierung im Prozess bereits bestehender Theorien und gelebter Praxis."[2]

9. Möglichkeiten und Grenzen der Veränderung

Ein Blick in „die" Praxis zeigt: Es gibt ihn, den Wandel. Vielerorts und auf unterschiedlichen kirchlichen Ebenen finden bemerkenswerte Prozesse organisationaler Veränderung statt.[3] Allerdings haben alle Versuche, Neuerung durchzusetzen, mit Schwierigkeiten zu kämpfen.

9.1 Anstoß zu Veränderungen

Geplanter organisationaler Wandel in der Kirche ging und geht von verschiedenen Vorgängen aus, z.B. von synodalen Prozessen. Diözesansynoden, Diözesanforen und Pastoralgespräche sind Umschlagplätze, auf denen Theorie und Praxis, Kirchenleitung und „Basis" miteinander ins Gespräch kommen (können). Weitreichende Konsequenzen haben auch Projekte, die von Unternehmens- und Organisationsberatern in der Kirche durchgeführt werden und die von Bistumsleitungen verantwortet werden.

9.1.1 Diözesane synodale Vorgänge als Impuls

Diözesansynoden und -foren thematisieren ein breites Spektrum kirchlicher Wirklichkeit. Dies war schon Mitte der 80er Jahre in Rottenburg-Stuttgart zu beobachten, das galt für die Diözesansynode in Hildesheim (1989/90), das Pastorale Forum in München-Freising (1991/94) oder auch für das Freiburger Di-

[1] WICHMANN, Theorie und Praxis, 7.
[2] Ebd. 22.
[3] Vgl. dazu etwa: HELLER, Andreas: Hoffnung auf Veränderung. Organisationsentwicklung und Pastoraltheologie. In: FUCHS, Ottmar u. Maria WIDL (Hrsg.): Ein Haus der Hoffnung. Düsseldorf 1999, 109–114.

özesanforum (1991/92). Dieses schloss mit 45 Voten an die Diözesanleitung. Darunter befanden sich Empfehlungen zur Liturgie, zur Sakramentenpastoral, zur begleitenden Seelsorge, zur Stellung der Frau in der Kirche, zur Weltverantwortung des Christen und zur Gestaltung des Gemeindelebens. Spätestens seit Mitte der 90er Jahre gewann der letzt genannte Punkt innerhalb dieser Vorgänge jedoch zusehends an Bedeutung. Auf ihn konzentrierten sich eine ganze Reihe strategischer Überlegungen und grundsätzlicher Entscheidungen. Das gilt ähnlich für die in den letzten Jahren in Köln, Bamberg, Würzburg und Regensburg durchgeführten Pastoralgespräche. Unter dem Titel „Glauben kann Kreise ziehen" eruierte die Regensburger Bistumsleitung (1994/95) im Gespräch mit den Kirchenmitgliedern eine große Anzahl verschiedener Fragestellungen. Ähnlich breit angelegt startete auch in Würzburg das Projekt „Wir sind Kirche – Wege suchen im Gespräch" und das Bamberger Pastoralgespräch. „Suchet zuerst das Reich Gottes und seine Gerechtigkeit …" hieß das Arbeitsinstrument, das in Basel entwickelt worden war. Kirche müsse, so dessen Autoren, vor allem „die vielfältige gesellschaftliche Wirklichkeit, die sie umgibt und in der sie sich ereignet, wahrnehmen."[4] Auch Klaus Hemmerle wollte mit dem 1989 in Aachen initiierten Konsultationsprozess eine „gesellschaftsfähige" Pastoral entwickeln. Getragen von der „Weggemeinschaft" (kirchlicher) Organisationen und Projekte[5] soll Pastoral der Individualisierung und Entsolidarisierung der Gesellschaft begegnen.[6]
Da sich die Situation der Pfarrgemeinde(n) selbst aber zuspitzte, nahmen diesbezügliche, also eher innengewandte, Fragestellungen immer breiteren Raum ein.[7] Vor allem drei Handlungsstrategien waren (und sind) hier im Gespräch: die Errichtung größerer Seelsorgebereiche, die Installierung von Kooperationsmodellen und die stärkere Einbindung der ‚Laien' in die Verantwortung für die Kirche am Ort, jeweils begleitet durch beratend-unterstützenden Maßnahmen „von außen". Das Bistum Augsburg z.B. präferierte in der Tradition der Diözesansynode 1990/91[8] die Fortentwicklung der klassischen Pfarrverbände zu ‚Pfarreiengemeinschaften'. Um einen Pfarrer „gruppiert" soll ein Seelsorgeteam, dem die Pfarrgemeinderatsvorsitzenden und die örtlichen Ansprechpartner für die Grunddienste angehören, die Pfarreiengemeinschaft leiten. Auch

4 PASTORALAMT DES BISTUMS BASEL (Hrsg.): „Suchet zuerst das Reich Gottes und seine Gerechtigkeit…" Ein Arbeitsinstrument für pastorales Handeln im Bistum Basel. Solothurn 1993, 3.

5 Vgl. BISCHÖFLICHES GENERALVIKARIAT AACHEN (Hrsg.): Der Prozess Weggemeinschaft im Bistum Aachen. 1988–1994. Aachen 1995, 3.

6 HEMMERLE, Klaus: Fastenhirtenbrief. In: Kirchlicher Anzeiger des Bistums Aachen 1 vom 16.01.89, 1.

7 Vgl. dazu die kritischen Bemerkungen in HOFER, Max: „Suchet zuerst das Reich Gottes und seine Gerechtigkeit …" (Mt 6,33): Arbeitsinstrument für pastorales Planen im Bistum Basel. In: PThI 14 (1994) 41–45, 44f.

8 Vgl. DIÖZESANSYNODE AUGSBURG 1990. Die Seelsorge in der Pfarrgemeinde. Donauwörth 1991; BAUER Gerhard: Diözesansynode Augsburg 1990. In: Jahrbuch des Vereins für Augsburger Bistumsgeschichte 25 (1991) 11–59.

der Speyrer Pastoralplan führt Pfarrgemeinden zusammen, löst das traditionelle Verhältnis 1:1 (1 Priester – 1 Pfarrgemeinde) durch das Verhältnis 2:5 (2 Hauptamtliche [1 Priester und 1 pastorale/r Mitarbeiter/in] – 5 Pfarreien ab, sieht in jeder Pfarrgemeinde die Berufung ehren- oder nebenamtlich Verantwortlicher für die wichtigsten Grunddienste vor: „Katecheten/innen", „Liturgiehelfer/innen" und „Diakoniehelfer/innen" und regelt deren Zusammenarbeit in der Leitung der Pfarrgemeinde(n).

9.1.2 Organisationsentwicklungsprozesse als Ausgangspunkt

Verschiedene Diözesanleitungen haben Beratungsprozesse initiiert, innerhalb derer professionelle von außen zugeholte Hilfe eine wichtige Rolle spielt. Diese Prozesse firmieren unter der Überschrift „Organisationsentwicklung" seit den 80er Jahren „im Sozial-, Gesundheits- und Bildungswesen, also überall dort, wo Kirche als Anbieterin von Dienstleistungen auftritt."[9] Seit den 90er Jahren bedienen sich auch Ordinariate und Generalvikariate dieses Know-Hows: Das Bistum Essen arbeitete mit McKinsey zusammen. Die Erzdiözese München-Freising ließ sich durch das österreichische Studienzentrum für internationale Analyse beraten. Rottenburg-Stuttgart kooperierte für das Projekt „Organisationsentwicklung im Bischöflichen Ordinariat" ("moveBO") mit der Firma C&L. In Linz[10] und Eichstätt wirken externe Fachleute mit und unterstützen die prozessuale wie die inhaltliche Arbeit. Mit dem Projekt „Bischofshof in Bewegung" ging das Bistum Eisenstadt ähnliche Wege.[11]
Bei solchen Prozessen spielt die Zukunft der Pfarrgemeinden und dementsprechende Fragestellungen eine wichtiger werdende Rolle. Meist werden Maßnahmen vorgeschlagen, die sich nicht nur auf das Feld Pfarrgemeinde erstrekken. Man müht sich vielmehr um Entwicklungsstrategien für die gesamte (Orts-)Kirche. Angezielt sind „technische" wie „adaptive" Problemlösungsvorschläge. Canon 517, § 2 (Linz), Strategien mittelfristig angelegter Personalentwicklung (Eisenstadt) oder Vorhaben zur Profilierung der kirchlichen Berufe (Eichstätt) sind je in einen Gesamtentwicklungsplan eingebunden.

9.2 Widerstand gegen Veränderungen

„Eine verbreitete anthropologische und organisationale Täuschung [...] heißt: Wir wollen uns gerne verändern. Das stimmt nicht. Der stimmigere Satz heißt:

9 BADELT, Christoph (Hrsg.): Handbuch der Nonprofit Organisationen. Strukturen und Management. Stuttgart 1997, 55.

10 Vgl. LEHNER, Markus: Diözese Linz–Projekt Seelsorge in der Zukunft. In: PThI 14 (1994) 47–52, 48 f.

11 Vgl. dazu die ausführliche Arbeit von SCHILS, Franz: Kooperative Pastoral–Erneuerung von Gemeinden oder Versorgung auf einer anderen Ebene? Eine pastoraltheologische Synopse verschiedener Ansätze deutschsprachiger Diözesen vor dem Hintergrund des Projekts der Diözese Eisenstadt. (masch. schr.) Eisenstadt 1998.

wir wollen bewährte Routinen erhalten."[12] Menschen und Organisationen ändern sich in der Regel nur, wenn gewichtige Gründe, meist aus deren relevanter Umwelt, sie dazu zwingen. Eine erste Schwierigkeit mit Veränderungen liegt in der Natur der Dinge. Darüber hinaus hat jede Situation ihre spezifische Problematik. Auch das macht das Geschäft des gestaltenden Veränderns nicht leichter.

9.2.1 Zur Problematik organisationalen Wandels

Warum stoßen Veränderungen in Organisationen auf nachhaltigen Widerstand? Drei Basisannahmen, die Heribert W. Gärtner jüngst formuliert hat, wollen auf diese Frage antworten. Erstens: Organisationen bringen dem Wandel Widerstand entgegen, weil es die Organisationen sind und nicht die Menschen, die agieren. Wer diesem Gedankengang folgen will, muss zunächst „begreifen, dass Organisationen personunabhängig funktionieren. Sie sind etwas anderes als die Addition der in ihr tätigen Menschen. Geprägt von ihrer z.T. längeren Geschichte haben sie schon eine große Anzahl von genialen und weniger genialen Leitungen und eine Unzahl von Mitarbeitern verdaut."[13] Es sind organisationale Regeln und Gewohnheiten, die den Alltag bestimmen, die Mitarbeitende immer neu in den „Sog des Vorhandenen" einholen. Diese Regelhaftigkeit führt dazu, dass die Fähigkeit von Organisationen, alles so zu belassen, wie es ist, wesentlich besser entwickelt ist als die Fähigkeit, Wandel zu organisieren. Auch wenn Organisationen – hier folgt ein zweiter Gedankengang – massiven Außeneinflüssen ausgesetzt sind, heißt das nicht, dass sie mit einem dem entsprechenden Wandel darauf reagieren. Verstehen kann das nur, wer nicht in der „Rationalitätsfalle" sitzt; wer also weiß, dass sich „Menschen und auch Organisationen nur teilvernünftig verhalten."[14] Ohnehin ist das Regelwerk einer Organisation, also ihre Tiefenstruktur, nicht unbedingt mit dem identisch, was als offizielle Aufbau- und Ablauforganisation erdacht und vorgezeigt wird. Ein drittes: „Üblicherweise wird das Beharrungsvermögen von Menschen und Organisationen diskreditiert. Dabei wird etwas Wichtiges übersehen: Nicht-Lernen ist auch eine Kompetenz! [...]Die Leute werden verrückt, wenn sich in der Organisation zu viel verändert, weil das Tagesgeschäft, [...] schon aus so viel Unvorhersehbarem besteht. Deshalb haben Menschen und Organisationen Taktiken entwickelt, um sich im Untergrund resistent zu machen gegen zu viel Schwankungen."[15] Organisationen, auch die Kirche am Ort, sind hochkomplexe Gebilde. Insbesondere wenn deren Aufgabe darin besteht, Lebensdramatiken zu bearbeiten, brauchen sie funktionierende Routinen. Wo

[12] GÄRTNER, Heribert W.: Die Verbindung von fachlichen, wirtschaftlichen und wertorientierten Zielen im katholischen Krankenhaus. In: Perspektiven normativer Qualitätssicherung im katholischen Krankenhaus. In: KRESING, Bruno (Hrsg.): Zum Verhältnis von Trägerintention und betrieblicher Praxis. Paderborn 2000, 17.

[13] Ebd. 19.

[14] Ebd.

[15] Ebd. 18.

sich die Funktionalität neuer Routinen nicht wirklich plausibel darstellt, bleibt eine Organisation lieber bei den alten – und wandelt sich nicht.

9.2.2 Von der spezifischen Problematik unterschiedlicher kirchlicher Situation

Ob es Handlungsalternativen gibt, ob neue Routinen entwickelt werden können, hängt auch von den Gegebenheiten der jeweiligen Raumschaft ab. Ein Blick auf das Raum- und Personalprofil der Pfarrgemeinden hat deutlich gemacht, wie verschieden sich diesbezüglich die Ausgangslage darstellt. Die Voraussetzungen für die Gestaltung von Verbünden mehrerer Pfarrgemeinden sind also schon allein deswegen von Diözese zu Diözese unterschiedlich. Was den Gestaltungsspielraum eines Bistums anlangt, können vier Prognosen gemacht werden.

Prognose 1: Je mehr ländliche Gebiete ein Bistum umfasst, je niedriger deren Einwohnerzahl und je weiträumiger die Siedlungsstruktur ist; je mehr kleine Pfarrgemeinden es gibt und je niedriger die Zahl der Katholiken insgesamt ist, desto schlechter sind die Voraussetzungen für die Garantie der kirchlichen Grundvollzüge und der Übernahme einzelner Leitungsaufgaben etwa durch am Ort ehrenamtlich Tätige.

Prognose 2: Je größer die Anzahl der Pfarrgemeinden, je kleiner die Zahl der Priester, je länger anhaltender schon der Priestermangel, je höher der Altersschnitt des Klerus und je niedriger die Zahl der Priester in der Seelsorge ist, desto schwieriger ist es, mittels traditioneller Lösungen die kirchlichen Grundvollzüge am Ort, einschließlich der Leitung zu gewährleisten.

Prognose 3: Je niedriger die Zahl der Diakone ist, je weniger ‚Laien' einem Bistum zum hauptberuflichen Dienst für die in Arbeit in der Pastoral zur Verfügung stehen, desto eingeschränkter sind die Handlungsalternativen hinsichtlich neuer Formen zur Sicherstellung kirchlicher Grundvollzüge und der Leitung vor Ort.

Prognose 4: Je differenzierter die Aufgaben sind, die vor Ort von Gemeindemitgliedern mittels Mandat wahrgenommen werden, je größer die Zahl strukturell verschiedener Pfarrgemeinden ist, die zur Plangröße für den Einsatz hauptberuflich Mitarbeitender wird, je breiter das Spektrum der in der Pastoral tätigen Berufe ist, je komplexer die Handlungsebenen sind, auf denen diese arbeiten und je unterschiedlicher die Deputate ausgestaltet sind, desto schwieriger ist es, Formen der Kooperation zu installieren, die nicht ständig störungsanfällig sind.

Es gilt: Je schwieriger das Raumprofil der Pfarrgemeinden, je problematischer das Personalprofil des Bistums und je komplexer die Gesamtsituation ist, desto heikler ist die Lage der Pfarrgemeinden und damit eines Bistums, desto begrenzter sind die Handlungsalternativen, die einer Bistumsleitung zur Verfügung stehen und um so größer werden die Schwierigkeiten, Veränderungen vorzunehmen und Wandel zu gestalten.

9.2.3 Was (dennoch) ansteht …

„Christifideles laici“ formuliert die Aufgabe so: „Die jeweiligen örtlichen Autoritäten (müssen) dafür Sorge tragen, dass […] die Pfarrstrukturen den Situationen mit der großen Flexibilität, die das Kirchenrecht vor allem durch die Förderung der Teilhabe der Laien an der pastoralen Verantwortung gewährt, angepasst werden.“[16] Hierzu braucht es Vorschläge zur Realisierung von Kirche am Ort auf verschiedenen Ebenen; im Sinne der Gleichursprünglichkeit dieser Ebenen, die einander ergänzen, innerhalb derer also keine allein Kirche total realisiert, die aber als einzelne in ihrer Kirchlichkeit auch nicht zu unterschätzen sind. Es braucht Vorschläge zur Realisierung von Kirche als Eucharistie feiernder Gemeinschaft und als Gemeinschaft, die auch mittels anderer Darstellungen (auf anderen Ebenen) ihrem Bewusstsein Ausdruck verleiht, dass sie sich als christliche Gemeinschaft versammelt. Zudem braucht es Vorschläge zur Realisierung der Leitung als Übersicht über das ganze; Hinweise zur Zuordnung von Einzelfunktionen zu verschiedenen kirchlichen Berufen, gemäß deren je unterschiedlichen Leitungsauftrages und Konzepte zur Verortung dieser Leitungsfunktionen in einzelnen Gremien auf den verschiedenen Ebenen.

Diese Vorschläge machen nur dann Sinn und haben einigermaßen Aussicht auf Erfolg, wenn sie in das Gesamt eines bistümlichen Prozesses einzubinden sind und wenn sie die Organisationsseite der Kirche nicht ausblenden. Dass sie ekklesiologisch und amtstheologisch verantwortbar sein müssen, versteht sich von allein.

[16] CL Nr. 26 Abs.4.

Teil III
Hinweise zu einer angemessenen Sozialgestalt der Kirche am Ort

Interesse und Ziel der Pastoraltheologie ist es, „eine Option für das von Gott gewollte und verheißene Leben zu formulieren und so zu dessen Verwirklichung beizutragen.“[1] Die folgenden Überlegungen wollen Hinweise dazu geben, wie Kirche am Ort aussehen kann, dass diese Verwirklichung eher ermöglicht, als verunmöglicht wird. Dabei geht es in spiegelbildlicher Aufnahme der Fragestellungen des ersten Teils dieser Arbeit um dreierlei. Erstens um die Frage nach der Organisationsstruktur. Wie konkretisiert sich eine theologisch angemessene Gestalt eines Verbundes mehrerer Pfarrgemeinden? Dazu können schon an Hand des Planungsaktes einige erste Antworten durchbuchstabiert werden. Die zweite Frage lautet: Wie materialisiert sich kirchliche Organisationskultur in einem Verbund mehrerer Pfarrgemeinden? Diese Frage wird im Rahmen der Überlegungen zur angemessenen Vorgehensweise während der Initiierung eines solchen Verbundes diskutiert. Drittens geht es um die Frage nach der Spezifik kirchlicher Aufgabenstellung. Das wird konkret heißen: Was lässt sich zur Aufgabenbeschreibung und Stellenbildung als Voraussetzung für die Arbeitsfähigkeit eines Verbundes mehrerer Pfarrgemeinden ausführen?

10. Planung und Bildung eines Verbundes

Der Mensch ist der Weg der Kirche. Darum soll das „Heil der Seelen [...] auch entscheidend sein für die Errichtung oder Aufhebung von Pfarreien wie auch für andere Neugestaltungen dieser Art [...]“[2] Wo der Mensch, oder anders formuliert, dessen Seelenheil „Interpretationsprinzip für das Ganze“[3] und oberstes Handlungsgesetz der Kirche[4] ist, muss auch die Planung eines Verbunds mehrerer Pfarrgemeinden die ihm entsprechende Merkmale von Strukturqualität aufweisen: Komplexität, Austauschfähigkeit, Selbstorganisation und Ganzheitlichkeit. – Wo Kirche als Ekklesia de Trinitate verstanden wird, legt sich die Imitatio Dei als Leitprinzip kirchlicher Verfahrenskultur nahe. Alle Maßnahmen, auch die zur Bildung eines Verbundes mehrer Pfarrgemeinden, stehen dann unter der Vorgabe dieses Leitprinzips. D.h. bei der Bildung eines solchen Verbundes muss dialogisch, kooperativ und kollegial vorgegangen werden.

1 MÜLLER, Pastoraltheologie, 26.
2 CD 32.
3 BÜHLMANN, Walbert: Von der Kirche träumen. Graz – Wien – Köln 1986, 162.
4 Vgl. den letzten Kanon des CIC, Canon 1752: ‚Suprema lex animarum salus‘.

Planung ist ein Informationsverarbeitungsprozess zur gedanklichen Vorwegnahme künftigen Geschehens, an dem unterschiedliche Stellen und Ebenen einer Organisation beteiligt werden.[5] Gleichwohl ist Planung Leitungsaufgabe. Seit den frühen Arbeiten von Norbert GREINACHER[6] wird sie als notwendiges Moment auch kirchlichen Handelns, vor allem kirchlichen Leitungshandelns[7], diskutiert. Im Umfeld der Würzburger Synode hat Ottfried SELG den Versuch unternommen, soziologische und theologische Merkmale in einem kirchlichen Planungsbegriff zu verschränken.[8] Planung ist zwar „kein Mittel zur Sicherstellung des Heils",[9] aber doch „bewusster Ausdruck der Hoffnung im Glauben".[10] – Eine erste umfängliche Auseinandersetzung mit Struktur- bzw. Personalplanung auf Bistumsebene setzte Ende der 80er Jahre ein und verbindet sich vor allem mit dem Namen Rolf STRÜDER.[11] Er unterscheidet vier Dimensionen der Planung: die situative, die organisatorische, die programmatische und die prozedurale.[12] „Unter situativem Aspekt ist kirchliche Planung ein Wahrnehmen der Zeichen der Zeit, um darin Ankunft und Anruf des Gottesreiches zu erkennen. So gesehen ist Planung ein Akt der Hoffnung. [...] Unter organisatorischem Aspekt ist kirchliche Planung ein Akt der Gemeinschaftsbildung und der Kirchewerdung. [...] Unter programmatischem Aspekt ist kirchliche Planung ein Akt, in dem Glaube und Tat zueinander finden, nämlich tätiger Glaube. [...] Unter prozeduralem Aspekt ist kirchliche Planung auch ein Akt der Umkehr von falscher oder ineffizienter Praxis zu ‚richtiger' Praxis."[13]

Zwar ist alle Planung der Zukunft „von der Notwendigkeit eines Ganges in eine unplanbare Zukunft, von Wagnis und Gefahr und Hoffnung auf die unbe-

[5] Vgl. LAU, Christoph: Theorien gesellschaftlicher Planung. Eine Einführung. Stuttgart 1975, 123.

[6] GREINACHER, Norbert: Die Planung in der Kirche. In: Franz Xaver ARNOLD u. Ferdinand KLOSTERMANN u. Karl RAHNER u.a. (Hrsg.): Handbuch der Pastoraltheologie. Bd. IV. Freiburg–Basel–Wien 1969, 603–617. Vgl. z.B. SCHURR, Viktor: Seelsorge in einer neuen Welt. Pastoral der Umwelt und des Laientums. Salzburg 1957, bes. 109 ff.

[7] Vgl. GREINACHER, Planung: 616 ff.; oder: LANGE, Ernst: Perspektiven kirchlicher Planung. In: DERS. (Hrsg.): Kirche für die Welt. Analysen zur Theorie kirchlichen Handelns. München – Gelnhausen 1981, 267–295, 272.

[8] Vgl. SELG, Ottfried: Gesichtspunkte zur pastoralen Planung. In: LS 27 (1976) 328–332, 328 f.

[9] HEGNER, Friedhart: Planung – Verwaltung – Selbstbestimmung. In: Franz BÖCKLE u. Franz-Xaver KAUFMANN u. Karl RAHNER u.a. (Hrsg.) Christlicher Glaube in moderner Gesellschaft. Bd. 11. Freiburg–Basel–Wien 1981, 79–138, 93.

[10] BERNING, Ewald: Kirche und Planung. Die Theologische Relevanz von Theorie und Praxis außerkirchlicher Planung. Bern 1976, 250.

[11] STRÜDER, Rolf: Chancen und Gefährdungen geplanten Wandels in der Kirche – aufgezeigt am Beispiel der Diözese Limburg. St. Ottilien 1993.

[12] Ebd. 18.

[13] Ebd. 28 .

rechenbare Gnade Gottes nicht dispensiert".[14] Ob die Plananforderungen letztlich zur Erfüllung gebracht werden können, „stellt sich als unaufhebbares Risiko jedes echten Planes dar."[15] Außerdem ist in komplexen Systemen zu beobachten, wie zentrale Vorgaben die Möglichkeiten der Teile gar „nicht erfassen können und deshalb von diesen unterlaufen oder umgebogen"[16] werden müssen. Dennoch gilt der Grundsatz: Wer nicht genau weiß, wohin er will, darf sich nicht wundern, wenn er dort ankommt, wohin er nicht wollte. Es braucht Pastorale Planung und diese muss dialogisch, kooperativ und kollegial angelegt sein.

Das Moment Dialog steht dabei für die Suche nach Einverständnis zwischen allen an diesem Vorhaben Beteiligten und dient der Subjektwerdung des Menschen, weil er voraussetzt, dass Subjekte sich gegenseitig als Subjekte anerkennen. Kooperation, wie sie die Planverfahrenskultur ausmacht, realisiert sich vor allem in der Partizipation möglichst vieler etwa bezüglich der Frage: Worauf hin soll in einem solchen Verbund zusammengearbeitet werden?[17] Kollegialität als drittens Moment der Verfahrenskultur konkretisiert sich schließlich etwa in einem Umgang mit- und untereinander, bei dem es gelingt, gleichermaßen „auf Struktur und Prozess, auf Planung und Improvisation, Intervention und Geschehenlassen zu achten, also eher männliche und eher weibliche Wahrnehmungs- und Handlungsmuster zusammenzubringen".[18]

10.1.1 Die situative Dimension von Planung – Komplexität?

Planungsprozesse sind auf Situation ausgerichtete Prozesse. Was damit gemeint ist, soll im Hinblick auf ihre Anfangsphase verdeutlicht werden: Um planen zu können, auch um einen Verbund mehrerer Pfarrgemeinden planen zu können, braucht es Plandaten.[19]

Dabei verlangt die situative Dimension von Planung die Bejahung der Komplexität ihres „Planortes": Wer Plandaten erheben will, muss sich zunächst der Frage nach dem Informationshorizont stellen, innerhalb dessen er die Situation ansiedelt, die es in den Blick zu nehmen und zu interpretieren gilt. Ist *eine* Lebenswelt der Orientierungspunkt, von dem aus und auf den hin die Situation interpretiert wird? Oder bildet eine Vielgestalt von Lebenswelten den Informationshorizont: Die Pfarrgemeinderatsvorsitzende einer Pfarrgemeinde, die

[14] RAHNER, Strukturwandel, 49.

[15] WOLLNIK, Michael: Plandurchsetzung. In: Norbert SZYPERSKI (Hrsg.): Handwörterbuch der Planung. Stuttgart 1989, 1381 – 1397, 1381.

[16] WILLKE, Steuerung, 33.

[17] Zur Beteiligung an Entscheidungsprozessen über Zielvorgaben vgl. bes. HÖLLER; Heinzpeter: Verhaltenswirkungen betrieblicher Planungs- und Kontrollsysteme. München 1978, 143 ff.

[18] HEYER, Josefine: Mannsein und Frausein im pastoralen Beruf. In: Isidor BAUMGARTNER (Hrsg.): Handbuch der Pastoralpsychologie. Regensburg 1990, 232 – 246, 246.

[19] Vgl. SCHWARZ, Nonprofit, 374 ff.

möglicherweise in einem Verbund aufgehen wird, der Bewohner eines Seniorenheimes, die Sprecherin der örtlichen Initiativgruppe von Greenpeace und der Pfarrer, der den Verbund leiten soll. Sie alle haben ihr eigenes lebensweltliches Koordinatensystem. Soll dem Rechnung getragen werden, braucht es für die Erhebung der Plandaten einen „weitläufigen" Informationshorizont. Es darf z.B. nicht nur der Ausschnitt von Lebenswelt in Betracht gezogen werden, auf den sich das Handeln des Pfarrers bezieht. Seine Situation bildet nicht automatisch das Zentrum des kommunikativen Handelns aller, die von den zu erwartenden Veränderungen durch die Gründung eines Verbunds von Pfarrgemeinden betroffen sind. Nur in der Annahme der Komplexität von Lebenswelten kann Situation wirklich erhellt werden. Planung muss in die „Breite" gehen.

Situativ planen heißt zudem, Komplexität verarbeiten und zwar so, dass jede Lebenswelt als einzelne, hinsichtlich ihrer „Haltestation-Funktion" in ihrer je eigenen Relevanz erfasst wird. Jede dieser Lebenswelten „ist räumlich, zeitlich und sozial strukturiert erfahrbar und als so strukturierte Lebenswelt konzentrisch um die Handlungssituation angelegt".[20] Alle von der Planung Betroffenen – oder an ihr Beteiligten – stehen, selbst wenn sie am selben Ort oder in unmittelbarer Nachbarschaft leben, zunächst und vor allem an ihrem Ort, in ihrer Situationen. Dabei wird das Thema, das ihre jeweilige Situation konstituiert, „von Relevanzstrukturen bestimmt, d.h. von den Interessen der Handelnden und den Aufgaben und Problemen, die sich von außen stellen"[21] und sich möglicherweise fundamental unterscheiden. Sie haben ihre je eigene Bedeutsamkeit. Planung, die sie erfassen will, muss also in die „Tiefe" gehen. Was auch deswegen ein schwieriges Unterfangen darstellt, weil Lebenswelten keine starren, sondern dynamische Gebilde sind, die gegenwärtige Erfahrungen genauso einschließen wie Erinnerungen und Erwartungen.

Pastorale Planung, die die jeweilige Situation auf diese Weise als Ort der Ankunft des Reiches Gottes ernst nimmt, gewinnt nicht nur für das weitere Planungsprojekt eine Fülle relevanter Daten. Eine so angelegte Planung ist auch ein Akt der Hoffnung: Manch eine oder einer erlebt vielleicht in einem solchen Zusammenhang erstmals, dass man ihn ernst nimmt, dass seine Lebensgeschichte für andere von Interesse ist, dass sein So-Sein in seiner qualitativen Besonderheit angenommen wird. Ein solchermaßen ausgerichtetes, empathisches Zugehen auf Vielgestaltigkeit von Lebenswelten und auf die je konkrete Lebenswelt einzelner ist Grundvoraussetzung für die Solidarität von Kirche mit gegenwärtiger Situation und wird für beide im gelungenen Fall zu einem Zeichen der Hoffnung.

[20] HENKE, Thomas: Seelsorge und Lebenswelt. Auf dem Weg zu einer Seelsorgetheorie in Auseinandersetzung mit soziologischen und sozialphilosophischen Lebensweltkonzeptionen. Würzburg 1994, 171.

[21] Ebd.

10.1.2 Die programmatische Dimension von Planung – Austauschfähigkeit?

Pastoralplanung ist ein im Vollzug gewonnener Beitrag zur Identitätsbestimmung von Kirche. Dabei gibt die Sendung der Kirche jeder Zielerarbeitung[22] zwei Grundausrichtungen vor, die nicht in ihrer Verfügung stehen. Zum einen ist die Kirche innengewandt. Kirche ist Ort der Sammlung und des Innehaltens, ist Aneignungs-, Erarbeitungs- und Lernort dessen, was sie in ihrer Mitte trägt und hält. Zum anderen ist Kirche „keine geschlossene Größe“[23], sondern Kirche in der Welt und für die Welt. Sie ist immer durch die sozio-ökonomischen Verhältnisse und heutigen Lebensbedingungen in Welt und Gesellschaft herausgefordert. Pastorale Planung hat also das zu stärken, worauf sie schon bei der Situationsanalyse kirchlicher Wirklichkeit angewiesen ist: die Austauschfähigkeit innerhalb des Gesamtgebildes Kirche in Welt.
Programmatisch Planen heißt zunächst, sich den kirchlichen Teilsystemen nähern und deren Stabilität durch Stärkung der Innengewandtheit, wie durch Maßnahmen vorsichtiger Entgrenzung nach außen zu sichern. Um der Identitätssicherung kirchlicher Teilsysteme willen wird Planung in deren „interne“ Austauschfähigkeit investieren; wird helfen, deren Anschlussfähigkeit an die eigene Herkunft bzw. an die eigene Zukunft zu erhöhen. Dazu wird sie Menschen sammeln, die darüber Auskunft geben können, woher sie kommen und die gleichzeitig wissen, dass nach ihnen die Zukunft kommt, und die sowohl Verantwortung für Tradition wie Zukunft übernehmen wollen. Diese sich im Innern vergewissernde Sammlung lebt aber gerade davon, dass sie ihre ‚Sendung nach außen‘, also ihr diakonisches und politisches Engagement wahrnimmt“.[24] Pastorale Planung wird der Entgrenzung kirchlicher Binnenorientierung dienen. Wo man z.B. der Ansicht ist, dass sich das, was in wirtschaftlicher, städteplanerischer und verkehrstechnischer Hinsicht geschieht, nicht in der Kirche wiederholen darf, ergeben sich Leitmarken für die Gestalt des Verbunds mehrerer Pfarrgemeinden, die aus der Perspektive bloßer Innennotwendigkeiten erst gar nicht in Blick gekommen wären und die die Konkretion einer Diakonie an der Welt darstellen können.
Programmatisch Planen heißt, sich um die Verbesserung der Sprachfähigkeit der Kirche zu mühen. Diese basiert vor allem auf der Fähigkeit des Erinnerns und Erzählens, ist doch „das ‚gelebte Leben‘ nicht ‚als solches‘ zugänglich,

[22] Zielbearbeitung heißt: Zustandebringen eines Zieles durch Zielsetzung, Zielvereinbarung oder Zielplanung. Definition des Zieles durch Bestimmung des Inhaltes, des Zeitraumes, für den das Ziel gelten soll und des Ausmaßes seines Stellenwertes. Formulierung des Zieles, so dass die Zielerfüllung gemessen werden kann (Operationalität), dass sie von den Realisierenden erreicht werden können (Realisierbarkeit), dass die Ziele verstanden und zu eigen gemacht werden können (Kommunikation und Akzeptanz), dass – im Fall von Mehrfachzielen – sich einzelne Ziele nicht widersprechen oder gegenseitig blockieren (Widerspruchsfreiheit).

[23] HÄRING, Hermann: Art. Kirche/Ekklesiologie. In: Peter EICHER (Hrsg.): Neues Handbuch theologischer Grundbegriffe. Bd. 2 München 1984, 294 – 323, 315.

[24] FUCHS, Zukunftsfähige Kirche, 121 f.

sondern nur als sprachabhängige Erinnerung."[25] Wo unterschiedliche Lebenswelten miteinander in Kontakt gebracht und damit punktuell aufeinander bezogen werden, und wo die Fähigkeit des Erinnerns und Erzählens entwickelt ist, *die* „fundamentalen Kategorien der Vergewisserung und Rettung von Identität in den geschichtlichen Kämpfen und Gefährdungen, in denen Menschen sich als Subjekte erfahren und konstituieren",[26] können Erzähl- und Lerngemeinschaften entstehen, die die Kompetenz haben, ihr (Zukunfts-)Programm zu kommunizieren.

Pastoralplanung ist kein Garant dafür, dass die Gotteshäuser wieder voll werden. Sie ist vor allem ein Dienst am Menschen. Ihr Ziel ist, das Heil Gottes den Menschen in dieser Welt und Geschichte wieder erfahrbarer werden zu lassen, das große Wort „Gottesreich" mit Inhalt zu füllen. So kann Planung ein Akt sein, in dem Glaube und Tat zueinander finden, ein Akt tätigen Glaubens, d.h. erstens diakonisch nach außen gehenden und zweitens sich in Sprache vermittelbaren Glaubens.

10.1.3 Die prozedurale Dimension der Planung – Selbstorganisation?

Planen heißt, dem Handeln der Kirche eine Richtung geben. Wie jede Planung besteht auch kirchliche Planung aus einer Sequenz verschiedener Schritte, ist also begehbar. Ihre Abfolge hängt von den speziellen Gegebenheiten und Erfordernissen der Situation, von den strukturellen Gegebenheiten der Kirchenorganisation sowie von kirchlichen Zielvorgaben ab. Zunächst braucht Planung die Bereitschaft der Führenden, die Verantwortung zu übernehmen. Dann muss sie zulassend sein, sich der Dynamik eines Prozesses öffnen, d.h. sie muss über strukturell verankerte Partizipationsmöglichkeiten verfügen.

Planung als begehbares Prozedere. Planung muss gewollt sein. Das ist die erste Voraussetzung dafür, dass sie „begehbar" ist. Ob Leitung Planung will, zeigt sich an ihrer Bereitschaft, die strukturellen und organisationalen Voraussetzungen dafür zu schaffen: Werden die notwendigen Stabsstellen und Zentralabteilungen geschaffen, Planungsbeauftragte benannt? Wird der Prozess reguliert? Wird der Ablauf der Planung konzipiert, werden Zeiten und Orte der Planaufstellungen, der Planverabschiedungen, Planvorgaben und Plankontrollen ins Auge gefasst? Werden Freiräume geschaffen, in denen Modellbildungen und Experimente möglich sind? Wo Bistumsleitung ihre Planungsverantwortung ernst nimmt, stellt sich zudem die Frage nach der Partizipation.

Planung als förderndes Zulassen eines Plural von Planungszentren. Planung kann nicht für jemanden geschehen, sondern nur mit den Betroffenen zusammen, geht es doch um die Zukunft, die allen gehört. Menschen nicht die Möglichkeit zu geben, hier mitzureden, bedeutet, ihnen ihren Anteil an Macht und Kompetenz zur Gestaltung ihrer Zukunft vorzuenthalten. Darum ist es notwen-

[25] HABERMAS, Jürgen: Theorie des kommunikativen Handelns. Bd. I. Handlungsrationalität und gesellschaftliche Rationalisierung. Frankfurt 1981, 438.

[26] METZ, Geschichte, 63.

dig, dass sich mindestens „die interessierte innerkirchliche Öffentlichkeit an der Willensbildung und Entscheidungsfindung an den ins Auge zu fassenden Wegen beteiligen kann".[27] Planung ist auf die „Artikulation und Berücksichtigung der Bedürfnisse und Werte als auch eine Mobilisierung des Wissens"[28] angewiesen.[29] Sie verwirklicht sich darüber hinaus in der Beteiligung an Entscheidungsprozessen und ist als dauerhafter Diskurs zwischen allen Beteiligten strukturell zu garantieren.[30] Bei diesem Diskurs müssen in Vernetzung verschiedener Planorte nach der Situationsanalyse und nach der Zielvereinbarung Alternativen analysiert,[31] Prognosen gestellt,[32] Bewertungen vorgenommen[33] und Entscheidungen getroffen bzw. vorbereitet werden.
Planung ist ein Akt der Umkehr von falscher oder ineffizienter Praxis zu „richtiger" Praxis. Wenn es um die Schaffung eines Verbunds von Pfarrgemeinden geht, heißt „Hin-kehr" zu „richtiger" Praxis: Planung, die sich als sozialer Prozess versteht, bei dem vor allem „diejenigen als Subjekte beteiligt sind, die sonst in Kirche und Gesellschaft keine oder geringe Chancen der Mitverantwortung haben."[34] Aus einem solche Prozess sollten die Beteiligten mit einer neuen erwachsenen Beziehung zur Kirche als Institution hervorgehen und von dort aus in der Lage sein, Kirche am Ort in einer polyzentrischen Gestalt an-

27 FUCHS, Zukunftsfähige Kirche, 125.

28 KIRSCH, Werner u. Werner-Michael ESSER u. Eduard GABELE: Das Management des geplanten Wandels von Organisationen. Stuttgart 1979, 299.

29 Partizipation zur Generierung von Wissen kann auf verschiedene Weise erfolgen: Durch *Information*, d.h. durch Zurverfügungstellung spezifischer Informationen, die ohne weitere Konsultation Grundlage von Entscheidungen werden. Durch *Konsultation.*, d.h. durch das Einbringen von Ideen und Vorschlägen, die im Einzelgespräch vom Entscheidungsträger zur Kenntnis genommen werden, bevor er nach einer Reihe von Einzelgesprächen eine Entscheidung trifft. Durch *Diskussion*, d.h. durch Teilnahme an einem Gruppengespräch zu einem Entscheidungsproblem, nach dessen Ende der Entscheidungsträger autonom entscheidet. Durch *reale Mitwirkung*, d.h. Beteiligung an der Entwicklung und Bewertung von Alternativen und Mitarbeit an der Lösungsfindung in der Gruppe, die der Entscheidungsträger akzeptiert.

30 Zur Organisation der Entscheidungsprozesse vgl. RIEKHOF, Hans-Christian: Strategien des Partizipationsmanagements. In: Personalwirtschaft (1985) 28–33.

31 Dieser Teil ist die kreativste Phase der Planung. Es sollen Handlungsmöglichkeiten gefunden werden, unabhängig davon, ob sie gut oder schlecht sind. Je schlechter ein Planungsproblem strukturiert wurde, desto eher wird an die Stelle systematischer Suche die Willkür- oder Zufallssuche treten und die Persönlichkeit der Suchenden statt der Methoden und Verfahren eine Rolle spielen. Es müssen möglichst alle Alternativen gefunden werden und sie müssen sich gegenseitig ausschließen. Es muss gesichert sein, dass Alternativen zum Zeitpunkt der Durchführung tatsächlich noch realisierbar sind und dass sie auch nicht von vornherein die vorgegebenen Möglichkeiten überschreiten.

32 Es wird auf die einzelnen Alternativen hin gefragt: Was wird sein? Wie wird die mutmaßliche Entwicklung der gegenwärtige Lage aussehen?

33 Bewertung bedeutet die Zuordnung von Werten zu Alternativen, um deren Zielwirkung zu charakterisieren.

34 DEHNEN, Manfred u. Gisela RICHTER-JUNGHÖLTER: Gemeindeplanung als sozialer Prozess. Hinweise für eine situations- und bedürfnisorientierte Gemeindearbeit. Gelnhausen 1980, 5.

nehmen zu können, die dann eine Vielzahl differenzierter Zugehörigkeits- und Kontaktmöglichkeiten bereithält.

10.1.4 Die organisatorische Dimension von Planung – Ganzheitlichkeit?

Um planen zu können, braucht es eine Vergewisserung der organisationalen Grunddaten des Trägers der Planung. Kirche z.B. ist organisational dadurch konstituiert, dass sie gleichzeitig rechtlich-strukturiertes sichtbares Gebilde und sakramental-geistliche unsichtbare Gemeinschaft ist. Kirchliche Planung wird dementsprechend Elemente zweckrationalen Planens mit Elementen kommunikativ-kairologischen Planens verschränken. Kirche versteht sich darüber hinaus als Instrument zur Sicherstellung instituionellen Sinnes. Planung wird also auf Produktivität und Zukunftsfähigkeit ausgerichtet sein.
Planung ist hart und weich, zweck-rational und kairologisch. Kirchliche Pastoralplanung erfolgt nicht in einem rechtsfreien Raum.[35] Ob ausgehend von einer Diözesansynode, einer vom Bischof einberufenen und präsidierten Versammlung von Priestern und Gläubigen, die den Ortsbischof bei der Wahrnehmung seiner Leitungsaufgaben unterstützen[36], oder einem Diözesanforum, für dessen Zusammensetzung im Gegensatz zur Diözesansynode keine kirchenrechtlichen Auflagen bestehen, immer gilt Bischof SCHLEMBACHs Diktum: „Wir müssen uns bewusst sein, dass es bei unseren Überlegungen um die pastorale Planung eines katholischen Bistums geht. [...] Die Qualität unseres Pastoralplans hängt also wesentlich davon ab, dass er in Einklang steht mit den verbindlichen gesamtkirchlichen Vorgaben."[37] Innerhalb dieses Rahmens ist kirchliche Planung unter Vorgabe der Zweck-Mittel-Relation bestimmt von „harten" Faktoren. Das sind u.a.: personelle und finanzielle Ressourcen und Verpflichtungen, die sich aus staatskirchenrechtlichen Vereinbarungen ergeben bzw. sozial-karitative Aufgaben mit sich bringen, die Gesellschaft an Kirche delegiert hat. Gleichzeitig muss Planung das bloß „Kalkulatorisch-Technische" überschreiten und sich als kairologische Planung begreifen, die „unterstellt, dass Gott der Herr der Geschichte ist und dass es keine Situation gibt, in der Gott nicht handelnd gegenwärtig ist".[38] Als solche weiß sie um den Kairos, als „die von Gott verfügte und gnadenhaft geschenkte Zeit, die die Menschen zur Entscheidung ruft".[39] Sie weiß, dass dieser Kairos ihr nicht zur Verfügung

[35] „Rechtsnormen können auf zweierlei Weise zu Rahmenbedingungen der Planung werden: (1) materielles Recht kann Planungsinhalte, Maßnahmen und/oder Ressourcen beeinflussen; (2) formales Recht kann Planungsprozesse beeinflussen, wenn Planungshandlungen von Planungssubjekten in Planungsorganisationen betroffen sind." MAG, Wolfgang: Unternehmunsplanung. München 1995, 180.

[36] Vgl. dazu PUZA, Richard: Diözesansynode und synodale Struktur. Ein Beitrag zur Ekklesiologie des neuen CIC. In: ThQ 166 (1986) 40–48.

[37] ECKART, Joachim: Chancen und Aufgaben der Räte. In: LS 45 (1994) 118–121, 118.

[38] ZULEHNER, Pastoraltheologie. Bd. 1, 35.

[39] SCHÜTZEICHEL, Heribert: Die Zeichen der Zeit erkennen. Fundamentaltheologische Überlegungen. In: Trierer Theologische Zeitschrift 91 (1982) 304–313, 305.

steht, obwohl gerade in ihm Wirkmächtigkeit gründet, insofern sich genau zu dieser Zeit und an diesem Ort ein Handlungspotential erschließt, das ungenutzt sich fürderhin nicht mehr erschließen wird. Nur wo pastorale Planung zweck-rational und kairologisch ist, taugt sie als ein der Organisation Kirche angemessenes Instrumentarium. Ist sie nur kairologisch, ignoriert sie die Verfasstheit kirchlicher Organisationsstruktur und verdient zudem den Namen Planung nicht. Ist sie nur zweck-rational, gerät sie unter den Verdacht, ein bloß „instrumenteller Versuch zu sein, mit Mitteln des Wirtschaftsmanagements ‚Herr' über die Prozesse der Veränderung (Krise) zu werden",[40] während das Wirken des Geistes, der Kairos des Augenblicks oder die charismatische Größe der Gemeinden nicht zu ihrem Recht kommen.

Pastorale Planung ist Anwalt der Zukünftigkeit von Kirche. Karl RAHNER hat bereits in den 70er Jahren darauf hingewiesen, dass man grundsätzlich den Mut haben müsse, „heute den zu verlieren, der morgen doch nicht mehr zur Kirche gehören würde, weil morgen auch seine Mentalität und gesellschaftliche Situation seinen traditionell verfassten Glauben nicht mehr tragen werden".[41] Pastorale Planung weiß, dass man nicht „immer alle die braven Leute in der Kirche mitnehmen kann, die sich gegen einen solchen Marsch in eine ihnen unbekannte Zukunft von ihrer unzeitgemäßen Mentalität her sträuben. Tritt man nämlich einen solchen Marsch an, wird man nicht wenige in der Kirche oder in einem freundlichen Verhältnis zu ihr bewahren können, die diesen Gang in die Zukunft auf jeden Fall antreten, man wird aber selbstverständlich auch nicht wenige befremden, schockieren und skandalisieren, die nur in der ihnen schon von der Vergangenheit her gewohnten Kirche sich heimisch fühlen. Gewiss muss man bescheiden und liebevoll auch auf diese ‚Konservativen' Rücksicht nehmen, soweit es nur immer möglich ist. Aber es gibt kein christliches Prinzip, dass im Falle einer unvermeidlichen Entscheidung zwischen diesen beiden Gruppen immer nur die Konservativen recht bekommen müßten."[42]

Planung kann einen Akt der Gemeinschaftsbildung und der Kirchewerdung darstellen. Zumindest dort, wo Komplexität nicht unzulässig vereinfacht wird. Schon die Aushandlung der Situationsbestimmung und -bewertung kann zum Nukleus künftiger (zwischen-)gemeindlicher Zusammenarbeit werden. – Und dort, wo Identität den Austausch nicht scheut und nach einer Sprache füreinander sucht. Das Ringen um Kommunikation ist schließlich schon Kommunikation. – Und dort, wo im Blick bleibt, dass „Subjekt und Objekt der Planung sich gegenseitig konstituieren".[43] D.h. wo Partnerschaftlichkeit erwächst. In jedem Fall ist „der Prozess einer Planung, das Zusammenkommen vieler Men-

[40] ERNSPERGER, Bruno: Praxis der Seelsorge und Praxis des Lernens. In: LS 35 (1984) 334–337, 327.

[41] RAHNER, Strukturwandel, 54.

[42] Ebd. 53 f.

[43] MUSTO, Stefan A.: Wandlungstendenzen in der Gesellschaftsplanung. Vom Prinzip der Zweckrationalität zum Paradigma selbstgesteuerter Lernsysteme: In: Soziale Welt 26 (1975) 293–309, 297.

schen, die über das Jetzt und das Wie weiter diskutieren, eine Riesenchance zur neuen Gemeindebildung, zur neuen Sammlung, zum Wiedererwachen der Kirche.“[44]

10.2 Leitidee zur Bildung eines Verbundes mehrerer Pfarrgemeinden

Eine denkbare Leitidee, die sich im Laufe des Prozesses Pastoraler Planung möglicherweise konkreter herausbildet, lässt sich durch folgende Grunddaten markieren: Ein Verbund mehrerer Pfarrgemeinden sollte dezentral initiiert und subsidiär organisiert werden. Zu konsolidieren wäre er dadurch, dass er mittels kommunikativer Öffnung „zwischenweltig“ organisiert und in den einzelnen Pfarrgemeinden, als dessen Teilsysteme „radikal“ profiliert würde. Den Einsatz pastoralen Personales gälte es, auf eine einerseits territorial angestammte und andererseits kategorial einzusetzende Mitarbeiterschaft hin zu konzipieren.

10.2.1 Dezentral initiierte und subsidiär organisierte Konzeption

Bis zur Schaffung eines Verbunds mehrerer Pfarrgemeinden ist die Pfarrgemeinde Trägerin der pastoralen Vollzüge. Dieses Prinzip bildete schon für den von der Würzburger Synode empfohlenen Pfarrverband die Geschäftsgrundlage. In einem Pfarrverband sollten „im Unterschied zu einer Zentralpfarrei mit mehreren Filialen bzw. Außenstellen“ die einzelnen Pfarreien rechtlich selbständig bleiben und ihre „eigenen Gremien und ihr pfarrliches Eigenleben“ behalten.[45] Dezentralisierung lautete das eine, Subsidiarität das (daraus folgende) andere Prinzip: Der Pfarrverband erhielt nur solche Aufgaben zugewiesen, „die von den einzelnen Pfarrgemeinden „nicht oder nicht befriedigend erfüllt werden können“.[46] Damit Pastoral auch in einem Verbund mehrerer Pfarrge-

[44] LOTTAZ, Kirche, 17.

[45] Gemeinsame Synode, Dienste und Ämter 5.3.3. Die Eigenständigkeit der einzelnen Pfarrgemeinden wollte die Würzburger Synode auch dadurch gesichert sehen, dass für eine Pfarrgemeinde, die mit keinem Pfarrer mehr besetzt werden kann, ein Pfarrverwalter (Pfarrverweser) bestellt werden soll. „Neben dem Pfarrverwalter (Pfarrverweser)“ trägt „der Pfarrverband mit Sorge, dass dort eigenständiges kirchliches Leben erhalten bleibt“(Gemeinsame Synode, Pastoralstrukturen III 1.2.1.). In der Regel folgte diözesanes Recht den Beschlüssen der Synode und hielt für den Pfarrverband etwa fest: „Seelsorger, Pfarrgemeinderäte und Kirchenverwaltungen werden in der herkömmlichen Weise bestellt und behalten ihre bisherigen Rechte und Pflichten bei.“ DIE BAYERISCHEN BISCHÖFE: Rahmenordnung für Pfarrverbände. In: Würzburger Diözesanblatt 6 (1974) 76 – 79, 4.1.

[46] Vgl. Gemeinsame Synode, Pastoralstrukturen III 1.2.1. Diese formelle Aufgabenabgrenzung zwischen Pfarrverband und Pfarrei steht im Einklang mit der katholischen Soziallehre: „Wie dasjenige, was der Einzelmensch aus eigener Initiative und mit seinen eigenen Kräften leisten kann, ihm nicht entzogen und der Gesellschaftstätigkeit zugewiesen werden darf, so verstößt es gegen die Gerechtigkeit, das, was die kleineren und untergeord-

meinden gelingen kann, müssen ihre Vollzüge dezentral initiiert sein. Damit diese Dezentralisierung auf Dauer möglich bleibt, braucht es die Stärkung der kleinen Einheiten. Ohne dies macht es keinen Sinn, von Subsidiarität zu sprechen. Eine von den Leitprinzipien Dezentralisierung und Subsidiarität geprägte Konzeption einer Pastoralorganisation wie die Realisierung dieser Konzeption unterstützenden Maßnahmen Strukturberatung und Gemeindeentwicklung, materialisieren das erste Basismoment kirchlicher Organisationskultur, den Dialog.

Dezentralisierung. Maßnahmen der Strukturberatung. „Völlige Zentralisation bzw. völlige Dezentralisation sind selten vorkommende Extremfälle. Wenn daher von Zentralisation oder Dezentralisation gesprochen wird, ist damit gemeint, dass im vorliegenden Zusammenhang das eine oder das andere Prinzip überwiegt."[47] Es gibt Raumprofile, bei denen man nicht umhin kommt, einen Verbund zentral zu konzipieren. Meist wird es allerdings möglich sein, anders vorzugehen. In jedem Fall braucht es einen geregelten Dialog aller Zentren miteinander. Dieser Dialog wird durch einen Prozess der Strukturberatung gefördert[48] und „soll mit und zwischen den Gemeinden und ihren Organen in konsequenter Beachtung des Subsidiaritätsprinzips erfolgen".[49] Da macht es Sinn, wenn eine solche Strukturberatung durch externe Berater/innen durchgeführt wird. Diese haben weder die Interessen der Bistumsleitung noch einzelner Gruppen oder Pfarrgemeinden zu verfolgen. Sie mühen sich um eine faire Aushandlung der Bedürfnisse, bei der jede Pfarrgemeinde mit ihrer pastoralen Wirklichkeit zu Wort kommt. Ziel dieses Prozesses ist eine von allen beteiligten Pfarrgemeinden getragene Vereinbarung über eine je vor Ort verantwortete, aber gemeinschaftlich wahrgenommene Pastoral. Die an diesen Beratungen beteiligten Mitarbeiter/innen in der Pastoral können gegebenenfalls den Kern eines künftigen Leitungsteams für den Pfarrverbund bilden.

Subsidiarität. Maßnahmen der Gemeindeberatung. Dass sich unter den Pfarrgemeinden, die einen Verbund bilden sollen, möglicherweise auch solche befinden, die als zu klein und nicht mehr „lebensfähig" gelten, ist kein Argument

neten Gemeinwesen leisten und zum guten Ende führen können, für die weitere und übergeordnete Gemeinschaft in Anspruch zu nehmen. [...]" (Pius XI., Quadragesimo anno, n. 79). Dabei ist „das Subsidiaritätsprinzip nicht nur ein Organisationsprinzip, schon gar nicht nur ein demokratisches Organisationsprinzip, es ist ein metaphysisches Prinzip, das zutiefst im christlichen Verständnis der menschlichen Person gründet, welche nach Papst JOHANNES PAUL II. der Weg der Kirche ist (Enzyklika „Redemptor hominis" 14)." KASPER, Walter: Der Geheimnischarakter hebt den Sozialcharakter nicht auf. Zur Geltung des Subsidiaritätsprinzips in der Kirche. In: HerKor 41 (1987) 232–236, 234.

47 HUB, Aufbauorganisation, 29.

48 Im Bistum Aachen sammelt man seit geraumer Zeit Erfahrungen mit „Dekanatsstrukturberatungen". Der Bistumstag 1996 hatte bei seiner 2. Sitzungsperiode vom 8.–10. November 1996 beschlossen, dass die Pfarrgemeinden im Bistum Aachen ihre Zusammenarbeit im Rahmen eines neu zu entwickelnden Strukturplanes gestalten sollen. Dieser sollte sich an „Lebensräumen", nicht an Personen orientieren und mittels Strukturberatung vor Ort beschlossen und umgesetzt werden.

49 BISTUM AACHEN (Hrsg.): Bistumstag 1996. Aachen 1997. Beschluss 3.2.1, 95.

gegen die dezentral initiierte Konzeption des künftigen Verbunds. Auch die großen „‚profilierten Gemeinden‘ dürften sich auf längere Sicht vor einem Absinken zu oberflächlichen religiösen ‚Erlebnisräumen‘ nur dann schützen, wenn in ihrer Mitte und an ihrer Basis [...] kleine Zellen lebendigen Glaubens wachsen.“[50] Dazu braucht es Gemeindeberatung.[51] Sie zielt „auf Nachdenken, Neubesinnung, gegebenenfalls auf Veränderung von Zielen, Verhalten und Organisationsformen in der Gemeinde.“[52] Sie will Formen gemeindlichen Mit- und Zueinanders einrichten, die nicht nur die klassischen Gruppen, sondern auch neue Gestalten kirchlich-religiösen Gemeinschaftslebens miteinander ins Gespräch bringen. Auf diese Weise soll dem, was Pfarrgemeinde ist, auf den Grund gegangen und das zutage gefördert werden, worauf eine veränderte Identität basieren kann. Aus einer kleinen, heterogenen Gruppe, die den Kern dieser Erneuerung trägt, kann gegebenenfalls ein pfarrgemeindliches Leitungsteam werden.

Bloß „formale, rechtliche Gleichordnung wird alle Beteiligten zur Selbstbehauptung zwingen, im besten Falle kommen Absprachen zustande. Aber es wird nie eine wirkliche Einigung geben und kein Wachsen von Gemeinsamkeit und Gemeinschaft, weil man ja seine Selbständigkeit wahren muss und der Verbund eine reine Interessengemeinschaft, ein ungeliebter Zweckverband bleibt, aber nie eine Lebensgemeinschaft wird.“[53] Wirklich dezentralisiert kann ein Verbund mehrerer Pfarrgemeinden nur dann konzipiert werden, wenn parallel zu den Strukturberatungen Maßnahmen der Gemeindeberatung aufgenommen werden, deren Ziel besonders die Stärkung der kleinen Pfarrgemeinden ist.

50 KEHL, Wohin, 150.

51 Der Begriff „Gemeindeberatung“ hat sich in der evangelischen wie katholischen Kirche des deutschen Sprachraumes durchgesetzt und steht für eine Vielzahl von Maßnahmen, die – von den Diözesanleitungen initiiert und getragen – die Veränderungsprozesse in den Pfarrgemeinden hilfreich begleiten sollen: „Gemeindeberatung ist Starthilfe von außen“ (Aachen); „Gemeindeberatung ist eine Art ‚Wachstumshilfe von außen‘, die die Heilungs- und Entwicklungskräfte einer Gemeinde unterstützt.“ (Würzburg); „Gemeindeberatung will Unterstützung sein in einer Situation des Umbruchs.“ (Salzburg); „Gemeindeberatung will Veränderungen unterstützen und fördern.“ (Magdeburg); „Gemeindeberatung ist ein neuer Weg zur Förderung der Gemeinden.“ (Rottenburg-Stuttgart); „Gemeindeberatung will bei dem Weg der Selbst- und Neubesinnung einer Gemeinde helfen.“ (Osnabrück); „Mit der Gemeindeberatung soll ein Beitrag geleistet werden zur Erneuerung gemeindlichen Lebens...“ (Augsburg); „Gemeindeberatung hilft, umfassende Veränderungsprozesse fachlich/methodisch gekonnt zu gestalten.“ (Paderborn); „Gemeindeberatung unterstützt und begleitet die erforderlichen Prozesse der Veränderung“ (Trier); „Gemeindeberatung begleitet in der Regel längerfristige Veränderungsprozesse im Blick auf die Subjektwerdung von Gemeinden.“ (Köln) – Die Zitate stammen aus Informationsblättern, Faltern bzw. Handzetteln der dafür verantwortlichen diözesanen oder regionalen Stellen. – Vgl. dazu BORMANN, Josef: Elemente einer Handlungstheorie der Beratung der kirchlichen Organisation Pfarrverband. Entwickelt und dargestellt am Beispiel der Beratung des Pfarrverbandes Saarbrücken II. St. Ottilien 1986.

52 LUMMER: Gemeindeberatung, 335–336.

53 FREITAG, Dekanekonferenz, 7.

10.2.2 Zwischenweltig orientierte und radikal profilierte Pastoral

Es ist Aufgabe eines Pfarrverbandes, „die Seelsorge auf die neuen Lebensräume unserer Gesellschaft abzustimmen und [...] zur Verlebendigung der Pfarreien beizutragen".[54] Was hier noch sehr vorsichtig über den Pfarrverband gesagt wird, gilt für jeden Verbund mehrerer Pfarrgemeinden. Seine spezifische Identität wird vor allem im Blick auf und in Kooperation mit den Um- und Zwischenwelten der Pfarrgemeinden auszubilden sein und im Rahmen eines Organisationsentwicklungsprozesses Gestalt annehmen. Gleichzeitig gilt es, über Maßnahmen der Gemeindeentwicklung das Profil der einzelnen Pfarrgemeinden zu schärfen. Es geht dabei gleichermaßen um eine Umgewichtung von der Gemeindepastoral hin zur Kommunikationspastoral wie um eine Neuakzentuierung der Gemeindepastoral als Pastoral des Austausches. Die jeweiligen Ziel- bzw. Ansatzpunkte wie die Methode der hier anstehenden Entwicklungen materialisieren das zweite Basismoment kirchlicher Organisationskultur: die Kooperation.

Zwischenweltig orientiert. Maßnahmen der Organisationsentwicklung. Pastoral in einem Verbund mehrerer Pfarrgemeinden wird nicht an Milieugrenzen enden. Sie wird vielmehr den Gedanken der Bischofskirche realisieren, die sich von ihrem traditionellen Selbstverständnis her nicht auf Gemeindekirche reduzieren lässt, sondern eine Vielzahl von (Zwischen-)Welten im Blick hat. Dazu braucht es den geplanten, gelenkten und systematischen Prozess der Veränderung der (Sozial-)Gestalt und des Verhaltens der Kirche am Ort, also eine Organisationsentwicklung, um ihr Potential zur Erreichung ihrer Ziele zu verbessern.[55] Verhaltensänderung steht für: Ausrichtung pastoraler Vollzüge auf die gesellschaftliche Um- bzw. Zwischenwelten des Verbundes. Ohne diese wird ein Verbund von Pfarrgemeinden lediglich das bisherige Verständnis von Pfarrgemeinde auf der nächst höheren Ebene reproduzieren. D.h. er wird keine eigene Identität entwickeln. Erhöhung ihres Potentiales zur Zielerreichung heißt: bewusste Weiterentwicklung bisheriger, aber vor allem Aufbau neuer pastoraler Gelegenheitsstrukturen mit mehr oder weniger niederschwelligen und passageren Angeboten jenseits oder zwischen den Grenzen und Ebenen der Pfarrgemeinden.

Wo Kirche am Ort für die Veränderungen in ihrer Umwelt aufgeschlossen ist und sich diesen nicht einfach anpasst, sie aber als Chance wahrnimmt, kann sie ihre Sozialgestalt so transformieren, dass sie auch für „den Zeitgenossen in der fragmentierten Erfahrungswelt der strukturell, kulturell und individuell pluralisierten Gesellschaft sinnstiftend und ‚heilsdienlich', also Sakrament" sein kann.[56] Die Weichen dafür „müssten freilich auf Kirchenleitungsebene gestellt werden. Die Öffnung eines Verbunds von Pfarrgemeinden auf den

[54] DIE BAYERISCHEN BISCHÖFE, Rahmenordnung, Ziff. 2.

[55] COMELLI, Gerhard u. Wolfgang JESERICH (Hrsg.): Training als Beitrag zur Organisationsentwicklung. Handbuch der Weiterbildung für die Praxis in Wirtschaft und Verwaltung. Bd. 4. München–Wien 1985, 96.

[56] EBERTZ, Kirche, 141.

für ihn relevanten gesellschaftlichen Kontext „könnte in der Form – räumlich, zeitlich, sachlich und sozial – begrenzter Experimente erprobt und evaluiert werden“.[57]

Radikal profiliert. Maßnahmen der Gemeindeentwicklung. In der Pastoral eines Verbundes mehrerer Pfarrgemeinden Zwischenwelten mitzuberücksichtigen, wirkt auf die einzelnen Pfarrgemeinden und deren Pastoral zurück. Denn diese Zwischenwelten sind ja immer „lokalisierbar“: Bildungswerke, Akademien, Exerzitienhäuser, Kindergärten, kirchliche Beratungsstellen sind nicht ortlos. Ebenso wenig Krankenhäuser, Gefängnisse, Schulen, Kasernen oder Campingplätze, Passanten- oder Citypastoral, mit alledem verbinden sich Namen von Pfarrgemeinden. Josef MÜLLER nimmt bei seinen Überlegungen zum Gemeindeaufbau den Gedanken SCHLEIERMACHERs von der „lebendigen Circulation des religiösen Interesses“[58] auf. Dessen „Vorschläge zum Gemeindeaufbau konzentrierten sich auf die Sammlung kleinerer Haus- und Personalgemeinden [...]“.[59] Von daher öffnet sich der Blick auf eine weitere Kooperationsrichtung: den „lebendigen Austausch“ als das Grundgesetz christlicher Gemeinde. Dieser lebendige Austausch zielt auf eine „Beziehungskirche“[60], die am sozialen Lebensgeflecht mitarbeitet und damit die Konzeption der konzentrischen Kreise überwindet. In einem Austausch, der keinen der Partner vereinnahmt, weil es keinen inneren Kreis gibt, dessen zentripetale Kräfte alles in sich hinein aufsaugen, kann es zu einer Neuprofilierung der Pfarrgemeinde gerade von den Orten her kommen, an denen andere Sozialgestalten von Kirche existieren.

Damit ist ein wesentliches Moment dessen angesprochen, worum es der Gemeindeentwicklung geht.[61] Sie ist ein „Kurs“, den Christen als ihren Weg einschlagen, der „im universalen Grundkurs, den Gott mit der Menschheit begonnen hat“[62] gründet und der auf das verbindliche Zueinander einzelner Welten zielt. Denn „eine bunt zusammengewürfelte Schar, die morgen wieder auseinandergeht, bleibt unverbindlich und kann keine Veränderungen im öffentlichen gemeindlichen Leben nach sich ziehen“.[63]

Die kirchliche Sozialgestalt am Ort ändert sich noch nicht, wenn sich das Verhalten ihrer Mitglieder ändert.[64] Es müssen vielmehr veränderte Strukturen geschaffen werden, die bisherige Identitäten nicht bloß kopieren. Es braucht neue Identitäten durch Entwicklungen, die in die Breite gehen, auf die „Kerne“ rückwirken und von diesen neuerlich ausgehen.

57 Ebd. 144.
58 MÜLLER, Pastoraltheologie, 130.
59 Ebd.
60 Vgl. NIENTIEDT, Klaus: Beziehungskirche. In: HerKor 46 (1992) 489–491.
61 VIRNICH, Josef u. Richard PSCHIBUL: Pastorale Praxisberatung als Hilfe für Gemeindeentwicklung. In: LS 35 (1984) 338 – 347, 338.
62 FISCHER, Chance, 311.
63 Ebd. 308.
64 LUMMER, Gemeindeberatung, 337.

10.2.3 Territorial ausgerichteter und kategorial durchgeführter Personaleinsatz

„Wie die Menschen nicht nur an die Zeit, sondern auch an den Raum gebunden sind, so auch die gemeindliche Versammlung. Sie hat nicht nur ihre Geschichte und ist so zeitbezogen, sondern lebt ebenso an einem bestimmten Ort, ist also raumbezogen.“[65] Pastoral vollzieht sich immer am konkreten Ort, im Beziehungsgeflecht eines Dorfes oder im Wohnviertel einer Stadt. Sie wird von denen getragen, die an diesen Orten ihren Lebensschwerpunkt haben. Gleichzeitig bleiben pastorale Vollzüge auf die Mitarbeit jener angewiesen, die von außen in diese Lebenswelten hinzukommen und das Leben dort für eine mehr oder weniger lange Wegstrecke begleiten und teilen. Die pastoralen Rahmenbedingungen vor Ort müssen so ausgerichtet sein, dass sie beiden Mitarbeitergruppen gleichermaßen eine sinnvolle Arbeit ermöglichen. Die Frage danach, wo und wie dies ermöglicht wird, bringt das dritte Basismoment kirchlicher Organisationskultur in Blick. Die Kollegialität.

Territorial ausgerichtet. Fachberatung. Wo die Erdung der Pastoral mittels der Pfarrgemeinden als „Glaubensbiotope, Lebens-Oasen und als solche Asylstätten für jene, die es schwer haben im Leben“[66], verloren geht, liegt dies weniger am Ausfall priesterlicher Tätigkeiten.[67] Problematischer wirkt sich vielmehr der zunehmende Rückzug derer aus, die bislang mit ihrem ehrenamtlichen Engagement die Pastoral am Ort getragen haben. Eine Ursache für diese Entwicklung ist das „Gastarbeiterproblem“ in der Kirche, dass nämlich „nicht nur Priester, sondern auch gläubige Christen selbst [...]die Mitarbeit von Laien als eine Art ‚Ersatzdienst‘, ‚Aushilfsdienst‘ wegen Priestermangels“[68] ansehen. Dort, wo kein Priester mehr am Ort wohnt, entsteht besonders schnell dieser Eindruck. Um dem gegenzusteuern, muss Gemeindepastoral künftig auch stärker Berufungspastoral sein; d.h. dafür sorgen, dass Frauen und Männer am Ort in die Lage versetzt werden, die Pastoral im Bewusstsein ihrer originären und unableitbaren Verantwortung für die Kirche (mit-) zutragen.[69] Dazu müssen einerseits die notwendigen infrastrukturellen Voraussetzungen gegeben sein. Dazu zählt z.B. ein funktionsfähiges Pfarrsekretariat, gerade auch in den kleinen Pfarrgemeinden. Ob und in wie weit es von ehrenamtlich tätigen Gemeindemitgliedern zur Unterstützung ihrer Arbeit herangezogen werden kann, ist ein Moment, an dem ablesbar ist, wie es um die Wertschätzung ihrer Arbeit bestellt ist. Ein anderes ist etwa die Selbstverständlichkeit der Fachberatung.

65 ZULEHNER, Paul M.: Pastoraltheologie. Bd. 2. Gemeindepastoral. Düsseldorf 1989, 213.

66 ZULEHNER, Gemeindepastoral, 213.

67 Vgl. dazu die Erfahrungsberichte in: Schweizer Pastoralsoziologisches Institut (Hrsg.): Gemeinden ohne Pfarrer am Ort. Ergebnisse einer Untersuchung in Schweizer Pfarreien. Zürich 1987 bzw. die Erfahrungsberichte in: Norbert SCHUSTER u. Martin WICHMANN (Hrsg.): Die Platzhalter. Erfahrungen von Gemeindeleiterinnen und Gemeindeleitern. Mainz 1997.

68 SPÖLGEN, Gemeindekatechese, 108.

69 Vgl. MÜLLER, Pastoraltheologie, 133. Vgl. dazu auch die grundsätzlichen Überlegungen zu Führungs- und Handlungsverantwortung in: BÖHNKE, Gemeinde, 12.

Wer ehrenamtlich einzelne Bereiche der Pastoral am Ort selbst wahrnimmt oder sie verantwortlich koordiniert, gleichgültig ob es sich dabei um Sakramentenpastoral oder um die Finanzverwaltung der Pfarrgemeinde handelt, hat Anspruch auf fachliche Beratung, also auf Maßnahmen, die seiner fachlichen Weiterqualifizierung dienen, die die Rahmenbedingungen seiner Arbeit in Blick nehmen und die in diesem Kontext gegebenenfalls nötigen Änderungen anstoßen.[70]

Kategorial durchgeführt. Teamsupervision: Hauptberufliche Mitarbeiter/innen in der Pastoral eines Verbunds mehrerer Pfarrgemeinden können ihre Aufgaben pfarreibezogen wahrnehmen, „d.h. jedes Mitglied des Teams ist in einer der Gemeinden Bezugsperson, der Pfarrer tut unmittelbare Seelsorgsarbeit nur in der Gemeinde, in der er auch wohnt."[71] – Der territoriale Einsatz der Mitarbeiter/innen hat Vorteile: Jede Pfarrgemeinde verfügt verlässlich über ihren „Ansprechpartner". Bisherige Kommunikations- und Leitungsstrukturen können weitgehend aufrecht erhalten bleiben. Gleichzeitig kann dies dazu führen, dass die bisherige Kumulation der Seelsorger- und Gemeindeleiter-Rolle in der herkömmlichen „Pfarrer-Rolle" lediglich auf eine neue Rolle übertragen wird, ohne dass diese allerdings über die (Zuständigkeits-)Kompetenzen der alten verfügt. Damit gerät auch diese neue in den Sog der Diffusität und die damit zusammenhängende Schwierigkeit „der Eingrenzung von und Abgrenzung gegenüber all zuviel und widersprüchlichen Erwartungen sowie der daraus resultierenden Tendenz zu Allmachtsphantasien bzw. Ohnmachtsgefühlen".[72] Dies scheint dort weniger der Fall, wo hauptberufliche Mitarbeiter/innen in der Pastoral eines Verbunds mehrerer Pfarrgemeinden nicht territorial sondern kategorial eingesetzt werden. Sie arbeiten dann „pfarreiübergreifend, d.h. der Pfarrer nimmt seine Aufgabe in allen Gemeinden grundsätzlich in derselben Weise wahr und seine Mitarbeiter/innen teilen sich die Arbeit in allen Gemeinden nach sachlichen Gesichtspunkten auf".[73] Der kategoriale Einsatz hat Vorteile: Die Gemeindemitglieder finden in ihren jeweiligen Bedürfnissen und lebensgeschichtlichen Situationen ihren „Ansprechpartner". Damit können in einzelnen Pfarrgemeinden auch Handlungsfelder erschlossen werden, die etwa auf Grund mangelnder Kompetenz des für das Ganze zuständigen hauptberuflichen Mitarbeiters für diesen Bereich gar nicht in den Blick kamen. Zudem bietet die kategoriale Begleitung einzelner pastoraler Vollzüge in allen Pfarrgemeinden die Möglichkeit spezifischer Vernetzungen zwischen den Pfarrgemeinden. Die kategoriale Ausrichtung der Arbeit der hauptberuflichen Mitarbeiter/innen verlangt allerdings zweierlei: die Professionalisierung der Mitarbeiter/innen und die Optimierung ihrer Teamfähigkeit. Eine Möglichkeit dazu ist die Teamsupervision, zielt sie doch auf die Erweiterung der beruflichen

[70] Vgl. dazu die Erfahrungen zu Veränderungsbereitschaft und -möglichkeit in: BEULE u. DROHLSHAGEN, Weiterbildung , 26–36.

[71] KASPER, Leitungsdienst, 16.

[72] STEINKAMP, Beratungsbedarf, 101.

[73] KASPER, Leitungsdienst, 16.

Kompetenz der Supervisanden/innen in ihrem jeweiligen Praxisfeld[74] und auf die Stärkung der Kooperationsfähigkeit des Teams. „Man kann zwei Ziele der Gruppen- und Teamsupervision unterscheiden. Die Verbesserung der professionellen Kompetenz der Supervisanden im Umgang mit ihren Klienten und die Verbesserung der Kooperation von Teams und damit verbunden die Effektivierung ihrer Arbeit."[75]

[74] Vgl. BASSIERE, Norbert: Pastorale Praxisberatung und Supervision. In: Isidor BAUMGARTNER (Hrsg.): Handbuch der Pastoralpsychologie. Regensburg 1990, 195–213, 203.

[75] RAPPE-GIESECKE, Kornelia: Theorie und Praxis der Gruppen- und Teamsupervision. Berlin–Heidelberg–New York u.a. 1990, 164.

11. Aufgabenbeschreibung und Stellenbildung in einem Verbund

Neben einem angemessenen Planverfahren und einer plausiblen Leitidee ist die Existenz von Aufgabenbeschreibungen und Stellenbildungen eine weitere Voraussetzungen für die Arbeitsfähigkeit eines Verbundes.

11.1 Aufgabenbeschreibung

Der Zweck einer Organisation findet seinen Niederschlag in ihrer spezifischen Aufgabenstellung. Dementsprechend sind deren Aufgaben auch „ad rem" zu beschreiben. Als Grundlage dafür braucht es eine organisationszweckbezogene Aufgabenanalyse und -synthese.[1] Wenn diese Organisation allerdings (auch) durch die Beschaffenheit des Raums bestimmt ist, innerhalb dessen sie ihren Zweck zu realisieren hat, bedarf es zusätzlich einer Analyse dieses Raumes. Hier wird man auf die Notwendigkeit weiterer Aufgaben stoßen. Dazu muss das Augenmerk auf die inner- und zwischengemeindlichen Prozesse gerichtet werden (Horizontale) und auf die, hinsichtlich ihrer jeweiligen pastoralen Vollzüge unterschiedlich geprägten Handlungsebenen (Vertikale). Letztlich ist jede Aufgabenbeschreibung unvollständig ohne die Zuordnung der Aufgaben auf Ebenen und die „ad personam" bzw. ad „consilium". Also muss auch dies geleistet werden.

11.1.1 Aufgabenbeschreibung „ad rem"

Aufgabenbeschreibung heißt Aufgabenanalyse, also Dekomponierung kirchlicher Grundaufgaben mit Blick auf Möglichkeiten und Erfordernisse eines Raumes, und Aufgabensynthese, also Zusammenfassung der pastoralen Einzelaufgaben, die mittels derselben Merkmale qualifiziert werden können.
Aufgabenanalyse. Stellt sich die Frage, woraufhin der Verbund mehrerer Pfarrgemeinden kooperieren will, muss zunächst an das Ziel allen kirchlichen Tuns erinnert werden: „Das Heil der Seelen und ein eindeutiges und klares Eingehen [...] auf die Bedürfnisse der heutigen Zeit".[2] Das Heil der Seele konkretisiert sich – biblischer Anthropologie folgend – u.a. im Werden unteilbaren psychosomatischen Ganzseins: Wo der Mensch sich als Wesen voller Lebensenergie entfalten kann und in seiner Bedürftigkeit und Armut Zuwendung und Erfüllung erfährt. Wo er sich als Gemeinschaftswesen auszuleben vermag und ihm ermöglicht wird, Alleinsein und Sterben in seine Existenz zu integrieren. Wo er seine Ermächtigung zum Handeln erlebt und sich in den Dienst Gottes

[1] Vgl. KRÜGER, Wilfried: Aufgabenanalyse und -synthese. In: Erich FRESE (Hrsg.): Handwörterbuch der Organisation. (Enzyklopädie der Betriebswirtschaftslehre Bd. 2) 3. Aufl. Stuttgart 1992, 221–236, 222 f.

[2] Johannes XXIII. bei der Ankündigung des Konzils, zit. nach: ALBERIGO, Christentum, 147.

stellen kann. Wo er zunehmend und sicherer aus seiner Mitte heraus agieren und sich Leben und Geschichte aussetzen darf. Eine Pastoral, deren Referenzgröße das „Heil der Seelen" ist, hat dem Menschen einen Raum zu schaffen, in dem er ein wirkliches, authentisches Leben führen kann: ein Leben, zu dem das Sterben wie das Auferstehen gehören; ein Leben als Verwirklichung der Sorge um sich selbst und als Leben für andere; ein Leben, das in Freiheit und Verantwortung gelebt wird.

Das setzt voraus, dass der Verbund mehrerer Pfarrgemeinden, innerhalb dessen eine solche Pastoral möglich sein soll, mehr als eine „Notlösung" ist, bei der sich die Frage „Wo bleibt das Evangelium mit seinen Verheißungen, Wegen und Forderungen?"[3] letztlich immer unbeantwortet bleibt. Dabei wird ein solcher Verbund nie die ideale Konkretion kirchlicher Sozialgestalt am Ort sein. Vielmehr ist er Ausdruck der „Inszenierung eines Überganges".[4] Dennoch müssen auch hier „die Wege der Verkündigung, des Gottesdienstes und der Nächstenliebe gangbar sein und zum Ziel führen".[5] Innerhalb eines Verbunds müssen also erhebliche Anstrengungen unternommen werden, dass Kirche ihrer develativen, konfigurativen und transformatorischen Aufgabe nachkommrn kann. Dazu muss genau hingeschaut werden: Wo ist das Erkunden der Lebensgeschichten (überhaupt) möglich? Ist der Raum „frei" genug, dass Lebensgeschichten in Sprache kommen können? Ist der Raum differenziert genug, dass er genügend Rituale „hergibt", die auch zugänglich sind. Wie sollen sie sonst entschlüsselt werden können? Hat Kirche in dieser Raumschaft genügend „Material" und wenn ja, welches für ihr ikonographisches und konstruktives Geschäft zur Verfügung? Besitzt dieser Raum eine hinreichend „tiefe" Tradition, damit Wurzelarbeit überhaupt Sinn macht? Und wie steht es um potentielle Verbündete? Eine möglichst wirklichkeitsnahe Aufgabenanalyse ist unabdingbar und Sache der Leitung.

Aufgabensynthese. Hier werden Aufgaben mit gleichen Merkmalen, z.B. gleichartigen Verrichtungen oder homogenen Bearbeitungsobjekten zu Komplexen zusammengefasst, um sie dann einem Träger zuordnen zu können.[6] Ein Synthesekriterium liefert die Unterscheidung zwischen ausführenden und unterstützenden (leitenden) Tätigkeiten. So wird man leicht ausführende Aufgaben in den Bereichen Spurensuche, Ritualkunde, Ikonographie, Konstruktion, Reformation, Visionsarbeit – wo angezeigt und nötig – in eine Gesamtaufgabe bündeln können. Das gilt ebenso für die Leitungsaufgaben der Bereitstellung von Heuristik bzw. Hermeneutik, der Sorge um Transzendenzfähigkeit bzw.

3 MÜLLER, Josef: Einheit in der Vielfalt der Gemeinden. Zum besonderen Auftrag der Ortskirche. (masch. schr.) Freiburg 1994, 7.

4 Vgl. ZERFASS, Rolf: „Gefährten in der Bedrängnis, in der Hoffnung auf die Gottesherrschaft und in der Geduld in Jesus" (Offb 1, 9) In: PthI 14 (1994) H. 1–2, 119–145, 121.

5 LEHMANN, Karl: Damit Gemeinde lebt ... Leitlinien und Anfragen zur zukünftigen pastoralen Planung im Bistum Mainz. (Arbeitsheft) Mainz 1995, 1.

6 Vgl. PFOHL, Hans-Christian u. Michael KRINGS u. Germar BETZ: Techniken der prozessorientierten Organisationsanalyse. In: zfo 4 65 (1996) 246–251, 247.

Weltadäquanz und die Verantwortung für Implementierung bzw. Relatierung. Problematisch dagegen ist es, ausführende und unterstützende Aufgaben zu kombinieren. Reformatoren zusätzlich das (Unterstützungs-)Geschäft der Implementierung, oder Visionären das der Relatierung zuzuweisen (und umgekehrt), führt zwangsläufig zu Interessenskonflikten und zur Diffusion der Leitungsaufgabe.

Wo sich eine solche Verknüpfung allerdings nicht gänzlich vermeiden lässt, muss im Blick bleiben, dass der, der „nur leiten möchte, um sich dadurch von der konkreten Arbeit zu ‚entpflichten' […] seine Leitungsaufgabe mit der Zeit ohne Bezug zur Realität wahrnehmen"[7] wird. Wo hingegen Leitung zu kurz kommt, ist auf Dauer zielgerichtetes Handeln nicht mehr möglich, geht also auch der Bezug zur Realität verloren.

11.1.2 Aufgaben auf Grund inner- und zwischengemeindliche Prozesse

Räume generieren Aufgaben. Je vielgestaltiger ein (pastoraler) Raum ist, desto mehr inner- bzw. zwischengemeindliche Prozesse finden statt und um so vielfältiger sind die Leitungsaufgaben, die übernommen werden müssen.

Innergemeindliche Prozesse. Moderation. Eine Reihe innergemeindlicher Prozesse haben ihre Ursache in der „Provinzialisierung der Lebenswelten"[8]. Auch in den traditionellen Pfarrgemeinden bilden sich Sinn- und Beziehungsprovinzen u.a. nach Altersgruppen, nach Familienstand, nach Bildung oder nach Zugehörigkeit zu Berufen. „Jede dieser Provinzen entwickelt eigene Ethiken, die aber auch nur innerhalb ihrer Grenzen brauchbar sind."[9] Diese Sinn- und Beziehungsprovinzen streben einen Grad an organisational-institutioneller Vollständigkeit an, der sie von anderen in der Pfarrgemeinde unabhängig macht und zu dem aus ihrer Sicht oft ein Minimum pastoraler, insbesondere auch liturgischer Vollzüge gehört; sie entwickeln ihre eigene Sprache und Kultur und profilieren ihre eigenen Erwartungen und Anforderungen an pastorale Vollzüge, die sie von anderen abhebt. Ihre zunehmende Herausbildung machen die (teilgemeindlichen) Subsysteme der Pfarrgemeinde, besonders die Kerngemeinde, noch einmal kleinteiliger. Die Pfarrgemeinde wird ein immer heterogeneres Gebilde. Wer in diesem Kontext am Ziel „Gemeinschaft"[10] festhält, wer formuliert, Pfarrgemeinde müsse „ein Lebensraum sein, in dem Begegnung, Teilen des Lebens und Glaubens, Austausch und gegenseitige Hilfe möglich sind," ein „Raum der Erlösung und Beheimatung" gegenüber der Anonymität der modernen Gesellschaft, ein Miteinander von „geschwisterlichen

7 VÖGELE, Rudolf: Neuer Wein in alte Schläuche. Chancen und Grenzen von Gemeindeentwicklung aus dogmatischer und pastoraltheologischer Perspektive. St. Ottilien 1999, 221.

8 Vgl. dazu: WOLLBOLD, Andreas: Kirche als Wahlheimat: Beitrag zu einer Antwort auf die Zeichen der Zeit. Würzburg 1998, 120.

9 Ebd. 121.

10 Vgl. SPITAL, Hermann Josef: Gemeinde als Gemeinschaft von Gemeinschaften. In: LS 46 (1995) 60–62.

Gemeinschaften"[11], der muss gleichzeitig sagen können, wie das erreicht werden soll.
Wie konkretisiert sich dieser „Dienst an der Einheit"[12]? Die klassische Antwort lautet: im Dienst des Priesters, der diese Einheit stiftet, so Bischof Wanke, „indem er der Eucharistie des Gottesvolkes vorsteht, indem er das Evangelium autorisiert verkündet, indem er die apostolische Überlieferung weitergibt, indem er in vielfältiger Weise ‚die Heiligen für die Erfüllung ihres Dienstes zurüstet, für den Aufbau des Leibes Christi" (Eph 4,12)'".[13] Von da aus gilt es, die verschiedenen Lebensprovinzen in ihrem alltäglichen Wechsel zwischen Rückbezug (Heimat) und Öffnung (Komplexität) zueinander zu bringen und diesen durchaus konfliktträchtigen Balanceprozess zu moderieren. Die jeweilige (Konflikt-) Lösung ist „im Feld" vorhanden. Moderation hat also vor allem „Geburtshilfe" zu leisten, um, was als nächstes ansteht, mit allen Beteiligten „gemeinsam ans Licht zu befördern."[14] Innergemeindliche Prozesse brauchen Moderation: als ein Verfahren, in dem der Moderatorin oder dem Moderator eine entscheidende Rolle zufällt: sie leiten vorbildhaft durch Fragen und Zusammenfassen im Dienst am Ganzen und im Hinblick auf ein gestecktes Ziel; als Helfer,[15] die sich bemühen, „Versöhnung auszuüben, das Gespräch anzubahnen und ausufernde Emotionen auf sachbezogene Arbeit zurückzuführen"[16]; als Prozessverantwortliche: Moderation verortet die Zuständigkeit für das Ergebnis hartnäckig bei den Beteiligten. Moderatoren/innen greifen, als „maßvolle und gemäßigte Persönlichkeiten"[17], auch wenn sie fachlich oder lebensweltlich Betroffene sind, nicht inhaltlich in die Prozesse ein.
Zwischengemeindliche Prozesse. Mediation. Zwischengemeindliche Prozesse innerhalb eines Verbundes lassen sich durch zwei Grundmomente charakterisieren: die „Verliererspirale" und den „Monarchisierungseffekt".[18] Kommunale Gebietsreformen haben besonders im ländlichen Raum große Veränderungen mit sich gebracht. Die dabei feststellbare Tendenz zur Zentralisierung brachte an den „Außenstellen" den Verlust von Infrastruktur. Das führte zunächst zu Widerständen, hatte aber letztlich unumkehrbare Auswirkungen auf

11 SEKRETARIAT DES FREIBURGER DIÖZESANFORUMS (Hrsg.): Dokumentation zum Freiburger Diözesanforum. Heft 2. Vorlagen der Kommissionen für die abschließende Sitzungsperiode vom 25. Bis 29. Oktober 1992. Freiburg 1992, 15.

12 Vgl. KRÄTZL, Helmut: Zur Spiritualität des Pfarrgemeinderats. In: Michael B. MERZ u. Josef MÜLLER u. Alois SCHWARZ (Hrsg.): Auftrag und Praxis des Pfarrgemeinderates. Informationen, Impulse, Perspektiven. 2. Aufl. München 1991, 34–40, 38.

13 WANKE, Joachim: Seelsorge im priesterlichen Alleingang? Fünf Thesen zur Mitarbeit der Laien beim Gemeindeaufbau. o.O. o.J, .3.

14 HÖHER Friederike u. Peter: Handbuch Führungspraxis Kirche. Gütersloh 1999, 166.

15 SEIFERT, Josef W.: Visualisieren, Präsentieren, Moderieren. Bremen 1994, 78.

16 KLEIN, Hermann u.a. (Hrsg.): Der Dienst in der Gemeinde. Handreichungen für den pastoralen Alltag. Düsseldorf: 1986, 69.

17 NEULAND, Michele: Neuland-Moderation. Eichenzell 1995, 68.

18 Vgl. dazu SCHUSTER, Norbert u. Martin WICHMANN: Die Zusammenarbeit mehrerer Pfarrgemeinderäte. Lahr 1995, 10.

die Lebensbedingungen der Menschen, die dort wohnen.[19] „Verliererspirale" meint die Prozessdynamik, die bei der Bildung eines Verbunds von Pfarrgemeinden so einsetzt, dass dieselben kleinen Einheiten, die schon Opfer der kommunalen Gebietsreform waren, nun auch zu den Verlierern der kirchlichen werden. Sie haben jetzt auch den schleichenden Verlust ihrer pfarrlichen Infrastruktur, vom Pfarrbüro bis zur Pfarrbibliothek, hinzunehmen. Das schränkt die Handlungsmöglichkeiten der kleineren zugunsten der größeren Pfarrgemeinden ein und ist eine Hypothek für die Zusammenarbeit im Verbund. Zudem führt die Zusammenarbeit mehrerer Pfarrgemeinden, wenn in die Eigendynamik der dort anlaufenden Prozesse nicht eingegriffen wird, zu einem „Monarchisierungseffekt". Pfarrgemeinderäte, aber auch andere Gruppen, müssen zusammenarbeiten und werden damit mindestens zeitweise Teilgruppen einer neuen Großgruppe. Damit wird die Arbeit der einzelnen Gruppen und ihrer Funktionsträger gegenseitig einsichtig. Denn diese Zusammenarbeit führt sie in den unmittelbaren Vergleich. Eventuelle Defizite einzelner werden sichtbar, eingespielte Verhaltensstile, scheinbar bewährte Problemlösungsverfahren in Frage gestellt. Es entsteht ein Konkurrenzverhältnis, wenn bisherige Leiter und Leiterinnen unter Druck geraten und an Einfluss einbüßen. Die hauptberuflichen pastoralen Mitarbeiter/innen dagegen, insbesondere der konkurrenzlose Pfarrer, werden in diesem Prozess gewichtiger. Sie sind in der Regel umworbene „Objekte der Begierde". Dies schlägt sich meist schon zu Anfang in Auseinandersetzungen um den Wohnort der Mitarbeiter und Mitarbeiterinnen und vor allen Dingen des Pfarrers nieder. Die zunehmende zentrale Bedeutung der hauptberuflichen Mitarbeiter/rinnen in einem solchen Prozess bei gleichzeitigem, zumindest teilweisem Funktionsverlust einer nicht geringen Anzahl ehrenamtlicher Leiter und Leiterinnen wird zum Problem für eine gemeinschaftlich verantwortete Pastoral im Verbund. Erst recht, wenn darüber hinaus die hauptberuflichen Mitarbeiter/innen innerhalb solcher eigendynamischen Entwicklungslogiken in die „Professionalisierungsfalle"[20] geraten, der wiederum eine „Deprofessionalisierung" Ehrenamtlicher entspricht.

Wird hier nicht eingegriffen, belasten Verliererspirale und Monarchisierungseffekt die Gemeinschaftsfähigkeit eines Verbundes. Soll dies verhindert werden, muss Leitung deutlich intervenieren. Es braucht Gestaltung der Kommunikation: nach präzisen Regeln angeleitete (Klärungs-) Gespräche. Dabei geht es (fast) immer um Konfliktmanagement: Schlichtungsverfahren werden benötigt. Im Blick auf die genannten zwischengemeindlichen Prozesse ist Leitung also als Mediation gefragt. Ihr geht es zunächst darum, die Konfliktpartner zu befähigen „ihre wirklichen Interessen hinter den jeweils vertretenen Positionen wahrzunehmen.[21] Dann versucht sie dazu beizutragen, die Akzeptanz bezüglich dieser unterschiedlichen Sichtweisen zu erhöhen und die Beteiligten in die

[19] Vgl. HUBER, Beheimatung, bes. 172–183.
[20] Vgl. BÄTZ, Professionalisierungsfalle, bes. 73 ff.
[21] MÄHLER, Gisela u. Hans-Georg: Art. Mediation. In: LThK Bd. 7, 31.

Lage zu versetzen, eigenverantwortlich zukunftsorientierte, wertschöpfende Lösungen mit möglichst großem Gewinn für alle zu entwickeln.

11.1.3 Aufgabenzuordnung und -zuweisung

Auf welchen sozialräumlichen Ebenen eines Verbundes ergeben sich welche Aufgabenstellung? Worin besteht diesen Aufgaben gegenüber die Funktion von Leitung?

Die Subsysteme (unterhalb) der Pfarrgemeinde(n). Leitung als „Steuerung" von Gruppen. „Der einzige Sinn des pfarrlichen Dienstes besteht im Heil der Seelen."[22] Die menschliche Seele aber, „um die es in der Seelsorge geht, ist nicht nur das Seelische im Menschen, sondern Seele ist nach der Heiligen Schrift zu verstehen, als die personale Ganzheit des Menschen nach Leib, Seele und Geist unter dem Anspruch Gottes."[23] Gruppen als Subsysteme der Pfarrgemeinde(n) sollen Räume darstellen innerhalb derer sich die personale Ganzheit des Menschen entfalten kann. So werden sie auch zu „Lebensräumen des Glaubens".[24] Das gilt im Umkreis der Liturgie, „von traditionellen Paramenten-Vereinen (Frauen, die sich in ihrer Freizeit der Herstellung und Pflege der heiligen Gewänder widmen) über Liturgie- und Predigtkreise, die häufig die Vor- und Nachbereitung der entsprechenden liturgischen Vollzüge zum Anlass nehmen zusammenzukommen, bis zu Hauskreisen, die eine intimere Art liturgischen Feierns, insbesondere der Eucharistie, pflegen".[25] Das gilt für Gruppen, die der Reflexion, Aneignung und Weitergabe der Glaubenstradition dienen: Bibelkreise, Glaubensgesprächs-Kreise oder Gruppen, die zum Zweck der Vorbereitung auf die Feier der Sakramente gebildet werden. Das gilt für das breite Spektrum der Gruppen im Bereich der Diakonie, für traditionelle Gruppen wie Krankenhaus- und Wohnquartier-Besuchsdienste, Caritas-Helferkreise, aber auch für Gruppen, die sich der Asyl- oder der Eine-Welt-Arbeit widmen.

In diesen Gruppen konkretisiert sich im gelungenen Fall Sinn und Aufgabe des „pfarrlichen Dienstes": „Heil der Seelen". In ihnen kann die Individualisierung im Glauben „durch ihre Vertiefung zur Personalisierung im Glauben aufgefangen und überwunden werden: eben durch den Aufbau einer personalen Beziehung zu Gott und untereinander."[26] Wenn in diesen Gruppen der Austausch über Erfahrungen mit Gottes heilendem, versöhnenden und befreiendem Handeln gelingt[27], sind sie eine Alternative zum Nebeneinander sich nur selbst be-

22 CD 31.

23 THURNEYSEN, Lehre, 46.

24 Vgl. MÜLLER, Josef: Lebensräume des Glaubens. Wege zur Verwirklichung der Kirche in Gruppe und Gemeinde. München 1981, 39 ff.; STEINKAMP, Hermann: Die Gruppe als Ort gemeindlicher Glaubenserfahrung. In: Isidor BAUMGARTNER (Hrsg.): Handbuch der Pastoralpsychologie. Regensburg 1990, 287–302.

25 STEINKAMP, Gruppe, 293.

26 KEHL, Wohin, 152.

27 Vgl. EMEIS, Dieter: Heilssorge zwischen Heilsangst und Heilsindifferentismus. In: LS 43 (1993) 157–160, 160.

spiegelnder Individuen und zu einer Gesellschaft, in der der einzelne vereinsamt. Sie können stützende Gemeinschaft im Sinne wenigstens vorläufiger Beheimatung sein. Dies gilt noch stärker für „Begegnungsgruppen“[28], wenn sie sich etwa auf Grund therapeutischer Konzepte, zu Encounter- oder Selbsterfahrungsgruppen entwickelt haben. Sie dienen der Heilung der beteiligten Subjekte. Als Ort heilender Begegnungen, die auf die Subjektwerdung des einzelnen unter den Augen Gottes ausgerichtet sind, kann die Gruppe zur Konkretion der universalen soteriologischen Sendung der Kirche und der Christen werden. Diejenigen, die diesen Prozess fördern, sind zugleich deren Leiter: haupt-, nebenberufliche, oder „ehrenamtliche“ Mitarbeiterinnen und Mitarbeiter in der Pastoral, deren ganzes Tun von der Kernqualität Seelsorge[29] eingefärbt sein muss.

Die Steuerungsverantwortung gegenüber solchen Gruppen und ihren Leitern beinhaltet zweierlei: wo sie von nicht speziell für diese Aufgabe Ausgebildeten geleitet werden, haften Steuerungspersonen für deren Basisbefähigung in Sachen Leitung. Wo nötig, beraten sie diese, etwa wenn es um die Diagnose von Gruppenphänomenen und -prozessen oder um das Setzen von Irritationen geht. Steuerungsverantwortliche haben zweitens dort, wo sich in diesen Gruppen „religionsproduktive“ Entwicklungen abzeichnen, die heuristische bzw. hermeneutische Funktion zu übernehmen.

Die Pfarrgemeinde(n). Leitung als „Regelung“ von Gemeinschaftswerdung. Dem Leben zugewandt, dialogfähig und lernbereit ermöglichen Pfarrgemeinden die „Gemeinschaftswerdung“ des Christenmenschen, wenn sie realisieren, was etwa Rolf ZERFASS als Zielmarken für eine dem Evangelium gemäße Gemeinschaftswerdung formuliert hat:[30] „Versöhnung“, „Solidarität“, „Feier und Spiel“, neuer Umgangsstil zwischen „Ansässigen und Fremden“, zwischen „Kindern und Erwachsenen“, zwischen „Gesunden und Kranken“. Dazu müssen die vielen Einzelnen und Gruppen zueinander in Kontakt kommen oder gebracht werden. Das wiederum setzt voraus, dass sie ihre Verantwortung wahrnehmen und erleben, als Subjekte dieses Prozesses anerkannt zu sein, geht es doch um Prozesse der Gemeindewerdung und nicht darum, sie in

[28] Vgl. CLAESSENS, Wiel.: Die Begegnungsgruppe. Modell einer Gruppenarbeit in Kirchengemeinden. Entwickelt aus Gruppentherapie und Sensitivity-Training. Freiburg 1977.

[29] MÜLLER, Pastoraltheologie, 16. Vgl. dazu auch: Philipp MÜLLER hat in seiner ausführlichen Untersuchung des Seelsorgebegriffs darauf hingewiesen, dass im heutigen allgemeinen Sprachgebrauch der Titel „Seelsorger“ weitgehend ein Synonymbegriff für kirchliche Amtsträger geworden ist, der aber in einigen deutschen Diözesen (z.B. Regensburg) als „Amtsbezeichnung“ ausschließlich den Priestern vorbehalten bleiben soll. Seiner Meinung nach spricht allerdings „nichts dagegen, den Titel ‚Seelsorgerin‘ und ‚Seelsorger‘ auch für Diakone oder pastorale Laienberufe zu verwenden“. MÜLLER, Leben, 37.

[30] Vgl. ZERFASS, Rolf: Ein Arbeitspapier zur Aktivierung basiskirchlichen Bewusstseins in unseren Pfarr- bzw. Kirchengemeinden. In: Norbert METTE (Hrsg.): Wie wir Gemeinde wurden. Lernerfahrungen und Erneuerungsprozesse in der Volkskirche. München / Mainz 1982, 16–22.

Gemeinde hineinzusozialisieren.[31] Doch immer führt im Sinne des Vorbildlernens der Weg zum gemeinsamen Glauben über die Identifikation mit Personen und Gruppen, von denen Überzeugungskraft ausstrahlt und die durch ihren Lebensstil für die christliche Lebenspraxis werben.

Leitung im Dienst der Gemeinschaftswerdung des Menschen und der Gemeindewerdung der Pfarrgemeinde bedeutet Regelung, und zwar zunächst im Sinn des Herstellens von Kommunikation. Soll die Isolierung Einzelner, Gruppen oder ganzer Handlungsfelder überwunden werden, braucht es jenen „Brückenbauer-Dienst", der immer neu das Zusammenkommen der zwei oder drei oder der Vielen zu ermöglichen hat; d.h. der Dienst der Leitung, in systemtheoretischer Perspektive als Regelung verstanden, „ist Dienst an der Einheit und in diesem nicht-triumphalistisch verfälschten Sinn Pontifikalliturgie."[32] Hier ist das Leitungsamt gefragt, „das im Sinne des II. Vatikanums als Dienst an der Einheit sowohl der Gemeinde als ganzer wie der in ihr zum Tragen kommenden Charismen ausgeübt wird".[33] Wo gleichzeitig die Eucharistie, die von Anfang an im Zentrum der Gemeindeversammlungen stand und in der die dichteste Konkretisierung des Zu- und Miteinanders der Vielen und ihre gleichzeitige Offenheit auf Gott als Ausdruck der von Gott geschenkten „Communio", der Aktualisierung der durch Jesu Tod und Auferstehung eröffneten „Koinonia"[34], gesehen wird, kommt der Priester als Vorsteher dieser (pfarrgemeindlichen) Eucharistie in den Blick. So wird hinsichtlich der Pfarrgemeinde das Prinzip der nicht aufzulösenden Zugehörigkeit von Gemeindeleitung und Eucharistievorsitz entwickelt.[35]

Leitung im Sinne von Regelung trägt die Verantwortung dafür, dass die gemeindebildende Kommunikation offen dafür ist, Gottes Wirken in Sprache zu bringen. „Gottes Liebe, sein Interesse an unserem Leben, kann sich nur entfalten, wo Menschen dem Wirken Gottes Raum geben. Das bedeutet, dass sie ihre Beziehung zu Gott, ihre Gott-Bedürftigkeit bewusst erfassen und zulassen. Eine wichtige Aufgabe der Gemeinde ist darum, die Frage nach Gott

31 Vgl. ZULEHNER, Paul M. u.a.: „Sie werden mein Volk sein". Grundkurs gemeindlichen Glaubens. 4. Aufl. Düsseldorf 1988; DERS.: Grundkurs gemeindlichen Glaubens. Ein Arbeitsbuch. Düsseldorf 1992.

32 HAHNE, Werner: Vom „besonderen Priestertum" zur Diakonie der Leitung. Ein Beitrag zur Klärung der theologischen Grundlagen des Leitungsdienstes in der Kirche: In: Norbert SCHUSTER u. Ulrich MOSER (Hrsg.) Kirche als Beruf. Neue Wege jenseits falscher Erwartungen. Mainz 1996, 48–79, 78.

33 WALTER, Peter: Vorsteher der Eucharistie und Gemeindeleitung. Theologische und praktische Überlegungen. In: LS 46 (1995) 193–198, 198.

34 Vgl. FRANSEN, Piet: Die kirchliche Communio, ein Lebensprinzip: In: Giuseppe ALBERIGO und Yves CONGAR und Hermann J. POTTMEYER (Hrsg.): Kirche im Wandel. Eine kritische Zwischenbilanz nach dem Zweiten Vatikanum. Düsseldorf 1982, 175–194.

35 Vgl. WALTER, Peter: Gemeindeleitung und Eucharistiefeier. Zur theologischen Ortsbestimmung des Amtes. In: Bernhard FRALING u. Helmut HOPING u. Juan Carlos SCANNONE (Hrsg.): Kirche und Theologie im kulturellen Dialog, Freiburg–Basel–Wien 1994, 378–391.

wachzuhalten, Gott zur Sprache zu bringen."[36] Dazu muss das Zueinander der einzelnen und Gruppen in der Pfarrgemeinde nicht nur als Sozialgebilde „gemacht", sondern – organisational – auch für Unter-brechungen und Auf-brüche offen gehalten werden.[37] Leitung als Regelung dieser Communio, im Sinne der Unterstützung von Kommunikation als dem Medium der kirchlichen Grundaufgabe Konfiguration, hat die Verantwortung für die Transzendenzfähigkeit und Weltadäquanz dieser gemeindebildenden Gestaltwerdungsprozesse.

Der Verbund mehrerer Pfarrgemeinde(n). Leitung als Anpassung. „Die Ausrichtung der Grundseelsorge auf bestimmte territorial klar eingrenzbare Gebiete ist ein nicht zu unterschätzendes Symbol der Ausrichtung kirchlichen Tuns ‚für alle'."[38] Gruppen sind lokalisierbar, Pfarrgemeinden stellen territorial klar eingrenzbare Gebiete, Leben und Glauben des Menschen realisiert sich allerdings auch in sozialräumlich weitläufigeren Zusammenhängen. Soll der Verbund mehrerer Pfarrgemeinden, wie Gruppe und Pfarrgemeinde, zu einem Lebensraum des Glaubens werden, bedarf es auch im Blick auf diesen Verbund eines Prozesses der Ekklesiogenese. Dieser muss allerdings an der gesellschaftlichen Wirklichkeit ausgerichtet bleiben, die trotz ihrer Komplexität Grunddaten der Vergemeinschaftung anzeigt. Nur echte Sozialräume ermöglichen Beziehung, Sinnstiftung und -findung.

Um der Echtheit solcher Räume willen muss die Problematik des Ebenenbruches Pfarrgemeinde – „Zivilgemeinde" bearbeitet werden. Dieser erschwert schließlich die Wahrnehmung von Verantwortung in Zusammenarbeit mit Staat und Gesellschaft. Es gilt also, kirchliche und staatliche Ordnungsgrößen einander anzupassen. Wenn auf diese Weise auch die Selbstabgeschlossenheit der einzelnen Pfarrgemeinde geöffnet werden kann, sollte es möglich sein, die Verkehrsräume des Menschen mitzugestalten und zu einer Vermenschlichung dieser Welt beizutragen.[39] Die Selbstbehauptung christlichen Gemeinschaftswerdens in der Pfarrgemeinde und die Öffnung auf die vielfältigen und komplexen Strukturen ihrer gesellschaftlichen Umwelt schließen sich gegenseitig nicht aus. Im Gegenteil. Diese Öffnung verhindert einen möglicherweise zunehmenden Verlust des Weltbezuges der einzelnen Pfarrgemeinde und damit den Verlust eines Teiles ihrer Identität. Denn Pastoral im Blick auf den Menschen und seine religiös-gesellschaftliche Existenz im (Verkehrs-)Raum eines Verbunds mehrerer Pfarrgemeinden hat eine eminent diakonisch-politische Dimension. Sie wird sich auch als „Gemeinwesenarbeit" realisieren. Diese „rekonstruiert soziales Handeln [...] von den Bedürfnissen ihrer Mitglieder in Konfrontation mit der Gesellschaft her. Es geht ihr um Weckung von Selbstbewusstsein für

[36] Ebd. 126.

[37] Vgl. REISINGER, Ferdinand: „Christliche Gemeinde" -Möglichkeiten und Grenzen. In: DERS. (Hrsg.): Menschsein in der Gesellschaft. Linz 1983, 93–138.

[38] NIENTIEDT, Klaus: Gemeinschaften und Bewegungen. In: Josef MÜLLER u. Ottfried SELG (Hrsg.) Pfarrgemeinden in neuer Gestalt. Künftige Sozialform(en) des Christseins. Bericht vom Symposium 1995 in Augsburg. (masch. schr.) Augsburg 1996, 7 -21, 18.

[39] Vgl. die Vielzahl der Erfahrungsberichte in: Rainer LINGSCHEID u. Gerhard WEGNER (Hrsg.): Aktivierende Gemeindearbeit. Stuttgart–Berlin–Köln 1990.

die strukturellen Zwänge, die die eigene Situation bestimmen, um die Förderung der Selbstorganisation der eigenen Bedürfnisse und um die Selbstveränderung mit dem Ziel gemeinschaftlicher Selbstbestimmung".[40] Pastoral bedeutet hier die Auseinandersetzung und, wo möglich, die heilende Veränderung von Sozialstrukturen, die pathogen sind. Unbedingte, bedingungslose Solidarität, zu der Pastoral „von ihrem Auftrag her verpflichtet ist, hat wenig zu tun mit einer Sympathiegemeinschaft mit den Starken, Gesunden, Mächtigen und mit den ‚guten Christen', dafür um so mehr mit einer ‚solidarischen Parteilichkeit für das beschädigte Leben' (Johann Baptist Metz), mit der parteiergreifenden Solidarität mit denen, die gesellschaftlich an den Rand gedrängt sind, die (Lebens-)Geschichte mehr erleiden als selbst gestalten, die durch ihr Leiden auf sich selbst zurückgeworfen sind und einsam werden, deren Beziehungsnetze durch ihre Notsituation zerstört sind, deren Interessen sonst niemand vertritt."[41]

Leitung hat, das ist ihre „anpasserische" Leistung, in „Kristallisationspunkte"[42] innerhalb des Verkehrsraumes der Menschen zu investieren. Damit sollen Orte entstehen, an denen der Glaube offen und in pluraler Gestalt gelebt werden kann. So soll sich mittelfristig eine „körnige Struktur"[43] kirchlicher Sozialgestalt herausbilden, die einen Mehrwert gegenüber der Gruppe und den Pfarrgemeinden als Lebensräumen des Glaubens darstellt. – Darüber hinaus hat Leitung auf dieser Ebene die Aufgabe, die zwischengemeindlichen Strukturen, in bewusster Auseinandersetzung mit den parallelen gesellschaftlich-zivilgemeindlichen Strukturen, so zu gestalten, dass sie vor allem jenen Lebensräume und -möglichkeiten zur Verfügung stellt, die nicht mobil sind, nicht flexibel, nicht konkurrenzfähig und die nicht in der Lage sind, ihre Bedürfnisse zu artikulieren und gegebenenfalls durchzusetzen. Damit, so ist zu hoffen, stößt sie gleichzeitig eine Veränderung gesellschaftlich – zivilgemeindlicher Strukturen an. Gerade in dieser zweiten Aufgabe materialisieren sich die beiden Leitungsaufgaben Implementierung und Relatierung.

11.2 Stellenbildung im Hinblick auf einen Verbund mehrere Pfarrgemeinden

Ein wichtiges Projekt im Kontext der Realisierung eines Verbunds mehrerer Pfarrgemeinden ist die Stellenbildung. Das kirchliche Recht setzt ihr den Rahmen. Innerhalb dessen schreibt sie Aufgaben(bündel) entsprechenden Aufgabenträgern zu, bzw. verortet diese in bestehenden oder neu zu schaffenden

[40] WOLLBOLD, Wahlheimat, 376.

[41] HENKE, Thomas: Wahrnehmung des Politischen. Zu einer wenig beachteten Dimension in der Seelsorge. In: Norbert SCHUSTER u. Ulrich MOSER (Hrsg.) Kirche als Beruf. Neue Wege jenseits falscher Erwartungen. Mainz 1996, 102 -121, 116.

[42] KEHL, Medard: Wohin geht die Kirche? Zur strukturellen Veränderung der Kirche in Deutschland. In: StZ 213 (1995) 147–159, 149.

[43] GOLDBRUNNER, Josef: Über die Pfarrei der Zukunft: In: DERS. (Hrsg.): Seelsorge– eine attraktive Aufgabe. Bausteine zu einer Pastoraltheologie. Würzburg 1990, 38–51, 44.

Gremien. Am Ende konkretisiert sich der Vorgang der Stellenbildung in Stellenbeschreibungen.[44]

11.2.1 Organisationsverfassung als Rahmenordnung der Stellenbildung

Organisatorische Gestalter handeln nicht im rechtsfreien Raum. Das, worauf sich bei diesen Überlegungen allerdings die Gestaltung bezieht, der Verbund mehrerer Pfarrgemeinden, bildet im Gegensatz zur Pfarrei, zum Dekanat oder auch zum Pfarrverband und erst recht zum Bistum (noch) keinen eigenständigen Rechtsraum. Ein Verbund ist keine Gebietskörperschaft, die mit einer eindeutigen Leitungsstruktur versehen und einer bestimmten Vermögensmasse ausgestattet wäre. Stellenbildung im Blick auf ihn hin lässt sich also nur vom Rechtsrahmen Pfarrei bzw. Bistum her vornehmen. Mit dem Rechtsstatus der Pfarrei ist unmittelbar nur ein Stellenbildungsauftrag verbunden: die Bildung der Stelle des Pfarrers. Erst mit dem Bistum, bzw. der Kompetenz des Bischofs ergibt sich im Blick auf die Seelsorge vor Ort die Möglichkeit, neue (weitere) Ämter zu bilden.

Die *Pfarrei.* Sie konstituiert sich durch eine Reihe von Grunddaten.[45] U.a. dadurch, dass sie von einem „pastor proprius" geleitet wird.[46] Die Existenz einer Pfarrei verlangt das Amt des Pfarrers. Dieses ist das Amt der „cura pastoralis", was sachgerecht mit „Hirtensorge" zu übersetzen ist[47] und auf eine Eigenständigkeit im seelsorglichen Bereich verweist, die die „cura animarum", d.h. „Seelsorge", umfasst[48] und gleichzeitig über sie hinausgeht. „Wohl ist die pastorale Tätigkeit des Pfarrers nicht Leitungsgewalt im strikten Sinn der Canones 129–144, dennoch bringt sie gewisse notwendige ‚potestas et facultas' für

[44] Nicht eigens eingegangen wird hier auf Organigramme und Stellenpläne, die ebenfalls einen Niederschlag der Stellenbildung darstellen. Vgl. dazu THOM, Stellenbildung, 2324 ff. Am Organigramm lässt sich insbesondere die Aufgabenverteilung auf Stellen sowie die leitungsbezogenen, hierarchischen Beziehungen zwischen Stellen ablesen. Auch die Zusammenhänge in der Horizontalen werden im Blick auf die Anordnung von Stellen auf gleicher Ebene angedeutet. Das Organigramm stellt in seiner statischen Perspektive auf die Aufbauorganisation die Gebildestruktur und in seiner dynamischen Perspektive auf die Ablauforganisation die Prozessstruktur der Organisation dar. Stellenpläne sind weniger in der privaten Wirtschaft als in der öffentlichen Verwaltung verbreitet. Dort kommt ihnen eine wichtige Rolle im Rahmen der Haushaltsplanung zu. Vgl. THOM: Stelle, 2327.

[45] Erstens ist sie die unterste verfassungsrechtliche Organisationsform der Diözese (Canon 374, § 1). Zweitens ist sie wesensmäßig personale Gemeinschaft–nicht bloßer Verwaltungsbezirk!–(Canon 515, § 1). Drittens ist sie errichtet, und zwar auf Dauer, und nicht durch freien Zusammenschluss entstanden. Sie ist eine stabile, verlässliche Organisation innerhalb der Teilkirche (in Ecclesia particulari stabiliter constituta).

[46] Selbst dort, wo kein Pfarrer eingesetzt wird und nach Canon 517, § 2 „Nicht–Priester" an der Ausübung der „cura pastoralis" beteiligt werden, bleibt das Pfarramt juristisch bestehen und ist lediglich vakant. Vgl. BÖHNKE, Gemeinde, 12.

[47] Vgl. SCHMITZ, „Gemeindeleitung", 339.

[48] Nach Canon 150 CIC enthält das Amt den vollen Umfang und die ganze Breite der seelsorglichen Aufgaben: „officium secumferens plenam animarum curam".

den Mitarbeiter des Bischofs, der diese Leitungsgewalt innehat, mit sich."[49] Die Einzelaufgaben im Dienst dieser Hirtensorge und als deren Konkretion listet der Kodex im „Pfarrerspiegel" der Canones 528–530 auf. Pfarrer kann nur ein *Priester* sein[50] und zwar (jeweils) nur *einer*.[51]

Innerhalb eines Verbunds verlangt jede Pfarrei nach dem Amt des Pfarrers. Wegen der begrenzten Möglichkeiten eines Administrators[52] ist es nicht sinnvoll, eine, mehrere oder alle Pfarreien mit einem Administrator zu besetzten, und erfüllt nicht den eigentlichen Stellenbildungsauftrag. Dasselbe gilt für die Möglichkeit, die der Canon 517, § 2 einräumt, nämlich Diakone, ‚Laien' einzeln oder eine Gemeinschaft von Personen dort, wo nicht genügend Priester vorhanden sind, an der Wahrnehmung der cura pastoralis zu beteiligen. Eine nach Canon 517, § 2 besetzte „Pfarrei hat keinen eigenen Hirten, keinen ‚pastor proprius', wie die Canones 515, § 1 und 519 verlangen, obwohl der zuständige Pfarrer ausgestattet ist mit den Vollmachten und Befugnissen eines Pfarrers (can. 517 § 2)".[53] Falls für einen Verbund nur ein Priester zur Verfügung steht, kann dem Stellenbildungsauftrag nur entsprochen werden, wenn dieser gemäß der neugeschaffenen Möglichkeit des Canon 526, § 2 in allen Pfarreien als Pfarrer investiert wird.

Das *Bistum*. Das II. Vatikanische Konzil hat keine streng juridische Definition des Amtes vorgelegt[54], aber bei aller Betonung der Bedeutung des „Amtes, das die geweihten Diener ausüben" gefordert, einen Amtsbegriff einzuführen, der auf Kleriker und 'Laien' gleichermaßen anwendbar ist und verlangt, dass „künftig jegliches Amt so verstanden werden (muss), dass es zur Erfüllung eines geistlichen Zweckes verliehen ist".[55] Dieser „gesamtekklesiologische Ansatz, der die hierarchologische Engführung des kodikarischen Rechts von 1917 überwindet"[56] und in den Jahren nach dem Konzil vielfach rezipiert wurde[57],

[49] LORETAN, Laien im pastoralen Dienst, 260.

[50] Vgl. Canon 521, § 1.

[51] Dies wird deutlich, wenn man Canon 517, § 1 folgt: Wenn eine Pfarrei mehreren Priestern „in solidum" übertragen wird, haben sie zwar alle die Befugnisse und Vollmachten eines Pfarrers, sie dürfen sie aber nur unter Weisung („sub directione") des Moderators ausüben (Canon 542, § 1); er allein leitet ihre Zusammenarbeit ("dirigere") (Canon 517, § 1) und er vertritt die Pfarrei(en) in rechtlichen Angelegenheiten (Canon 542, § 2).

[52] Vgl. Canon 539.

[53] LORETAN, Laien im pastoralen Dienst, 258.

[54] Vgl. ROBLEDA, Olis: Innovationes Conc. Vaticani II in Theoria de officiis et beneficiis ecclesiasticis. In: PerRMCL 59 (1970) 277–314. Hier wird sehr ausführlich die Entwicklung des Amtsbegriffes des II. Vatikanischen Konzils dargestellt.

[55] PO 20.

[56] MÜLLER, Hubert: Zur Frage nach der Stellung des Laien im CIC/1983. In: André GABRIELS u. Heinrich J.F. REINHARDT (Hrsg.): Ministerium Iustitiae. Festschrift für Heribert Heinemann. Essen 1985, 203–216, 204.

[57] Diesen konziliaren Vorgaben folgend, hat z.B. die Gemeinsame Synode der Bistümer in der Bundesrepublik Deutschland eine intensivere aktive Einbindung der Laien in den kirchlichen Dienst, der auf die „salus animarum" ausgerichtet ist, intendiert. Vgl. LEHMANN, Karl: Einleitung zum Synodenbeschluss „Beteiligung der Laien an der Verkündigung", 154.

ist vom Gesetzgeber im neuen Recht übernommen worden. So ist es im CIC 1983 nach Canon 228 möglich, dass auch ‚Laien' zu solchen Ämtern herangezogen werden.[58] Durch die verschiedenen rechtlichen Möglichkeiten wird in diesem Zusammenhang auch dem im Einzelfall beauftragenden Diözesanbischof ein großer Handlungsspielraum eingeräumt, „um so den Anforderungen der heutigen Zeit [...] begegnen zu können".[59] Es wird kanonistisch zu klären sein, inwieweit hier im Blick auf die Wahrnehmung der Seelsorge in einem Verbund mehrer Pfarrgemeinden ein „Amt in der Kirche" bzw. ein „Amt der Kirche"[60] neu zu schaffen ist. Karl RAHNER jedenfalls war der Überzeugung: „Überall dort, wo in einer intensiven, bedeutenden und dauerhaften Weise eine Sonderfunktion in der Kirche notwendig ist, haben wir so etwas wie ein Amt."[61]

Für die Stellenbildung auf einen Verbund hin stellt der Rechtsrahmen des Bistums neben dem Pfarrer andere, inzwischen schon fast klassische, vom Bistum her konzipierte Stellen zur Verfügung. Darüber hinaus scheint es möglich, innerhalb gegebener kirchlicher Organisationsverfassung, weitere zu entwickeln.

11.2.2 Stellenbildung als Aufgabenzuweisung an Aufgabenträger

Aufgabenzuweisungen können „ad personam" oder „ad rem" erfolgen. Ad personam erfolgen sie „im Hinblick auf die spezifischen Talente, Kenntnisse, Fertigkeiten, Erfahrungen etc. eines – gegebenenfalls neu eintretenden – Systemmitglieds".[62] Dabei besteht allerdings die Gefahr, dass Organisationszweck und konkreter Raum als Referenzgrößen zur Aufgabenbestimmung in den Hintergrund treten. Wollte man auf diese Weise das Verfahren der Stellenbildung angehen, könnte das dazu führen, dass Mitarbeiter (und deren Vorlieben) die Aufgabenstellung bestimmen. Das wird im Blick auf den Verbund mehrerer Pfarrgemeinden die Ausnahme sein müssen.

Ist der Organisationszweck Bezugspunkt der Stellenbildung, wird zunächst eine Aufgabe beschrieben. Da diese dann einen für ihre Bewältigung geeigneten Aufgabenträger „braucht", kommt erst von hier aus ein pastoraler Beruf in Blick. Bei der Frage, welche Aufgaben welchen Trägern zugewiesen werden,

[58] "ad ... officia ecclesiatica ... assumantur" Der neue Codex folgt der Forderung des Konzils nicht nur inhaltlich, er zieht auch formal Konsequenzen, indem er die Canones über das Kirchenamt nicht mehr, wie 1917 unter den Bestimmungen über die Kleriker im Personenrecht aufführt, sondern sie statt dessen in einem eigenen Teil im Buch 1 den allgemeinen Normen zugeordnet ("De officiis ecclesiasticis" cc. 145–196) aufnimmt. „Mit dieser neuen Einteilung hat die Kodexkommission klar hervorgehoben, dass das Kirchenamt auch für Laien zugänglich ist." LORETAN, Laien im pastoralen Dienst, 235.

[59] REINHARDT, Heinrich J.F.: Die Pfarrei und ihre Seelsorger. In: Unsere Seelsorge 34 (1984) Nr. 3/4, 2.

[60] METTE, Dienst, 223.

[61] Zit. Nach: ZULEHNER, Paul M.: „Denn Du kommst unserem Tun mit Deiner Gnade zuvor..." Zur Theologie der Seelsorge heute. P.M. Zulehner im Gespräch mit K. Rahner. 3. Aufl. Düsseldorf 1984, 89.

[62] THOM, Stelle, 2325.

sind Berufsbilder, die sich etwa an Hand von Ausbildungsordnungen rekonstruieren oder aufgrund empirischer Untersuchungen beschreiben lassen eine erste Orientierungshilfe. Sie sind allerdings, das ist ihr Manko, selten eindeutig. Das des Priesters ist durch die Sedimentation geschichtlich zugewiesener Rollen „schwer" und gleichzeitig aufgrund vielfältiger Erwartungen diffus. Der Beruf des/der Pastoralreferenten/in ist noch zu jung, als dass er sich in seiner Eigenständigkeit eindeutig profiliert hätte. Der des/der Gemeindereferenten/in befindet sich im Transformationsprozess von der Seelsorgehelferin zum/zur Fachmann/-frau für die Pastoral. Eindeutigkeiten werden zudem verunklart, wenn diese Berufe über die zahlreichen überkommenen Priester- bzw. Pastorenbilder wahrgenommen werden.[63] – Erst recht undeutlich ist oft das Profil der Tätigkeiten, die auf Grund von Delegation oder Wahl, meist ehrenamtlich, vor Ort wahrgenommen werden. Hier kann man immer noch hören, Grundlage ehrenamtlicher Arbeit sei „nicht in erster Linie fachliche Eignung oder sachliche Kenntnisse, sondern die Liebe zur Sache und eine damit verknüpfte gesinnungsethisch fundierte Handlungsmotivation."[64] Zudem kommt es durch den Einsatz ehrenamtlicher Mitarbeiter/innen im Bereich der Sakramentenkatechese oder der Liturgie zu Berührungspunkten und Überschneidungen mit den Arbeitsfeldern hauptberuflich Tätiger. Dies führt fast zwangsläufig zu Konflikten, besonders dort, wo die ehrenamtliche Mitarbeiter/innen (noch) „einen bedeutenden Machtfaktor in der Kirchengemeinde" darstellen.[65] Aufgabensynthese im Sinn einer klaren Beschreibung der zu bewältigenden „res" bleibt solange ein letztlich unnötiges Geschäft, solange nicht potentielle Aufgabenträger in ihrem (je unterschiedlichen) Berufsbild eindeutig profiliert sind. In dieser Hinsicht gilt es noch einiges zu tun.

11.2.3 Stellenbildung als Aufgabenzuweisung „ad consilium"

Aufgaben werden nicht nur einzelnen Trägern zugewiesen. Sie müssen auch in Gremien und Räte rückgebunden werden. Wo in einem Verbund in erster Linie die Ebene der Pfarrgemeinde als handlungsrelevant betrachtet wird, bleibt der Pfarrgemeinderat[66] mit dem Pfarrer das für die Leitung – auch im Blick auf den Verbund – zentrale Organ. Zur Bewältigung der Routinearbeit und Durch-

[63] Vgl. z.B. RIEMER, Wilhelm: Bin ich Pastor? In: Diak 10 (1979) 349–351; ROSCHGER, Peter: Mitverantwortung in der Gemeindeleitung, In: Diak 10 (1979) 353–354, 353 f.– Dieser Wahrnehmung entspricht von Anfang an durchaus auch ein großer Teil des faktischen Tätigkeitsfeldes von Laientheolog/innen: Vgl. dazu PFAU, Reinhard: Pastoralreferenten/assistenten in der Diözese Rottenburg–Stuttgart. In: Diak 10 (1979) 258–265; Das gilt erst recht für die, die als „Platzhalter" quasi Gemeindeleitung innehaben. Vgl. dazu: WICHMANN, Martin: Die Platzhalter–Innenansichten der Gegenwart einer Institution. In: SCHUSTER/WICHMANN, Platzhalter, 11–38.

[64] BÄTZ, Ulrich: Die Professionierungsfalle. Freiburg Schweiz 1994, 23.

[65] PERELS, Hans-Ulrich: Wie führe ich eine Kirchengemeinde? Möglichkeiten des Managements. Gütersloh 1990, 34.

[66] Vgl. dazu: SCHUSTER, Norbert: Art. Pfarrgemeinderat. Praktisch-theologisch. In: LThK. Bd. 8. 3. Aufl. Freiburg–Basel–Rom–Wien 1999, 173–174.

führung der im Rat getroffenen Beschlüsse, aber auch im Blick auf die Förderung des Mit- und Zueinanders der pfarrgemeindlichen Subsysteme könnte zusätzlich ein Exekutivausschuss wertvolle Arbeit leisten. Auf der Ebene des Verbundes wäre dann eine Pastoralkonferenz anzusiedeln. Sie ist für die von den Pfarrgemeinderäten delegierten Themenbereiche und in allen zwischengemeindlichen Belangen zuständig und verantwortet die administrativen Aufgaben des Verbundes.

Pfarrgemeinderat. Der Pfarrgemeinderat gründet in der mit dem Zweiten Vatikanum wieder deutlicher ausgesprochenen Überzeugung von „der Mitverantwortung aller Christen innerhalb des Volkes Gottes“[67], die auf allen Ebenen der Kirche realisiert werden muss.[68] Die vom Konzil initiierten Consilia, d.h. beratenden Gremien, bilden das Vorbild für den Pfarreirat in der Schweiz wie für den Pfarrgemeinderat in Österreich und Deutschland. In diesem Gremium soll das Moment der spezifischen Verantwortung des Einzelnen und das der aufs Ganze hin gemeinschaftlich wahrgenommenen Verantwortung aller ausbalanciert werden. Der Pfarrei- bzw. Pfarrgemeinderat soll Verantwortlichkeit so organisieren, dass sie weder ausschließlich auf der Allzuständigkeit von Amtsträgern beruht, noch in einer Summierung des Willens Einzelner gründet. – Die im Lauf der 70er Jahre nach und nach in den Pfarrgemeinden Österreichs, der Schweiz wie im Bereich der Berliner Ordinarienkonferenz errichteten Pfarrei- bzw. Pfarrgemeinderäte stellen die pfarrliche Entsprechung des in CD 27 für das Bistum initiierten Seelsorgerats dar und stimmen mit dem im Codex von 1983 aufgeführten Pastoralrat überein.[69] Der Pfarrgemeinderat in den meisten bundesdeutschen Bistümern entspricht darüber hinaus Art. 26 des Laiendekretes.[70] Statt zweier verschiedener Gremien auf der Ebene der Pfarrgemeinde übernimmt der eine Pfarrgemeinderat zwei Aufgaben: Er ist „Consilium pastorale“ zur Förderung der Seelsorge am Ort, „Consilium coordinationis“ zur „gegenseitigen Koordinierung der Werke der Laien auf der pfarrlichen Ebene“.[71] Der Pfarrgemeinderat ist „sowohl ein Gremium nach ‘Christus Dominus‘ wie auch ein Gremium nach Laiendekret Nr. 26.“[72] Dies gilt bis heute. So

[67] SUENENS, Léon-Joseph: Die Mitverantwortung in der Kirche. Salzburg 1968, 5.

[68] Schlussdokument der Bischofssynode 1985. In: Amtsblatt der Erzdiözese Freiburg 1986. 6/1986. 301.

[69] CiC 1983 Can. 536. 1.

[70] "In den Diözesen sollen nach Möglichkeit beratende Gremien eingerichtet werden, die die apostolische Tätigkeit der Kirche im Bereich der Evangelisierung und Heiligung, im caritativen und sozialen Bereich und in anderen Bereichen bei entsprechender Zusammenarbeit von Klerikern und Ordensleuten mit den Laien unterstützen. Unbeschadet des je eigenen Charakters und der Autonomie der verschiedenen Vereinigungen und Werke der Laien werden diese Beratungskörper deren gegenseitiger Koordinierung dienen können. Solche Gremien sollten, soweit wie möglich, auch auf pfarrlicher, zwischenpfarrlicher und interdiözesaner Ebene, aber auch im nationalen und internationalen Bereich geschaffen werden.“ (AA 26).

[71] Vgl. AA 26.

[72] Gemeinsame Synode der Bistümer in der Bundesrepublik Deutschland (Hrsg.): Protokoll der 7. Vollversammlung vom 7.–11. Mai 1975, 172.

heißt es z.B. in einer der jüngsten Revisionen einer Pfarrgemeinderatssatzung: „Der Pfarrgemeinderat ist das vom Bischof anerkannte Organ des Laienapostolates der Gemeinde und vom Bischof mit der Wahrnahme der Funktion eines Pastoralrates beauftragt."[73] Der Pfarrgemeinderat ist also „ein verfassungsrechtliches Organ, das dem Amtsträger in der Pfarrei, dem Pfarrer, zugeordnet ist und gleichzeitig ein korporationsrechtliches Organ, ein Zusammenschluss von Laien."[74]

Als Seelsorgerat ist der Pfarrgemeinderat auf das Amt des Pfarrers hingeordnet: „Der Pfarrgemeinderat ist jenes Gremium in der Pfarre, das den Pfarrer mitverantwortlich unterstützt." [75] „Er bereitet durch seine Empfehlungen oder Beschlüsse die Entscheidungen des Pfarrers vor."[76] Der Pfarrer ist entweder neben einem ‚Laien'-Geschäftsführer, einem „Ratsvikar", dessen Vorsitzender (Österreich) oder steht ihm als Ratnehmender gegenüber, während ein Präsident den Rat leitet und er selbst lediglich als nicht stimmberechtigtes Mitglied an den Sitzungen teilnimmt (Schweiz). Als Seelsorgerat und gleichzeitiges Organ des Laienapostolats ist der Pfarrgemeinderat eher auf die Gemeinde ausgerichtet: Er hat „in Fragen, die die Pfarrgemeinde betreffen, beratend und beschließend mitzuwirken"[77] und damit immer „teil an der Gemeindeleitung."[78]

In der Tradition der Würzburger Synode, die den Pfarrgemeinderat zudem stärker als Organ des Laienapostolats und weniger als Pastoralrat verstanden haben wollte, installierten die meisten bundesdeutschen diözesanen Ordnungen – im Gegensatz zu den österreichischen – dann einen ‚Laien' als Vorsitzenden des Gremiums,[79] eine Praxis, die nach der jüngsten römischen Instructio wohl überdacht werden muss.[80]

Unbeschadet der Frage nach dem Vorsitz, kommt dem Pfarrgemeinderat gewissermaßen eine „Universalkompetenz" hinsichtlich aller die Pastoral der Pfarrgemeinde betreffenden Fragen zu.[81] Ob es sich um die Mitwirkung bei der Planung und Durchführung der pfarrgemeindlichen Dienste, um die Mitverantwortung für die Arbeit freier Gruppierungen, um Öffentlichkeitsarbeit, um den Dialog mit dem Bistum oder um die pastoralen Richtlinien für die Haushaltsplanung handelt, der Pfarrgemeinderat ist gefragt. Er ist – organisationswissenschaftlich ausgedrückt – einem Organ der Regelung vergleichbar. Dessen

73 PGR-Satzung Aachen § 1 (1997).

74 Ebd. 168.

75 PGR-Statut Feldkirch § 1.1.

76 Richtlinien für die Gründung und Führung von Pfarreiräten im Kanton Zürich § 3.

77 PGR-Satzung Freiburg §1 (2).

78 PGR-Satzung Aachen § 2.1.

79 PÖTTER, Wilhelm: Einleitung: Räte und Verbände, 643.

80 Vgl. „Instruktion zu einigen Fragen über die Mitarbeit der Laien am Dienst der Priester." 15. August 1997. Verlautbarungen des Apostolischen Stuhles 129. Hrsg. vom Sekretariat der Deutschen Bischofskonferenz. Bonn 1997, Artikel 5. § 2 u. § 3.

81 Vgl. SCHAUPP, Klemens: Der Pfarrgemeinderat. Eine qualitative Interview-Analyse zum Thema „Biographie und Institution". (Innsbrucker theologische Studien. Bd. 26.) Innsbruck–Wien 1989, 66 f.

kennzeichnende Aktivitäten das „Aushandeln von unterschiedlichen Interessen, Bedürfnissen, Anschauungen mit dem Ziel des Kompromisses, Konflikt und Ringen um Machtausgleich zwischen starken und schwachen Gruppen, Suche nach adäquaten Entscheidungsmodi wären".[82] Dabei geht es zum einen um die ständig neue Herstellung der inneren Ordnung der Pfarrgemeinde, darum, „dass Bruderschaft erlebt werden kann und Herrschaft der einen über die anderen in der Gemeinde abgebaut wird"[83] und zugleich um die Unterstützung der Grundfunktionen der Pfarrgemeinde.

Exekutivausschuss. Für die alltägliche Arbeit in den Pfarrgemeinden bzw. pfarrgemeindlichen Teilgemeinden, zur Förderung der Gruppen und um die pastorale Grundversorgung am Ort zu garantieren und die Weiterentwicklung und Neuprofilierung der Pfarrgemeinde voranzutreiben, braucht es allerdings neben dem PGR den Exekutivausschuss, der dessen „Universalkompetenz" erdet und das im Pfarrgemeinderat Beratene und Beschlossene in Einzelschritte operationalisiert. Ein solcher Exekutivausschuss, im Bistum Speyer trägt er den Namen „Pastoralteam", „ist zuständig für die Ausführung der drei Grunddienste (Katechese, Liturgie, Caritas) und darüber hinaus für alle seelsorgerlichen Aufgabenbereiche, die nicht eindeutig einem bestimmten Grunddienst zugeordnet werden können, bzw. sich auf alle Grunddienste beziehen und für das Leben einer Pfarrgemeinde unverzichtbar sind."[84] Er wird aus dem Pfarrgemeinderat heraus gebildet bzw. ist gegebenenfalls mit dessen Vorstand identisch. An diesem Ort wird die Leitung der „Gemeinden" in der Pfarrgemeinde wahrgenommen, und zwar – organisationswissenschaftlich formuliert – als Steuerung mit dem Schwerpunkt der Kohäsion, im Sinne des Zusammenhaltes der kleinen Gemeinschaften als Trägerinnen der Grunddienste und als Lokomotion im Sinne der Zielerreichung: „Ausführung der Grunddienste."[85]

Der Exekutivausschuss ist ein freier, arbeitsbezogenerer Zusammenschluss von Experten aus unterschiedlichen Bereichen. Ein solcher Ausschuss ist überfordert, wenn er „Modellgemeinde" sein soll. Der Anspruch, wenigstens in ihm die eigenen „Kirchenträume" leben zu können, etwa als geheime Gratifikation für eingebrachtes ehrenamtliches Engagement, wird zu Enttäuschungen führen müssen und die Arbeit beeinträchtigen. Trotzdem wird der Stil, um den sich der Exekutivausschuss im Innenverhältnis müht, auf welche Weise er also seine Verkörperung wahrnimmt, darüber mitentscheiden, wie effizient sein in Gang bringendes Unterstützen letztlich sein wird. Der Exekutivausschuss braucht eine/n Leiter/in. „Die Sorge um die Transparenz der verschiedenen

[82] STEINKAMP, Gemeindestruktur, 84.

[83] DAIBER, Karl F.: Leitung der Ortsgemeinde. In: Norbert GREINACHER u. Norbert METTE u. Wilhelm MÖHLER (Hrsg.): Gemeindepraxis. Analysen und Aufgaben. München / Mainz 1979, 180–197, 181.

[84] BISCHÖFLICHES ORDINARIAT SPEYER (Hrsg.) : Kirche leben in der Pfarrgemeinde angesichts einer abnehmenden Zahl von Priestern und hauptberuflichen Mitarbeiterinnen und Mitarbeitern (Elemente des Diözesanpastoralplanes), 30.

[85] SCHEUNIG, Klaus: Mängelverwaltung oder pastoraler Perspektivenwechsel? Bistum Speyer. In: SCHUSTER/WICHMANN, Platzhalter, 155.

Verantwortlichkeiten, die Arbeit am Ganzen des Leitungskreises, die kontinuierliche, spirituelle Vertiefung und Orientierung dieser Verantwortung bedeuten eine ständige Aufgabe"[86] für dessen Leiter/in.

Der Pfarrer muss diesem Ausschuss nicht angehören, schon gar nicht muss er ihn leiten. Auf dieser Ebene der Pfarrgemeinde ist er einer unter den anderen Christen und kann „sein Pfarramt als ‚Mitarbeit' in und an der Gemeinde"[87] verstehen. Wo in der Pastoral eines Verbunds ein/e Gemeindereferent/in tätig ist, und eine Person aus dem Kreis der hauptberuflich Mitarbeitenden Mitglied des Ausschusses sein soll, scheint mir die Zuordnung einer/eines Vertreters/in dieser Berufsgruppe zum Exekutivausschuss angezeigt.[88] Traditionell werden Gemeindereferenten/innen hier verortet,[89] wo es eben u.a. darum geht, einzelne und Gruppen zu befähigen, ihr Leben aus einer christlichen Grundhaltung heraus zu gestalten.[90] Durch die Mitgliedschaft im Exekutivausschuss können Gemeindereferenten/innen die von ihnen erwartete „Teilnahme an den drei Grunddiensten der Liturgie, der Verkündigung und der Diakonie"[91] konkretisieren, und zwar so, dass sie über ihre Mitarbeit im Ausschuss dazu beitragen, „die Gemeinde und ihre Glieder zu ihrem eigenen Dienst bereit und fähig zu machen".[92]

Pastoralkonferenz. Innerhalb eines Verbundes ist eine feste Form der Zusammenarbeit (mindestens) der hauptberuflichen Mitarbeiter/innen, die in der Pastoral des Verbunds tätig sind, geboten. Wo sich diese Mitarbeiter/innen zu einer Konferenz zusammenschließen trägt diese, je nach Bistum, die Bezeichnung „Seelsorgeteam", „Pastoralteam" oder „Pastorales Leitungsteam". Ihm gehören alle pastoralen Mitarbeiter/innen an: „Der Pfarrer und die ihm je nach Größe des Seelsorgebezirkes zugeteilten haupt- und nebenamtlichen Mitarbeiterinnen und Mitarbeiter bilden zusammen das Seelsorgeteam."[93] – „Zum Pastoralteam gehört in jedem Fall der Pfarrer als Gemeindeleiter und Dienstvorgesetzter der übrigen Teammitglieder (weitere Priester, Diakone, Gemeindereferentinnen und Gemeindereferenten, Pastoralreferentinnen und Jugendpflegerinnen und

86 SEKRETARIAT DES FREIBURGER DIÖZESANFORUMS (Hrsg.): Dokumentation zum Freiburger Diözesanforum, Heft 2. Freiburg 1992, 29.

87 MÜLLER, Pfarramt, 315.

88 Vgl. dazu den Erfahrungsbericht: ZÖLLER, Ulla: Zwischen allen Stühlen. Erzbistum Köln. In: SCHUSTER/WICHMANN, Platzhalter, 185–196.

89 ZERFASS, Rolf: Menschliche Seelsorge. Für eine Spiritualität von Priestern und Laien im Gemeindedienst. Freiburg 1985, 76.

90 Vgl. KOHL, Christoph: Amtsträger oder Laie. Die Diskussion um den ekklesiologischen Ort der Pastoral- und Gemeindereferenten. (Europäische Hochschulschriften 23; 321) Frankfurt 1987, 63 f.

91 Vgl. DIE DEUTSCHEN BISCHÖFE: Rahmenstatuten und -ordnungen für Gemeinde und Pastoralreferenten/Referentinnen. (Heft 41). Sekretariat der Deutschen Bischofskonferenz. Bonn 1987, 1.1.

92 DIE DEUTSCHEN BISCHÖFE: Zur Ordnung der pastoralen Dienste. Bonn 1977, 12.

93 BISCHÖFLICHES ORDINARIAT WÜRZBURG (Hrsg.): Pastorale Dienste in der Pfarrgemeinde. Entwurf. 1995, 14.

Jugendpfleger).“[94] – Darüber hinaus wird dort, wo mehrere Pfarrgemeinden einen Verbund bilden, in der Regel auch die Zusammenarbeit der Pfarrgemeinderäte empfohlen. „Unter den Gemeinden, die auf längere Sicht gemeinsam einem Pfarrer übertragen sind und ihren Pfarrgemeinderäten muss auf intensive Zusammenarbeit Wert gelegt und diese auch organisatorisch bzw. institutionell unterstützt werden.“[95] Dazu bieten sich regelmäßige informelle Treffen der Leiter/innen der Exekutivausschüsse oder von Delegierten der Pfarrgemeinderäte der einzelnen Pfarrgemeinden an. Dort werden die alle Pfarrgemeinden gleichermaßen betreffenden Fragen und Aufgaben und gegebenenfalls die Aufgaben, die aus den Räten auf diese Ebene delegiert wurden, beraten.

Für die Leitung eines Verbundes ist eine feste Form gemeinschaftlich wahrgenommener Verantwortung von hauptberuflichen Mitarbeiter/innen und Mandatsträger/innen nötig. Dafür schlage ich die Bildung einer „Pastoralkonferenz“ vor. Ihr gehören die hauptberuflichen Mitarbeiter/innen an, die in der Pastoral des Verbundes tätig sind und die Leiter/innen der Exekutivausschüsse der einzelnen Pfarrgemeinden. Diese Pastoralkonferenz ist das Gremium, innerhalb dessen, bezogen auf die Ebene des Verbundes, Leitung wahrgenommen wird, und zwar, in organisationaler Logik formuliert, als „Anpassung“.

Da es sich bei einem Verbund mehrerer Pfarrgemeinden nicht um *eine* „Gemeinde“ handelt, die Angehörigen dieses Verbunds werden sich zudem ja auch nur in Ausnahmefällen zu einer gemeinsamen Eucharistie treffen, ist auf dieser Ebene die amtstheologische Grundfigur der Einheit von Gemeindeleitung und Eucharistievorsitz nicht handlungsleitend, bzw. muss sich nicht strukturbildend auswirken. Unbeschadet seiner Dienstaufsicht über die hauptamtlich in der Pastoral Mitarbeitenden braucht der Pfarrer die Pastoralkonferenz nicht zu leiten. Dies könnte z.B. ein/e Pastoralreferent/in oder ein Diakon tun. Immerhin ist z.B. „der Pastoralassistent im besonderen Auftrag des Bischofs und insofern in der Teilhabe am kirchlichen Amt tätig“.[96] Soll im Verbund jene Öffnung zum Ausdruck kommen, die eine über die Form der Pfarrgemeinde hinausgehende Entwicklung auf die vielgestaltigeren Möglichkeiten der Bischofskirche hin intendiert, ist der Verbund ohnehin die originäre Einsatzebene des/der Pastoralreferenten/in; Vergleichbares kann über den Diakon gesagt werden. Diakone sind die „Garanten dafür, dass die Armen und Benachteiligten zu Wort kommen“.[97] Das diakonale Amt erweist sich in jener Grenzgängerzone

[94] BISTUM ESSEN. Seelsorgeamt (Hrsg.): Überlegungen zur Pastoralplanung in den Gemeinden des Bistums Essen. Essen 1994, 14 .

[95] ERZBISCHÖFLICHES ORDINARIAT FREIBURG, Seelsorglicher Dienst, 18.

[96] KASPER, Walter: Einleitung zum Synodenbeschluss „Die Pastoralen Dienste in der Gemeinde“, 596.–Die rechtliche Befugnis der Pastoralreferenten wie der anderen „Laien“-berufe, im Namen der Kirche zu handeln, ist eine abgeleitete und verweist immer auf den Bischof: Sie „gründet in der Sendung durch den Bischof, der auf Grund seiner sakramental-personalen Prägung zur christologischen und ekklesiologischen ‚Repräsentation‘ befähigt ist“. SOCHA, Herbert: Die Seelsorgeberufe des Pastoral- und Gemeindereferenten. In: TThZ 89 (1980) 1–34, 31.

[97] FUCHS, Amt, 73.

verantwortlich, „in der sich die Kirche um der Leidenden willen nach innen wie auch nach außen entgrenzt: einmal dadurch, dass Betroffene (gleichgültig, was sie glauben) in die Mitte der Kirche gehören, zum anderen dadurch, dass die Kirche nach außen mit allen anderen Bewegungen, Initiativen und Gruppen zusammenarbeitet, die sich ebenfalls praktisch mit Benachteiligten solidarisieren und die Ursachen ihrer Not bekämpfen (aus welchen weltanschaulichen und religiösen Motiven auch immer)".[98] Der Diakon, der in besonderem Maß auf den Bischof und die Bischofskirche orientiert ist,[99] könnte also ebenfalls auf der Ebene des Verbunds angesiedelt sein und in dessen Öffnung auf Welt hin die für ihn relevante Handlungsebene sehen.[100] Von daher kann m. E. auch er für die auf der Ebene des Verbunds relevante Leitungsstruktur, die Pastoralkonferenz, die Verantwortung übernehmen.

Für alle drei Gremien gilt: Sie sind dann leitungsrelevante Strukturvoraussetzungen für die Pastoral in einem Verbund, wenn sie umsetzen, was gemeinschaftliche Arbeit ausmacht: „In der Zusammenarbeit [...] erfährt der einzelne Ermutigung, Bestätigung, Ergänzung und Kritik; er erlebt persönliches Können und persönliche Begrenzung; die Arbeit erhält einen weiteren Horizont, und Entscheidungen werden in der Regel sachgerechter gefällt. Freilich kann der einzelne im Team auch persönlich und sachlich blockiert werden. Konflikte sind als Realität zu sehen und fair auszutragen. Voraussetzung für den kooperativen Arbeitsstil sind Information, Kommunikation und das Vertrauen, dass alle nach ihren Möglichkeiten zum Gelingen einer Sache beitragen."[101]

11.2.4 Die Konkretion: Stellenbeschreibungen

Stellenbeschreibungen stellen eine weit verbreitete Dokumentationsform der Stellenbildung dar. „Stellenbeschreibung ist eine in einheitlicher Form abgefasste verbindliche Festlegung bestimmter Regelungen hinsichtlich der Stelle. [...] Die Festlegungen beziehen sich auf folgende Hauptpunkte: Instanzielle Einordnung (Instanzenbild), Aufgaben, Befugnisse und Verantwortung (Aufgabenbild), Kommunikationsbeziehungen außerhalb der instanziellen Informationswege (Kommunikationsbild), Anforderungen an den Stelleninhaber und

[98] Ebd. 75.

[99] "So ist der Diakon, wie es in der ‚Didaskalie' steht, des Bischofs ‚Ohr und Mund, Herz und Seele'. Und dem Diakon Laurentius wird nachgesagt, dass er seinem Bischof mit folgenden Worten die Wichtigkeit seiner Stellung deutlich gemacht habe: ‚Was wärst du ohne mich?'" FUCHS, Amt, 79.

[100] In diesem Kontext und auf der Ebene des Verbundes, also jenseits des klassischen Verständnisses von „Gemeinde", scheint mir der Vorschlag von Heinrich POMPEY bedenkenswert: „Vorsteher einer Nächsten-Dienst orientierten Gemeinde kann ein Diakon sein, wenn er über eine entsprechende sozial-pastorale Leitungs- und Begleitungskompetenz für den Aufbau einer Gemeinde vom Nächsten-Dienst her verfügt." POMPEY, Heinrich: Die Leitung sozial-pastoral geprägter Gemeinden durch Diakone. In: LS 46 (1995) 253–259, 257 f.

[101] Beschluss „Räte und Verbände", 656.

Bewertungskriterien für die Stelle (Besetzungsbild). Hauptzweck der Stellenbeschreibung ist die Sicherung einer rationalen, reibungslosen und kontinuierlichen Aufgabenerfüllung. Weitere Zwecke sind insbesondere: Objektivierung der Lohn- und Gehaltsstruktur, Festlegung von Leistungsnormen, Hilfe bei der Stellenbesetzung, Begünstigung der Aufgabendelegation.“[102]
Wo Bistumsleitung und Verantwortliche vor Ort ein Interesse an der Sicherung einer rationalen, reibungslosen und kontinuierlichen Aufgabenerfüllung haben, müssen Stellenbildungen „ad rem“ erfolgen und in Stellenbeschreibungen konkretisiert werden. Den rechtlichen Rahmen ausschöpfend, aufgrund der sich durch Aufgabenanalyse und -synthese genauer konturierten Aufgabenbereiche, bzw. aufgrund der sich von der Prozesserkennung her ergebenden Erfordernissen des Raumes werden Stellen beschrieben, die von Angehörigen *der* Berufsgruppe besetzt werden, deren Berufsprofil dem mit dieser Stelle verbundenen Aufgabenbild[103] und dem entsprechenden Anforderungsprofil[104] entspricht. Aus diesem Grund braucht es Stellenbeschreibungen, die Aufgabenbild und Anforderungsprofil beinhalten und gleichzeitig zum Ausdruck bringen, in welchen Beziehungen der/die Stelleninhaber/in zu anderen pastoralen Mitarbeiter/innen steht.
Als eine der primären Zielsetzung gilt hier – sicher nicht nur für die Organisationslehre – „die Minimierung der Beziehungen einer einzurichtenden Stelle mit anderen Stellen des jeweiligen soziotechnischen Systems.“[105] So sollen Doppelarbeiten und Überschneidungen weitgehend ausgeschlossen werden. Da kirchliche Berufe von ihrem Eigenverständnis her auf Gemeinschaft und gemeinschaftliches Arbeiten ausgelegt sind, ist der Vorteil, der in der Minimie-

[102] HUB, Hanns: Aufbauorganisation, Ablauforganisation. Einführung in die Betriebsorganisation, Aufgabenanalyse, Zentralisation, Dezentralisation, Darstellungsmittel, Organisationsformen, Arbeitsabläufe. Wiesbaden 1994, 52.

[103] Ein Aufgabenbild bestimmt eine Aufgabe inhaltlich und „zerlegt“ sie in verteilungsfähige Einzelaufgaben. Es bezeichnet die hauptsächliche Aufgabe und die daraus resultierenden Einzel- bzw. Sonderaufgaben, den Gegenstand der jeweiligen Aufgabe, die Tätigkeiten, die es im Rahmen der jeweiligen Aufgabe zu verrichten gilt, und kategorisiert sie. Es gibt Auskunft über den Sachmitteleinsatz, den es im Rahmen der Aufgabenerfüllung braucht, über die zeitliche Dimensionierung und darüber, wo der Arbeitsplatz anzusiedeln und wie er zu gestalten ist.–Das Aufgabenbild beinhaltet auch die Kompetenzen, die mit der entsprechenden Aufgabe verbunden sind. Dabei werden u.a. die Fragen geklärt: Welche Verfügungsrechte über Geld- und Sachmittel hat der/die Stelleninhaber/in? Welche Entscheidungsrechte und welche Unterschriftsbefugnisse besitzt er/sie? Auf welche Personalentscheidungen hat er/sie welchen Einfluss? Welche Sonderrechte sind ggf. mit dieser Stelle verbunden?

[104] Das Anforderungsprofil einer Stelle leitet sich von deren Ziel-, Aufgaben-, Kompetenz- und Verantwortungsdefinition ab. Aus der Zusammenschau dieser Definitionen ergibt sich das Profil der Stelle. Von diesem Profil her stellen sich dann u.a. die Fragen: Welche Persönlichkeitstruktur braucht der/die künftige Stelleninhaber/in? Welches Maß an epistemischer bzw. heuristischer Kompetenz verlangt die Stelle? Welches Fachwissen, welche Vorbildung, Ausbildung, und Erfahrung sind erforderlich? Welche sozialen Fähigkeiten und welche im Bereich Interaktion und Kommunikation sind nötig?

[105] THOM, Stelle, 2325.

rung von Beziehungen für die Klarheit des Stellenprofils liegt, bei kirchlichen Stellenbildungsprozessen nicht sofort im Blick. Wohl wissend um die nicht ausbleibenden Konkurrenzsituationen erfolgt stattdessen dann der Appell: „Berufung zum pastoralen Dienst schließt bei allen Berufenen die Verantwortung dafür ein, dass die Berufenen ihre Kraft nicht in Rivalitätskämpfen vergeuden, sondern sie in die gemeinsame Sache investieren, um derentwillen sie berufen sind.“[106] Appelle allein genügen aber nicht: Gerade angesichts der Vielgestaltigkeit eines Verbundes ist es zwingend geboten, neben Aufgabenbild und Anforderungsprofil auch ein sog. Instanzen- bzw. Kooperations- und Kommunikationsbild in die konkrete Stellenbeschreibung aufzunehmen.[107]

[106] STENGER, Kompetenz, 38.

[107] In Stellenbeschreibungen, wie sie in Wirtschaftsunternehmen üblich sind, gibt das Instanzen- bzw. Kooperationsbild darüber Auskunft, wie mittelbar oder unmittelbar eine Stelle der Zielerreichung dient. Damit wird geklärt, ob es sich dabei um eine Steuerungs-, Unterstützungs- oder eine Leistungsstelle handelt. Davon hängen auch die Beziehungen ab, in der sie zu anderen Stellen steht. Damit läßt sich die Stelle durch ihren Ort innerhalb der vertikalen und horizontalen Arbeitsteilung des Unternehmens beschreiben. Im einzelnen gibt das Instanzen- bzw. Kooperationsbild Auskunft über etwa folgende Fragen: Wie ist die Stelle zu bezeichnen? Wie ist die Stelle zu kategorisieren? Welchen anderen Stellen ist diese Stelle über- und untergeordnet? Mit welchen un/ bzw. gleichrangigen Stellen hat sie zusammenzuarbeiten? In welchen internen/externen Arbeitsgruppen, Teams und Gremien hat sie mitzuwirken?–Im Zusammenhang der Instanzen und Kooperationen gibt eine Stellenbeschreibung auch Auskunft über die Fragen zum „Informationsbild“, z.B. : Welche Informationen soll die Stelle erarbeiten? Wem ist sie informationspflichtig? Von wem ist sie regelmäßig zu konsultieren? Wie sind ihre Informationen aufgabenbezogen weiterzuleiten bzw. stufenweise zu verdichten? Welche Informationen muss die zu beschreibende Stelle erhalten? Zu welchen Informationsquellen hat sie eine grundsätzliche Zugangsberechtigung?

Schlusspunkt

Wer Pastoraltheologie als Reflexion kirchlicher Vollzüge bzw. als praktisch-theologische (kirchliche) Organisationskunde betreibt, wird immer neu *die* Frage stellen, die die diagnostische Ausgangsfrage auch jeder Organisationsentwicklung ist: Wie müssen Form, Struktur und Kultur kirchlicher Organisation aussehen, dass mittels dieser der institutionelle Sinn von Kirche sichergestellt werden kann? Wer der Pastoraltheologie zudem, etwa in der Tradition SCHLEIERMACHERs, insbesondere die Aufgabe zuweist, Begründungen und Orientierungen für die Praxis der (Kirchen-) Leitung zu vermitteln, wird darüber hinaus fragen: Wie muss christliches Leitungshandeln und seelsorglich ausgerichtete Leitungspraxis aussehen, dass sie zur Institutionsadäquanz kirchlicher Organisation beiträgt? Wer dann Pastoraltheologie schließlich als Theorie (berufenen, auch) beruflichen Handelns versteht, wird schlussendlich fragen: *Wer* hat diese Leitung *wie* wahrzunehmen? – Die vorliegende Arbeit hat versucht, erste (rudimentäre) Antworten auf diese Fragen zu geben. Vielleicht erweisen sie sich als Spuren, denen gefolgt und in denen weitergedacht werden kann.

Verzeichnis der Dokumente

1. Dokumente des Zweiten Vatikanischen Konzils

AA Apostolicam actuositatem. Dekret über das Apostolat der Laien.
CD Christus Dominus. Dekret über die Hirtenaufgabe der Bischöfe in der Kirche.
DH Dignitatis humanae. Erklärung über die Religionsfreiheit.
DV Dei Verbum. Dogmatische Konstitution über die göttliche Offenbarung.
GS Gaudium et spes. Pastoralkonstitution über die Kirche in der Welt von heute.
LG Lumen Gentium. Dogmatische Konstitution über die Kirche.
OT Optatam totius. Dekret über die Ausbildung der Priester.
PC Perfectae caritatis. Dekret über die zeitgemäße Erneuerung des Ordenslebens.
PO Presbyterorum ordinis. Dekret über Dienst und Leben der Priester.
SC Sacrosanctum Concilium. Konstitution über die heilige Liturgie.
UR Unitatis redingratio. Dekret über den Ökumenismus.

2. Dokumente der Gemeinsamen Synode der Deutschen Bistümer

Beschluss „**Dienste und Ämter**". In: Ludwig BERTSCH u.a. (Hrsg.): Gemeinsame Synode der Bistümer in der Bundesrepublik Deutschland. Beschlüsse der Vollversammlung. Offizielle Gesamtausgabe I. Freiburg–Basel–Wien 1976, 597–636.
Beschluss „**Räte und Verbände**". In: Ludwig BERTSCH u.a. (Hrsg.): Gemeinsame Synode der Bistümer in der Bundesrepublik Deutschland. Beschlüsse der Vollversammlung. Offizielle Gesamtausgabe I. Freiburg–Basel–Wien 1976, 651–677.
Beschluss **„Sakramentenpastoral"**. In: Ludwig BERTSCH u.a. (Hrsg.): Gemeinsame Synode der Bistümer in der Bundesrepublik Deutschland. Beschlüsse der Vollversammlung. Offizielle Gesamtausgabe I. Freiburg–Basel–Wien 1976, 238–275.
Beschluss „**Unsere Hoffnung**". In: Ludwig BERTSCH u.a. (Hrsg.): Gemeinsame Synode der Bistümer in der Bundesrepublik Deutschland. Beschlüsse der Vollversammlung. Offizielle Gesamtausgabe I. Freiburg–Basel–Wien 1976, 84–111.
Beschluss „**Pastoralstrukturen**". In: Ludwig BERTSCH u.a. (Hrsg.): Gemeinsame Synode der Bistümer in der Bundesrepublik Deutschland. Beschlüsse der Vollversammlung. Offizielle Gesamtausgabe I. Freiburg–Basel–Wien 1976, 688–709.

Beschluss „**Dienste** und Ordnungen im Leben der Gemeinde“. In: Berliner Bischofskonferenz (Hrsg.): Konzil und Diaspora. Die Beschlüsse der Pastoralsynode der katholischen Kirche in der DDR. Leipzig 1976, 102–133.

3. Weitere Dokumente

Nachsynodales Apostolisches Schreiben „**Christifideles laici**“. Papst Johannes Paul II. über die Berufung und Sendung der Laien in Kirche und Welt. Hrsg. vom Sekretariat der Deutschen Bischofskonferenz. Bonn 1989.

„Instruktion zu einigen Fragen über **die Mitarbeit der Laien** am Dienst der Priester.“ 15. August 1997. Verlautbarungen des Apostolischen Stuhles 129. Hrsg. vom Sekretariat der Deutschen Bischofskonferenz. Bonn 1997.

Literaturverzeichnis

Alle Abkürzungen von Zeitschriften, Handbüchern und Reihen innerhalb der Theologie und ihrer Grenzgebiete entsprechen: Lexikon für Theologie und Kirche. Abkürzungsverzeichnis. 3. Aufl. Freiburg 1993. (Wo nicht anders erwähnt, wird immer aus dieser Auflage zitiert.)

ADORNO, Theodor W.: Erziehung nach Auschwitz. Zit. nach: Die Zeit. 1. Januar 1993, 53.

ALBERIGO, Giuseppe: Christentum und Geschichte im II. Vatikanum. In: Elmar KLINGER u. Klaus Wittstadt (Hrsg.): Glaube im Prozess. Christsein nach dem II. Vatikanum. Freiburg 1984, 143–158.

ALBUS, Michael u. Paul M. ZULEHNER (Hrsg.): Nur der Geist macht lebendig. Zur Lage der Kirche in Deutschland nach 20 Jahren Konzil und 10 Jahren Synode. Mainz 1985.

ARNOLD, Franz Xaver u. Ferdinand Klostermann u. Karl Rahner u.a. (Hrsg.): Handbuch der Pastoraltheologie. Bd. I-V. Freiburg–Basel–Wien 1964–1972.

ARNOLD, Patrick M.: Männliche Spiritualität. München 1994

BAHR, Hans-Eckehard u. Verena Kast: Lieben, loslassen und sich verbinden. Stuttgart 1990.

BALL, Matthias: Sind wir mit der Gemeindekatechese am Ende? In: LS 45 (1994) 329–331.

BALTHASAR, Hans Urs von: Der Priester in der Kirche. In: LS 1 (1972) 4–15.

BARTH, Karl: Das christliche Leben. Die kirchliche Dogmatik IV/4. Fragmente aus dem Nachlaß. Zürich 1976.

BASSIERE, Norbert: Pastorale Praxisberatung und Supervision. In: Isidor BAUMGARTNER (Hrsg.): Handbuch der Pastoralpsychologie. Regensburg 1990, 195–213.

BÄTZ, Ulrich: Die Professionalisierungsfalle. Freiburg Schweiz 1994.

BADELT, Christoph (Hrsg.): Handbuch der Nonprofit Organisationen. Strukturen und Management. Stuttgart 1997

BAUER Gerhard: Diözesansynode Augsburg 1990. In: Jahrbuch des Vereins für Augsburger Bistumsgeschichte 25 (1991) 11–59.

BAUER, Johannes. B.: Art. Hirte. In: DERS.: (Hrsg.): Bibeltheologisches Wörterbuch. 4. Aufl. Graz–Wien–Köln 1994, 311–312.

BAUMGARTNER, Konrad: Die Neubesinnung auf die Pfarrei als Gemeinde nach dem Ersten Weltkrieg. In: Erwin GATZ (Hrsg.): Geschichte des kirchlichen Lebens in den deutschsprachigen Ländern seit dem Ende des 18. Jahrhunderts. Band I. Die Bistümer und ihre Pfarreien. Freiburg–Basel–Wien 1991, 115–122.

DERS. u. Erwin GATZ: Entwicklungstendenzen seit dem Zweiten Vatikanischen Konzil. In: Erwin GATZ (Hrsg.): Geschichte des kirchlichen Lebens in den deutschsprachigen Ländern seit dem Ende des 18. Jahrhunderts. Band I. Die Bistümer und ihre Pfarreien. Freiburg–Basel–Wien 1991, 139–154.

BÄUMLER, Christof: Kommunikative Gemeindepraxis. Eine Untersuchung ihrer Bedingungen und Möglichkeiten. München 1984.

DERS. u. Norbert Mette. In: DIES. (Hrsg.): Gemeindepraxis in Grundbegriffen. Ökumenische Orientierungen und Perspektiven. München–Düsseldorf 1987, 9–38.

BEDNARCZUK, Piotr u. Jürgen FRIEDRICH: Kundenorientierung ohne Marketing. In: Absatzwirtschaft, H. 9 (1992) 90–99.

BERGER, Peter L.: Zur Dialektik von Religion und Gesellschaft. Frankfurt 1988,

BERKEL, Karl: Eignungsdiagnostik. Grundlagen beratender Begleitung. In: Hermann STENGER (Hrsg.): Eignung für die Berufe der Kirche. 2. Aufl. Freiburg–Basel–Wien 1990, 135–194.

– DERS.: Organisation. In: Christof BÄUMLER u. Norbert METTE (Hrsg.): Gemeindepraxis in Grundbegriffen. Ökumenische Orientierungen und Perspektiven. Düsseldorf–München 1987, 313–327.

– DERS.: Organisationspsychologie der Gemeinde. In: Isidor BAUMGARTNER (Hrsg.): Handbuch der Pastoralpsychologie. Regensburg 1990, 303–330.

BERNING, Ewald: Kirche und Planung. Die Theologische Relevanz von Theorie und Praxis außerkirchlicher Planung. Bern 1976.

BETZ, Otto (Hrsg.): Gemeinde von Morgen. München 1969.

BEULE, Georg u. Christoph DROHLSHAGEN: Grundsätzliche Aspekte zur Beratung und Weiterbildung in kirchlichen Systemen. In: Organisationsentwicklung 16 (1997) 26–36.

BISCHÖFLICHES GENERALVIKARIAT AACHEN (Hrsg.): Der Prozess Weggemeinschaft im Bistum Aachen. 1988–1994. Aachen 1995.

BISCHÖFLICHES ORDINARIAT AUGSBURG (Hrsg.): Pastorale Richtlinien zur Pfarreiengemeinschaft als Seelsorgeeinheit in der Diözese Augsburg. In: Amtsblatt der Diözese Augsburg Nr.2 vom 22. Jan. 1997. 107 (1997) 49–87.

BISCHÖFLICHES ORDINARIAT SPEYER (Hrsg.): Kirche leben in der Pfarrgemeinde angesichts einer abnehmenden Zahl von Priestern und hauptberuflichen Mitarbeiterinnen und Mitarbeitern (Elemente des Diözesanpastoralplanes). Speyer o.J.

BISCHÖFLICHES ORDINARIAT WÜRZBURG: Pastorale Dienste in der Pfarrgemeinde. Entwurf. Würzburg 1995.

BISER, Eugen: Die glaubensgeschichtliche Wende. Graz 1986.

– DERS.: Verwirklichung der Liebe. Erwägung zu dem Kierkegaard-Wort „Der Helfer ist die Hilfe“. In: Mitten in der Welt. Hefte zum christlichen Leben 11/12 (1973) 93–106.

BISTUM AACHEN (Hrsg.): Bistumstag 1996. Aachen 1997.
BISTUM ESSEN. Seelsorgeamt (Hrsg.): Überlegungen zur Pastoralplanung in den Gemeinden des Bistums Essen. Grundlage für ein Planungskonzept zur Diskussion in den Dekanaten und Gemeinden. Essen 1994.
BLASCHE, Helmut: Kollegialität in der Gemeinde. In: LS 19 (1968) 199–204.
BLEICHER, Knut: Vertrauen als kritischer Faktor einer Bewältigung des Wandels. In: zfo–Zeitschrift für Führung + Organisation 6 64 (1995) 390–395.
BOFF, Leonardo: Die Kirche als Sakrament im Horizont der Welterfahrung. Paderborn 1972.
– DERS.: Die Neuentdeckung der Kirche. Basisgemeinden in Lateinamerika. Mainz 1980.
BÖHNKE, Michael: „Priesterlose“ Gemeinde. CiC 517,2: das Moderatorenmodell. In: Trierer Forum. Oktober 1994 (Nr.3) 10–12.
BOHREN, Rudolf: Dass Gott schön werde. Praktische Theologie als theologische Ästhetik. München 1975.
BONHOEFFER, Dietrich: Widerstand und Ergebung. München 1977.
– DERS.: Sanctorum Communio. Eine dogmatische Untersuchung zur Soziologie der Kirche. 4. Aufl. München 1969.
BOONEN, Philipp: Einleitung zur Rahmenordnung für die pastoralen Strukturen und für die Leitung und Verwaltung der Bistümer in der Bundesrepublik Deutschland. In: Ludwig BERTSCH u.a. (Hrsg.): Gemeinsame Synode der Bistümer in der Bundesrepublik Deutschland. Beschlüsse der Vollversammlung. Offizielle Gesamtausgabe I. Freiburg–Basel–Wien 1976, 679–687.
BORMANN, Josef: Elemente einer Handlungstheorie der Beratung der kirchlichen Organisation Pfarrverband. Entwickelt und dargestellt am Beispiel der Beratung des Pfarrverbandes Saarbrücken II. St. Ottilien 1986.
BRATSIOTIS, N.P.: Art. basár.: In: G. Johannes BOTTERWECK u. Helmer RINGGREN (Hrsg.): Theologisches Wörterbuch zum Alten Testament. Bd. 1. Stuttgart–Berlin–Köln u.a. 1973, 850–867.
BREITENBACH, Günter: Gemeinde leiten. Eine praktisch-theologische Kybernetik. Stuttgart 1994.
BÜHLMANN, Walbert: Von der Kirche träumen. Graz–Wien–Köln 1986.

CARLEN, Louis: Kirche und Staat in der Schweiz. In: Joseph LISTL u. Hubert MÜLLER u. Heribert SCHMITZ (Hrsg.): Handbuch des katholischen Kirchenrechts. Regensburg 1993, 1097–1109.
CASPER, Bernhard: Sprache und Theologie. Eine philosophische Hinführung. Freiburg–Basel–Wien 1975.
CELAN, Paul: Ausgewählte Gedichte. Zwei Reden. Frankfurt 1968.
CLAESSENS, Wiel: Die Begegnungsgruppe. Modell einer Gruppenarbeit in Kirchengemeinden. Entwickelt aus Gruppentherapie und Sensitivity-Training. Freiburg 1977.
COMBLIN, José: Das Bild vom Menschen. Düsseldorf 1987.

CONGAR, Yves: Die Sendung der Pfarre. In: DERS.: Priester und Laien im Dienst am Evangelium. Freiburg 1965, 162–185.

DAIBER, Karl F.: Leitung der Ortsgemeinde. In: Norbert GREINACHER u. Norbert METTE u. Wilhelm MÖHLER (Hrsg.): Gemeindepraxis. Analysen und Aufgaben. München / Mainz 1979, 180–197.

DALFERTH, Ingolf u. Eberhard JÜNGEL: Person und Gottebenbildlichkeit. In: Franz BÖCKLE u. Karl RAHNER u. Bernhard WELTE u.a. (Hrsg.): Christlicher Glaube in moderner Gesellschaft. Bd. 24. Freiburg–Basel–Wien 1981, 57–99.

DANDER, Franz X.: Papstworte über die Pfarre. In: Hugo RAHNER (Hrsg.): Die Pfarre: von der Theologie zur Praxis. Freiburg 1956, 9–14.

DEHNEN, Manfred u. Gisela RICHTER-JUNGHÖLTER: Gemeindeplanung als sozialer Prozess. Hinweise für eine situations- und bedürfnisorientierte Gemeindearbeit. Gelnhausen 1980.

DEINZER, Klemens: Ohne Ziel ist jeder Weg der „richtige“. In: LS 45 (1994) 106–110.

DEISSLER, Alfons: Die Grundbotschaft des Alten Testaments. Ein theologischer Durchblick. 8. Aufl. Freiburg–Basel–Wien 1981.

– DERS.: Wer bist du Mensch? Die Antwort der Bibel. Freiburg–Basel–Wien 1985.

DELHEES, Karl H.: Führungstheorien–Eigenschaftstheorie. In: Alfred KIESER u. Gerhard REBER u. Rolf WUNDERER (Hrsg.): Handwörterbuch der Führung. (Enzyklopädie der Betriebswirtschaftslehre Bd. 10) 2. Aufl. Stuttgart 1995, 897–906.

DIE BAYERISCHEN BISCHÖFE: Rahmenordnung für Pfarrverbände. In: Würzburger Diözesanblatt 6 (1974) 76–79.

DIE DEUTSCHEN BISCHÖFE: Rahmenstatuten und -ordnungen für Gemeinde und Pastoralreferenten/Referentinnen. (Heft 41). Hrsg. vom Sekretariat der Deutschen Bischofskonferenz. Bonn 1987.

– DIESS.: Schreiben der deutschen Bischöfe über den priesterlichen Dienst vom 24.9.1992. Die deutschen Bischöfe: Hirtenschreiben. Erklärungen; 49.

– DIESS.: Stellungnahme der Deutschen Bischofskonferenz zu den Lineamenta für die ordentliche Bischofssynode 1987. In: Arbeitshilfen 45. Bonn 1986, 5–29.

– DIESS.: Zur Ordnung der pastoralen Dienste. (Heft 11). Hrsg. vom Sekretariat der Deutschen Bischofskonferenz. Bonn 1977.

DILLER, Hermann u. Marion KUSTERER: Beziehungsmanagement. Theoretische Grundlagen und explorative Bedeutung. In: Marketing ZfP–Zeitschrift für Forschung und Praxis 10 (1988) 211–220.

DIÖZESANSYNODE AUGSBURG 1990: Die Seelsorge in der Pfarrgemeinde. Donauwörth 1991.

DÖPFNER, Julius: Hirtenworte in die Zeit. Kardinal Döpfner über priesterliche Existenz. In: HerKor 18 (1963–64) 485–489.

– DERS.: Verlauf, Leitlinien und Impulse der Gemeinsamen Synode der

Bistümer in der Bundesrepublik Deutschland 1971–1975. Bonn 1975.
DROSDOWSKI, Günther (Hrsg.): Das große Wörterbuch der deutschen Sprache [Ausg. in 8. Bd.] 2. Aufl. Mannheim–Leipzig–Wien–Zürich 1993–1995.
DUBACH, Alfred: Bindungsfähigkeit der Kirchen. In: DERS. u. Roland J. CAMPICHE (Hrsg.): Jeder ein Sonderfall? Religion in der Schweiz. Zürich–Basel 1993.

EBERTZ, Michael N.: Die Bürokratisierung der katholischen „Priesterkirche". In: Paul HOFFMANN (Hrsg.): Priesterkirche. 2. Aufl. Düsseldorf 1989, 132–163.
– DERS.: Kirche im Gegenwind. Zum Umbruch der religiösen Landschaft. Freiburg–Basel–Wien 1997.
ECKART, Joachim: Chancen und Aufgaben der Räte. In: LS 45 (1994) 118–121.
EMEIS, Dieter: Die Sehnsucht der Menschen als Zeichen der Zeit. In: LS 41 (1990) 25–29.
– DERS.: Evangelium und sittliche Weisung. In: LS 41 (1990) 199–203.
– DERS.: Heilssorge zwischen Heilsangst und Heilsindifferentismus. In: LS 43 (1993) 157–160.
ENDERS, Gisela: Zur neuen pastoralen Planung–Wissenswertes und Interessantes. In: Mitteilungen des Bistums Limburg 3 (1994) 5–7.
ENKRICH, Manfred u. Adolf EXELER (Hrsg.): Kirche–Kader–Konsumenten. Zur Neuorientierung der Gemeinde. Mainz 1971.
ENNEN, Edith: Die europäische Stadt des Mittelalters. 4. Aufl. Göttingen 1987.
ERNSPERGER, Bruno: Praxis der Seelsorge und Praxis des Lernens. In: LS 35 (1984) 334–337.
– DERS.: Was wir loslassen müssen, worauf wir hoffen können. In: LS 45 (1994) 324–328.
– DERS.: Zwischen Sackgasse und Weg ins Freie. In: LS 45 (1994) 43–47.
ERZBISCHÖFLICHES ORDINARIAT FREIBURG (Hrsg.): Seelsorglicher Dienst auf dem Weg ins Jahr 2000. Freiburg 1991.
– DASS. (Hrsg.): Einführung in die Arbeitshilfe zur pastoralen Initiative des Erzbistums Freiburg. Hrsg. v. Erzbischöflichen Ordinariat. Freiburg o.J., 4.
– DASS. (Hrsg.): Fastenhirtenbrief 1988. In: Freiburger Texte 1. Freiburg 1991, 13–17.
– DASS. (Hrsg.): Wege kooperativer Pastoral und Gemeindeleitung in pfarreiübergreifenden Seelsorgeeinheiten. In: Amtsblatt der Erzdiözese Freiburg Nr. 14. vom 25. April 1996, 415–425.
EXELER, Adolf (Hrsg.): Die neue Gemeinde. Mainz 1967.
FELDHOFF, Norbert: Kirchensteuer–umstritten aber bewährt. In: Zeitfragen Nr. 47 1991. (Hrsg. vom Presseamt des Erzbistum Köln).

FIORENZA, Francis u. Johann B. METZ: Der Mensch als Einheit von Leib und Seele. In: Mysal. Bd. 2. 1967, 584–636.

FISCHER, Georg: Art. Prophet. In: Johannes B. BAUER (Hrsg.): Bibeltheologisches Wörterbuch. 4. Aufl. Graz–Wien–Köln 1994, 459–462.
FISCHER, Henry u. Norbert GREINACHER u. Ferdinand KLOSTERMANN: Die Gemeinde. Pastorale Handreichung für den pastoralen Dienst. 2. Aufl. Mainz 1970.
FISCHER, Josef: Von der Chance Bruder unter Brüdern und Schwestern zu werden. Ein Erfahrungsbericht aus der Bundesrepublik. In: Paul HOFFMANN (Hrsg.): Priesterkirche. 2. Auflage Düsseldorf 1989, 307–316.
FLECHTNER, Hans-Joachim: Grundbegriffe der Kybernetik. Eine Einführung. München 1984.
FOITZIK, Karl u. Elsbe GROSSMANN: Arbeitsplatz Gemeinde. Lerngemeinschaft zwischen Verwaltung und Verheißung. (Gemeindepädagogik 5) Gütersloh 1989.
FRAINE, Josef de: Adam und seine Nachkommen. Der Begriff der „Korporativen Persönlichkeit" in der Heiligen Schrift. Köln 1962.
FRANK, Karl S.: Lehrbuch der Geschichte der Alten Kirche. Paderborn–München–Wien u.a. 1996.
FRANK, Wilhelm I.: Kirchengeschichte des Mittelalters. 3. Aufl. Düsseldorf 1994.
FRANSEN, Piet: Die kirchliche communio, ein Lebensprinzip: In: Giuseppe ALBERIGO u. Yves CONGAR u. Hermann J. POTTMEYER (Hrsg.): Kirche im Wandel. Eine kritische Zwischenbilanz nach dem Zweiten Vatikanum. Düsseldorf 1982, 175–194.
– DERS.: Weihen, Heilige. In: Karl RAHNER (Hrsg.): Sacramentum Mundi. Theologisches Lexikon für die Praxis. Bd. 4. Freiburg 1969, 1283.
FREITAG, Josef: Dekanekonferenz Herbst 1994. I. Theologie der Gemeinde– was ist eine Pfarrgemeinde theologisch gesehen? (masch. schr.) Freiburg 1994.
– DERS.: Sakramentale Sendung. Gabe und Aufgabe des sacramentum ordinis. (PWB-Sonderdruck 28) Freiburg 1990.
FRESE, Jürgen: Art. Phänomenologie. In: Josef HÖFFNER u. Karl RAHNER (Hrsg.): LThK Bd. 8. 2. Aufl. Freiburg 1963, 431–435.
FRIEDBERGER, Walter: Gemeindearbeit im Umbruch. Freiburg 1988.
FRIES, Heinrich: Die Göttliche Offenbarung. In: Karlheinz SCHUH (Hrsg): Die ökumenische Bedeutung der Konzilsbeschlüsse. Hildesheim 1986, 98–105.
– DERS.: Wandel des Kirchenbildes und dogmengeschichtliche Entfaltung. In: Mysal Bd. 4,1. 1972, 223–285.
FUCHS, Gotthard: „Das Sakrament der Niederlage". Karsamstagliche Lebenspraxis. In: LS 45 (1994) 296–301.
FUCHS, Ottmar: Das kirchliche Amt. In: DERS. u.a. (Hrsg.): Der pastorale Notstand. Notwendige Reformen für eine zukunftsfähige Kirche. Düsseldorf 1992, 67–96.
– DERS.: Die Kirche im Ernstfall der Diakonie. In: Michael ALBUS u. Paul M. ZULEHNER (Hrsg.): Nur der Geist macht lebendig. Zur Lage der Kir-

che in Deutschland nach 20 Jahren Konzil und 10 Jahren Synode. Mainz 1985, 38–52.
- DERS.: Einübung der Freiheit. In: Michael SCHIBILSKY (Hrsg.): Kursbuch Diakonie. Neukirchen–Vluyn 1991, 38–43.
- DERS.: Memorandum: Für eine zukunftsfähige Kirche! In: DERS. u.a. (Hrsg.): Der pastorale Notstand. Notwendige Reformen für eine zukunftsfähige Kirche. Düsseldorf 1992, 112–126.

FÜGLISTER, Notker.: Art. Seele. In: Johannes B. BAUER (Hrsg.): Bibeltheologisches Wörterbuch. 4. Aufl. Graz–Wien- Köln 1994, 498–500.

GABRIEL, Karl: Christentum zwischen Tradition und Postmoderne. (QD 141) 4. Aufl. Freiburg 1995, 177–192.
- DERS.: Zur Sozialform des neuzeitlichen Katholizismus. In: Orientierung 50 (1986) 153–157.

GANOCZY, Alexandre: Kirche im Prozess der pneumatischen Erneuerung. In: Elmar KLINGER u. Klaus WITTSTADT (Hrsg.): Glaube im Prozess. Christsein nach dem II. Vatikanum. Freiburg–Basel–Wien 1984, 196–206.

GARHAMMER, Erich: Dem Neuen trauen. Perspektiven künftiger Gemeindearbeit. Graz–Wien–Köln 1996.

GÄRTNER, Heribert W.: Die Einheit von prägender Lebens- und Glaubensgeschichte. In: Michael B. MERZ u.a. (Hrsg.) Handbuch für den Pfarrgemeinderat. München 1990, 169–179.
- DERS.: Die kirchliche Wirklichkeit ist organisational. Pläydoyer für eine praktisch-theologische Institutions- und Organisationskunde. In: Norbert SCHUSTER und Ulrich MOSER (Hrsg.): Kirche als Beruf. Neue Wege jenseits falscher Erwartungen. Mainz 1996, 11–30.
- DERS.: Die Verbindung von fachlichen, wirtschaftlichen und wertorientierten Zielen im katholischen Krankenhaus. In: Perspektiven normativer Qualitätssicherung im katholischen Krankenhaus. In: KRESING, Bruno (Hrsg.): Zum Verhältnis von Trägerintention und betrieblicher Praxis. Paderborn 2000. 13-24.

GASTGEIGER, Franz: Ein Wort verändert den Menschen. In: Hubert WINDISCH (Hrsg.): Mut zum Gewissen. Einladung zu einer riskanten Seelsorge. Regensburg 1987, 129–161.

GATZ, Erwin (Hrsg.): Geschichte des kirchlichen Lebens in den deutschsprachigen Ländern seit dem Ende des 18. Jahrhunderts. Band I. Die Bistümer und ihre Pfarreien. Freiburg–Basel–Wien 1991.
- DERS.: Die Entstehung des Diözesanklerus. In: DERS. (Hrsg.): Geschichte des kirchlichen Lebens in den deutschsprachigen Ländern seit dem Ende des 18. Jahrhunderts. Band I. Die Bistümer und ihre Pfarreien. Freiburg–Basel–Wien 1991, 39–57.
- DERS.: Die Pfarrei von der Säkularisation bis zum Beginn der großen Binnenwanderung. In: DERS. (Hrsg.): Geschichte des kirchlichen Lebens in den deutschsprachigen Ländern seit dem Ende des 18. Jahrhunderts. Band I. Die Bistümer und ihre Pfarreien. Freiburg–Basel–Wien 1991, 73–88.

– DERS.: Entwicklung und Bedeutung der Pfarrei bis zur Reformation. In: DERS. (Hrsg.): Geschichte des kirchlichen Lebens in den deutschsprachigen Ländern seit dem Ende des 18. Jahrhunderts. Band I. Die Bistümer und ihre Pfarreien. Freiburg–Basel–Wien 1991, 29–40.
– DERS.: Entwicklungen seit dem Zweiten Vatikanischen Konzil. In: DERS. (Hrsg.): Geschichte des kirchlichen Lebens in den deutschsprachigen Ländern seit dem Ende des 18. Jahrhunderts. Band IV. Der Diözesanklerus. Freiburg–Basel–Wien 1995, 218–249.
– DERS. u. Heribert SCHMITZ: Tendenzen der Pfarreientwicklung von der Mitte des 19. Jahrhunderts bis zum Ersten Weltkrieg. In: Erwin GATZ (Hrsg.): Geschichte des kirchlichen Lebens in den deutschsprachigen Ländern seit dem Ende des 18. Jahrhunderts. Band I. Die Bistümer und ihre Pfarreien. Freiburg–Basel–Wien 1991, 89–104.
Gemeinsame Synode der Bistümer in der Bundesrepublik Deutschland (Hrsg.): Protokoll der 2. Vollversammlung vom 10.–14. Mai 1972.
Gemeinsame Synode der Bistümer in der Bundesrepublik Deutschland (Hrsg.): Protokoll der 7. Vollversammlung vom 7.–11. Mai 1975.
GERL-FALKOVITZ, Hanna-Barbara: Eros und Christentum ein Spannungsfeld mit Zukunft? In: Denken + Glauben. Graz Nr 102/Oktober 99, 3–8.
GIRSCHNER, Walter: Das Verhältnis von Individuum und Organisation. In: Karlheinz WÖHLER (Hrsg.): Organisationsanalyse. Stuttgart 1978, 83–107.
– DERS.: Theorie sozialer Organisationen. Eine Einführung in Funktionen und Perspektiven von Arbeit und Organisation in der gesellschaftlich-ökologischen Krise. (Grundlagentexte Soziologie) Weinheim 1990.
GLATZEL, Norbert: Gemeindebildung und Gemeindestruktur. (Abhandlungen zur Sozialethik. Bd. 14) München–Paderborn–Wien 1976.
– DERS.: Territoriale Bedingungen der Pastoral. In: LS 31 (1980) 333–336.
– DERS.: Verkehrsraum und Lebensraum. In: LS 32 (1981) 142–147.
GNILKA, Joachim: Der Epheserbrief. (Herders theologischer Kommentar zum Neuen Testament. Bd. 10,2) Freiburg–Basel–Wien 4. Aufl. 1990.
– DERS.: Neutestamentliche Theologie. Ein Überblick. (Die neue Echter-Bibel: Kommentar zum Neuen Testament mit der Einheitsübersetzung; Ergänzungsband 1) Würzburg 1989.
GOLDBRUNNER, Josef: Über die Pfarrei der Zukunft: In: DERS. (Hrsg.): Seelsorge–eine attraktive Aufgabe. Bausteine zu einer Pastoraltheologie. Würzburg 1990, 38–51.
GÖTZ, Klaus u. Peter HEINTEL: Das Verhältnis von Institution und Organisation. 2. Aufl. München 2000.
GRASMÜCK, Ernst Ludwig: Vom Presbyter zum Priester. Etappen der Entwicklung des neuzeitlichen katholischen Priesterbildes. In: Paul HOFFMANN (Hrsg.): Priesterkirche. 2. Aufl. Düsseldorf 1989, 96–131.
GREINACHER, Norbert: Das Heil der Menschen ist das oberste Gesetz in der Kirche. In: Ottmar FUCHS u.a. (Hrsg.): Der pastorale Notstand. Notwendige Reformen für eine zukunftsfähige Kirche. Düsseldorf 1992, 28–49.

– DERS.: Die Chance der vorhandenen Pfarreien wahrnehmen! Zustimmung und Widerspruch zu Steinkamp. In: Diak 19 (1988) 90–93.
– DERS.: Die Gemeindekirche als Sozialform der Kirche der Zukunft. In: Österreichisches Seelsorgeinstitut (Hrsg.): Kirche in der Stadt I. Grundlagen und Analysen. Wien 1967, 61–80.
– DERS.: Die Planung in der Kirche. In: Franz Xaver ARNOLD u. Ferdinand KLOSTERMANN u. Karl RAHNER u.a. (Hrsg.): Handbuch der Pastoraltheologie. Bd. IV. Freiburg–Basel–Wien 1969, 603–617.
– DERS.: Zielvorstellungen einer kirchlichen Gemeinde von morgen. In: ThPr 3 (1974) 241–277.

GRESHAKE, Gisbert: Als Priester geistlich leben. Grundzüge priesterlicher Spiritualität. In: Erzbischöfliches Ordinariat Freiburg (Hrsg.): In vinculo communis. Ansprachen und Referat der Priestertage der Erzdiözese Freiburg 1986. Freiburg 1986, 3–30.
– DERS.: Communio–Schlüsselbegriff der Dogmatik. In: Günter BIEMER u. Bernhard CASPER u. Josef MÜLLER (Hrsg.): Gemeinsam Kirche sein. Theorie und Praxis der Communio (Festschrift für Erzbischof Dr. Oskar Saier) Freiburg 1992, 90–121.
– DERS.: Der dreieine Gott. Eine trinitarische Theologie. Freiburg–Basel–Wien 1997.
– DERS.: Der theologische Ort des Pastoralreferenten und sein Dienst. In: LS (1978) 18–27.
– DERS.: Die Lebensgestalt des Priesters in der Zukunft. In: Miteinander. Welt und geistlicher Beruf 63 (1991) 16.
– DERS.: Priestersein: zur Theologie und Spiritualität des priesterlichen Amtes. 5. Aufl. Freiburg 1991.

GRILLMEIER, Alois: Kommentar zum ersten Kapitel von LG. In: Josef HÖFFNER u. Karl RAHNER (Hrsg.): LThK. Das Zweite Vatikanische Konzil. Dokumente und Kommentare. Teil I. Freiburg 1966, 159.
– DERS.: Wanderne Kirche und werdende Welt. Köln 1968.

GRONEMEYER, Reimer: Wozu noch Kirche? Berlin 1995.

GUNNEWEG, Antonius H.J. u. Walter SCHMITHALS: Leistung. Stuttgart 1978.

HABERMAS, Jürgen: Theorie des kommunikativen Handelns. Bd. I. Handlungsrationalität und gesellschaftliche Rationalisierung. Frankfurt 1981.

HACK, Hubert: Die Pfarrei. In: Joseph LISTL u. Hubert MÜLLER u. Heribert SCHMITZ (Hrsg.): Handbuch des katholischen Kirchenrechts. Regensburg 1983, 384–395.

HAHNE, Werner: De arte celebrandi oder Von der Kunst, Gottesdienst zu feiern. Entwurf einer Fundamentalliturgik. 2. Aufl. Freiburg–Basel–Wien 1991.
– DERS.: Der christliche Gottesdienst als Ort der Erscheinung Gottes. In: Wie im Himmel so auf Erden. 90. Deutscher Katholikentag vom 23. bis 27. Mai 1990 in Berlin. Dokumentation. Teil I. Paderborn 1991, 621–625.

– DERS.: Die Versammlung einer heiligen Priesterschaft. Habil. theol. masch. Bonn 1998.
– DERS.: Vom „besonderen Priestertum“ zur Diakonie der Leitung. Ein Beitrag zur Klärung der theologischen Grundlagen des Leitungsdienstes in der Kirche. In: Norbert SCHUSTER u. Ulrich MOSER (Hrsg.): Kirche als Beruf. Mainz 1996, 48–79.
HALBE, Jörn: Betroffenheit als Kriterium für diakonisches Handeln. In: Ines CREMER u. Dieter FUNKE (Hrsg.): Diakonisches Handeln. Freiburg 1988, 220–236.
HALBFAS, Hubertus: Religionsunterricht in der Sekundarstufe. Lehrerhandbuch 6. Düsseldorf 1993.
HALDER, Alois u. Max MÜLLER: Philosophisches Wörterbuch. 3. Aufl. Freiburg–Basel–Wien 1997.
HÄRING, Hermann: Art. Kirche/Ekklesiologie. In: Peter EICHER (Hrsg.): Neues Handbuch theologischer Grundbegriffe. Bd. 2. München 1984, 294–323.
HARTFIELD, Günter u. Karl-Heinz HILLMANN: Wörterbuch der Soziologie. 3. Aufl. Stuttgart 1982.
HEGNER, Friedhart: Planung–Verwaltung–Selbstbestimmung. In: Franz BÖCKLE u. Franz–Xaver KAUFMANN u. Karl RAHNER u. Bernhard WELTE (Hrsg.): Christlicher Glaube in moderner Gesellschaft. Bd. 11. Freiburg–Basel–Wien 1981, 79–138.
HEINEMANN, Heribert: Der Pfarrer. In: Joseph LISTL u. Hubert MÜLLER u. Heribert SCHMITZ (Hrsg.): Handbuch des katholischen Kirchenrechts. Regensburg 1983, 395–410.
HELLER, Andreas: Hoffnung auf Veränderung. Organisationsentwicklung und Pastoraltheologie. In: FUCHS, Ottmar u. Maria WIDL (Hrsg.): Ein Haus der Hoffnung. Düsseldorf 1999, 109–114.
– DERS.: Leitung. In: LThK, Bd. 6, 3. Aufl. Freiburg 1997, 803.
HEMMERLE, Klaus: Einheit als Leitmotiv in „Lumen Gentium“ und im Gesamt des II. Vatikanums. In: Elmar KLINGER u. Klaus WITTSTADT (Hrsg.): Glaube im Prozess. Christsein nach dem II. Vatikanum. Freiburg–Basel–Wien 1984, 207–220.
– DERS.: Fastenhirtenbrief. In: Kirchlicher Anzeiger des Bistums Aachen 1 vom 16.01.89, 1.
– DERS.: Theologische Bemerkungen zur „Synopse der Satzungen für die Pfarrgemeinderäte“. In: IKSE (Hrsg.): Synopse der Satzungen und Wahlordnungen für die Pfarrgemeinderäte. Essen 1971, 137–149.
HENKE, Thomas: Seelsorge und Lebenswelt. Auf dem Weg zu einer Seelsorgetheorie in Auseinandersetzung mit soziologischen und sozialphilosophischen Lebensweltkonzeptionen. Würzburg 1994.
– DERS.: Wahrnehmung des Politischen. Zu einer wenig beachteten Dimension in der Seelsorge. In: Norbert SCHUSTER u. Ulrich MOSER (Hrsg.): Kirche als Beruf. Neue Wege jenseits falscher Erwartungen. Mainz 1996, 102–121.

HENTZE, Joachim u. Andreas KAMMEL: Benötigen Organisationen charismatische Führung? In: zfo–Zeitschrift für Führung + Organisation 2 65 (1996) 68–72.
HERMANN, Theo: Offene Gemeinde–geschlossene Gesellschaft. Freiburg 1968.
HEYER, Josefine: Mannsein und Frausein im pastoralen Beruf. In: Isidor BAUMGARTNER (Hrsg.): Handbuch der Pastoralpsychologie. Regensburg 1990, 232–246.
HILL, Wilhelm u. Raymond FEHLBAUM u. Peter ULRICH: Organisationslehre. Theoretische Ansätze und praktische Methoden der Organisation sozialer Systeme. 2. Bd. (UTB für Wissenschaft/Uni-Taschenbücher; 365) 4. Aufl. Bern–Stuttgart 1989.
HOCHSCHILD, Michael: Einladung zum Perspektivenwechsel. Informationen zum gegenwärtigen Stand von Kirche und Gemeinden aus soziologischer Sicht. Religiöse Individualisierung und Professionalisierung vor dem Hintergrund einer Kirche als sozialem Netzwerk (Vortrag vor der Arbeitsgruppe „Hauptberufliche Pastorale Dienste" der Dt. Bischofskonferenz in Würzburg am 24./25.März 1999).
– DERS.: Auf dem Weg zu einer Typologie der neuen geistlichen Bewegungen. In: Regnum 31/l (1999) 22-33.
HOFFKNECHT, Ludwig: Zur Theologie der Ortskirche. Die Aussagen der Ortskirche in den Diskussionen und Dokumenten des Zweiten Vatikanischen Konzils als Ausgangspunkt einer ortskirchlichen Ekklesiologie. Münster 1983.
HOLLING, Heinz u. Günter F. MÜLLER: Theorien der Organisationspsychologie. In: Heinz SCHULER (Hrsg.): Organisationspsychologie. Bern 1993, 49–70.
HÖHN, Hans-Joachim: Kirche und kommunikatives Handeln. Frankfurt 1985.
– DERS.: Religion in der City–oder: Den Glauben zu Markte tragen?! In: LS 43 (1992) 1–6.
– DERS.: Gegen-Mythen. Religionsproduktive Tendenzen der Gegenwart. Freiburg–Basel–Wien 1994.
HOLLANDER, Edwin. P: Führungstheorien–Idiosynkrasiekreditmodell. In: Alfred KIESER u. Gerhard REBER u. Rolf WUNDERER (Hrsg.): Handwörterbuch der Führung. (Enzyklopädie der Betriebswirtschaftslehre Bd. 10) 2. Aufl. Stuttgart 1995, 926–940.
HÖHER Friederike u. Peter: Handbuch Führungspraxis Kirche. Gütersloh 1999, 166.
HÖLLER, Heinzpeter: Verhaltenswirkungen betrieblicher Planungs- und Kontrollsysteme. München 1978.
HÖRZ, Herbert u. Heinz LIEBSCHER u. Rolf LÖTHER u.a. (Hrsg.): Philosophie und Naturwissenschaften. Wörterbuch zu den philosophischen Fragen der Naturwissenschaften. Bd. 1. A-M. 3. Aufl. Berlin 1991.
HOUSE, Robert: Führungstheorien–Charismatische Führung. In: Alfred KIESER u. Gerhard REBER u. Rolf WUNDERER (Hrsg.): Handwörterbuch

der Führung. (Enzyklopädie der Betriebswirtschaftslehre Bd. 10) 2. Aufl. Stuttgart 1995, 878–897.

HUB, Hanns: Aufbauorganisation, Ablauforganisation. Einführung in die Betriebsorganisation, Aufgabenanalyse, Zentralisation, Dezentralisation, Darstellungsmittel, Organisationsformen, Arbeitsabläufe. Wiesbaden 1994.

HUBER, Hans: Beheimatung im wachsenden Dorf. Würzburg 1992.

HUELS, John: Das Pfarreileben und der neue Kodex. In: Conc 22 (1986) 205–210.

HÜNERMANN, Peter: Reflexionen zum Sakramentenbegriff des II. Vatikanums. In: Elmar KLINGER u. Klaus WITTSTADT (Hrsg.): Glaube im Prozess. Christsein nach dem II. Vatikanum. Freiburg–Basel–Wien 1984, 309–324.

IKSE (Hrsg.): Einstellungen, Motive und Wertorientierungen der Mitglieder der Pfarrgemeinderäte. Essen 1972.

ISENMANN, Eberhard: Die deutsche Stadt im Spätmittelalter 1250–1500. Stadtgestalt, Recht, Stadtregiment, Kirche, Gesellschaft, Wirtschaft. Stuttgart 1988.

JÄGER, Hermann: Das Bild des Priesters im Wandel der Geschichte. In: LS 17 (1966) 129–133.

JENNI, Ernst: Art. Naha leiten. In: DERS. (Hrsg.): Theologisches Handwörterbuch zum Alten Testament. Bd. 1. München 1971, 53–55.

KAMPHAUS, Franz : Priester aus Passion. Freiburg 1993.

KARRER, Leo: Dialogische Strukturen in einer synodalen Kirche. In: Ottmar FUCHS u.a. (Hrsg.): Der pastorale Notstand. Notwendige Reformen für eine zukunftsfähige Kirche. Düsseldorf 1992, 50–66.

– DERS.: Laie/Klerus. In: Peter Eicher (Hrsg.): Neues Handbuch theologischer Grundbegriffe. Bd. 2. München 1984, 363–374.

KASPER, Walter: Der Geheimnischarakter hebt den Sozialcharakter nicht auf. Zur Geltung des Subsidiaritätsprinzips in der Kirche. In: HerKor 41 (1987) 232–236.

– DERS.: Der Gott Jesu Christi. Mainz 1982.

– DERS.: Der Leitungsdienst in der Gemeinde. Referat von Bischof Walter Kasper beim Studientag der deutschen Bischofskonferenz in Reute am 23. Februar 1994. Hrsg vom Sekretariat der Deutschen Bischofskonferenz. Bonn 1994.

– DERS.: Der priesterliche Dienst als Repräsentation Jesu Christi als Haupt der Kirche. In: Die Bischöfe Österreichs: Ordo und Dienste. Zur Identität des Priesters heute. Wien 1995. 18–33.

– DERS.: Einleitung zum Synodenbeschluss „Die Pastoralen Dienste in der Gemeinde“. In: Ludwig BERTSCH u.a. (Hrsg.): Gemeinsame Synode der Bistümer in der BRD. Beschlüsse der Vollversammlung. Offizielle Gesamtausgabe Bd. I. 3. Aufl. Freiburg -Basel–Wien 1977, 581–596.

– DERS.: Elemente einer Theologie der Gemeinde. In: LS 27 (1976) 289–298.
– DERS.: Kirche als Communio. In: DERS.: Theologie und Kirche. Mainz 1987, 272–289.
– DERS.: Theologie und Kirche. Mainz 1987.
KAUFMANN, Franz-Xaver: Kirchenrecht und Kirchenorganisation. In: Diak 13 (1982) 221–231.
– DERS.: Religion und Modernität. Tübingen 1989.
KEHL, Medard: Die Kirche. Eine katholische Ekklesiologie. 3. Aufl. Würzburg 1994.
– DERS.: Ecclesia Universalis. In: Elmar KLINGER u. Klaus WITTSTADT (Hrsg.): Glaube im Prozess. Christsein nach dem II. Vatikanum. Freiburg 1984, 240–257.
– DERS.: Eschatologie. 2. Aufl. Würzburg 1988.
– DERS.: Wohin geht die Kirche? Eine Zeitdiagnose. 3. Aufl. Freiburg–Basel–Wien 1996.
– DERS.: Wohin geht die Kirche? Zur strukturellen Veränderung der Kirche in Deutschland. In: StZ 213 (1995) 147–159.
KERKHOFS, Jan: Der Priestermangel in Europa. In: DERS. u. Paul M. ZULEHNER (Hrsg.): Europa ohne Priester. Düsseldorf 1995, 11–61.
KERTELGE, Karl: Gemeinde und Amt im Neuen Testament. (Biblische Handbibliothek. Bd. 10) München 1972.
KESSEL, Rob van: Gemeinde am Leben. Ein theologischer Durchblick für Praktiker. Freiburg 1990.
KIRSCH, Werner u. Werner-Michael ESSER u. Eduard GABELE: Das Management des geplanten Wandels von Organisationen. Stuttgart 1979.
KLEIN, Hermann u.a. (Hrsg.): Der Dienst in der Gemeinde. Handreichungen für den pastoralen Alltag. Düsseldorf 1986.
KLOSTERMANN, Ferdinand: Kirche–Ereignis und Institution. Überlegung zur Herrschafts- und Institutionsproblematik in der Kirche. Wien–Freiburg–Basel 1976.
– DERS.: Prinzip Gemeinde. Gemeinde als Prinzip des kirchlichen Lebens und der Pastoraltheologie als der Theologie dieses Lebens. (Wiener Beiträge zur Theologie. Bd. XI) Wien 1965.
– DERS.: Wie wird unsere Pfarrei eine Gemeinde? Für alle Mitarbeiter in der Pfarrgemeinde. Wien–Freiburg–Basel 1979.
KLOSTERMANN, Siegfried: Management im kirchlichen Dienst. Paderbron 1997.
KNOBLOCH, Stefan: Missionarische Gemeindebildung. Passau 1986.
KOCH, Kurt: Das Bischofsamt. Zur Rettung eines kirchlichen Dienstes. Freiburg Schweiz 1992.
KOHL, Christoph: Amtsträger oder Laie. Die Diskussion um den ekklesiologischen Ort der Pastoral- und Gemeindereferenten. (Europäische Hochschulschriften 23 ; 321) Frankfurt 1987.
KOHLSCHEIN, Franz: Symbol und Kommunikation als Schlüsselbegriffe ei-

ner Theologie und Theorie der Liturgie. In: Liturgisches Jahrbuch 35 (1985) 200–218.
KÖNIG, Franz: Karl Rahners theologisches Denken im Vergleich mit ausgewählten Textstellen der Dogmatischen Konstitution „Lumen Gentium". In: Elmar KLINGER u. Klaus WITTSTADT (Hrsg.): Glaube im Prozess. Christsein nach dem II. Vatikanum. Freiburg–Basel–Wien 1984, 121–136.
KOSIOL, Erich: Die Unternehmung als wirtschaftliches Aktionszentrum. Einführung in die Betriebswirtschaftslehre. Reinbeck 1966.
KRÄTZL, Helmut: Zeichen der Zeit–Perspektiven für die Seelsorge. In: LS 41 (1990) 4–14.
– DERS.: Zur Spiritualität des Pfarrgemeinderats. In: Michael B. MERZ u. Josef MÜLLER u. Alois SCHWARZ (Hrsg.): Auftrag und Praxis des Pfarrgemeinderates. Informationen, Impulse, Perspektiven. 2. Aufl. München 1991, 34–40.
KRAUSE, Hans Joachim: Psalmen 2. Neunkirchen 1960.
KREPPOLD, Guido: Lebenswende: Zeit des religiösen Aufbruchs. In: LS 45 (1994) 332–335.
KRSYSTEK, Ulrich u. Stefan ZUMBROCK: Planung und Vertrauen. Stuttgart 1993.
KRÜGER, Wilfried: Aufgabenanalyse und -synthese. In: Erich FRESE (Hrsg.): Handwörterbuch der Organisation. (Enzyklopädie der Betriebswirtschaftslehre Bd. 2) 3. Aufl. Stuttgart 1992, 221–236.
KÜNG, Hans: Projekt Weltethos. München–Zürich 1990.
LAMPARTER, Dietmar H.: Der Frager. Oswald Neuberger entzaubert den Mythos der Unternehmensführer. In: Die Zeit. 28. Juni 1996, 26.

LAMPE, Peter: Art. Basileus Herrscher/König. In: Horst BALZ (Hrsg.): Exegetisches Wörterbuch zum Neuen Testament. Bd. 1. Aaron–Henoch. 2. Aufl. Stuttgart–Berlin–Köln 1992, 492–497.
LANDAU, Peter: Eigenkirchenwesen. In: TRE 9 (1982) 399–404.
LANGE, Ernst: Perspektiven kirchlicher Planung. In: DERS. (Hrsg.): Kirche für die Welt. Analysen zur Theorie kirchlichen Handelns. München–Gelnhausen 1981, 267–295.
LANGE, Günter: Erzählgemeinschaft (I). In: Anzeiger für die Seelsorge 3 (1992) 83–86.
LAU, Christoph: Theorien gesellschaftlicher Planung. Eine Einführung. Stuttgart 1975.
LEHMANN, Karl: Damit Gemeinde lebt … Leitlinien und Anfragen zur zukünftigen pastoralen Planung im Bistum Mainz. (Arbeitsheft) Mainz 1995.
– DERS.: Die Zukunft der Seelsorge in den Gemeinden. Mainzer Perspektiven. Das Wort des Bischofs. Zur Planung einer kooperativen Pastoral im Bistum Mainz. Mainz 1995.
– DERS.: Einleitung zum Synodenbeschluss „Beteiligung der Laien an der Verkündigung". In: Ludwig BERTSCH u.a. (Hrsg.): Gemeinsame Synode der Bistümer in der BRD. Beschlüsse der Vollversammlung. Offizielle

Gesamtausgabe I. 3. Aufl. Freiburg–Basel–Wien 1977, 153–169.
– DERS.: Seelsorge als Aufgabe der Kirche. In: LS 41 (1990) 48–53.
– DERS.: Was ist eine christliche Gemeinde? Theologische Grundstrukturen. In: IKAZ 1 (1972) 481–497.
– DERS.: Zur Theologie der Gemeindeleitung. In: PThI (1970) 2–31.
LEHNER, Markus: Diözese Linz–Projekt Seelsorge in der Zukunft. In: PThI 14 (1994) 47–52.
LIM, Peter: Leben aus der Communio mit Gott und untereinander. Zur ekklesiologischen und praktischen Bedeutung des Communio–Prinzips für eine evangelisierende Pastoral. Würzburg 1991.
LINDNER, Herbert: Konziliarität und Gemeindepraxis. In: Joachim MATTHES (Hrsg.): Kirchenmitgliedschaft im Wandel. Gütersloh 1990, 99–118.
– DERS.: Programme–Strategien–Visionen. Eine Analyse neuerer Gemeindeaufbaukonzepte. In: PTh 76 (1986) 210–229.
LINGSCHEID, Rainer u. Gerhard WEGNER (Hrsg.): Aktivierende Gemeindearbeit. Stuttgart–Berlin–Köln 1990.
LORETAN, Adrian: Laien im pastoralen Dienst. Ein Amt in der kirchlichen Gesetzgebung: Pastoralassistent/-assistentin. Pastoralreferent/-referentin. Freiburg Schweiz 1994.
LOTTAZ, Angelo: Wach auf du kalte Kirche. Anstiftungen zum Aufbruch. Zürich–Einsiedeln–Köln 1984.
LUHMANN, Niklas: Vertrauen. Ein Mechanismus der Reduktion sozialer Komplexität. 3. Aufl. Stuttgart 1989.
– DERS.: Zweck-Herrschaft-System. In: Renate MAYNTZ (Hrsg.): Bürokratische Organisation. (Neue Wissenschaftliche Bibliothek 27: Soziologie) Köln 1968, 47.
LUMMER, Franz: Gemeindeberatung. In: Isidor BAUMGARTNER (Hrsg.): Handbuch der Pastoralpsychologie. Regensburg 1990, 333–347.
LUTHANS, Fred u. Stuart A. ROSENKRANTZ: Situationstheorie. In: Alfred KIESER u. Gerhard REBER u. Rolf WUNDERER (Hrsg.): Handwörterbuch der Führung. (Enzyklopädie der Betriebswirtschaftslehre Bd. 10) 2. Aufl. Stuttgart 1995, 1005–1021.

MACCOBY, Michael: Die neuen Chefs. Reinbeck 1977.
MAG, Wolfgang: Unternehmunsplanung. München 1995.
MARRE, Heiner: Das kirchliche Besteuerungsrecht. In: Ernst FRIESENHAHN u. Ulrich SCHEUNER (Hrsg.): Handbuch des Staatskirchenrechts. Bd. II. Berlin 1975, 5–50.
MARTIN, Albert u. Susanne BARTSCHER: Führungstheorien–Entscheidungstheoretische Ansätze. In: Alfred KIESER u. Gerhard REBER u. Rolf WUNDERER (Hrsg.): Handwörterbuch der Führung. (Enzyklopädie der Betriebswirtschaftslehre Bd. 10) 2. Aufl. Stuttgart 1995, 906–915.
MÄHLER, Gisela u. Hans-Georg: Art. Mediation. In: LThK Bd. 7 3. Aufl. Freiburg–Basel–Rom–Wien 1998, 30–31.

MÄRZ, Claus-Peter: Hebräerbrief. (Die neue Echter-Bibel: Kommentar zum Neuen Testament mit der Einheitsübersetzung ; Bd. 16). Würzburg 1989.

MAYER, Arthur: Organisationspsychologie VIII. Stuttgart 1978.

MAYNTZ, Renate: Soziologie der Organisation. (Rowohlts Deutsche Enzyklopädie. Sachgebiet Soziologie; 166) Reinbeck 1963.

MEAD, George H.: Geist, Identität und Gesellschaft aus der Sicht des Sozialbehaviorismus. 4. Aufl. Frankfurt 1980.

MENKE, Karl-Heinz: Zur der Frage: „Was wird aus der Gemeindeleitung?" In: Pastoralblatt der Diözesen Aachen–Berlin–Essen–Hildesheim–Köln–Osnabrück 47 (1995) 184–185.

MERCIER, R.: Art.: Epistemologie. In: Joachim RITTER u. Karlfried GRÜNDER (Hrsg.): Historisches Wörterbuch der Philosophie. Bd. 4. Basel 1976, 1247–1249.

METTE, Norbert: Gemeinde-wozu? Zielvorstellungen im Widerstreit. In: GREINACHER, Norbert u.a. (Hrsg.). Gemeindepraxis. München 1979, 91-107, 92.

– DERS.: Gemeinsam im Dienst einer evangelisierenden Pastoral. In: Paul HOFFMANN (Hrsg.): Priesterkirche. 2. Aufl. Düsseldorf 1987, 208–231.

– DERS.: Neuordnung einer diözesanen Landkarte–im Bistum Le Mans. In: Ottmar FUCHS u.a. (Hrsg.) : Der pastorale Notstand. Notwendige Reformen für eine zukunftsfähige Kirche. Düsseldorf 1992, 153–160.

– DERS.: Praktische Theologie als Handlungswissenschaft. In: Diak 10 (1979) 190–203.

– DERS.: Theorie der Praxis. Wissenschaftsgeschichtliche und methodologische Untersuchungen zur Theologie-Praxis-Problematik innerhalb der Praktischen Theologie. Düsseldorf 1978.

– DERS.: Was ist gemeindliches Handeln? Eine theoretische Kontroverse und ihre praktischen Implikationen. In: PThI 2 (1982) 293–311.

– DERS. u. Hermann STEINKAMP: Sozialwissenschaften und Praktische Theologie. (Leitfaden Theologie. Bd. 11) Düsseldorf 1983.

METZ, Johann Baptist: Glaube in Geschichte und Gesellschaft. Studien zu einer praktischen Fundamentaltheologie. 4. Aufl. Mainz 1984.

– DERS.: Glaube in Geschichte und Gesellschaft. Studien zu einer praktischen Fundamentaltheologie. Mainz 1977, 57–67.

MOELLER, Charles: Pastorale Konstitution über die Kirche in der Welt von heute. Kommentar zum Prooemium. In: Josef HÖFFNER u. Karl RAHNER (Hrsg.): LThK. Das Zweite Vatikanische Konzil. Dokumente und Kommentare. Teil III. Freiburg 1968, 280–284.

MORGAN, G.: Images of organisation. Beverly Hills 1986.

MÜLLER, Hubert: Zur Frage nach der Stellung des Laien im CIC/1983. In: André GABRIELS u. Heinrich J.F. REINHARDT (Hrsg.): Ministerium Iustitiae. Festschrift für Heribert Heinemann. Essen 1985, 203–216.

MÜLLER, Josef: Das Mit- und Füreinander im Gottesvolk. Perspektiven einer Communiotheologie und -ekklesiologie. In: DERS. u. Edward J. BIRKENBEIL (Hrsg.): Miteinander Kirche sein. Idee und Praxis. München 1990,

45–59.
– DERS.: Die Gemeinde meiner Träume. In: DERS. u. Michael B. MERZ u. Alois SCHWARZ (Hrsg.): Auftrag und Praxis des Pfarrgemeinderates. Informationen, Impulse, Perspektiven. 2. Aufl. München 1991, 197–201.
– DERS.: Eine verwüstete pastorale Landschaft. In: LS 45 (1994) 293–295.
– DERS.: Einheit in der Vielfalt der Gemeinden. Zum besonderen Auftrag der Ortskirche. (masch. schr.) Freiburg 1994.
– DERS.: Gemeinde–Reform? Kritisches Korrektiv oder Zufluchtsort? Wien 1983.
– DERS.: Gemeinde-Reform. Wien. 1983.
– DERS.: Lebensraum des Glaubens. In: DERS. u.a. (Hrsg.): Pfarrgemeinde für das 3. Jahrtausend. Erste Thesen zur Diskussion. Augsburg 1993, 31–44.
– DERS.: Lebensräume des Glaubens. Wege zur Verwirklichung der Kirche in Gruppe und Gemeinde. München 1981.
– DERS.: Pastoraltheologie. Ein Handbuch für Studium und Seelsorge. Graz–Wien–Köln 1993.
– DERS.: Sakramente im Lebenszusammenhang. In: LKat 14 (1992) 100–104.
– DERS.: Vom „ungeteilten Leben“ ausgehen. Pastoraltheologische Perspektiven einer Orts- und Wegbestimmung der Seelsorge. In: LS 41 (1990) 54–59.
– DERS.: Was ist ein Pfarramt? In: LS 38 (1987) 315–319.
– DERS. u. Norbert SCHUSTER (Hrsg.): Die Sorge um die Gemeinden. Waldkirch 1990, 65–73.
MÜLLER, Philipp: Dem Leben dienen. Das Seelsorgeverständnis von Linus Bopp (1887 -1971) im Kontext heutiger Seelsorgekonzeptionen. Würzburg 1997.
MÜLLER, Werner R.: Führungsforschung in der Bundesrepublik Deutschland, in Österreich und der Schweiz. In: Alfred KIESER u. Gerhard REBER u. Rolf WUNDERER (Hrsg.): Handwörterbuch der Führung. (Enzyklopädie der Betriebswirtschaftslehre Bd. 10) 2. Aufl. Stuttgart 1995, 573–586.
– DERS.: Die Relativierung des bürokratischen Modells und die situative Organisation. In: Karlheinz WÖHLER (Hrsg.): Organisationsanalyse. Stuttgart 1978, 20–53.
MÜLLER, Wunibald: Menschliche Nähe in der Seelsorge. 2. Aufl. Mainz 1989.
MÜLLER-SCHÖLL, Albrecht: Sozialmanagement. Zur Förderung systematischen Entscheidens, Planens, Organisierens, Führens und Kontrollierens in Gruppen. Neuwied 1992.
MUSTO, Stefan A.: Wandlungstendenzen in der Gesellschaftsplanung. Vom Prinzip der Zweckrationalität zum Paradigma selbstgesteuerter Lernsysteme: In: Soziale Welt 26 (1975) 293–309.

NEUBERGER, Oswald: Führen und geführt werden. 4. Aufl. Stuttgart 1994.

– DERS.: Führungstheorien–Machttheorie. In: Alfred KIESER u. Gerhard REBER u. Rolf WUNDERER (Hrsg.): Handwörterbuch der Führung. (Enzyklopädie der Betriebswirtschaftslehre Bd. 10) 2. Aufl. Stuttgart 1995, 953–968.
– DERS.: Organisation und Führung. (Kohlhammer Standards Psychologie. Basisbücher und Studientexte. Teilgebiet: Arbeits- und Betriebspsychologie) Stuttgart 1977.
NEULAND, Michele: Neuland-Moderation. Eichenzell 1995
NEUNER, Peter: Das Kirchliche Amt: Identität im Wandel. O.O. O.J. 17.
– DERS.: Der Laie in der Kirche. In: Lebendiges Zeugnis 42 (1987) 34–45.
– DERS.: Der Laie und das Gottesvolk. Frankfurt 1988.
– DERS.: Ekklesiologie–die Lehre von der Kirche. In: Wolfgang BEINERT (Hrsg.): Glaubenszugänge. Lehrbuch der katholischen Dogmatik. Bd. 2. Paderborn–München–Wien u.a 1995, 401–578.
NIENTIEDT, Klaus: Beziehungskirche. In: HerKor 46 (1992) 489–491.
– DERS.: Diözesane Räte–Pastorale Gremien. In: LS 45 (1994) 111–114.
– DERS.: Gemeinschaften und Bewegungen. In: Josef MÜLLER u. Ottfried SELG (Hrsg.) Pfarrgemeinden in neuer Gestalt. Künftige Sozialform(en) des Christseins. Bericht vom Symposium 1995 in Augsburg. (masch. schr.) Augsburg 1996, 7–21.
NOPPEL, Constantin: Die neue Pfarrei. Eine Grundlegung. Freiburg 1939.
NOUWEN, Henri J.M.: Schöpferische Seelsorge. 2. Aufl. Freiburg–Basel–Wien 1991.
NOWAK, Leo u. Ulrich WERBS (Hrsg.): Lebendige Gemeinde–unsere Sorge, unsere Hoffnung. Leipzig 1981.
NUBER, Ursula: Innere Kündigung: Sollen doch mal andere ran. Psychologie Heute. Oktober 1987, 20–26.
OBERLINNER, Lorenz: Die Pastoralbriefe. Erster Timoteusbrief. (Herders theologischer Kommentar zum Neuen Testament; Bd. 11,2) Freiburg–Basel–Wien 1994.
– DERS.: Die Pastoralbriefe. Titusbrief (Herders theologischer Kommentar zum Neuen Testament; Bd. 11,2) Freiburg–Basel–Wien 1994.

OBERRÖDER, Wolfgang: Aspekte der Mitverantwortung in der Kirche. Augsburg 1977.
OECHSLER, Walter A: Konflikt. In: Erich FRESE (Hrsg.): Handwörterbuch der Organisation. (Enzyklopädie der Betriebswirtschaftslehre Bd. 2) 3. Aufl. Stuttgart 1992, 1131–1143.
OTTO, Gert: Rhetorisch predigen: Wahrheit als Mitteilung. Gütersloh 1981.

PAARHAMMER, Hans (Hrsg.): Kirchliches Finanzwesen in Österreich. Geld und Gut im Dienste der Seelsorge. Thaur / Tirol 1989.
PANNENBERG, Wolfhart: Wissenschaftstheorie und Theologie. Frankfurt 1973.
PARSCH, Pius: Die lebendige Pfarrgemeinde. In: BiLi 8 (1933-34) 185–194;

211–216; 235–240; 263–267.
PERELS, Hans-Ulrich: Wie führe ich eine Kirchengemeinde? Möglichkeiten des Managements. Gütersloh 1990.
PESCH, Rudolf: Das Markusevangelium. II. Teil: Kommentar zu Kap. 8,27-16,20. HThK. Freiburg -Basel–Wien 2. Aufl. 1980.
– DERS.: Zur theologischen Bedeutung der Machttaten Jesu. In : ThQ 152 (1972) 203–213.
PETERS, Tom u. Nancy AUSTIN: Leistung aus Leidenschaft. Hamburg 1993.
PFAU, Reinhard: Pastoralreferenten/assistenten in der Diözese Rottenburg–Stuttgart. In: Diak 10 (1979) 258–265.
PFEIFFER, Dietmar K.: Organisation als System. In: Karlheinz WÖHLER (Hrsg.): Organisationsanalyse. Stuttgart 1978, 3–19.
PFOHL, Hans-Christian u. Michael KRINGS u. Germar BETZ: Techniken der prozessorientierten Organisationsanalyse. In: zfo–Zeitschrift für Führung + Organisation 4 65 (1996) 246–251.
PIRSON, Dietrich: Kirchenorganisation. In: Erich FRESE (Hrsg.): Handwörterbuch der Organisation. (Enzyklopädie der Betriebswirtschaftslehre Bd. 2) 3. Aufl. Stuttgart 1992, 1087–1098.
PLATE, Manfred: Weltereignis Konzil. Freiburg. 1966.
PLÖCHL, Willibald M.: Geschichte des Kirchenrechtes III . 2. Aufl. Wien–München 1970.
POMPEY, Heinrich: Die Leitung sozial-pastoral geprägter Gemeinden durch Diakone. In: LS 46 (1995) 253–259.
– DERS.: Sterbende nicht allein lassen. Erfahrungen christlicher Sterbebegleitung. Mainz 1996.
PÖTTER, Wilhelm: Einleitung: Räte und Verbände. In: Ludwig BERTSCH u.a. (Hrsg.): Gemeinsame Synode der Bistümer in der Bundesrepublik Deutschland. Beschlüsse der Vollversammlung. Offizielle Gesamtausgabe. Bd. 1. Freiburg–Basel–Wien 1976, 637–651.
POTTMEYER, Hermann J.: Der eine Geist als Prinzip der Einheit der Kirche in Vielfalt. Auswege aus einer christomonistischen Ekklesiologie. In: PThI 5 (1985) 253–284.
– DERS.: Von einer neuen Phase der Rezeption des Vatikanum II. In: DERS. u. Giuseppe ALBERIGO u. Jean-Pierre JOSSUA (Hrsg.): Die Rezeption des Zweiten Vatikanischen Konzils. Düsseldorf 1986, 66–84.
PRANGE, Christiane u. Gilbert PROBST u. Charles-Clemens RÜLING: Lernen zu kooperieren–Kooperieren, um zu lernen. In zfo–Zeitschrift für Führung + Organisation 1 65 (1996) 10–16.
PRESTHUS, Robert: Individuum und Organisation. Typologie der Anpassung. (Welt im Werden) Hamburg 1966.
PROBST, Gilbert J. B.: Selbst-Organisation. Ordnungsprozesse in sozialen Systemen aus ganzheitlicher Sicht. Berlin–Hamburg 1987.
– DERS. u. Henrik NAUJOKS: Führungstheorien–Evolutionstheorien der Führung. In: Alfred KIESER u. Gerhard REBER u. Rolf WUNDERER (Hrsg.): Handwörterbuch der Führung. (Enzyklopädie der Betriebswirt-

schaftslehre Bd. 10) 2. Aufl. Stuttgart 1995, 915–926.
PUZA, Richard : Diözesansynode und synodale Struktur. Ein Beitrag zur Ekklesiologie des neuen CIC. In: Theologische Quartalschrift 166 (1986) 40–48.

RAHNER, Karl: Schriften zur Theologie VIII. Einsiedeln–Zürich–Köln 1967.
– DERS.: In Sorge um die Kirche. Schriften zur Theologie XIV. Einsiedeln–Zürich–Köln 1987.
– DERS.: Strukturwandel der Kirche als Aufgabe und Chance. Freiburg 1972.
– DERS.: Zur Theologie der Pfarre. In: Hugo RAHNER (Hrsg.): Die Pfarre. Von der Theologie zur Praxis. Freiburg 1956, 27–39.
RAMMSTEDT, Otthein (Hrsg.): Georg Simmel: Soziologie. Untersuchungen über die Formen der Vergesellschaftung. (Gesamtausgabe 11) Frankfurt a. M. 1992.
RAPPE-GIESECKE, Kornelia: Theorie und Praxis der Gruppen- und Teamsupervision. Berlin–Heidelberg–New York u.a. 1990.
RATZINGER, Josef: Die Ekklesiologie des Zweiten Vatikanum. In: IKAZ 15 (1986) 41–52.
– DERS.: Das Neue Volk Gottes. Entwürfe zur Ekklesiologie. Düsseldorf 1977.
– DERS.: Dogmatische Konstitution über die göttliche Offenbarung. Kommentar zum Prooemium, I. und II. Kapitel. In: Josef HÖFFNER u. Karl RAHNER (Hrsg.): LThK. Das Zweite Vatikanische Konzil. Dokumente und Kommentare. Teil II. Freiburg 1967, 504–528.
– DERS.: Einführung in das Christentum. 4. Aufl. München 1980.
– DERS.: Recht der Gemeinde auf Eucharistie? Die „Gemeinde" und die Katholizität der Kirche. In: DERS.: Theologische Prinzipienlehre. München 1982, 300–314.
– DERS.: Zur Frage nach dem Sinn des priesterlichen Dienstes. In: Geist und Leben 41 (1968) 347–376.
REINHARDT, Heinrich J.F.: Die Pfarrei und ihre Seelsorger. In: Unsere Seelsorge 34 (1984) Nr. 3/4, 2–3.
REISINGER, Ferdinand: „Christliche Gemeinde"–Möglichkeiten und Grenzen. In: DERS. (Hrsg.): Menschsein in der Gesellschaft. Linz 1983, 93–138.
REMER, Andreas: Organisatorische Aspekte der Macht. In: Erich FRESE (Hrsg.): Handwörterbuch der Organisation. (Enzyklopädie der Betriebswirtschaftslehre Bd. 2) 3. Aufl. Stuttgart 1992, 1271–1286.
RICHTER, Horst-Eberhard: Flüchten oder Standhalten. Reinbeck 1976.
RIEKHOF, Hans-Christian: Strategien des Partizipationsmanagements. In: Personalwirtschaft (1985) 28–33.
RIEMANN, Fritz: Grundformen der Angst. München 1986.
RIEMER, Wilhelm: Bin ich Pastor? In: Diak 10 (1979) 349–351.
RIESCHER, Gisela: Gemeinde als Heimat. Die politisch-anthropologische Dimension lokaler Politik. München 1988.

RITTER, Joachim (Hrsg.): Historisches Wörterbuch der Philosophie. Bd. 3. Basel 1974.
ROBLEDA, Olis: Innovationes Conc. Vaticani II in Theoria de officiis et beneficiis ecclesiasticis. In: PerRMCL 59 (1970) 277–314.
ROSCHGER, Peter: Mitverantwortung in der Gemeindeleitung, In: Diak 10 (1979) 353–354.
ROSENSTIEL, Lutz von: Kommunikation und Führung in Arbeitsgruppen. In: Heinz SCHULER (Hrsg.): Lehrbuch Organisationspsychologie. Bern–Göttingen–Toronto–Seattle 1993, 321–353.
RÜCK, Werner: Begleitung statt Angebot. In: LS 41 (1990) 79–85.
RUDOLPH, Hagen: Wie lernt das „lernende Unternehmen"? In: zfo–Zeitschrift für Führung + Organisation 4 66 (1997) 202–205.
RÜHLI, Edwin: Die Organisation der Unternehmensleitung. In: Manfred GEIST u. Richard KÖHLER (Hrsg.): Die Führung des Betriebes. Herrn Professor Dr. Dr. hc. Curt Sandig zu seinem 80. Geburtstag gewidmet. Stuttgart 1981, 211–223.
RUPPERT, Lothar: Der Jahwist–Künder der Heilsgeschichte. In: DERS.: Studien zur Literaturgeschichte des Alten Testamentes. (Stuttgarter biblische Aufsatzbände; 18) Stuttgart 1994, 11–33.
– DERS.: Komposition–und Redaktionsgeschichte von Hos 1-3. In: DERS.: Studien zur Literaturgeschichte des Alten Testamentes. (Stuttgarter biblische Aufsatzbände; 18) Stuttgart 1994, 181–198.

SAIER, Oskar: „Communio" in der Lehre des II Vatikanischen Konzils. München 1983.
– DERS.: Glaube als Zeugnis des Glaubens. In: Die Zukunft des Glaubens. Gemeinsame Studientagung der Deutschen Bischofskonferenz und des Zentralkomitees der deutschen Katholiken v. 16.-18. Nov. 1988. Arbeitshilfen 65. Hrsg. v. Sekretariat der Deutschen Bischofskonferenz. Bonn o.J. 28.
SAUER, Ralph: Mystik des Alltags. Eine Spurensuche. Freiburg–Basel–Wien 1990.
SCHALL, Traugott Ulrich: Mitarbeiterführung in Kirche und Kirchengemeinde. (Reihe: Perspektiven für die Seelsorge; Bd. 3, hrsg. von Werner RÜCK) Würzburg 1991.
SCHAFFER, Ulrich: Neues umarmen. Für die Mutigen, die ihren Weg suchen. 8. Aufl. Stuttgart 1991.
SCHANZ, Günther: Partizipation. In: Erich FRESE (Hrsg.): Handwörterbuch der Organisation. (Enzyklopädie der Betriebswirtschaftslehre Bd. 2) 3. Aufl. Stuttgart 1992, 1901–1914.
SCHAPP, Wilhelm: In Geschichten verstrickt. Hamburg 1953.
SCHAUPP, Klemens: Der Pfarrgemeinderat. Eine qualitative Interview-Analyse zum Thema „Biographie und Institution". (Innsbrucker theologische Studien. Bd. 26.) Innsbruck–Wien 1989.
– DERS.: Kernelemente der Leitungskompetenz in Pfarrgemeinden. In: Trierer Forum. Oktober 1994 (Nr. 3) 6–8.

SCHETTGEN, Peter: Intuition: Führung mit Kalkül oder mit Gefühl. In zfo-Zeitschrift für Führung + Organisation 2 66 (1997) 89–93.
SCHEUNIG, Klaus: Mängelverwaltung oder pastoraler Perspektivenwechsel? Bistum Speyer. In: Norbert SCHUSTER u. Martin WICHMANN (Hrsg.): Die Platzhalter. Erfahrungen von Gemeindeleiterinnen und Gemeindeleitern. Mainz 1997, 152–161.
SCHIERSE, Franz J.: Christologie. 3. Aufl. Düsseldorf 1982.
SCHILLEBEECKX, Eduard: Christus und die Christen. Die Geschichte einer neuen Lebenspraxis. 2. Aufl. Freiburg–Basel–Wien 1980.
SCHILS, Franz: Kooperative Pastoral–Erneuerung von Gemeinden oder Versorgung auf einer anderen Ebene? Eine pastoraltheologische Synopse verschiedener Ansätze deutschsprachiger Diözesen vor dem Hintergrund des Projekts der Diözese Eisenstadt. (masch. schr.) Eisenstadt 1998.
SCHIRMER, Frank: Arbeitsverhalten von Managern. Bestandsaufnahme, Kritik und Weiterentwicklung der Aktivitätsforschung. Wiesbaden 1992.
SCHLUND, Robert: Vom priesterlichen Dienst-Amt. Theologische Reflexionen zum Selbstverständnis des Priesters nach dem Zweiten Vatikanischen Konzil. Freiburg 1990.
SCHMIDT, Götz: Methode und Techniken der Organisation. (Schriftenreihe der Organisator; Bd. 1) 9. Aufl. Gießen 1991.
SCHMITZ, Heribert: „Gemeindeleitung" durch „Nichtpfarrer-Priester" oder „Nichtpriester-Pfarrer". Kanonistische Skizze zu dem neuen Modell pfarrlicher Gemeindeleitung des Canon 517, § 2 CIC. In: AKKR 161 (1992) 329–361, 336.
– DERS.: Pfarrei und Gemeinde. In: AKKR 148 (1979) 48–71.
– DERS.: Pfarrei und ordentliche Seelsorge in der tridentinischen und nachtridentinischen Gesetzgebung. In: Erwin GATZ (Hrsg.): Geschichte des kirchlichen Lebens in den deutschsprachigen Ländern seit dem Ende des 18. Jahrhunderts. Band I. Die Bistümer und ihre Pfarreien. Freiburg–Basel–Wien 1991, 41–50.
SCHNACKENBURG, Rudolf: Das Johannesevangelium. I. Teil. Einleitung und Kommentar zu Kap. 1–4. (Herders Theologischer Kommentar zum Neuen Testament. Bd. IV) 5. Aufl. Freiburg–Basel–Wien 1981.
– DERS.: Das Johannesevangelium. II. Teil. Kommentar zu Kap. 5–12. (Herders Theologischer Kommentar zum Neuen Testament. Bd. IV,2) 4. Aufl. Freiburg–Basel–Wien 1985.
– DERS.: Das Johannesevangelium. III. Teil. Kommentar zu Kap. 13–21. (Herders Theologischer Kommentar zum Neuen Testament. Bd IV) 4. Aufl. Freiburg–Basel–Wien 1982.
SCHOCKENHOFF, Eberhard: Ethik des Lebens. Ein theologischer Grundriss. Mainz 1993.
– DERS.: Sterbehilfe und Menschenwürde. Begleitung zu einem ‚eigenen Tod'. Regensburg 1991.
SCHNEIDER, Lothar: Soziale Vernetzung. Regensburg 1988.
SCHREYÖGG, Georg: Führungstheorien–Situationstheorie. In: Alfred KIE-

SER u. Gerhard REBER u. Rolf WUNDERER (Hrsg.): Handwörterbuch der Führung. (Enzyklopädie der Betriebswirtschaftslehre Bd. 10) 2. Aufl. Stuttgart 1995, 993–1005.
– DERS.: Organisationskultur. In: Erich FRESE (Hrsg.): Handwörterbuch der Organisation. (Enzyklopädie der Betriebswirtschaftslehre Bd. 3) 3. Aufl. Stuttgart 1992, 1525–1537.
SCHUBERT, Hans-Joachim: Veränderungsmanagement. In zfo–Zeitschrift für Führung + Organisation 6 66 (1997) 355–360.
SCHULER, Heinz (Hrsg.): Lehrbuch Organisationspsychologie. (Huber-Psychologie-Lehrbuch) Bern–Göttingen–Toronto u.a. 1993.
SCHULZ, Ehrenfried: Gebet und Meditation als Wege zur pastoralen Identität. In: Isidor BAUMGARTNER (Hrsg.): Handbuch der Pastoralpsychologie. Regensburg 1990, 265–284.
SCHULZ, Heinz-Manfred: Die territoriale Gemeinde als Basisgemeinde. In: Hubert FRANKEMÖLLE (Hrsg.): Kirche von unten. Alternative Gemeinden München–Mainz 1981, 11–318.
SCHÜRMANN, Heinz: Kirche als offenes System. In: IKaZ 1 (1972), 306–323.
SCHURR, Mauritius: Die übernatürliche Wirklichkeit der Pfarrei. In: Benediktinische Monatsschrift 19 (1937) 81–106.
SCHURR, Viktor: Seelsorge in einer neuen Welt. Pastoral der Umwelt und des Laientums. Salzburg 1957.
SCHUSTER, Norbert: Elemente einer Spiritualität des Leitens; oder: auf den Pfarrgemeinderat kommt es an. Eine Vortragsreihe für Mitglieder des Pfarrgemeinderates der Pfarrei St. Bernhard Pforzheim. In: DERS. u. Josef MÜLLER (Hrsg.): Die Sorge um die Gemeinden. Waldkirch 1990.
– DERS.: Gemeindeleitung und Pfarrgemeinderat. München 1994.
– DERS.: Leitung in der Pfarrgemeinde. Nachdenkliches über den Pfarrer in der Gemeindeleitung. In: Heribert GÄRTNER (Hrsg.): Leiten als Beruf. 2. Aufl. Mainz 1993, 37–63.
– DERS.: Letztverantwortung–Betrachtung über einen Un-begriff. In: DERS. u. Josef MÜLLER (Hrsg.): Die Sorge um die Gemeinden. Waldkirch 1990, 65–73.
– DERS.: Menschen der Kirche im Herzen der Welt. In: Michael B. MERZ u. Josef MÜLLER u. Alois SCHWARZ (Hrsg.): Auftrag und Praxis des Pfarrgemeinderates. Informationen, Impulse, Perspektiven. 2. Aufl. München 1991, 122–127.
– DERS.: Mit der Volkskirche leben. Pastorales Engagement zwischen Spiritualität und Professionalität. In: DERS. u. Ulrich MOSER: Kirche als Beruf. Mainz 1996, 80–101.
– DERS.: Von Katzenelson zu Jandl, Fried und Frisch. Predigten vom Heiligen Geist. In: LS 48 (1997) 149–152.
– DERS.: Verlegenheitslösungen. Rückschau auf die Gegenwart einer Institution. In: SCHUSTER, Norbert u. Martin WICHMANN (Hrsg.): Die Platzhalter. Erfahrungen von Gemeindeleiterinnen und Gemeindeleitern. Mainz.

1997, 209–237.
– DERS.: Art. Pfarrgemeinderat. Praktisch-theologisch. In: LThK. Bd. 8. 3. Aufl. Freiburg–Basel–Rom–Wien 1999, 173–174.
– DERS. u. Martin WICHMANN (Hrsg.): Die Platzhalter. Erfahrungen von Gemeindeleiterinnen und Gemeindeleitern. Mainz 1997.
– DERS. u. Martin WICHMANN: Die Zusammenarbeit mehrerer Pfarrgemeinderäte. Lahr 1995.
– DERS. u. Ulrich MOSER (Hrsg.): Kirche als Beruf. Neue Wege jenseits falscher Erwartungen. Mainz 1996, 48–79.
SCHÜTZEICHEL, Heribert: Die Zeichen der Zeit erkennen. Fundamentaltheologische Überlegungen. In: Trierer Theologische Zeitschrift 91 (1982) 304–313.
SCHWARZ, Peter: Management in Nonprofit Organisationen. Bern 1992.
– DERS. u.a.: Das Freiburger Management-Modell für Nonprofit-Organisationen. Bern–Stuttgart–Wien 1995.
SCHWEIZER PASTORALSOZIOLOGISCHES INSTITUT (Hrsg.): Gemeinden ohne Pfarrer am Ort. Ergebnisse einer Untersuchung in Schweizer Pfarreien. Zürich 1987.
SCHWERMER, Josef: Die Entscheidungsfindung in der begleitenden Seelsorge. In: LS 39 (1988) 31- 39.
SEEBAS, H.: Art. Nephes. In: G. Johannes BOTTERWECK u. Helmer RINGGREN (Hrsg.): Theologisches Wörterbuch zum Alten Testament. Bd. 5. Stuttgart–Berlin–Köln u.a. 1986, 531–555.
SEELSORGEAMT FREIBURG (Hrsg.): Dokumentation zum Freiburger Diözesanforum. Heft 1. Die Voten. Freiburg 1992.
SEELSORGEAMT OSNABRÜCK (Hrsg.): Orientierungshilfen zur pastoralen Arbeit in mehreren Gemeinden. Osnabrück 1993.
SEKRETARIAT DES FREIBURGER DIÖZESANFORUMS (Hrsg.): Dokumentation zum Freiburger Diözesanforum. Heft 2. Vorlagen der Kommissionen für die abschließende Sitzungsperiode vom 25. bis 29. Oktober 1992. Freiburg 1992.
SEIFERT, Josef W.: Visualisieren, Präsentieren, Moderieren. Bremen 1994.
SELG, Ottfried: Gesichtspunkte zur pastoralen Planung. In: LS 27 (1976) 328–332.
SILLER, Hermann P.: Der Weg einer Gemeinde in der gesellschaftlichen und kirchlichen Situation der Bundesrepublik Deutschland. In: Hubert FRANKEMÖLLE (Hrsg.): Kirche von unten: alternative Gemeinden. München 1981, 122–139.
SOCHA, Herbert: Die Seelsorgeberufe des Pastoral- und Gemeindereferenten. In: TThZ 89 (1980) 1–34.
SOGGIN, Jan A.: Art. Maelaek König. In: Ernst JENNI (Hrsg.):Theologisches Handwörterbuch zum Alten Testament. Bd. 1. München–Zürich 1971, 908–920.
SONNENSCHEIN, Carl: Notizen. Weltstadtbetrachtungen. Heft 3. Berlin 1926.

SPITAL, Hermann J.: Gemeinde als Gemeinschaft von Gemeinschaften. In: LS 46 (1995) 60–62.
SPÖLGEN, Johannes: Ehrenamtliche Mitarbeiter in der Gemeindekatechese. Freiburg–Basel–Wien 1984.
STAERKLE, Robert: Leitungssystem. In: Erich FRESE (Hrsg.): Handwörterbuch der Organisation. (Enzyklopädie der Betriebswirtschaftslehre Bd. 2) 3. Aufl. Stuttgart 1992, 1229–1239.
STAKEMEIER, Eduard: Die Konzilskonstitution über die göttliche Offenbarung. Paderborn 1966.
STAPPEN, Birgit: Trauerarbeit als Erinnerungsarbeit. In: LS 45 (1994) 304–308.
STEINKAMP, Hermann: Die Gruppe als Ort gemeindlicher Glaubenserfahrung. In: Isidor BAUMGARTNER (Hrsg.): Handbuch der Pastoralpsychologie. Regensburg 1990, 287–302.
– DERS.: Gemeindestruktur und Gemeindeprozess. Versuch einer Typologie. In: Norbert GREINACHER (Hrsg.): Gemeindepraxis: Analysen und Aufgaben. München–Mainz 1979, 77–89.
– DERS.: Selbst „wenn die Betreuten sich ändern". Das Parochialprinzip als Hindernis für Gemeindebildung. In: Diak 19 (1988) 78–89.
– DERS.: Solidarität und Parteilichkeit. Für eine neue Praxis in Kirche und Gemeinde. Mainz 1994.
– DERS.: Stichwort: Beratungsbedarf. In: Ottmar FUCHS u.a. (Hrsg.): Der pastorale Notstand. Notwendige Reformen für eine zukunftsfähige Kirche. Düsseldorf 1992, 97–11.
STEINLE, Claus u. Heike BRUCH u. Kai BÖTTCHER: Qualitätsmanagement in Dienstleistungsunternehmen. In: zfo–Zeitschrift für Führung + Organisation 5 65 (1996) 308–313.
STENGER, Hermann: Für eine Kirche, die sich sehen lassen kann. Transparenz als pastoraltheologische Leitidee. In: Ehrenfried SCHULZ u. Hubert BROSSEDER u. Heribert WAHL (Hrsg.): Den Menschen nachgehen. Offene Seelsorge als Diakonie in der Gesellschaft. St. Ottilien 1987, 65–78.
– DERS.: Kompetenz und Identität. Ein pastoralanthropologischer Entwurf. In: DERS. (Hrsg.): Eignung für die Berufe der Kirche. 2. Aufl. Freiburg–Basel–Wien 1990, 31–134.
STÖGER, Alois u. Johannes. B. BAUER: Art. Priester/Priestertum. In: Johannes B. BAUER (Hrsg.): Bibeltheologisches Wörterbuch. 4. Aufl. Graz–Wien–Köln 1994, 454–458.
STRÜDER, Rolf: Chancen und Gefährdungen geplanten Wandels in der Kirche–aufgezeigt am Beispiel der Diözese Limburg. St. Ottilien 1993.
SUENENS, Léon-Joseph: Das II. Vatikanische Konzil 20 Jahre später. In: Elmar KLINGER u. Klaus WITTSTADT (Hrsg.): Glaube im Prozess. Christsein nach dem II. Vatikanum. Freiburg–Basel–Wien 1984, 182–194.
– DERS.: Die Mitverantwortung in der Kirche. Salzburg 1968.

THIEDE, Carsten P. (Hrsg.): Christliche Literatur des 20. Jahrhunderts. Bd.1 Wuppertal 1985.

THOM, Norbert: Stelle, Stellenbildung und–besetzung. In: Erich FRESE (Hrsg.): Handwörterbuch der Organisation. (Enzyklopädie der Betriebswirtschaftslehre Bd. 2) 3. Aufl. Stuttgart 1992, 2322–2333.

THURNEYSEN, Eduard: Die Lehre von der Seelsorge. Zürich 1946.

TZSCHEETZSCH, Werner: Loslassen in der Gemeinde. In: Diak Christi 26 (1991) 30–31.

– DERS.: Veränderungen in der Gemeindearbeit–Loslassen als Aufgabe. In: LS 45 (1994) 301–303.

ULRICH, Peter: Unternehmenskultur. In: Waldemar WITTMAN u.a. (Hrsg.) Handwörterbuch der Betriebswirtschaft Bd. 3 Stuttgart 1993, 4351–4366.

VENETZ, Hermann J.: So fing es mit der Kirche an. Ein Blick in das neue Testament. Zürich–Einsiedeln–Köln 1981.

– DERS.: Vielfältige Leitungsmodelle im Neuen Testament. In: LS 46 (1985) 188–193.

VERWEIJEN, Ingeborg: Verwirklichung gemeinsamer Verantwortung, Schwierigkeiten und Lösungen. In: ERHARTER, Helmut u. Rudolf SCHWARZENBERGER (Hrsg.): Kirche in gemeinsamer Verantwortung. Österreichische Pastoraltagung 29. bis 31. Dezember 1986, Wien 1987, 45–56.

VERWEYEN, Hansjürgen: Der Weltkatechismus. Therapie oder Symptom einer kranken Kirche? Düsseldorf 1994.

– DERS.: Gottes letztes Wort. Grundriss der Fundamentaltheologie. 2. Aufl. Düsseldorf 1991.

VESTER, Frederic: Neuland des Denkens. Vom technokratischen zum kybernetischen Zeitalter. Stuttgart 1980.

VIRNICH, Josef u. Richard PSCHIBUL: Pastorale Praxisberatung als Hilfe für Gemeindeentwicklung. In: LS 35 (1984) 338–347.

VÖGELE, Rudolf: Neuer Wein in alte Schläuche. Chancen und Grenzen von Gemeindeentwicklung aus dogmatischer und pastoraltheologischer Perspektive. St. Ottilien 1999.

VÖGTLE, Anton: Die Dynamik des Anfangs. Leben und Fragen der jungen Kirche. Freiburg 1988.

– DERS. u. Lorenz OBERLINNER: Anpassung oder Widerspruch. Von der apostolischen zur nachapostolischen Kirche. Freiburg–Basel–Wien 1992.

VORGRIMLER, Herbert: Sakramententheologie. Düsseldorf 1987.

– DERS.: Die Volk-Gottes-Theologie des Zweiten Vatikanischen Konzils und die Folgen 30 Jahre „danach“. In: BiLi 66 (1993) 67–72.

WAHL, Heribert: „Priesterbild“ und „Priesterkrise“ in psychologischer Sicht. Psychoanalytische und pastoralpsychologische Anmerkungen zu einem aktuellen Problem. In: Paul HOFFMANN (Hrsg.): Priesterkirche. 2. Aufl. Düsseldorf 1989, 164–194.

– DERS.: Empathie als diakonische Praxis der Kirche. In: DERS. u. Ehren-

fried SCHULZ u. Hubert BROSSEDER (Hrsg.): Den Menschen nachgehen. Offene Seelsorge als Diakonie in der Gesellschaft. St. Ottilien 1987, 79–99.
– DERS.: Pastoralpsychologie–Teilgebiet und Grunddimension Praktischer Theologie. In: BAUMGARTNER, Isidor (Hrsg.): Handbuch der Pastoralpsychologie. Regensburg 1990, 41–61.
WALTER, Eugen: Die Theologie der Pfarrei. In: Josef HÖFFNER u. Karl RAHNER (Hrsg.): LThK Bd. 8. 2. Aufl. Freiburg 1963, 404.
WALTER, Peter: Gemeindeleitung und Eucharistiefeier. Zur theologischen Ortsbestimmung des Amtes. In: Bernhard FRALING u. Helmut HOPING u. Juan Carlos SCANNONE (Hrsg.): Kirche und Theologie im kulturellen Dialog, Freiburg–Basel–Wien 1994, 378–391.
– DERS.: Vorsteher der Eucharistie und Gemeindeleitung. Theologische und praktische Überlegungen. In: LS 46 (1995) 193–198.
WANKE, Joachim: „Die Kirche hat die Wirklichkeit Gottes zu bezeugen." Überlegungen eines Bischofs zu seelsorglichen Lage. In: HerKor 36 (1982) 436–442.
– DERS.: Seelsorge im priesterlichen Alleingang? Fünf Thesen zur Mitarbeit der Laien beim Gemeindeaufbau. o.O. o.J.
– DERS.: Worauf es uns als Seelsorger ankommen sollte! In: LS 41 (1990) 15–22.
WEAKLAND, Rembert: Der Zukunft mit Hoffnung ins Auge sehen. Ein Pastoralbrief über Gemeinden für das Volk der Erzdiözese von Milwaukee. In: Ottmar FUCHS u.a. (Hrsg.): Der pastorale Notstand. Notwendige Reformen für eine zukunftsfähige Kirche. Düsseldorf 1992, 126–152.
WEBER, Max: Wirtschaft und Gesellschaft. Grundriß der verstehenden Soziologie. 5 Aufl. Tübingen 1972.
WEHRLE, Paul: Christsein ohne Kirche? Gemeinschaft im Glauben und christliche Identität. Freiburger Texte 17. Freiburg 1994.
WEISER, Alfons: Die Apostelgeschichte. Kapitel 1–12. Ökumenischer Taschenbuchkommentar zum Neuen Testament. Band 5/1 Gütersloh/Würzburg 1989.
WEIZSÄCKER, Carl F. von: Wahrnehmung der Neuzeit. München 1983.
WERBICK, Jürgen: Kirche. Ein ekklesiologischer Entwurf für Studium und Praxis. Freiburg–Basel–Wien 1994.
– DERS.: Trinitätslehre. In: Theodor SCHNEIDER (Hrsg.): Handbuch der Dogmatik. Bd. 2. Düsseldorf 1992, 481–576.
WESTERLUND, Gunnar u. Sven-Erik SJÖSTRAND. Organisationsmythen. (Konzepte der Humanwissenschaften) Stuttgart 1981.
WESTERMANN, Claus: Art. Nephes. In: Ernst JENNI (Hrsg.): Theologisches Handwörterbuch zum Alten Testament. Bd. II. München–Zürich 1976, 71–96.
WICHMANN, Martin: Die Platzhalter–Innenansichten der Gegenwart einer Institution. In: Norbert SCHUSTER u. Martin WICHMANN (Hrsg.): Die Platzhalter. Erfahrungen von Gemeindeleiterinnen und Gemeindeleitern.

Mainz 1997, 11–38.
– DERS.: Organisationsberatung–Ekklesiologie–Wissenschaftstheorie. Das Verhältnis von Theorie und Praxis als wissenschaftstheoretische Grundfrage Praktischer Theologie. Diss. Masch. Freiburg 1999.
WIDL, Maria: Kleine Pastoraltheologie. Realistische Seelsorge. Graz–Wien–Köln 1997.
WIEDENHOFER, Siegfried. Gemeinde. III. Systematisch-theologisch. In: Walter KASPER (Hrsg.): LThK Bd. 4. 3. Aufl. Freiburg 1995.
– DERS.: Das katholische Kirchenverständnis. Ein Lehrbuch der Ekklesiologie. Graz–Wien–Köln 1992.
– DERS.: Ekklesiologie. In: Theodor SCHNEIDER (Hrsg.): Handbuch der Dogmatik. 2. Aufl. Düsseldorf 1995, 47–154
WIEH, Hermann: Das Gemeindeverständnis des Konzils und der Synode. In: Hubert FRANKEMÖLLE (Hrsg.): Kirche von unten. München 1981, 62–77.
– DERS.: Konzil und Gemeinde. Frankfurt 1978.
WILLKE, Helmut.: Strategien der Intervention in autonome Systeme. In: Dirk BAECKER u. Jürgen MARKOWITZ u. Rudolf STICHWEH u.a. (Hrsg.): Theorie als Passion. Niklas Luhmann zum 60. Geburtstag. Frankfurt 1987.
– DERS.: Beobachtung, Beratung und Steuerung von Organisationen in systemtheoretischer Sicht. In: Rudolf WIMMER (Hrsg.): Organisationsberatung. Neue Wege und Konzepte. Wiesbaden 1992, 17–42.
– DERS.: Kontextsteuerung durch Recht? Zur Steuerungsfunktion des Rechts in polyzentrischer Gesellschaft. In: DERS. u. Manfred GLAGOW (Hrsg.): Dezentrale Gesellschaftssteuerung. Probleme der Integration polyzentrischer Gesellschaft. Pfaffenweiler 1987.
WIMMER, Rudolf: „Der Systemische Ansatz–mehr als eine Modeerscheinung?“ Zur professionellen Orientierung von internen Experten für Organisations- und Personalentwicklung. In: Cristof SCHMITZ u. Peter W. GESTER u. Barbara HEITGER (Hrsg.): Managerie–1. Jahrbuch: Systemisches Denken und Handeln im Management. Heidelberg 1992, 70–104.
– DERS.: Die Zukunft von Führung. Brauchen wir noch Vorgesetzte im herkömmlichen Sinn? In: Organisationsentwicklung 4 (1996) 47–57.
WINDISCH, Hubert: Auf dem gemeinsamen Weg zur persönlichen Radikalität. In: DERS. (Hrsg.): Mut zum Gewissen. Regensburg 1987, 25–44.
– DERS.: Sprechen heißt lieben. Eine praktisch-theologische Theorie des seelsorgerlichen Gesprächs. Würzburg 1989.
WINKELHOFER, Alois: Die Kirche als Geheimnis des Heils. In: LS 16 (1965) 201–204.
WISWEDE, Günter: Führungsrollen. In: Alfred KIESER u. Gerhard REBER u. Rolf WUNDERER (Hrsg.): Handwörterbuch der Führung. (Enzyklopädie der Betriebswirtschaftslehre Bd. 10) 2. Aufl. Stuttgart 1995, 826–839.
WITTE, Eberhard: Effizienz der Führung. In: Alfred KIESER u. Gerhard REBER u. Rolf WUNDERER (Hrsg.): Handwörterbuch der Führung. (Enzyklopädie der Betriebswirtschaftslehre Bd. 10) 2. Aufl. Stuttgart 1995, 263–276.

WOLFF, Hans W.: Anthropologie des Alten Testaments. 3. Aufl. München 1977.
WOLLBOLD, Andreas: Kirche als Wahlheimat: Beitrag zu einer Antwort auf die Zeichen der Zeit. Würzburg 1998.
WOLLNIK, Michael: Plandurchsetzung. In: Norbert SZYPERSKI (Hrsg.): Handwörterbuch der Planung. Stuttgart 1989, 1381–1397.
WOTHE, Franz-Joseph: Das Volk Gottes in Raum und Geschichte. In: LS 16 (1965) 205–209.
WULF, Friedrich: Kommentar zu Artikel 1–6 des Dekretes über Dienst und Leben des Priesters. In: Josef HÖFFNER u. Karl RAHNER (Hrsg.): LThK. Das Zweite Vatikanische Konzil. Dokumente und Kommentare. Teil III. Freiburg 1968, 141–169.
WUNDERER, Rolf: Managementrolle Führender. In: Wolfgang H. STAEHLE (Hrsg.): Handbuch Management. Die 24 Rollen der exzellenten Führungskraft. Wiesbaden 1991, 364–382.
– DERS. u. Wolfgang GRUNWALD: Führungslehre. Bd. 1. Grundlagen der Führung. Berlin 1980.

ZAUNER, Wilhelm: Die menschliche und spirituelle Entfaltung der Mitarbeiter. In: Josef WIENER u. Helmut ERHARTER (Hrsg.): Pfarrseelsorge. Von der Gemeinde mitverantwortet. Wien–Freiburg–Basel 1977, 64–76.
ZERFASS, Rolf: „Gefährten in der Bedrängnis, in der Hoffnung auf die Gottesherrschaft und in der Geduld in Jesus“ (Offb 1,9) In: PthI 14 (1994) H. 1–2, 119–145.
– DERS.: Ein Arbeitspapier zur Aktivierung basiskirchlichen Bewusstseins in unseren Pfarr- bzw. Kirchengemeinden. In: Norbert METTE (Hrsg.): Wie wir Gemeinde wurden. Lernerfahrungen und Erneuerungsprozesse in der Volkskirche. München / Mainz 1982, 16–22.
– DERS.: Menschliche Seelsorge. Für eine Spiritualität von Priestern und Laien im Gemeindedienst. Freiburg 1985.
– DERS.: Praktische Theologie als Handlungswissenschaft. In: Ferdinand KLOSTERMANN u. Rolf ZERFASS (Hrsg.): Praktische Theologie heute. München 1974.
– DERS.: Seelsorge als Gastfreundschaft. In: Diak 11 (1980) 293–316, 303.
– DERS.: Die basiskirchliche Gemeinde–ein Ort der Hoffnung. In: Elmar KLINGER u. Rolf ZERFASS (Hrsg.): Die Basisgemeinden–ein Schritt auf dem Weg zur Kirche des Konzils. Würzburg 1984, 195–207.
ZIEBERTS, Hans-Georg: Religion, Christentum und Moderne. Veränderte Religionspräsenz als Herausforderung. Stuttgart–Berlin–Köln 1999.
ZIEGLER, Albert: Theologische Aspekte der Führung. In: Alfred KIESER u. Gerhard REBER u. Rolf WUNDERER (Hrsg.): Handwörterbuch der Führung. (Enzyklopädie der Betriebswirtschaftslehre Bd. 10) 2. Aufl. Stuttgart 1995, 2027–2038.
ZINSER, Hartmut: Der Markt der Religionen. München 1997.
ZÖLLER, Ulla: Zwischen allen Stühlen. Erzbistum Köln. In: Norbert SCHUSTER u. Martin WICHMANN (Hrsg.): Die Platzhalter. Erfahrungen von

Gemeindeleiterinnen und Gemeindeleitern. Mainz 1997, 185–196.
ZULEHNER, Paul M.: „Denn Du kommst unserem Tun mit Deiner Gnade zuvor…“ Zur Theologie der Seelsorge heute. P.M. Zulehner im Gespräch mit K. Rahner. 3. Aufl. Düsseldorf 1984.
– DERS.: „Leutereligion“. Eine neue Gestalt des Christentums auf dem Weg durch die 80er Jahre? Wien 1982.
– DERS.: Christliche Lebenspraxis lebt vom Austausch mit der Kirche. In: LS 30 (1979) 175–181.
– DERS.: Das geistliche Amt des Volkes Gottes. Eine futurologische Skizze. In: Paul HOFFMANN (Hrsg.): Priesterkirche. 2. Aufl. Düsseldorf 1989, 195–207.
– DERS.: Gemeindepastoral. Kirche ereignet sich in Gemeinden, erschöpft sich aber nicht in ihnen. Düsseldorf 1989.
– DERS.: Grundkurs gemeindlichen Glaubens. Ein Arbeitsbuch. Düsseldorf 1992.
– DERS.: Lebenserfahrungen auf dem Weg von der versorgten zur sorgenden Gemeinde. In: LS 35 (1984) 300–308.
– DERS.: Pastoraltheologie. Bd. 1. Fundamentalpastoral. Kirche zwischen Auftrag und Erwartung. Düsseldorf 1989.
– DERS.: Pastoraltheologie. Bd. 2. Gemeindepastoral. Düsseldorf 1989.
– DERS.: Religion nach Wahl. Grundlegung einer Auswahlchristenpastoral. Wien 1974.
– DERS. u.a.: „Sie werden mein Volk sein“. Grundkurs gemeindlichen Glaubens. 4. Aufl. Düsseldorf 1988.